Karl-Rudolf Moll

Informatik-Management

- Aufgabengebiete
- Lösungswege
- Controlling

Geleitwort von E. Denert

Springer-Verlag
Berlin Heidelberg New York
London Paris Tokyo
Hong Kong Barcelona
Budapest

Direktor Dr. Karl-Rudolf Moll
Bayerische Hypotheken- und Wechsel-Bank Aktiengesellschaft
Leiter Elektronische Datenverarbeitung
Arabellastr. 27, D-81925 München

ISBN 3-540-57458-1 Springer-Verlag Berlin Heidelberg New York

CIP-Eintrag beantragt.

Dieses Werk ist urheberrechtlich geschützt. Die dadurch begründeten Rechte, insbesondere die der Übersetzung, des Nachdrucks, des Vortrags, der Entnahme von Abbildungen und Tabellen, der Funksendung, der Mikroverfilmung oder der Vervielfältigung auf anderen Wegen und der Speicherung in Datenverarbeitungsanlagen, bleiben, auch bei nur auszugsweiser Verwertung, vorbehalten. Eine Vervielfältigung dieses Werkes oder von Teilen dieses Werkes ist auch im Einzelfall nur in den Grenzen der gesetzlichen Bestimmungen des Urheberrechtsgesetzes der Bundesrepublik Deutschland vom 9. September 1965 in der jeweils geltenden Fassung zulässig. Sie ist grundsätzlich vergütungspflichtig. Zuwiderhandlungen unterliegen den Strafbestimmungen des Urheberrechtsgesetzes.
© Springer-Verlag Berlin Heidelberg 1994

Die Wiedergabe von Gebrauchsnamen, Handelsnamen, Warenbezeichnungen usw. in diesem Werk berechtigt auch ohne besondere Kennzeichnung nicht zu der Annahme, daß solche Namen im Sinne der Warenzeichen- und Markenschutz-Gesetzgebung als frei zu betrachten wären und daher von jedermann benutzt werden dürften.

Umschlaggestaltung: Konzept & Design, Ilvesheim
Satz: Reproduktionsfertige Vorlage vom Autor
SPIN: 10084153   45/3140 - 5 4 3 2 1 0 - Gedruckt auf säurefreiem Papier

Geleitwort

Dies ist ein in seiner Thematik einzigartiges Buch. Ich kenne kein anderes, zumindest kein deutschsprachiges, das Informatik-Management so behandelt, wie *Dr. Karl-Rudolf Moll* das tut. Wir haben viele Bücher über Projektmanagement, also darüber, wie man Software-Entwicklungen plant, kontrolliert, steuert. Aber Informatik-Management ist mehr, ist etwas anderes, nämlich: Wie organisiert und wie führt man die Einheiten eines Unternehmens, die seine elektronische Informationsverarbeitung besorgen? Natürlich gibt es betriebswirtschaftliche Lehrbücher, die Organisationsfragen behandeln, aber derart spezifisch auf die Informatik ausgerichtet und von konkreter Erfahrung geprägt wie dieses Buch können sie gar nicht sein. Denn *Karl-Rudolf Moll* hat darin seine Erfahrungen und Einsichten aus zwölf Jahren Tätigkeit bei der Bayerischen Hypotheken- und Wechsel-Bank AG in München zusammengefaßt. Er hat es sich abgerungen in der knappen Freizeit, die ihm sein Manager-Job als DV-Chef der Bank übriggelassen hat.

Daten und Informationen sind für Banken, ebenso wie für Versicherungen und Reiseveranstalter, der Grundstoff ihrer Geschäftstätigkeit. Für Unternehmen, die materielle Güter produzieren, ist die Informationsverarbeitung *auch* wichtig, abgestuft allerdings: für die Produktion von Autos mehr, von Stahl weniger. Derlei Unterschiede in der Rolle der Informatik beeinflussen natürlich das DV-Management und die Gestaltung der Systeme. Ein Konzern mit Produktionsstätten an verschiedenen Orten *kann* (und sollte) diese dezentral führen und mit verteilter Datenverarbeitung ausstatten. Eine Bank *muß* ihre Konten in einer zentralen Datenbank führen, es wäre absurd, in jeder Filiale eine eigene zu installieren. Auch eine Fluggesellschaft *muß* ihre Reservierungen an einer Stelle speichern, es gibt keine Kriterien, denen zufolge sie in der Welt sinnvoll verteilt werden könnten.

Schlagwörter wie Downsizing, Client/Server, Open Systems, Mainframe als aussterbender DV-Dinosaurier bestimmen die derzeitige Diskussion in der Fachwelt, jedenfalls wenn man einigen populären Zeitschriften folgt. Dabei wird allerdings oft wenig differenziert und manchmal das Kind mit dem Bade ausgeschüttet. Gewiß müßten viele Anwendungen nicht auf einem Großrechner laufen, sondern wären auf einem dezentral aufgestellten Unix-Rechner besser aufgehoben (aber wer betreibt ihn?). Und gewiß ist es oft sinnvoll, mit einer Client/Server-Architektur Rechnerleistungen direkt an den Arbeitsplatz zu bringen. Aber fast nie ist es vernünftig, eine (logisch einheitliche) Datenbank auf mehrere Rechner an verschiedenen Orten zu verteilen. Dagegen ist es für viele informationsverarbeitenden Unternehmen notwendig, ein großes Rechenzentrum (oder einige wenige) zu betreiben. Und das nicht, weil deren Informatik-Management im technischen Mittelalter verharrt, sondern weil es gute Gründe gibt:

- *Buchungen* (auf Konten, von Flügen, in Hotels) brauchen eine zentrale Datenhaltung (letztlich kommt es auf ein einzelnes Bit an, und ein Bit kann man bekanntlich nicht (ver)teilen).
- Die *Organisation* bestimmter Vorgänge läßt sich zentral effizienter gestalten, etwa das Drucken, Kuvertieren und Versenden von Dokumenten, z.B. Versicherungspolicen. (Porto-Optimierung kann man nur wirksam betreiben, wenn man bei der Post große Mengen einzuliefern hat.)
- *Batchläufe*, die typischerweise den ganzen Datenbestand verarbeiten, können effizient nur auf einem zentralen Rechner abgewickelt werden.
- Die *Sicherheit*, die etwa eine Bank von ihrer Datenverarbeitung fordern muß, läßt sich nur in einem Rechenzentrum garantieren. Die baulichen, organisatorischen und personellen Maßnahmen dafür sind viel zu aufwendig, um sie an mehreren Orten zu erbringen.

Wen diese Aspekte wegen ihrer Allgemeinheit noch nicht recht überzeugen, wird anders darüber denken, wenn er dieses Buch, insbesondere Kapitel 5 (Rechenzentrumsbetrieb), gelesen hat. Er wird dann *Karl-Rudolf Moll* nicht für den Herrn eines in den letzten Zügen liegenden Mainframe-Dinosauriers halten, sondern wissen, daß das Informatik-Management einer Bank eine höchst komplexe Aufgabe ist, zu der u.a. gehört, ein großes Rechenzentrum mit riesigen Datenbeständen zuverlässig zu betreiben und zugleich für eine dezentrale Infrastruktur (Kommunikationstechnik, Knotenrechner, Server, PCs, Schalter-Terminals, Geldausgabeautomaten etc.) zu sorgen, damit die Filialen ihre Kunden zufriedenstellen können.

Ernst Denert

Vorwort

Warum wurde dieses Buch geschrieben? Die unter dem Begriff Informatik zusammengefaßten Technologien haben in den vergangenen dreißig Jahren die industrialisierte Welt verändert wie keine andere Technologie. Roboter ersetzen Menschen an Fließbändern, Automaten Angestellte an Bahn- und Bankschaltern, Compact-Discs ganze Bibliotheken. Dieser Prozeß ist keinesfalls auf seinem Höhepunkt, er wird sich fortsetzen und sogar beschleunigen.
Der geschäftliche Erfolg von vielen großen Unternehmen ist abhängig geworden von der Informatik. Für Automobilhersteller, Banken und Versicherungen, um nur einige zu nennen, ist die effiziente Nutzung der Informatik und damit effizientes Management der Informatik-spezifischen Aufgaben lebenswichtig. Dennoch gibt es nur wenige Unternehmen, in denen Mitarbeiter und Management zufrieden sind mit den Leistungen der Informatik-Abteilungen. Typische Vorwürfe sind: Die Informatik ist zu teuer, Wünsche werden zu langsam und nicht flexibel genug erfüllt, es gibt zu viele Störungen. Vor allem gibt es auf die Frage „Was ist effizientes Management von Informatik-spezifischen Aufgaben?" heute keine anerkannten Antworten oder Standards. Die Literatur zu diesem Thema beschränkt sich stets auf spezifische Aufgabengebiete, wie zum Beispiel Anwendungsentwicklung — obwohl alle Aufgabengebiete voneinander abhängen.
Auf der Basis von circa fünfundzwanzig Jahren Arbeit auf dem Gebiet der Informatik — davon zehn Jahre in Forschung und Lehre und mehr als zehn Jahre in der Industrie mit zunehmender Managementverantwortung — hoffe ich, das Defizit mit diesem Buch verkleinern zu helfen. Den Schwerpunkt lege ich dabei auf die operativen Aufgaben des Managements. Kommunikative sowie politische Aufgaben, die ich ebenfalls für wichtig halte, werden nur gelegentlich gestreift.

An wen wendet sich dieses Buch? Dieses Buch wendet sich an alle, die an Fragen des Managements in großen Unternehmen interessiert sind oder damit in Berührung kommen.
Es wendet sich an Studenten, die sich über Informatik-spezifische Arbeitsplätze, deren Aufgaben und die dazu notwendigen Kenntnisse informieren wollen.

Es wendet sich an Mitarbeiter und Führungskräfte in Informatik-Abteilungen, die vorhandene Lösungen kritisch hinterfragen oder über ihr Spezialgebiet hinausblicken möchten, um den Gesamtzusammenhang besser verstehen zu können oder neue Aufgabengebiete kennenzulernen.

Es wendet sich an Hochschullehrer und deren Mitarbeiter, die sich für konkrete Anwendung ihrer Forschungs- bzw. Lehrgebiete interessieren, um neue Impulse aus der Praxis zu erhalten.

Wie ist das Buch aufgebaut? Das Buch ist unterteilt nach den wesentlichen Aufgabengebieten des Informatik-Managements, die heute jeder Großanwender zu bewältigen hat. Für jede Aufgabenstellung werden erst die Managementziele und dann die Lösungswege dargestellt. Zu den Managementzielen gehört die Aufzählung der Erfolgsfaktoren, die realisiert werden müssen, um die Ziele zu erreichen. Die Lösungswege schildern und begründen die wesentlichen Konstruktionsmerkmale, aber nicht die Details der Abwicklung der operativen Aufgaben wie z. B. der Anwendungsentwicklung. Dafür gibt es spezielle Lehrbücher. Zusätzlich werden Kennzahlen entwickelt, um das Controlling der Aufgabengebiete zu unterstützen. Für jedes Kapitel bilden die Aufgabengebiete samt Zielen, Erfolgsfaktoren und Controlling-Kennzahlen eine Zusammenfassung. Obwohl die verschiedenen Aufgabengebiete miteinander zusammenhängen, sind die Kapitel 2 bis 6 auch einzeln lesbar.

Was kann dieses Buch? Für die einzelnen Fragen wird jeweils mindestens eine Lösung aufgezeigt, die dem heutigen „Industriestandard" möglichst nahekommt. Das Buch will nicht in dem Sinne wissenschaftlich sein, daß sämtliche Möglichkeiten dargestellt und bewertet werden. Bei dem heutigen Stand der Informatik wäre dies ohnehin nur eine Momentaufnahme. Zum einen sind selbst klassische Anwendungsgebiete der Informatik wie Betriebssysteme oder Anwendungsentwicklung nur zum geringen Teil theoretisch durchdrungen. Zum anderen verbessern sich die technologischen Möglichkeiten ständig. Es entstehen dadurch laufend neue Anwendungsgebiete vom Performance-Management bis hin zur objektorientierten Software-Entwicklung, über die nur erste Erfahrungen vorliegen.

Wem habe ich zu danken? Dieses Buch ist entstanden aus der Reflexion meiner Arbeit für die Bayerische Hypotheken- und Wechsel-Bank AG (kurz: HYPO-BANK) über mehr als zehn Jahre. Offenheit und Vitalität dieses Unternehmens fordern einen ständigen, unternehmensweiten Dialog über bestehende Strukturen und Vorgehensweisen und führen damit zu einem kontinuierlichen Prozeß der Weiterentwicklung. Zur Förderung des Dialogs werden verschiedenste Aktivitäten unterstützt, vor allem im künstlerischen aber auch im technischen Bereich, selbst wenn sie nicht unmittelbar der Steigerung des Ertrags dienen.

Praktisch alle Mitarbeiterinnen und Mitarbeiter des Bereichs EDV der HYPO-BANK haben an diesem Buch mitgewirkt. Implizit durch Bereitschaft und Initiative zur Weiterentwicklung bestehender Organisation, explizit durch offene Diskussion von Vorschlägen.

In besonderem Maße gilt das für die Führungskräfte und Mitarbeiter, die konstruktive Beiträge zu meinem Manuskript geliefert haben. Namentlich hervorheben möchte ich dabei Frau *Romy Helferich*, Frau *Maxi Staunau* und die Herren *Dr. Reiner Knizia*, *Michael Lödige*, *Gero Schlör*, *Stephan Spannagl* und *Gerhard Winkler*, die mich zusätzlich bei meinen Vorlesungen über Informatik-Management an der Technischen Universität München auf vielfältige Weise unterstützt haben.

Die Herren *Professor Dr. Ernst Denert*, *Dr. Thomas Noth* und *Dr. Johannes Siedersleben* haben sich die Mühe gemacht, sich vollständig durch mein holpriges und HYPO-lastiges Manuskript zu kämpfen. Die Herren *Dr. Werner Marx*, *Dr. Bernd Hayler*, *Georg Osner* haben mich bei der Ausarbeitung der Rechtsfragen beraten. Zahlreiche gestalterische und inhaltliche Verbesserungen verdanke ich ihrer konstruktiven Kritik. Ihre Unterstützung hat mich motiviert und ermutigt, das Buch zu veröffentlichen.

Herr *Berndt Schramka*, Journalist und stellvertretender Leiter der Hamburger Journalistenschule, hat meinen Text von A bis Z überarbeitet. Die Lesbarkeit meines Buches hat sich dadurch signifikant verbessert.

Herr *Gerhard Winkler* hat mit großer Geduld, Sorgfalt und Initiative mehr als fünfzig Versionen meines Manuskriptes erfaßt und mitgestaltet. Ohne seinen Einsatz wäre das Buch nicht entstanden.

Der Springer-Verlag hat mich durch gute Zusammenarbeit und Vertrauen bei der Gestaltung des Buches unterstützt.

München, im Frühjahr 1994   Karl-Rudolf Moll

Inhaltsverzeichnis

Abkürzungen		**XVII**
1	**Einführung und Übersicht**	**1**
1.1	Informatik an Hochschulen und in Betrieben	1
1.1.1	Zum Begriff Informatik	1
1.1.2	Lehrinhalte der Informatik an deutschen Hochschulen	2
1.1.3	Informatik-Management: Mission-Statement und Zerlegung in Teilaufgaben	3
1.2	Der typische Großanwender der Informatik	5
1.2.1	Allgemeine Unternehmensmerkmale	5
1.2.2	Entwicklung von EDV-Anwendungssystemen	6
1.2.3	Wartung von EDV-Anwendungssystemen	8
1.2.4	Schulung und Beratung für EDV-Anwendungssysteme	9
1.2.5	Betrieb der EDV-Systeme	10
1.2.6	Controlling: Planung, Kontrolle und Stabsaufgaben	11
1.2.7	Leitung	13
1.3	Die HYPO-BANK als typischer Großanwender	15
1.4	Der Aufbau des Buches	17
1.4.1	Aufgabenorientierte Beschreibung	17
1.4.2	Beispiele aus dem Bankenumfeld	17
1.4.3	Erfolgsfaktoren	17
1.4.4	Controlling-Kennzahlen	18
1.4.5	Begriffe und Definitionen, Hervorhebungen, Sonstiges	19
2	**Informatik-spezifische Leitungsaufgaben**	**21**
2.1	Personalführung	21
2.1.1	Erfolgsfaktoren für Personalführung im Informatik-Umfeld	22
2.2	Einbettung der EDV in die Aufbauorganisation des Unternehmens	25
2.2.1	Erfolgsfaktoren für die Einbettung der EDV in die Aufbauorganisation	26

2.2.2	EDV-spezifische Organisationseinheiten	27
2.2.3	Grundbegriffe und Annahmen zur Aufbauorganisation von Unternehmen	28
2.2.3.1	Funktionaler und divisionaler Aufbau	29
2.2.3.2	Nutzer, Fachbereiche, Dienstleistungsbereiche	32
2.2.4	Einbettung der EDV-spezifischen Organisationseinheiten in das Unternehmen	35
2.2.4.1	Abstimmungs- und Kommunikationsbedarf als wichtigstes Kriterium	35
2.2.4.2	Hauptalternativen für die Einbettung der EDV-spezifischen Organisationseinheiten	39
2.2.4.3	Weitere wichtige Kriterien für die Einbettung der EDV und deren Bewertung	41
2.2.4.4	Hierarchische Einordnung einer Organisationseinheit	45
2.2.4.5	Zusammenfassung	46
2.3	Wichtige rechtliche Rahmenbedingungen der betrieblichen Informatik	48
2.3.1	Erfolgsfaktoren für die Einhaltung der rechtlichen Rahmenbedingungen	49
2.3.2	Schutz personenbezogener Daten	49
2.3.2.1	Wesentliche Inhalte des Bundesdatenschutzgesetzes	49
2.3.2.2	Einhaltung des Bundesdatenschutzgesetzes	50
2.3.3	Buchführung bei computergestützten Verfahren	53
2.3.3.1	Grundsätze ordnungsmäßiger Buchführung bei computergestützten Verfahren	53
2.3.3.2	Einhaltung der Grundsätze ordnungsmäßiger Buchführung bei computergestützten Verfahren	54
2.3.4	Rechte von Arbeitnehmern	58
2.3.4.1	Wesentliche EDV-spezifische Rechte des Betriebsrates	58
2.3.5	Allgemeine Geschäftsbedingungen	60
2.3.5.1	Anforderungen aus den Allgemeinen Geschäftsbedingungen der HYPO-BANK	60
2.3.6	Sicherung der Funktionsfähigkeit der EDV	61
2.3.7	Zusammenfassung	62
2.4	Entwicklung und Umsetzung einer Informatik-Strategie	63
2.5	Controlling-Kennzahlen: Unternehmen, Personal	66
2.6	Zusammenfassung	67
3	**Entwicklung und Wartung von Anwendungssystemen**	**69**
3.1	Einige Beispiele für Anwendungssysteme aus dem Bankenbereich	70
3.2	Die Software-Krise	79

3.3	Komponenten eines Modells für Anwendungsentwicklung und Wartung	82
3.4	Der Software-Life-Cycle	84
3.5	Das Phasenkonzept	85
3.5.1	Erfolgsfaktoren für das Phasenkonzept	85
3.5.2	Die acht Phasen im Überblick	86
3.5.3	Reviews im Phasenkonzept	92
3.6	Die Entwicklungsmethodik	94
3.6.1	Erfolgsfaktoren für die Entwicklungsmethodik	94
3.6.2	Methodenübersicht und Teilmethoden	96
3.6.2.1	Standardisierung	99
3.6.2.2	Interviewtechniken, Brainstorming, Teamwork	100
3.6.2.3	Netzplantechnik	100
3.6.2.4	Methoden der Aufwandsschätzung	100
3.6.2.5	Prognose der Wirtschaftlichkeit	104
3.6.2.6	Daten- und Funktionenmodellierung	105
3.6.2.7	Benutzerschnittstellen: Praxisgerechte Arbeitsabläufe, ergonomische Benutzeroberflächen, professionelle Schulung	106
3.6.2.8	Entscheidungstabellen	108
3.6.2.9	Modularisierung	108
3.6.2.10	Strukturierte Programmentwicklung	109
3.6.2.11	Standardisierte Programmentwicklung, Programmgeneratoren	109
3.6.2.12	Testkonzeption und Realisierung	110
3.6.2.13	Freigabeverfahren	111
3.6.2.14	Projektabschluß	111
3.6.2.15	Wartung	112
3.6.2.16	Effiziente Dokumentation	112
3.7	Effiziente Werkzeugunterstützung	115
3.7.1	Erfolgsfaktoren für effiziente Werkzeugunterstützung	115
3.7.2	Werkzeugunterstützung im HYPO-Modell	116
3.8	Weiterentwicklung des Software-Life-Cycles	118
3.9	Aufbau- und Projektorganisation	118
3.9.1	Erfolgsfaktoren für Aufbau- und Projektorganisation	119
3.9.2	Aufbauorganisation im HYPO-Modell	120
3.9.3	Projektorganisation im HYPO-Modell	121
3.9.4	Zuständigkeit für Verfahrenstechnik im HYPO-Modell	122
3.10	Rahmenbedingungen für Personal- und Arbeitsplatzausstattung	123

3.11	Controlling-Kennzahlen: Anwendungsentwicklung und Wartung	125
3.12	Zusammenfassung	126
4	**Schulung und Beratung für Anwendungssysteme**	**129**
4.1	Die Problematik des Aufgabengebietes	129
4.2	Erfolgsfaktoren für Schulung und Beratung	132
4.3	Alternativen der Schulungsabwicklung	132
4.4	Qualität von Schulungen	134
4.5	Laufende Beratung und Information: User-Help-Desk	135
4.6	Aufbauorganisation	136
4.7	Controlling-Kennzahlen: Schulung und Beratung	137
4.8	Zusammenfassung	138
5	**Betrieb der EDV-Systeme: Rechenzentrum**	**139**
5.1	Ziele des Rechenzentrumsbetriebs	140
5.1.1	Servicequalität	140
5.1.2	Funktions- und Datensicherheit	142
5.1.3	Wirtschaftlichkeit	142
5.2	Erfolgsfaktoren für den Rechenzentrumsbetrieb	143
5.3	Struktur von EDV-Systemen	144
5.4	Das Rechenzentrum als Produktionsbetrieb	149
5.5	Funktionsspezifische Aufgaben für Großrechnersysteme	151
5.5.1	Installation, Ablaufplanung und -kontrolle für zentrale Anwendungssoftware	151
5.5.2	Installation und Wartung zentraler Rechnersysteme	156
5.5.3	Installation und Wartung zentraler Systemsoftware	158
5.5.4	Bereitstellung von System- und Anwendungssoftware für dezentrale Rechner und Endgeräte	163
5.5.5	Installation und Wartung des Netzes	166
5.5.6	Systemsteuerung, Output-Erstellung, Beratung und Betreuung von Nutzern	169
5.5.7	Installation, Wartung und Betrieb von Fachabteilungs-Rechnersystemen	175
5.6	Übergreifende Aufgaben	176
5.6.1	Installation-Management	176
5.6.2	RZ-Sicherheit und Katastrophenvorsorge	187

5.7	Offene Fragen	190
5.8	Aufbauorganisation	192
5.9	Controlling-Kennzahlen: Rechenzentrumsbetrieb	193
5.10	Zusammenfassung	196
6	**Controlling: Planung, Kontrolle und Stabsaufgaben**	**197**
6.1	Ziele des Aufgabengebietes	197
6.2	Erfolgsfaktoren für Controlling-Aufgaben	198
6.3	Teilaufgabengebiete und deren Abwicklung	199
6.3.1	Controlling für Anwendungsentwicklung	200
6.3.2	Controlling für Hardware, System- und Standardsoftware	203
6.3.3	Controlling für Kosten	206
6.3.4	Controlling für Sicherheit	214
6.3.5	Controlling für Versicherungen	218
6.3.6	Controlling für Konzernsynergien	220
6.4	Offene Fragen	223
6.5	Aufbauorganisation	226
6.6	Controlling-Kennzahlen: Controlling	226
6.7	Zusammenfassung	227

Literaturverzeichnis ... **229**

A. Fachspezifische Literatur (Autoren) ... 229

B. Produktspezifische Literatur (Firmen) ... 233

Anhang A: Beispiele aus der HYPO-BANK ... **241**

Anhang B: Dokumentation HYPO-Service-Terminal ... **257**

Verzeichnis der Übersichten und Abbildungen ... **310**

Stichwortverzeichnis ... **313**

Abkürzungen

Ø	Durchschnitt (mathematischer)
AD	Anwendungsdokumentation
AD-Cycle	Application-Development-Cycle
AE	Anwendungsentwicklung
AEW	Anwendungsentwicklung und Wartung
AGB	Allgemeine Geschäftsbedingungen
AGBG	Gesetz zur Regelung des Rechts der allgemeinen Geschäftsbedingungen
AN	Arbeitnehmer
AO	Abgabenordnung, Aufbauorganisation (je nach Kontext)
AS	Außenstelle, Application System
AuK	Abstimmung und Kommunikation
BAK	Bundesaufsichtsamt für das Kreditwesen
BD	Benutzerdokumentation
BDSG	Bundesdatenschutzgesetz
BetrVG	Betriebsverfassungsgesetz
BO	Benutzerorganisation
BR	Betriebsrat
CASE	Computer Aided Software Engineering
CLIST	Command List
CTR	Controlling
DB	Dienstleistungsbereich
DB2	Database 2
DCF	Document Composition Facility (Textverarbeitung)
DK	Datenkommunikation
Dump	Speicherabzug
DV	Datenverarbeitung
E-Mail	Electronic-Mail
ED	Entwicklungsdokumentation
EDV	Elektronische Datenverarbeitung
EFU	Entscheidungsfindung und Umsetzung
EF	Erfolgsfaktor, Phase Einführung (je nach Kontext)
EoD	Economies of Decentralisation
EoS	Economies of Scale
FAMA	Fachausschuß für maschinelle Abrechnungssysteme

FB	Fachbereich
FK	Fachkonzept(ion)
FP	Function-Point
FRS	Fachabteilungs-Rechnersystem
GByte	1.000.000.000 Byte
GoB	Grundsätze ordnungsmäßiger Buchführung
GoSB	Grundsätze ordnungsmäßiger Speicherbuchführung
GRS	Großrechnersystem
HGB	Handelsgesetzbuch
HIPO	Hierarchy plus Input-Process-Output
HOST	Mainframe-Rechner
HYPO-BANK	Bayerische Hypotheken- und Wechsel-Bank AG
HYPO	Bayerische Hypotheken- und Wechsel-Bank AG
IDV	Individuelle Datenverarbeitung
IKS	Internes Kontrollsystem
IMS/DB	Information Management System / Data Base
IMS/TM	Information Management System / Transaction Monitor
ISPF	Interactive System Productivity Facility
JCL	Job Control Language
JD	Jobdokumentation
LOC	Lines of Code
MA	Mitarbeiter
MAK	Mitarbeiterkapazität
MByte	1.000.000 Byte
MIPS	Million Instructions Per Second
MJ	Mannjahr
MM	Mannmonat
MVS	Multiple Virtual System
OE	Organisationseinheit
ORG	Organisation
OS/2	Operating-System/2
PC	Personal Computer
PD	Programmdokumentation
PE	Programmentwicklung
PL	Planung
PL/1	Programming Language/1
PR	Programmierung (Phase im Phasenkonzept)
PTF	Program Tempory Fix
ROI	Return on Investment (Kapitalrückfluß)
RZ	Rechenzentrum
SuB	Schulung und Beratung
SAA-CUA	System Application Architecture - Common User Access
SBE	Servicebereichs-Ergebnisrechnung
SD	Systemdokumentation
SK	Systemkonzept(ion)

SLC	Software-Life-Cycle
TSO	Time-Sharing-Option
UHD	User-Help-Desk
VD	Verfahrensdokumentation
VR	Vermarktung von Ressourcen
VT	Verfahrenstechnik
VU	Voruntersuchung
W	Wartung

1 Einführung und Übersicht

Das wichtigste Ziel dieses Kapitels ist es, den Begriff *Informatik-Management* festzulegen. Beschrieben werden die wesentlichen Aufgaben und Ziele, die sich aus dem *Mission-Statement* des Informatik- oder EDV-Bereichs eines typischen Informatik-Großanwenders ergeben. Das Mission-Statement sowie die Aufgabengebiete und Ziele entsprechen weitgehend dem Industriestandard. Unternehmensspezifische Abweichungen sind selbstverständlich möglich. Sie verändern die vorgeschlagenen Lösungen in der Regel nur in der Aufbauorganisation. Ablauforganisation, Methodik und verwendete Tools bleiben gleich.

Zu allen wichtigen Aufgaben werden die typischerweise auftretenden Mengengerüste angegeben: Im allgemeinen machen erst diese Mengengerüste die Aufgaben zu einem Managementproblem, das systematisches Vorgehen erfordert.

Die Basis für das Buch sind die Beschreibung der Aufgabengebiete in diesem Kapitel und die der Informatik-spezifischen Leitungsaufgaben mit den Schwerpunkten Aufbauorganisation und Rechtsvorschriften in Kapitel 2. Jedes folgende Kapitel beschreibt ein operatives Aufgabengebiet und schlägt Lösungen vor. Und das immer mit Aussagen zu

- Aufbauorganisation und
- Ablauforganisation inklusive Methoden und eingesetzten Tools.

Als Zusammenfassung werden für jedes Aufgabengebiet neben den Zielen auch *Erfolgsfaktoren* für die Lösungswege und *Controlling-Kennzahlen* vorgeschlagen.

1.1 Informatik an Hochschulen und in Betrieben

1.1.1 Zum Begriff Informatik

Nach heute üblicher Terminologie der Gesellschaft für Informatik [Brau 89] gilt:

„**Informatik** ist die Wissenschaft, Technik und Anwendung der maschinellen Verarbeitung und Übermittlung von Informationen"

Damit umfaßt der Begriff Informatik das gesamte Spektrum der Elektronischen Datenverarbeitung (EDV) in Wissenschaft, Technik und Industrie. Wenn es um Arbeit im betrieblichen Umfeld geht, wird in diesem Buch deshalb oft EDV statt Informatik stehen.

1.1.2 Lehrinhalte der Informatik an deutschen Hochschulen

An deutschen Hochschulen wird das Gebiet Informatik meist aufgeteilt in drei große Bereiche mit folgenden Schwerpunkten[1]:

Theoretische Informatik. Automatentheorie, Schaltwerktheorie, Formale Sprachen, Algorithmentheorie, Rekursive Funktionen, Komplexitätstheorie, Theorie der Programmierung, Informationstheorie usw.

Praktische Informatik. Datenstrukturen, Datenorganisation, Programmier- und Dialogsprachen, Programmiertechnologie, Übersetzerbau, Betriebssysteme, Informationssysteme, Kommunikationssysteme, Graphische Datenverarbeitung, Simulation usw.

Technische Informatik. Schaltungstechnologie, Prozeßrechner, Mikroprogrammierung, Rechnerorganisation, Spezialrechner, Peripherie usw.

Die Lehrinhalte orientieren sich dabei überwiegend an folgender Aussage:

„Das Studium der Informatik ist nicht vornehmlich auf den Erwerb berufsspezifischer Kenntnisse und Fertigkeiten ausgerichtet. Gerade auf dem Gebiet der Informatik und ihrer Anwendungen in der Datenverarbeitung ist es wichtiger, daß die Studenten eine breite, theoretisch fundierte Grundausbildung erhalten ..., als daß sie direkt anwendbares Wissen ansammeln ..." [Brau 84]

Es ist sicher richtig, daß sich die Hochschulen auf die Vermittlung einer breiten, theoretisch fundierten Grundausbildung konzentrieren. Das gilt mit Einschränkungen auch für die mehr praxisorientierten Studiengänge Wirtschaftsinformatik sowie die entsprechenden Studiengänge an Fachhochschulen. Wesentliche Gründe sind:

- An Hochschulen bestehen nur sehr eingeschränkte Möglichkeiten, Informatik praktisch anzuwenden. So gibt es in der Regel keine größeren Projekte zur Entwicklung von neuen Anwendungs- oder Systemprogrammen.

---

[1] s. [IzIS 91, VOVZ 91]

- Prozessoren, Speichermedien und Datenkommunikation werden so schnell weiterentwickelt, daß für die angewandte Informatik ständig neue Themen entstehen. Es braucht aber Jahre, bis sich diese Themen konsolidiert haben und damit systematisch behandelt werden können.

Es ist also verständlich, daß in den Lehrplänen der Hochschulen viele der Aufgaben fehlen, die zum Alltag einer EDV-Abteilung in einem Betrieb gehören.

Beispiele für solche Aufgaben sind: Große *EDV-Anwendungssysteme* entwickeln, Rechenzentren betreiben, Anwender neuer *EDV-Systeme* schulen, Investitionen planen. Um all das bewältigen zu können, müssen oft erst einmal spezifische EDV-Werkzeuge (*Tools*) entwickelt werden – und das in großem Umfang. Zum Beispiel Tools für Software-Entwicklung, Planung, Speicherverwaltung, Performance-Monitoring, Netzwerkmanagement.

Die gesamten Aufgaben von EDV-Abteilungen fassen wir unter dem Oberbegriff

Informatik-Management

zusammen und beschreiben sie im folgenden Abschnitt.

In der deutschsprachigen Literatur findet man kurze Behandlungen des Themas in den Lehrbüchern zur Wirtschaftsinformatik, wie in dem Buch von Stahlknecht: „Einführung in die Wirtschaftsinformatik" [Stahl 89]. Ein Standardwerk der englischsprachigen Literatur ist das Buch von Cash, McFarlan, McKenney: „Corporate Information Systems Management" [Cash 87]. Der Schwerpunkt sind allerdings strategische Fragen, die im allgemeinen nur für das Top-Management relevant sind. Konkrete Ausführungen für das tägliche Management sind nur wenige enthalten.

1.1.3 Informatik-Management: Mission-Statement und Zerlegung in Teilaufgaben

Unter einem **Mission-Statement** für eine Management-Funktion versteht man eine kompakte Beschreibung ihrer Aufgaben. Für Informatik-Management in Betrieben sehen wir das folgende Mission-Statement als gültig an.
Informatik-Management beinhaltet alle Aufgaben, die für das

Bereitstellen von effizienten EDV-Systemen

im Unternehmen notwendig sind. *Bereitstellen* beinhaltet das Beschaffen, Entwickeln, Einführen, Warten und Betreiben aller EDV-Systeme. *Effizienz* verlangt, daß bei diesen Aufgaben die folgenden wesentlichen Ziele erreicht werden:

- EDV-Ressourcen müssen rechtzeitig auf die Realisierung der jeweils wichtigsten Anforderungen des Unternehmens konzentriert werden.

- Entwicklung, *Wartung* und Betrieb aller EDV-Systeme müssen wirtschaftlich sein.
- EDV-Systeme müssen eine angemessene technische Qualität haben.
- EDV-Systeme müssen benutzerfreundlich sein.
- Nutzer neuer EDV-Systeme müssen professionell geschult und betreut werden.
- Rechtsvorschriften sowie interne Anforderungen an Sicherheit müssen eingehalten werden.
- Gewünschte Verfügbarkeit und Antwortzeit für alle EDV-Systeme müssen gewährleistet sein.
- Übergreifende EDV-Belange müssen konzernweit konzentriert werden.

Diesen ganzen Aufgabenkomplex gliedern wir in die operativen Aufgabengebiete

- *Entwicklung*
- *Wartung*
- *Schulung und Beratung*
- *Betrieb*
- *Controlling*

von EDV-Systemen (bzw. für EDV-Systeme). Die nicht-operativen Aufgaben fassen wir unter dem Terminus *Leitung* zusammen. Dabei verstehen wir unter einem **EDV-System** die Summe aller EDV-spezifischen Komponenten, die nötig sind, um mit EDV die Arbeitsabläufe von Fachgebieten zu unterstützen. Dazu gehören:

- Rechnernetze bestehend aus
  - *Daten-Endeinrichtungen* (z. B. Mainframe-Rechner(-Systeme), Workstations, Personal Computer (PC), Terminals, Geräte)
  - *(Daten-)Kommunikationsmedien*, kurz: *Medien* (z. B. Datenleitungen, Funkstrecken)
  - *Übertragungseinrichtungen* (z. B. Modems, Multiplexer, Konzentratoren, Vermittlungsknoten, Subnetze (z. B. Local Area Networks))
- *Systemsoftware*
- *Anwendungssoftware.*

Unter einem **EDV-Anwendungssystem** (kurz auch: **Anwendungssystem** oder **Anwendung**) verstehen wir die spezifischen Teile eines EDV-Systems, die nötig sind, um ein Fachgebiet zu unterstützen. Nicht dazu zählen also alle anwendungsübergreifenden Systemteile wie Mainframe-Rechnersysteme, Systemsoftware, Speicher, Terminals, PCs, sonstige Geräte. Unter **Systemsoftware** verstehen wir die Software (Synonym: Programme) für die Grundfunktionen der EDV, die das Entwickeln und Betreiben von Anwendungen erst ermöglichen. Feste Bestandteile der Systemsoftware der meisten EDV-Systeme sind: Betriebssysteme, Datenkommunikationssysteme, Datei- oder Datenbanksysteme, Transaktionsmonitore, Druckertreiber, Übersetzer, Binder usw. Unter **Anwendungssoftware** (oder **anwendungs-**

spezifischer Software) verstehen wir Software, die ausschließlich fachspezifische Funktionen realisiert. Unter **Standard(anwendungs)software** verstehen wir Anwendungssoftware, welche unternehmensunabhängig ist. Typische Beispiele für Standardsoftware sind Programme für Textverarbeitung, Grafikerstellung, Tabellenkalkulation, Gehaltsabrechung, Finanz- und Anlagenbuchhaltung.
Beispiel: Das EDV-Anwendungssystem HYPO-Service-Terminal. Das HYPO-Service-Terminal ist ein Anwendungssystem der HYPO-BANK. Es dient der Selbstbedienung der Kunden. Das HYPO-Service-Terminal besteht aus dem Gehäuse mit integriertem PC, Eingabetastatur, Eurocard-Leser, Touchscreen und eingebautem Drucker. Die anwendungsspezifischen Programme auf dem Personal Computer (PC) innerhalb des Gerätes stellen u.a. folgende Funktionen zur Verfügung: Konto-Information, Depot-Information, Wertpapierkurs-Informationen, Überweisung und Dauerauftrag. Vervollständigt wird das Anwendungssystem durch anwendungsspezifische Programme und Datenbanken auf dem *Großrechnersystem* der HYPO-BANK, die die Daten zur Verfügung stellen. Datenbanksysteme, Transaktionsmonitore, Betriebssysteme usw. gehören zur Systemsoftware. Das HYPO-Service-Terminal dient als durchgehendes Beispiel für das Entwickeln und Warten von EDV-Anwendungssystemen (s. Kapitel 3 sowie Anhang B), um die Verfahrenstechnik zu vertiefen.▲

1.2 Der typische Großanwender der Informatik

Banken, Versicherungen, Automobilhersteller, Chemiekonzerne, Großrechenzentren, große Softwarehäuser sind typische Großanwender der Informatik. Für solche Unternehmen ist dieses Buch gedacht. In Unternehmen, die Standardanwendungen mit Hilfe von Personal- oder Kleincomputern nutzen, treten die meisten Fragen (z. B. Anwendungsentwicklung) nicht auf bzw. sind die in diesem Buch angebotenen Lösungen nicht relevant. Der Prototyp des Informatik-Großanwenders wird charakterisiert durch Aufgabengebiete und Mengengerüste.

1.2.1 Allgemeine Unternehmensmerkmale

Der typische Großanwender beschäftigt mehr als 5.000 Mitarbeiter. Sein Geschäftsvolumen (Umsatz bzw. Provisionsaufkommen bzw. Bilanzsumme) ist größer als eine Milliarde DM. In der Regel ist das Unternehmen Mutter eines *Konzerns*, d. h. mindestens 50%iger Inhaber einer Reihe von weiteren Unternehmen. Auch diese betreiben EDV-Systeme. Bei Softwarehäusern sowie Großrechenzentren gelten analoge Aussagen für diejenigen Unternehmen, die den Service in Anspruch nehmen.

1.2.2 Entwicklung von EDV-Anwendungssystemen

Der typische Großanwender entwickelt seit mehr als zehn Jahren den überwiegenden Teil der Anwendungssysteme selbst. Dazu werden mehr als hundert Angestellte beschäftigt. Die Anwendungssysteme unterstützen alle Bereiche des Unternehmens, auch die Verwaltung. Typische, branchenunabhängige Anwendungssysteme für die Verwaltung sind:

- Lohn- und Gehaltsabrechnung
- Finanzbuchhaltung
- Anlagenbuchhaltung
- Personal-Information
- Bilanzerstellung
- Finanz- und Investitionsplanung
- Kostenstellenrechnung.

Abhängig von der Branche sind Anwendungssysteme, die das Geschäft steuern und abwickeln. Typische Anwendungssysteme bei Banken sind:

- für das Privatkundengeschäft:
  - Schalter oder Kasse inklusive Kontoführung
  - Selbstbedienung der Kunden
  - Abwicklung des Zahlungsverkehrs
  - Verwaltung der Spareinlagen
  - Vergabe und Verwaltung von Privatkrediten
- für das Wertpapiergeschäft:
  - Kursinformationen
  - Erfassung und Überleitung von Aufträgen (Orders)
  - Abrechnung von Wertpapiergeschäften
- für das Firmenkundengeschäft:
  - Vergabe und Verwaltung von Krediten
  - Bilanzerfassung und Analyse
  - Electronic Banking
  - Datenträgeraustausch
- für das Auslandsgeschäft:
  - Unterstützung des Zahlungsverkehrs.

Als Ergänzung dieser sehr unvollständigen Aufzählung gibt es im Anhang A eine Übersicht über die Anwendungssysteme in der HYPO-BANK und ihre zeitliche Entwicklung. Sie ist typisch für alle Großbanken. Wegen der Vielfalt der branchenspezifischen Anwendungssysteme verweisen wir auf die detaillierten Darstellungen in den Büchern von Scheer [Sche 90] und Stahlknecht [Stah 89].

1.2 Der typische Großanwender der Informatik

Die einzelnen Anwendungssysteme eines Unternehmens sind im allgemeinen hoch integriert, Daten und Teilfunktionen werden jeweils von mehreren Anwendungssystemen genutzt. Für die Entwicklung von neuen Anwendungssystemen laufen ständig mehrere Projekte. Dafür wird fachspezifisches Know-how aus allen Bereichen des Unternehmens benötigt.

Das Verwenden von Standardsoftware (z. B. Tabellenkalkulation) zum Erstellen von „kleinen" Anwendungssystemen zur individuellen Nutzung durch einige wenige Personen wollen wir nicht als Anwendungsentwicklung, sondern als **Individuelle Datenverarbeitung** (IDV) bezeichnen. Ausführungen dazu erfolgen in Abschnitt 5.5.4.

Übersicht 1.1: Aufgabengebiet Entwicklung (Wartung) von EDV-Anwendungssystemen

- Entwicklungs- und Wartungsaufgaben planmäßig durchführen
- Alle Anforderungen mit Auftraggebern und Nutzern abstimmen
- Aufwand und Wirtschaftlichkeit schätzen
- Gewährleisten, daß Anwendungssysteme benutzerfreundlich und wirtschaftlich sind
- Gewährleisten, daß alle Richtlinien bezüglich Datenschutz und Datensicherung und Dokumentation eingehalten werden
- Anforderungen an Qualität der Anwendungen gewährleisten
- Gewährleisten, daß der Entwicklungsprozeß wirtschaftlich ist
  - Entscheidung bezüglich Kauf, Fremd- oder Eigenentwicklung (Marktbeobachtung)
  - Auswahl von Methoden und Tools (Marktbeobachtung)
  - Beratung bezüglich Methoden, Tools und Standards
  - Festlegung aller notwendigen Standards
  - Geringe Redundanz bezüglich Daten und Funktionen

Die Entwicklung beinhaltet die in der Übersicht 1.1 beschriebenen wichtigen Aufgaben. Zugrunde liegen Nutzen- und Kostenrechnungen. Das Entwickeln eines neuen Anwendungssystems bedeutet deshalb auch, mit vorgegebenem Sach- und Personalaufwand in der festgelegten Zeit fertig zu werden. Abweichungen bedeuten in der Regel hohe wirtschaftliche Risiken.

Um die Zahl der Mißverständnisse und Rückschritte bei der Entwicklung der Anwendungssysteme möglichst gering zu halten, sind vor der Implementierung alle Anforderungen mit den Auftraggebern und Nutzern genau abzustimmen. Anforderungen während der Implementierung zu ändern, verursacht in der Regel extrem hohe Zusatzkosten. Um Risiken und

Fehleinschätzungen zu minimieren, muß möglichst früh und möglichst genau geschätzt werden, welcher Aufwand für Entwicklung, Wartung und Betrieb des Anwendungssystems zu erwarten ist, welchen Nutzen es hat und wie wirtschaftlich es ist.

Im Entwicklungsprozeß ist insbesondere darauf zu achten, daß die Anwendungen benutzerfreundlich sind, Ressourcen wie Rechner- und Speicherkapazität sparsam verwendet werden und der Output in Form von beispielsweise Papier und Mikrofiche möglichst gering ist. Dazu wird auch eine praxisgerechte Ablauforganisation für die Nutzer benötigt.

Alle Richtlinien zu Datenschutz, Datensicherung und Dokumentation sind bei der Entwicklung einzuhalten.

Alle Qualitätsanforderungen, speziell an die technische Implementierung der Anwendungssysteme, sind zu erfüllen.

Es muß entschieden werden, ob Kauf, Fremd- oder Eigenentwicklung wirtschaftlicher sind. Die Methoden und Tools zur Entwicklung der Anwendungssysteme sind auszuwählen und alle notwendigen Standards festzulegen.

Um Mehrfachentwicklungen zu vermeiden, ist darauf zu achten, daß für verschiedene Anwendungssysteme Daten möglichst redundanzarm gespeichert und Funktionen möglichst redundanzarm entwickelt werden.

Die detaillierte Besprechung der Realisierungswege erfolgt im Kapitel 3.

1.2.3 Wartung von EDV-Anwendungssystemen

Unter der **Wartung** eines EDV-Anwendungssystems wollen wir alle Arbeiten am Anwendungssystem verstehen, die nach seiner Einführung notwendig sind, um es mit zufriedenstellender Performance betreiben zu können. Typische Wartungsaufgaben sind: Fehlerbeseitigung, Realisierung gesetzlicher Änderungen, kleine fachliche Änderungen wie z. B. Hinzufügen von Feldern auf Masken, Ändern von Listen, Tuning der Programmabläufe usw. Grundsätzliche Änderungen bzw. den Einbau neuer Funktionen mit einem Aufwand von mehr als 6 Mannmonaten[2] wollen wir der (Neu)- Entwicklung zuordnen. Die Grenze von 6 Mannmonaten ist als unternehmensspezifisch anzusehen, auch 3 MM wären denkbar.

Der typische Großanwender wartet den Großteil seiner Anwendungssysteme selbst. Der Bestand an zu wartenden Anwendungssystemen besteht aus mehr als 1000 einzelnen Programmen. Ihre Entwicklung nahm mehr als 500 Mannjahre (MJ) in Anspruch. Für die laufende Wartung der bestehenden Anwendungssysteme werden zwischen 30% und 70% der gesamten Kapazitäten benötigt, die für Entwicklung und Wartung vorhanden sind.

---

[2] Unter einem Mannmonat (MM) bzw. Mannjahr (MJ) verstehen wir die durchschnittliche Arbeitsmenge, die eine Person in einem Monat bzw. Jahr erbringt.

Die Wartungsaufgaben sind inhaltlich im wesentlichen deckungsgleich mit denen der Entwicklung, aber deutlich weniger aufwendig. Deshalb werden sie hier nicht näher erläutert. Detaillierte Ausführungen zur Abwicklung der Wartungsaufgaben erfolgen in Kapitel 3.

1.2.4 Schulung und Beratung für EDV-Anwendungssysteme

Die überwiegende Zahl der Mitarbeiter (MA) im typischen Großunternehmen ist nicht auf dem Gebiet der EDV tätig[3]. Die Berührungspunkte dieser Mitarbeiter mit der EDV beschränken sich jeweils auf die Nutzung einiger ausgewählter Anwendungssysteme mit Hilfe von Terminals oder PCs, von denen z. B. mehr als 1.000 Online an die Großrechnersysteme angeschlossen sind. Im Extremfall kann es vorkommen, daß ein Mitarbeiter mehrere Anwendungssysteme mit insgesamt mehr als 100 verschiedenen Bildschirm-Masken zur Abwicklung seiner Aufgaben verwenden muß.

Alle diese Nutzer der Anwendungssysteme müssen motiviert, geschult und bei Problemen beraten werden. Somit ergibt sich als eine weitere wichtige Teilaufgabe des Informatik-Managements die Schulung und Beratung von Mitarbeitern. Durch sie muß sichergestellt werden, daß die Anwendungssysteme ordnungsgemäß und damit wirtschaftlich genutzt werden.

Übersicht 1.2: Aufgabengebiet Schulung und Beratung für EDV-Anwendungssysteme

- Erstellen und Pflegen aller Schulungsmittel inklusive Handbüchern
- Planen und Abwickeln aller Schulungen
- Abbauen von Akzeptanzproblemen bei Neueinführungen
- Beraten und Informieren der Nutzer
- Entwickler über die Praktikabilität der Anwendungen informieren

Zu den Aufgaben (s. Übersicht 1.2) gehört, alle Schulungsmittel zu erstellen; alle einführenden und weiterführenden Schulungen zu planen und zu betreuen, alles zu tun, damit das Anwendungssystem von den Mitarbeitern angenommen wird. Und es muß sichergestellt sein, daß Anwender bei Problemen schnell beraten und informiert werden. Deshalb ist es wichtig, daß die verantwortlichen Entwickler des Systems von Trainern und Beratern ein

---

[3] Bei Softwarehäusern und Großrechenzentren gilt das gleiche für die Unternehmen, die deren Service in Anspruch nehmen.

ständiges Feedback bekommen: Wie wird das System angenommen? Wie praktikabel ist es? Gibt es Vorschläge oder Bitten der Anwender? Die detaillierte Beschreibung der Realisierung dieser Aufgaben erfolgt im Kapitel 4.

1.2.5 Betrieb der EDV-Systeme

Für den Betrieb der EDV-Systeme unterhält das Unternehmen ein oder mehrere *Rechenzentren* mit *zentralen Rechnern*, an die ein oder mehrere *Netze* mit mehr als tausend *Endgeräten* angeschlossen sind.

Auf den zentralen Rechnern befinden sich regelmäßig zwischen 50 und 200 Anwendungssysteme in Betrieb, die wiederum aus mehreren tausend Einzelprogrammen bestehen. Die zentral zu verwaltenden Daten nehmen mehrere 100 Gigabyte Speicherplatz auf verschiedenen Speichermedien in Anspruch. Mehr als 50 Mitarbeiter kümmern sich um den Betrieb der EDV-Systeme .

Um einen reibungslosen, *Service-Level*-gerechten Betrieb aller EDV-Systeme zu ermöglichen, hat das Management die in Übersicht 1.3 zusammengefaßten Teilaufgaben zu erledigen: Die EDV-Anwendungssysteme sind zu übernehmen und in den Betrieb einzugliedern. Der Betrieb der EDV-Systeme muß ständig überwacht und gesteuert werden. Alle gespeicherten Daten sind zu pflegen und gemäß den gesetzlichen Vorschriften periodisch zu sichern bzw. zu archivieren. Der Output ist auftrags- und termingerecht zu erstellen und zu verteilen.

Für Anwender, deren Arbeit durch Störungen im Betrieb bzw. durch Probleme im Umgang mit EDV-Systemen behindert wird, ist eine ständige Betreuung bereitzustellen.

Die Einhaltung aller gesetzlichen und internen Vorschriften und Vereinbarungen zur Daten- und Funktionssicherheit ist zu gewährleisten. Dabei muß insbesondere genau festgelegt werden, in welchem Umfang die EDV-Systeme auch im Fall von Katastrophen, wie zum Beispiel Erdbeben, Überschwemmung, Flugzeugabsturz, Streik oder Sabotage, für das Unternehmen betriebsbereit sein müssen. Entsprechende Vorkehrungen sind zu treffen.

Der Service-Level-gerechte Betrieb muß mittelfristig sichergestellt sein. Deshalb müssen alle EDV-Systeme ständig beobachtet werden; außerdem ist es nur so möglich, Ressourcen rechtzeitig zu erweitern. Dabei ist auf eine kostengünstige und ordnungsgemäße Beschaffung zu achten.

Die Installation und Wartung der EDV-Systeme ist eine ständige Aufgabe. Üblicherweise erfolgt Installation und Wartung der Hardware in der Regel durch die Hersteller, für Systemsoftware durch eigene Mitarbeiter.

Das Unternehmen und speziell die EDV-Leitung sind laufend mit komprimierten Berichten über Produktionsmengen, Ressourcenverbrauch, Verfügbarkeit, Performance und Problemen inklusive Status zu informieren (Reporting).

1.2 Der typische Großanwender der Informatik

> **Übersicht 1.3: Aufgabengebiet Betrieb der EDV-Systeme**
>
> - Gewährleisten eines Service-Level-gerechten, wirtschaftlichen Betriebes aller EDV-Systeme
>   - Übernahme und Betrieb aller Anwendungssysteme
>   - Pflege inklusive Bereitstellung aller gespeicherten Daten
>   - Vorschriftsmäßige Sicherung und Archivierung der Daten
>   - Erstellung und Verteilung des Outputs
> - Anwender bei Störungen oder Bedienungsproblemen betreuen
> - Einhalten aller Vorschriften und Vereinbarungen bezüglich Daten- und Funktionssicherheit inklusive Katastrophenvorsorge
> - Laufendes Beobachten und, wenn nötig, Erweitern der Ressourcen aller EDV-Systeme
> - Kostengünstige und ordnungsgemäße Abwicklung der Beschaffung aller Ressourcen
> - Installation und Wartung aller EDV-Systeme inklusive der Systemsoftware
> - Laufendes Reporting bezüglich
>   - Produktionsmengen
>   - Ressourcenverbrauch
>   - Verfügbarkeit
>   - Performance
>   - Problemen
> - Auswahl und Steuerung von Herstellern und Wartungsfirmen

Die Kontakte zu Herstellern und Wartungsfirmen sind zu pflegen, um die für das eigene Unternehmen notwendigen Serviceleistungen zu erhalten.

Im Detail wird die Realisierung der Aufgabengebiete im Kapitel 5 beschrieben.

1.2.6 Controlling: Planung, Kontrolle und Stabsaufgaben

Die operativen Aufgabengebiete Entwicklung, Wartung, Schulung und Beratung bezüglich EDV-Anwendungssystemen sowie Rechenzentrumsbetrieb erbringen wichtige Dienstleistungen für das Unternehmen und erfordern einen erheblichen Sach- und Personalaufwand. Bei unserem typischen Großunternehmen liegt dieser in einer Bandbreite von 50 bis 500 Mio. DM Sachaufwand pro Jahr sowie 150 bis 600 Mitarbeitern.

Das zieht zahlreiche wichtige übergreifende Planungs-, Kontroll- und sonstige Stabsaufgaben nach sich. Wegen ihres Umfangs und ihrer Bedeutung ordnen wir sie nicht dem Aufgabengebiet „Leitung" zu, sondern sehen sie unter dem Schlagwort Controlling als eigenes Aufgabengebiet an. In Übersicht 1.4 stellen wir dieses Aufgabengebiet zusammenfassend dar. Dabei wollen wir unter Planung stets eine Mittelfristplanung für then Zeitraum von einem bis drei Jahren verstehen. Alle kürzeren Planungen werden von den betroffenen operativen *Organisationseinheiten* selbst durchgeführt.

Übersicht 1.4: Aufgabengebiet Controlling

- **Planung der Entwicklung von EDV-Systemen**
- **Planung des Gerätebedarfs für EDV-Systeme im gesamten Unternehmen:**
  - Bedarfserfassung
  - Beobachtung des Hard- und Softwaremarktes
  - Festlegung von Standards für Hardware, Software und Kommunikation
- **Planung aller Maßnahmen für die EDV-Sicherheit**
- **Planung der Personal- und Sachkosten für die EDV**
- **Steuerung der Ressourcenvergabe**
- **Kontrolle der Planziele**
- **Ausschluß EDV-spezifischer Risiken durch Versicherungen**
- **Konzernweite Koordination aller übergreifenden EDV-Belange**
- **Steuerung betriebswirtschaftlicher Funktionen inklusive Kostenverrechnung für EDV-Dienstleistungen im Unternehmen (Konzern)**
- **Vorbereitung aller Verträge**

Bei der Entwicklung von Anwendungssystemen müssen strategische und gesetzliche Anforderungen mit den laufenden Anforderungen der Fachabteilungen in Einklang gebracht werden. Dabei muß sichergestellt sein, daß die für das Unternehmen wichtigsten Entwicklungsvorhaben realisiert werden. Über diese wichtigsten Entwicklungsvorhaben muß ein Konsens herbeigeführt werden, der unternehmensweit abgestimmt ist.

Der mittelfristige Gerätebedarf für den Betrieb von EDV-Systemen im gesamten Unternehmen muß ermittelt werden. Dazu sind

- die Erfassung des Bedarfs an Hard- und Software
- die Beobachtung des Hard- und Softwaremarkts

1.2 Der typische Großanwender der Informatik 13

- die Festlegung von Standards für Hardware, Software und Kommunikation

notwendig. Speziell unternehmensweite Standards haben überragende Bedeutung für die mittelfristige, kostengünstige Abdeckung des Bedarfs an EDV-Systemen.

Zur Reduktion der Risiken ist eine sorgfältige Planung aller kurz- und mittelfristig notwendigen Maßnahmen für die EDV-Sicherheit unbedingt erforderlich.

Die entstehenden Kosten und der Personalbedarf müssen sorgfältig hochgerechnet werden. Für die aktuelle Ressourcenzuteilung muß pro Kostenart ein Mechanismus festgelegt sein, der die Prioritäten steuert.

Das Controlling überwacht darüber hinaus die Einhaltung aller Planziele. Das Trennen dieser Tätigkeit von den operativen Aufgaben realisiert eine wirksame Kontrollfunktion. Alle unternehmensbedrohenden Risiken aus dem Umfeld EDV müssen erkannt und, wo immer wirtschaftlich sinnvoll, durch Versicherungen abgedeckt werden. Entsprechend der Konzernstrategie muß versucht werden, Synergien im EDV-Umfeld zu realisieren. Dies ist eine wichtige Koordinationsaufgabe.

Speziell wegen der hohen Kosten und Mengen im EDV-Umfeld ist eine sorgfältige Realisierung aller betriebswirtschaftlichen Funktionen im Bereich Beschaffung, Bezahlung, Kostenverrechnung notwendig. Die Vorgehensweisen müssen vorgegeben werden. Besonders wichtig ist die Definition von Preisen für Kostenverrechnung von Informatik-spezifischen Dienstleistungen im Unternehmen (bzw. im Konzern).

Für die Beschaffung von Hard- und Software und die Inanspruchnahme von Dienstleistungen müssen zahlreiche, zum Teil umfangreiche Verträge geschlossen werden. Spezielles Know-how zur Unterstützung ist vorzuhalten.

Wesentlich bei allen Aufgaben ist, daß die Planungen mit den betroffenen Instanzen des Unternehmens abgestimmt werden. Die detaillierte Beschreibung der Realisierung dieser Aufgabengebiete erfolgt im Kapitel 6.

1.2.7 Leitung

Das Aufgabengebiet **Leitung** einer Organisationseinheit umfaßt grundsätzlich die Verantwortung für alle Aufgaben der jeweiligen Organisationseinheit. Die operativen Aufgaben werden im allgemeinen nicht vom Leiter selbst, sondern von seinen Mitarbeitern wahrgenommen. Deshalb wollen wir in dieser Ausarbeitung unter *Leitung* alle Aufgaben zusammenfassen, die es überhaupt erst ermöglichen, daß die Mitarbeiter die operativen Aufgaben bewältigen. Übersicht 1.5 faßt die wesentlichen Leitungsaufgaben zusammen.

Übersicht 1.5: Aufgabengebiet Leitung

- Personalführung
- Außenvertretung von Organisationseinheiten
- Sicherstellung einer effizienten Aufbau- und Ablauforganisation
- Sicherstellung ordnungsmäßiger Arbeitsabläufe
- Entwicklung und Umsetzung einer Informatik-Strategie
- Personal- und Kostenplanung

Alle mit Personalführung verbundenen Aufgaben haben im Umfeld „Informatik" einen besonderen Stellenwert. Die EDV-Mitarbeiter sind gut bezahlte Spezialisten, die im wesentlichen „Kopfarbeit" verrichten. Für ihre Motivation ist die Qualität der Personalführung bis hin zum Arbeitsklima inklusive Raumausstattung von ausschlaggebender Bedeutung.

Die Außenvertretung von Organisationseinheiten hat ebenfalls eine überdurchschnittliche Bedeutung, weil das Unternehmen von den Informatik-spezifischen Dienstleistungen abhängig ist, und die Kosten dafür hoch sind.

Aufbau- und Ablauforganisation stellen einen weiteren wichtigen Katalysator für die Produktivität aller Organisationseinheiten dar, weil der Aufwand für Kommunikation im Umfeld Informatik-spezifischer Aufgaben überdurchschnittlich hoch ist.

Genauso wichtig ist es, Vorschriften zu Sicherheit und Ordnungsmäßigkeit einzuhalten. Gerade für Unternehmen mit EDV-Anwendungen sind die gesetzlichen Rahmenbedingungen sehr umfangreich – Verstöße könnten großen wirtschaftlichen Schaden nach sich ziehen.

Die effiziente Nutzung von Informatik-Technologie in Form von EDV-Systemen ist heute für viele Unternehmen eine wesentliche Voraussetzung, um die Produktivität zu steigern und mittelfristig neue Produkte und Dienstleistungen zu realisieren. Die Führungskräfte Informatik-spezifischer Organisationseinheiten müssen in enger Zusammenarbeit mit der Unternehmensleitung die entsprechenden technischen und personellen Voraussetzungen schaffen. Dazu bedarf es einer Informatik-Strategie, die dann systematisch umgesetzt wird.

Die Realisierung der obengenannten Aufgaben wird im Kapitel 2 behandelt. Dabei werden speziell ihre Informatik-spezifischen Besonderheiten herausgearbeitet. Generelle Leitungsaufgaben, wie zum Beispiel Personal- und Sachkostenplanung, sind Gegenstand der Betriebswirtschaftslehre und werden in dieser Ausarbeitung nicht behandelt. Selbstverständlich fallen die beschriebenen und in Abbildung 1.1 zusammengefaßten Aufgabengebiete nur bei Großunternehmen in ihrer vollen Ausprägung an. Bei mittleren bzw. kleinen Unternehmen wird zum Beispiel das Aufgabengebiet Anwendungsentwicklung reduziert auf Auswahl und laufende Betreuung von Standard-Software. Im weiteren werden wir jedoch stets die Situation des typischen Großanwenders der EDV behandeln.

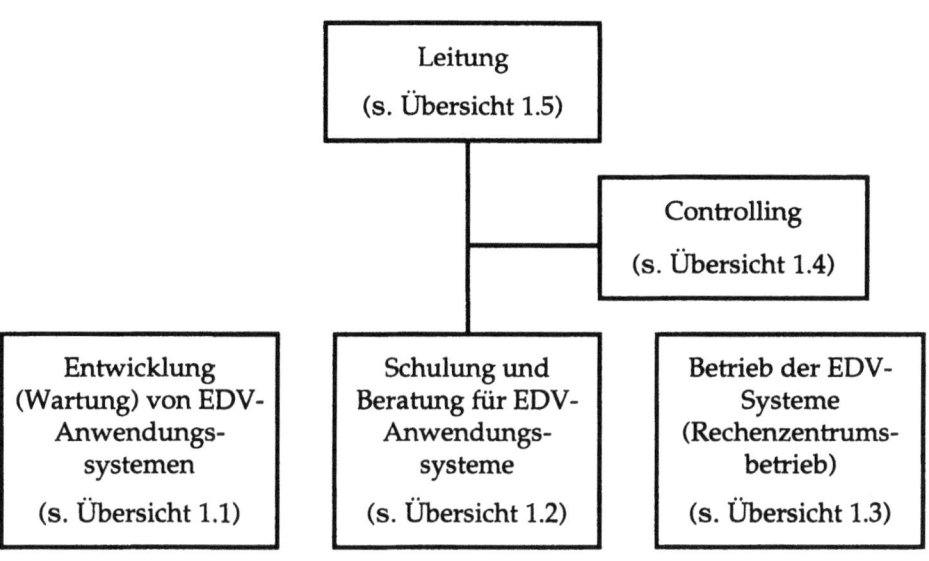

Abbildung 1.1: Die Aufgabengebiete des Informatik-Managements

1.3 Die HYPO-BANK als typischer Großanwender

Als konkretes Beispiel für einen EDV-Großanwender beschreiben wir die HYPO-BANK und deren EDV an Hand einiger charakteristischer Zahlen.[4] Die HYPO-BANK ist eine weltweit agierende Universalbank mit Schwerpunkten im Baufinanzierungs- und Wertpapiergeschäft. Darüber hinaus ist die HYPO-BANK AG Mutter eines Konzerns für Finanzdienstleistungen.

Die HYPO-BANK hatte 1992 eine Bilanzsumme von ca. 153 Milliarden DM (221 Mrd. DM im Konzern). Ihre Dienstleistungen bietet die HYPO-BANK über ein Netz von ca. 500 Außenstellen an. Dazu beschäftigt die HYPO-BANK ca. 14.000 Mitarbeiter in der AG und ca. 17.000 im Konzern.

Der EDV-Bereich der HYPO-BANK ist zentral angesiedelt und für alle EDV-spezifischen Dienstleistungen weltweit verantwortlich. Im EDV-Be-

---

[4] Alle Zahlen geben den Stand von Ende 1993 wieder.

reich sind etwa 400 Mitarbeiter beschäftigt, davon allein etwa 120 im Rechenzentrum. Die restlichen 280 Mitarbeiter verteilen sich in erster Linie auf Anwendungsentwicklung inklusive Verfahrenstechnik, dann auf Controlling. Zusätzlich arbeiten regelmäßig ungefähr 50 externe Berater an verschiedenen Aufgaben mit. Das Organigramm des EDV-Bereiches der HYPO-BANK entspricht in etwa der Abbildung 1.1.

In Betrieb sind etwa 90 Anwendungssysteme, die sich aus schätzungsweise 10.000 Programmen zusammensetzen, deren Entwicklung circa 2.000 Mannjahre gekostet hat. Die Anwendungssysteme werden mit einem jährlichen Aufwand von etwa 150 Mannjahren fortlaufend gewartet und durch Neuentwicklungen erweitert.

Die anwendungsspezifischen Daten, die im täglichen Betrieb anfallen und genutzt werden, belegen einen Speicherplatz von rund 500 Gigabyte im Direktzugriff. Für interne Zwecke (Systemsoftware, Test usw.) kommen noch einmal gut 500 Gigabyte Speicherplatz hinzu.

Die Sach- und Personalkosten für die EDV belaufen sich auf mehr als 150 Mio. DM pro Jahr. Der Wiederbeschaffungswert der Hard- und Software in der Zentrale und den Außenstellen beträgt mehr als 250 Mio. DM.

Online sind etwa 1.200 externe Selbstbedienungsgeräte und 10.000 bildschirmgestützte Arbeitsplätze (Terminals und Personal Computer) an zwei Rechenzentren (Produktion, Entwicklung und Test) mit Mainframe-Rechensystem von insgesamt circa 600 MIPS Leistungsvolumen angeschlossen. Täglich fallen im Produktionsbetrieb mehr als 3 Mio. rechnergestützte Geschäftsvorfälle zur Bearbeitung an. Die Zahl der Online-Transaktionen beläuft sich auf etwa 2,7 Mio. täglich; mit bis zu 70 Transaktionen pro Sekunde in Spitzenzeiten.

In den letzten Jahren wuchs die Anzahl der Transaktionen im Rechenzentrum regelmäßig um etwa 25%. Dies lag schwerpunktmäßig daran, daß die aufwendigen Sachbearbeitungstätigkeiten für die Bearbeitung von Krediten und Baufinanzierung sukzessive auf eine direkte Bearbeitung am Bildschirm des Sachbearbeiters umgestellt wurden. Die erwartete Konsolidierung in den nächsten Jahren auf diesem Gebiet wird das Wachstum jedoch nicht beschränken, da Themen wie Bürokommunikation, graphische Benutzeroberflächen, Electronic-Banking usw. heute noch nicht voll abgedeckt sind und weiterhin für einen Wachstumsschub sorgen werden.

Abschließend sei noch ein beeindruckender Zahlenvergleich zum erwähnten Plattenspeicherplatz angegeben. Rechnet man für eine Schreibmaschinenseite etwa 4.000 Byte, vierhundert Seiten für ein Buch und dreißig Bücher in ein Regal mit einem Meter Breite, dann ergibt dies für die angegebenen 500 Gigabyte Plattenspeicherplatz, normales DIN-A 4 Papier vorausgesetzt, 125 Millionen Schreibmaschinenseiten oder 312.500 Bücher oder fast 10,5 Kilometer Regalfläche.

1.4 Der Aufbau des Buches

1.4.1 Aufgabenorientierte Beschreibung

Das Gesamtaufgabengebiet Informatik-Management wird entsprechend den in Abschnitt 1.2 definierten Aufgabengebieten und Zielen bearbeitet. Für jedes Aufgabengebiet werden wichtige Unteraufgabengebiete herausgearbeitet. Für diese werden Methoden, Verfahren und Tools vorgestellt, mit deren Hilfe diese Unteraufgaben bewältigt werden können. Dabei wird in der Regel nur ein Lösungsweg aufgezeigt — den der Autor besonders empfehlen möchte. Ein Vergleich mit anderen Lösungswegen findet im allgemeinen nicht statt.

Kapitel 2 ist die Basis für die aufgabenorientierten Kapitel 3-6. Es befaßt sich mit Informatik-spezifischen Leitungsaufgaben. Schwerpunkte sind das Einbetten der EDV in die Aufbauorganisation des Gesamtunternehmens und die rechtlichen Rahmenbedingungen der betrieblichen Informatik.

1.4.2 Beispiele aus dem Bankenumfeld

Gemäß den Erfahrungen des Autors wird die überwiegende Mehrheit der Beispiele aus dem Umfeld der Banken gewählt. Speziell die EDV der HYPO-BANK wird an vielen Stellen als Beispiel herangezogen (siehe Stichwortverzeichnis). Dabei wurde darauf geachtet, daß die verwendeten Beispiele auch aussagekräftig für andere Unternehmen sind.

1.4.3 Erfolgsfaktoren

Die **Erfolgsfaktoren** einer Management-Aufgabe sind die Bedingungen, die ein Manager unbedingt herbeiführen muß, damit diese Aufgabe erfolgreich erledigt werden kann, d. h. die mit der Aufgabe verbundenen Ziele erreicht werden. Zum Beispiel sind für die Management-Aufgabe „Leitung eines großen EDV-Entwicklungsprojektes" unter anderem folgende Erfolgsfaktoren wichtig:

- die Führungskompetenz des Projektleiters
- ein genaues Fachkonzept[5] vor Beginn der Implementierung der Programme.

In diesem Buch werden wir für jede wichtige Management-Aufgabe neben ihren Zielen auch die jeweiligen Erfolgsfaktoren aufzeigen, um dann herauszuarbeiten, mit welcher Aufbauorganisation, welchen Methoden, Ver-

---

[5] siehe Phasenkonzept im Software-Life-Cycle der Anwendungsentwicklung (Kapitel 3)

fahren und Tools sie erfüllt werden können. Die Zusammenstellung aller Erfolgsfaktoren kann somit als Leitlinie bzw. *Controlling*-Grundlage für das Informatik-Management aufgefaßt werden. Ein weiteres wichtiges Controlling-Instrument bilden die Management-Kennzahlen.

1.4.4 Controlling-Kennzahlen

In der Terminologie heutiger Unternehmensführung versteht man unter dem Begriff **Controlling** die Funktionen Planung, Kontrolle und Steuerung inklusive dem Bereitstellen der entsprechenden Informationen für ein definiertes Aufgabengebiet. Insofern ist Controlling eine Management- oder Leitungsaufgabe, die je nach Aufwand entweder von dem Leiter der jeweiligen Organisationseinheit selbst durchgeführt oder an eine *Stabsabteilung* delegiert wird.

Als Basis für Controlling werden Informationen diverser Art benötigt. Besonders bedeutend sind dabei *Kennzahlen*, mit denen versucht wird, wichtige Sachverhalte des jeweiligen Aufgabengebiets zu quantifizieren. Die Bedeutung solcher Kennzahlen unterstreichen folgende zwei Zitate:

„You cannot control what you cannot measure." (Tom DeMarco)

„The degree to which you can express something in numbers is the degree to which you really understand it." (Lord Kelvin)

Für die Geschäftsleitung eines Unternehmens sind bezüglich des Aufgabengebiets EDV zum Beispiel folgende Kennzahlen aufschlußreich:

- Gesamtkosten, gegliedert nach wichtigen Kostengruppen wie z. B. Kosten für Rechner, Datenkommunikation, Endgeräte, externe Beratung, Personal usw.
- durchschnittliche Verfügbarkeit und Antwortzeit der Rechnersysteme
- Rentabilität und Produktivität der Entwicklungsprojekte.

Die periodische Erfassung der jeweiligen Kennzahlen zeigt Entwicklungen und gibt Hinweise auf außergewöhnliche Situationen, die analysiert werden müssen. Werden z. B. durchschnittliche Fluktuation und durchschnittliche Abwesenheit wegen Krankheit erfaßt, so kann ein deutliches Steigen beider Zahlen auf Probleme im Management hinweisen.

Der Vergleich der Kennzahlen mit denen anderer Unternehmen, am besten der gleichen Branche, kann darüber hinaus wichtige Hinweise auf Stärken und Schwächen geben. Natürlich muß sichergestellt sein, daß die Zahlen wirklich vergleichbar sind: Das grundlegende Problem dabei ist der Zusammenhang zwischen Struktur, zu erbringender Qualität und dafür notwendiger Leistung. Da heute im allgemeinen zwischen diesen Zahlen keine quantitativen Beziehungen herstellbar, d. h. nicht definierbar bzw. nicht meßbar sind, ist der Leistungsvergleich über Kennzahlen nur für Unternehmen möglich, deren Struktur und Qualität ähnlich sind.

1.4 Der Aufbau des Buches

In der Literatur[6] wie in der Praxis des EDV-Managements sind diverse Ansätze für Kennzahlensysteme bekannt. Weil aber keines dieser Systeme vollständig ist, gibt es kein den Bilanzkennzahlen für betriebswirtschaftliche Fragen vergleichbares, allgemein anerkanntes System für das EDV-Controlling. Deshalb werden in diesem Buch pro Aufgabengebiet wichtige Kennzahlen vorgeschlagen. Sie entsprechen im wesentlichen den Kennzahlen, die der Autor derzeit selbst verwendet. Die Kennzahlen werden nur durch ihre allgemein gebräuchlichen Namen definiert. Die Namen und die Kennzahlen im einzelnen zu erläutern wäre im Rahmen dieses Buches zu aufwendig. Die Kennzahlengruppen zu den einzelnen Aufgabengebieten sind im allgemeinen nicht disjunkt. Detailliert geschildert wird das Thema in der Diplomarbeit: „Entwicklung eines Kennzahlenmodells zur Unterstützung des EDV-Controlling" von S. Spannagl [Span 91], die der Autor betreut hat.

1.4.5 Begriffe und Definitionen, Hervorhebungen, Sonstiges

Um begriffliche Festlegungen besonders hervorzuheben, werden diese durch **Fettschrift** gekennzeichnet. Alle Begriffe, die in diesem Buch vor ihrer Definition verwendet werden, sind beim ersten Auftreten *kursiv* gesetzt. Die Seitennummer der entsprechenden Begriffsdefinition befindet sich im Index. Sonstige Hervorhebungen aller Art erfolgen durch *Kursivschrift*. Das Ende von Beispielen wird durch ▲ markiert.

Alle *Abkürzungen* werden im Abkürzungsverzeichnis zusammengefaßt. Wo notwendig befindet sich eine Referenz auf die Lang- oder Kurzform im Index.

Das Literaturverzeichnis ist in die Abschnitte

- Autoren
- produktspezifische Literatur

gegliedert. Verweise auf *Autoren* erfolgen in der Form [Span 91], wobei die ersten vier Buchstaben den Autorennamen abkürzen und die Ziffern auf das Erscheinungsjahr hinweisen. Verweise auf *produktspezifische Literatur* erfolgen über den Herstellernamen.

Um den Text zu vereinfachen und damit das Verständnis zu erleichtern, verzichten wir bei Personalbezeichnungen auf die Endung -innen. Leiter und Mitarbeiter meint also auch Leiterinnen und Mitarbeiterinnen.

---

[6] z. B. [Dieb 84, GUID 85, Nonh 89, Noth 87]

2 Informatik-spezifische Leitungsaufgaben

Die Leitung schafft die Rahmenbedingungen und damit die Basis für die effiziente Abwicklung der operativen Aufgaben. Bei den Leitungsaufgaben konzentrieren wir uns jeweils auf die Informatik-spezifischen Besonderheiten folgender Aufgaben:

- Informatik-Spezialisten angemessen führen.
- Die EDV-spezifischen Organisationseinheiten in die Aufbauorganisation des Unternehmens einbetten.
- Die Rechtsvorschriften der betrieblichen Informatik einhalten.
- Eine Informatik-Strategie entwickeln und umsetzen.

Dieses sind die Schwerpunkte, die über den Rahmen der generellen Betriebswirtschaft bzw. Betriebsführung hinausgehen.

Wie in Abschnitt 1.2.7 bereits ausgeführt, müssen die in den Leitungsfunktionen enthaltenen Aufgaben grundsätzlich von jeder Führungskraft – jeweils im Rahmen ihrer Kompetenz – wahrgenommen werden. Dies kann selbstverständlich auch durch Delegation an Organisationseinheiten bzw. Mitarbeiter erfolgen. Ein Beispiel hierfür ist das Aufgabengebiet Controlling, das wir im Kapitel 6 beschreiben. Bei Unternehmen mit weniger als 20 Mitarbeitern im Informatik-Umfeld werden diese Aufgaben im allgemeinen vom Leiter selbst erledigt. Bei typischen Informatik-Großanwendern werden einige dieser Aufgaben an eine eigene Organisationseinheit delegiert.

2.1 Personalführung

Ein wesentliches Ziel jeder Management-Aufgabe ist, dafür zu sorgen, daß die Mitarbeiter produktiv sind und eine dauerhafte Bindung an das Unternehmen entwickeln. Dazu ist es notwendig, daß alle Mitarbeiter

- ihre Ziele und Aufgaben kennen
- die richtigen Hilfsmittel wie z. B. Verfahren, Werkzeuge zur Hand haben
- möglichst störungsfrei arbeiten und effizient kommunizieren können
- für ihre Aufgaben grundsätzlich geeignet und adäquat ausgebildet sind

- am richtigen Arbeitsplatz mit adäquater Verantwortung eingesetzt werden
- gut motiviert sind
- ihre Arbeit mit den Unternehmenszielen in Verbindung bringen können
- mittel- bis langfristige Perspektiven für ihre Laufbahn im Unternehmen kennen.

Sachfragen wie z. B. Verfahren oder Werkzeuge sind abhängig vom jeweiligen operativen Aufgabengebiet und werden als Schwerpunkt dieses Buches in den Kapiteln 3 bis 6 behandelt. Die sachunabhängigen Führungsfragen werden in diesem Abschnitt behandelt.

Im Umfeld Informatik-spezifischer Arbeit sind die Anforderungen an die Mehrheit aller Mitarbeiter sehr hoch bezüglich

- Komplexität der Aufgabenstellung
- Qualität der Ergebnisse inklusive Einhaltung von Standards
- Teamwork
- Aufbau und Anwendung von technischem Spezial-Know-how.

Deshalb hat die Personalführung eine überragende Bedeutung für die Produktivität aller Mitarbeiter. Sehr gute bzw. schlechte Führung kann die durchschnittliche Produktivität im Informatik-Umfeld um ±50% beeinflussen.

Wie sich gute und schlechte Personalführung unterscheiden, ist situationsbedingt und ein komplexes Problem, da die Grundfragen menschlicher Wertvorstellungen und Verhaltensweisen eine Rolle spielen. Deshalb und wegen der Bedeutung für den Unternehmenserfolg ist Personalführung Gegenstand von zahlreichen Veröffentlichungen sowie Bestandteil der internen Weiterbildung großer Unternehmen.

In dieser Ausarbeitung kann nur kurz auf das Problem eingegangen werden. Der Schwerpunkt liegt dabei auf den Besonderheiten der Führung von Informatik-Spezialisten. Wir wollen damit die generelle Bedeutung des Themas klarstellen und das Interesse daran wecken. Als aktuelle Literatur empfehlen wir das provokative Buch „Wien wartet auf Dich!" von Tom DeMarco und Timothy Lister [DeMa 91]. Auch in dem Buch „Odyssey – Pepsi to Apple... A Journey of Adventure, Ideas and the Future" von John Sculley [Scul 87] finden sich interessante Passagen über die Führung von Informatik-Spezialisten.

2.1.1 Erfolgsfaktoren für Personalführung im Informatik-Umfeld

Die in Übersicht 2.1 zusammengestellten Erfolgsfaktoren halten wir für wesentlich für die gute Personalführung von Informatik-Spezialisten.

Die Mehrheit der Aufgabengebiete im Informatik-Umfeld erfordern spezifische persönliche und fachliche Qualifikationen. Beispiele hierfür sind: logisches Denkvermögen; die Fähigkeit komplexe Sachverhalte zu struk-

2.1 Personalführung

turieren; vollständig zu analysieren; detaillierte Kenntnisse in Programmiersprachen, Betriebssystemen, Datenbanksystemen. Die Führungskräfte müssen diese Qualifikationen durch Auswahl und systematische Schulung der Mitarbeiter sicherstellen. Die generell hohe Motivation von Informatik-Spezialisten, kreative Lösungen zu entwickeln, erfordern von den Führungskräften besondere Sachkompetenz und die Bereitschaft zur Diskussion von Sachfragen. In offener Diskussion müssen konkrete fachliche sowie generelle Ziele und die damit verbundenen Maßnahmen entwickelt und zur selbständigen verantwortlichen Bearbeitung delegiert werden. Vertrauen fördert Kreativität und Leistungsbereitschaft von Spezialisten. Alle Leistungen müssen möglichst unmittelbar auf Basis von klaren Kriterien bewertet werden.

Übersicht 2.1: Erfolgsfaktoren für Personalführung im Informatik-Umfeld

EF PF.1	Hoch qualifizierte Mitarbeiter
EF PF.2	Sachkompetenz und Bereitschaft bei Führungskräften für die offene Diskussion aller anfallenden Sachfragen
EF PF.3	Kooperative Definition von klaren Verantwortlichkeiten und Zielen, transparente Leistungsbewertung
EF PF.4	Vertretung der Mitarbeiterinteressen nach außen, Schutz vor unsachlicher Kritik
EF PF.5	Übergreifende Koordination von Konflikten und schnelle, transparente Entscheidungsfindung
EF PF.6	Schnelle, korrekte Weitergabe von Informationen
EF PF.7	Individuelle Laufbahnplanung inklusive Ausbildungsschritten
EF PF.8	Ständige Aufmerksamkeit der Führungskräfte für individuelle Probleme und Bedürfnisse von Mitarbeitern sowie Bereitschaft, zu deren Lösung flexibel beizutragen
EF PF.9	Vorbildfunktion von Führungskräften
EF PF.10	Bereitstellung eines leistungsfördernden Arbeitsplatzes
EF PF.11	Leistungsorientierte, marktgerechte Bezahlung

Wegen der im allgemeinen hohen Abhängigkeit des Unternehmens von den EDV-Dienstleistungen müssen die mit Sachfragen beschäftigten Mitarbeiter vor ständigen Anfragen und Kritik geschützt werden. Dazu bedarf es organisatorischer Vorkehrungen wie z. B. *User-Help-Desks* (s. Kapitel 4 und 5) sowie einer konsequenten Vertretung der Mitarbeiter nach außen durch die Führungskräfte. Bei Meinungsverschiedenheiten innerhalb einer Organisationseinheit sowie zwischen verschiedenen Organisationseinheiten ist die Vermittlung mit dem Zweck einer schnellen, transparenten Entscheidungsfindung eine ständige wichtige Aufgabe.

Umgekehrt müssen die Mitarbeiter über alle wichtigen Ereignisse, Vorhaben und Entwicklungen im Unternehmen schnell und korrekt informiert werden. Dies trägt dazu bei, daß sich Mitarbeiter mit spezialisierten Aufgaben als integrierter Bestandteil des Unternehmens fühlen und sich nicht mit Gerüchten, sondern mit ihren Aufgaben beschäftigen.

Weiterhin ist es für Spezialisten sehr wichtig, daß sie ein klares Bild ihrer kurz- und mittelfristigen Entwicklungsmöglichkeiten im Unternehmen erhalten. Dazu müssen regelmäßig individuelle Ziele gemeinsam erarbeitet und überprüft werden, entsprechende Weiterbildungs- bzw. Entwicklungsmaßnahmen geplant und durchgeführt werden. Mittelfristige Entwicklungsmöglichkeiten in andere Funktionen des Unternehmens müssen aufgezeigt werden, und auch, welche Voraussetzungen der Mitarbeiter dafür erfüllen muß. Ein besonderes Problem für die Unternehmen ist es, Informatik-Spezialisten Möglichkeiten zu eröffnen, Aufgaben ohne Informatik-Schwerpunkt zu übernehmen. Solche Perspektiven werden zum einen von Mitarbeitern gewünscht; sie sind zum anderen auch für die Unternehmen wichtig, um Informatik-Know-how auf allen Ebenen nutzen zu können.

Sensible Hilfe für Mitarbeiter bei kleinen und großen Problemen, auch im persönlichen Bereich, gehören ebenso zum Standard für gute Führung wie die Vorbildfunktion.

Der Arbeitsplatz muß – dem jeweiligen Arbeitsgebiet angepaßt – leistungsfördernd sein. Zum Beispiel benötigen Anwendungsentwickler einen möglichst störungsfreien Arbeitsplatz (s. Abschnitt 3.10).

Leistungsorientierte und marktgerechte Bezahlung sind selbstverständlich für technisch orientierte Mitarbeiter und werden durch die Konkurrenz erzwungen.

Mit diesen kurzen Ausführungen hoffen wir, ein nützliches Schlaglicht auf eine Führungskultur gegeben zu haben, wie sie von Informatik-Spezialisten heute verlangt wird. Interessierten Lesern, speziell denjenigen, die sich über die Führungskultur der HYPO-BANK informieren wollen, empfehlen wir das Buch „Unternehmenskultur in der Praxis" von U. Wever [Weve 89].

2.2 Einbettung der EDV in die Aufbauorganisation des Unternehmens

Die Aufbauorganisation eines Unternehmens ist generell ein besonders wichtiger Parameter für die Effizienz und Effektivität aller Arbeitsabläufe. Deshalb ist es eine Basisaufgabe des EDV-Managements bzw. der Geschäftsleitung, die *Organisationseinheiten* (OE) mit EDV-spezifischen Aufgabengebieten in die Aufbauorganisation des Unternehemens einzubetten. Denn von der Lösung dieser Aufgabe hängt es ab, wie gut das Ziel „Wirtschaftlichkeit aller Arbeitsprozesse" erreicht werden kann. Einige weitere wichtige Aspekte, die direkt von einer zweckmäßigen Aufbauorganisation abhängen, sind die Ablauforganisation generell, der Abstimmungs- und Kommunikationsbedarf sowie die Möglichkeit, interessante Arbeitsplätze zu gestalten und damit hoch qualifizierte Mitarbeiter zu gewinnen und langfristig zu binden. Sind z. B. Entwicklung und Wartung für ein Anwendungssystem in unabhängigen Organisationeinheiten angesiedelt, so ergibt sich ein sehr hoher Abstimmungs- und Kommunikationsbedarf. Gleichzeitig ist der Arbeitsplatz *Wartung* für die Mehrheit der Mitarbeiter sicher nicht attraktiv. Selbstverständlich gibt es für die Frage der Aufbauorganisation keine für alle Unternehmen allgemeingültige Antwort. Die Beantwortung dieser Frage hängt ab von

- der Größe
- der bestehenden Organisationsform
- der regionalen Ansiedlung (zentral, dezentral)
- den Geschäftszielen
- der Management-Kultur
- der Art und Bedeutung der betrieblichen EDV-Systeme
- den EDV-spezifischen Sicherheits- und Verfügbarkeitsbedürfnissen.

Deshalb können wir in diesem Buch nur die in der Praxis bewährten Hauptalternativen für eine Einbettung der EDV-spezifischen Organisationseinheiten beschreiben (s. Abschnitt 2.2.4.2):

- *Zentrale EDV*
- *Fachbereichs-EDV*
- *Dezentraler Betrieb*
- *Dezentrale EDV*
- *Profit-Center EDV*
- *Outsourcing-EDV.*

Für diese Hauptalternativen werden wir jeweils die Pro- und Contra-Argumente herausarbeiten. Die unternehmensspezifische Bewertung der Pros und Contras sollte dann im Einzelfall zu einer zweckmäßigen Lösung führen.

Um das Aufgabengebiet EDV erfolgreich in das Unternehmen einzugliedern, müssen zwei Fragen durch das Management beantwortet werden:

Frage 1: *Wie kann das Gesamtaufgabengebiet EDV sinnvoll in Organisationseinheiten gegliedert werden?*

Frage 2: *Wie können die im ersten Schritt festgelegten Organisationseinheiten in die Aufbauorganisation des Unternehmens eingebettet werden?*

Als Basis für die weiteren Ausführungen des Kapitels müssen neben den Erfolgsfaktoren noch einige Grundbegriffe der Aufbauorganisation sowie betriebswirtschaftliche Zusammenhänge erklärt werden. Nicht behandelt werden in diesem Kapitel die Fragen der internen Aufbau- und Ablauforganisation der einzelnen EDV-spezifischen Organisationseinheiten. Die Beantwortung dieser Fragen erfolgt jeweils in dem Kapitel, in dem das Aufgabengebiet detailliert behandelt wird.

2.2.1 Erfolgsfaktoren für die Einbettung der EDV in die Aufbauorganisation

Wie bereits in Abschnitt 1.4.3 erläutert, ist es eine bewährte Managementtechnik, vor der Lösung einer Aufgabenstellung klar herauszuarbeiten, von welchen notwendigen Bedingungen die erfolgreiche Lösung, d. h. die Realisierung der Ziele, abhängig ist. Diese Bedingungen haben wir Erfolgsfaktoren (EFen) genannt. Übersicht 2.2 zeigt die EFen, die durch eine zweckmäßige Einbettung der EDV-spezifischen Organisationseinheiten in die Aufbauorganisation (AO) des Unternehmens erreicht werden müssen.

Der Aufwand für Abstimmung und Kommunikation ist einer der entscheidenden Katalysatoren für das effiziente Arbeiten einer Organisation. Ganz besonders wichtig ist, daß für möglichst viele Aufgabengebiete die Verantwortung ungeteilt ist. Ist z. B. die Verantwortung für ein Aufgabengebiet auf *zwei* Gruppen *einer* Abteilung verteilt, so liegt die Gesamtverantwortung bei der Abteilungsleitung. Diese muß die Zusammenarbeit der Gruppen organisieren und im Fall von Abstimmungs- und Kommunikationsproblemen schlichten. Der mit verteilter Verantwortung verbundene Abstimmungs- und Kommunikationsbedarf wird umso drastischer, je mehr Organisationseinheiten Teilverantwortung tragen und je höher in der Hierarchie die Gesamtverantwortung angesiedelt ist (s. Abschnitt 2.2.4.1).

Praxisorientierte, ergonomische Arbeitsabläufe sind die Grundvoraussetzung für eine wirtschaftliche Nutzung der EDV-Anwendungssysteme. Dazu müssen die Nutzer von EDV-Anwendungssystemen unbedingt in den Entwicklungsprozeß eingebunden werden, da die Entwickler zum einen oft keine ausreichende Praxiserfahrung haben und zum anderen mit der Anwendung auch spezielle Ziele der Fachbereiche (Risikominimierung, Steuerung) berücksichtigen sollen, die einfachen organisatorischen Arbeitsabläufen entgegenstehen (s. Abschnitt 3.6.2.7).

Übersicht 2.2:	Erfolgsfaktoren für die Einbettung der EDV in die Aufbauorganisation des Unternehmens
EF AO.1	Minimierung des Abstimmungs- und Kommunikationsbedarfs zwischen den EDV-spezifischen Organisationseinheiten untereinander und denen des Unternehmens
EF AO.2	Repräsentative Einbindung der Nutzer von EDV-Anwendungen in den Entwicklungsprozeß
EF AO.3	Nutzung von Economies of Scale
EF AO.4	Systematische Einbindung des EDV-Managements in den Managementprozeß des Unternehmens
EF AO.5	Bereitstellung von anspruchsvollen, abwechlungsreichen Arbeitsplätzen

Für eine hohe Wirtschaftlichkeit von Entwicklung und Betrieb von EDV-Systemen ist es sehr wichtig, daß alle Kostenreduktionen realisiert werden, die durch Ausnutzung der Größe einer Organisation (*Economies of Scale*) möglich sind (s. Abschnitt 2.2.4.3).

Unternehmensspezifische und EDV-spezifische Entscheidungen sind heute häufig sehr voneinander abhängig. Zum Beispiel können neue Produkte oft erst dann vertrieben werden, wenn EDV-Systeme zur Unterstützung von Produktion und Vertrieb einsatzfähig sind. Deshalb muß durch die Ablauforganisation und die hierarchische Eingliederung der EDV ein entsprechender Einfluß des EDV-Managements auf Unternehmensentscheidungen und umgekehrt gewährleistet sein (s. Abschnitt 2.2.4.3).

Neben allen organisatorischen Maßnahmen sind hoch qualifizierte Mitarbeiter entscheidend für die Produktivität und Qualität der EDV-spezifischen Arbeit. Diese Mitarbeiter sind aber bei der heutigen Knappheit von EDV-Spezialisten nur für einen anspruchsvollen, abwechslungsreichen Arbeitsplatz dauerhaft zu gewinnen. Die Aufbauorganisation muß solche Arbeitsplätze bereitstellen (alle Abschnitte 2.2 und 3.10).

2.2.2 EDV-spezifische Organisationseinheiten

Frage 1 ist eigentlich eine rhetorische Frage. Die EDV-spezifischen Aufgabengebiete sind bereits als in sich geschlossene Aufgabengebiete gewählt.

> **Annahme 1:** Als Grundlage für die weiteren Ausführungen nehmen wir an, daß die in Kapitel 1 eingeführten EDV-spezifischen Aufgabengebiete
> - Entwicklung und Wartung von Anwendungssystemen
> - Schulung und Beratung bezüglich Anwendungssystemen
> - Betrieb von EDV-Systemen
> - Controlling
>
> jeweils in einer Organisationseinheit mit einem verantwortlichen Leiter zusammengefaßt sind.

Die obige Annahme ist nur dadurch begründet, daß sie den heutigen Stand bei Großunternehmen mit mehr als 100 EDV-Mitarbeiter repräsentiert. Selbstverständlich kann in verschiedenen Unternehmen die Zuordnung der Arbeitsgebiete der genannten Organisationseinheiten in einem gewissen Rahmen voneinander abweichen. Beispielsweise können bei kleineren Unternehmen mehrere Aufgabengebiete in einer Organisationseinheit zusammengefaßt werden. Bei sehr großen EDV-Anwendern kann es sein, daß manche Organisationseinheiten mehrfach unabhängig, d. h. dezentral vorkommen (z. B. Produktions-Steuerungssysteme bei einem Automobilunternehmen).

2.2.3 Grundbegriffe und Annahmen zur Aufbauorganisation von Unternehmen

Die Beantwortung der Frage 2 „Wie können die EDV-spezifischen Organisationseinheiten in die Aufbauorganisation des Unternehmens eingebettet werden?" ist abhängig von der Organisationsform des jeweiligen Unternehmens. Deshalb können wir die Frage 2 nur für typische Organisationsformen bearbeiten, ergänzt durch weitere spezifische Annahmen. Ziel dieses Abschnitts ist es, diese zu erläutern. Dazu müssen wir einige Grundbegriffe bzw. Grundsatzfragen zur Aufbauorganisation von Unternehmen diskutieren.

Der Abschnitt ist so knapp wie möglich gehalten. Grundwissen über die Aufbau- und Ablauforganisation von Unternehmen (z. B. Was ist ein Organigramm?) muß weitgehend vorausgesetzt werden. Begriffsdefinitionen werden zur Festlegung eindeutiger Sprechweisen gegeben. Sie sind in der Regel nicht explizit mit der betriebswirtschaftlichen Literatur abgestimmt. Interessierten Lesern wird z. B. das Buch von Grochla [Groc 82] empfohlen.

2.2.3.1 Funktionaler und divisionaler Aufbau

Unter einer **Organisationseinheit** (OE) eines Unternehmens verstehen wir eine Anzahl von Mitarbeitern (MA), die für ein fest definiertes Aufgabengebiet verantwortlich sind. Einer der Mitarbeiter der Organisationseinheit ist **Leiter** der Organisationseinheit. An ihn berichten die MA der Organisationseinheit. Er ist für die Ergebnisse der Organisationseinheit verantwortlich und berichtet darüber seinen Vorgesetzten. Die Aufgaben einer OE sollten sachlich zusammenhängen und in sich geschlossen sein. Organisationseinheiten können beliebig groß oder beliebig klein sein. Organisationseinheiten haben im allgemeinen eine Unterstruktur, das heißt, sie sind ihrerseits in kleinere Organisationseinheiten zerlegt. Findet eine solche Zerlegung statt, so muß die Aufbau- und Ablauforganisation zwischen den Organisationseinheiten definiert werden. Unter **Aufbauorganisation** sind die Verteilung von Aufgaben und Verantwortung zwischen den beteiligten Organisationseinheiten sowie die Weisungs- und Berichtswege zu verstehen. Unter **Ablauforganisation** sind die Methoden, Verfahren und Werkzeuge zu verstehen, mit Hilfe derer die jeweiligen Aufgaben erledigt werden. Zur graphischen Darstellung der Aufbauorganisation benutzt man häufig sogenannte **Organigramme**. Dabei symbolisieren beschriftete Rechtecke die Organisationseinheiten oder eine Gruppe von Organisationseinheiten, die zu einer größeren Einheit zusammengefaßt sind. Die topologische Anordung dieser Rechtecke repräsentiert die Über- bzw. Unterstellungsverhältnisse. Mit Pfeilen versehene Linien zwischen den Rechtecken geben die Weisungsbefugnisse zwischen den Organisationseinheiten an. Die Umkehrung der Pfeilrichtungen spiegelt die Berichtswege zwischen den Organisationseinheiten wider. Abbildung 2.1 zeigt ein Beispiel für ein Organigramm.

Das wichtigste Konstruktionsprinzip für die Zerlegung eines Aufgabengebietes ist die Zerlegung nach *Funktionen* (s. Abbildung 2.1). Bei dieser rein **funktionalen** Gliederung sind die Linienbereiche bzw. -abteilungen zentral verantwortlich für die jeweiligen Funktionsgebiete und zwar jeweils für alle Produkte des Unternehmens. Keiner der Linienverantwortlichen hat Gesamt-Ergebnisverantwortung für das Unternehmen. Diese liegt allein bei der Geschäftsleitung.

Verläuft der Weisungs- und Berichtsweg nur entlang den vertikalen Linien, so spricht man von einer *Einlinien-Organisation*. Diese Organisationsform bedingt, daß Probleme zweier Organisationseinheiten von der Organisationseinheit geklärt werden müssen, bei der sich die Berichtswege dieser beiden Kontrahenten zum ersten Mal treffen. Dies kann relativ häufig die Geschäftsleitung sein. Zur Vereinfachung der Weisungs- und Entscheidungsprozesse in funktionalen Einlinien-Organisationen delegieren die Fachbereiche in der Regel Teile ihrer Aufgaben und Kompetenzen an die Organisationseinheiten.

Als Ausgleich müssen zusätzlich zu den vertikalen Weisungs- und Berichtswegen auch horizontale eingerichtet werden. Man spricht dann von einer *Matrix-Organisation* (in Abbildung 2.1 durch gestrichelte Linien dargestellt), als Spezialfall für sogenannte *Mehrlinienorganisationen*.

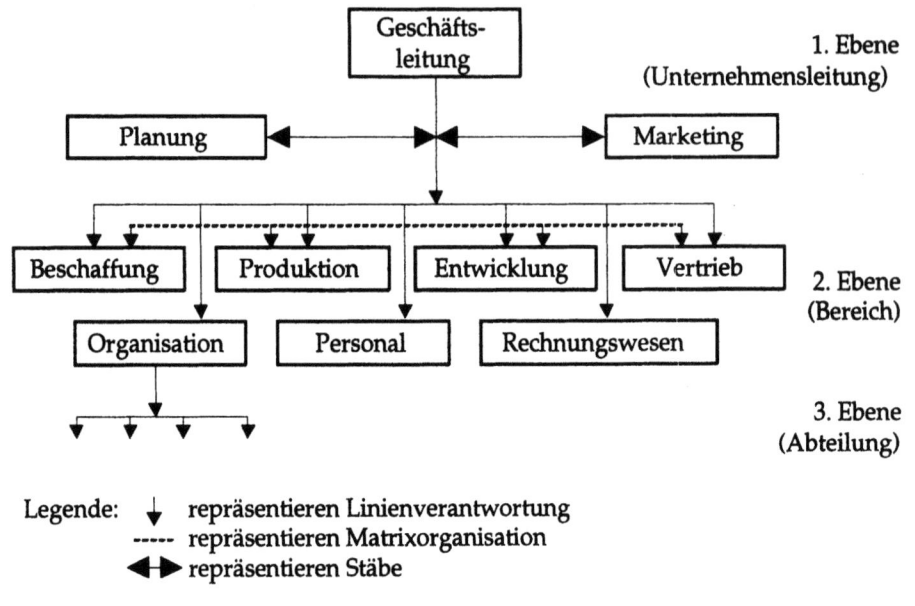

Abbildung 2.1: Funktionale Organisation von Unternehmen

Zum Beispiel könnte der Fachbereich Personal die Akquisition von Mitarbeitern bis zu einer bestimmten Gehaltsklasse an die anderen Fachbereiche delegieren. Dazu würde er dann entsprechende Richtlinien vorgeben und über Berichtswege kontrollieren. Bei einer rein funktionalen Einlinienorganisation würde *nur* der Bereich Personal auf entsprechende Anforderung der Fachbereiche Mitarbeiter akquirieren.

Für ein effizientes Berichts- und Entscheidungswesen bei Matrix-Organisation ist es zweckmäßig und üblich, zusätzliche organisatorische Einrichtungen mit Entscheidungskompetenzen einzurichten, wie zum Beispiel Ausschüsse und Gremien, gebildet aus den Leitern der betroffenen Organisationseinheiten. Ein Beispiel dafür sind die *Projektkontrollausschüsse*, wie sie im Kapitel 3 behandelt werden.

Stäbe oder **Stabsabteilungen** sind Organisationseinheiten, die nur beratende Funktion im Unternehmen haben. Sie arbeiten dem Leiter einer Organisationseinheit zu: Sie erstellen Entscheidungsvorlagen; sie planen; sie kontrollieren, ob gesetzte Ziele erreicht werden; sie schlagen Steuerungsmaßnahmen vor. Sie haben im allgemeinen keine direkte Weisungsbefugnis in der Linie. D. h., alle Weisungen aus einer Stabs-Organisationseinheit müssen über die Linien-Organisationseinheit erfolgen, an die sie berichtet.

2.2 Einbettung der EDV in die Aufbauorganisation des Unternehmens

Unter den **Ebenen** eines Unternehmens versteht man die Hierarchiestufen in den jeweiligen Organigrammen. Die erste Ebene ist üblicherweise die Ebene der Geschäftsleitung. Für die weiteren Ebenen wählen wir die Bezeichnungen der Abbildung 2.1.

Bei funktional gegliederten Unternehmen sind z. B. EDV-spezifische Organisationseinheiten heute zu finden als Abteilungen der Bereiche zuständig für Organisation, Rechnungswesen oder als eigener Bereich.

Die Einlinien-Organisation findet sich heute nur noch bei sehr kleinen Unternehmen. Die Matrix-Organisation inklusive funktionaler Gliederung ist heute die gängigste Organisationsform für kleine bis große Unternehmen. Für sehr große Unternehmen findet man oft als übergeordnetes Konstruktionsprinzip die Gliederung nach *Sparten* des Geschäfts.

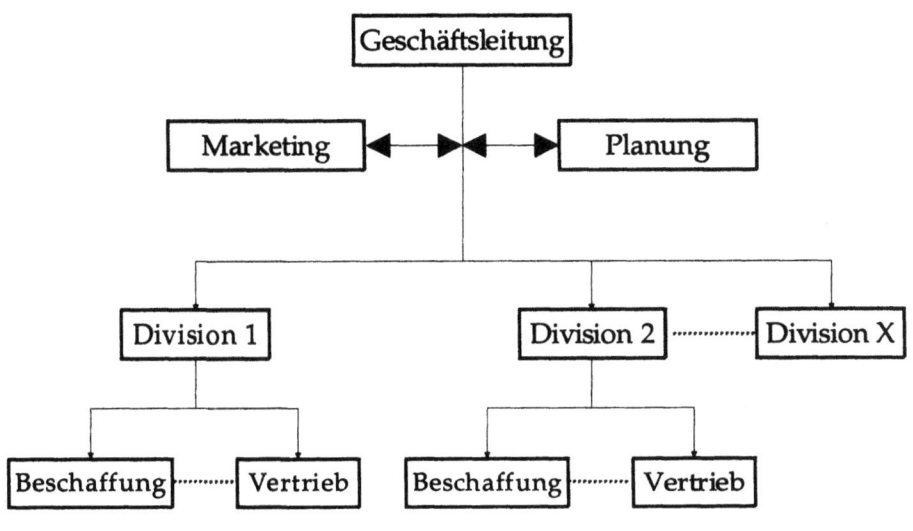

Abbildung 2.2: Divisionale Organisation von Unternehmen

Für die **spartenorientierte** oder **divisionale** Organisation ist charakteristisch, daß die einzelnen Divisionen (Bereiche der 2. Ebene) nach Geschäftssparten (Produkten) gegliedert werden und als Profitcenter echte Ergebnisverantwortung für ihre Sparte haben, also dezentral für alle ihre Aufgaben verantwortlich sind. Die Geschäftsleitung (Konzernleitung) plant und koordiniert das Gesamtergebnis aller Divisionen. Dafür braucht sie insbesondere Stäbe in größerem Umfang als dies bei der funktionalen Organisation der Fall ist. Diese Stäbe (Stabsabteilungen) haben in der Regel Weisungsbefugnis in fachlichen Grundsatzfragen. Aus dem Wesen der divisional gegliederten Unternehmen folgt, daß alle EDV-Organisationseinheiten, die operative Aufgaben im Zusammenhang mit den Produkten der jeweiligen

Division haben, auch dieser Division unterstehen sollten (Beispiele: Automobilkonzerne, Trenn-Banken in den USA).

EDV-spezifische Organisationseinheiten sind dann oft als Stabsabteilungen im Konzern angesiedelt, wenn sie mit unternehmensweiter Planung, Steuerung, Kontrolle und Standardisierung bezüglich EDV oder zentralen EDV-spezifischen Dienstleistungen beauftragt sind.

Annahme 2. Da die einzelnen Divisionen einer divisionalen Organisation funktional untergliedert sind und jede bezüglich ihrer operativen Aufgaben ihre eigenen EDV-Systeme entwickelt und betreibt, sehen wir es als hinreichend an, die Frage der Ansiedlung der EDV-spezifischen Organisationseinheiten im weiteren nur für Unternehmen mit funktionalem Aufbau und Matrixorganisation zu behandeln.

Annahme 2 bedeutet für unsere Ausführungen, daß unser typisches Großunternehmen ein Organigramm analog Abbildung 2.1 besitzt.
Beispiele. Die Organigramme der großen deutschen Privatbanken folgen häufig diesem Schema. Dabei muß man die Fachbereiche für Produktion und Forschung oder Entwicklung ersetzen durch Fachbereiche, die jeweils für die typischen Sparten des Bankgeschäfts zuständig sind: Privatkundengeschäft, Firmenkundengeschäft, Baufinanzierungsgeschäft usw. Der Bereich Vertrieb wird repräsentiert durch das Außenstellennetz. Dabei werden üblicherweise die Außenstellen in regionalen Einheiten zusammengefaßt, die dann an ein Mitglied der Geschäftsleitung berichten. Die einzelnen Außenstellen sowie die regionalen Einheiten sind jeweils Profitcenter mit eigener Gewinn- und Verlustrechnung. Der unternehmerische Spielraum der Außenstellen wird durch das fachliche Weisungsrecht der zentralen Fachbereiche gegenüber den Außenstellen eingeschränkt. Das heißt, die genannten Banken haben eine funktionale Matrixorganisation, wobei zusätzlich Vertriebseinheiten eine eigenständige Gewinn- und Verlustrechnung führen. Analoges gilt für Unternehmen aus der Versicherungsbranche. Für Unternehmen aus der Automobilbranche braucht man in Abbildung 2.1 nur den zentralen Bereich Produktion durch im allgemeinen dezentrale Produktionseinheiten für die verschiedenen Modellreihen zu ersetzen.▲

2.2.3.2 Nutzer, Fachbereiche, Dienstleistungsbereiche

Bevor wir die Frage nach Hauptalternativen für die Einbettung der EDV-spezifischen Organisationseinheiten im Musterorganigramm diskutieren, folgen einige für die Zwecke dieser Ausarbeitung nötige Begriffsbildungen.

2.2 Einbettung der EDV in die Aufbauorganisation des Unternehmens

Als **EDV-Benutzer** kurz **Nutzer** (NU) werden hier alle diejenigen Organisationseinheiten und deren Mitarbeiter verstanden, die EDV-Anwendungssysteme zur EDV-gestützten Bearbeitung ihrer Aufgaben nutzen, aber in der Regel bezüglich ihrer Entwicklung keinerlei Verantwortung haben. Die Nutzung kann in den verschiedensten Ausprägungen erfolgen:

- Dateneingabe über Belege oder Bildschirmerfassung
- Informationsbeschaffung über Listen oder Bildschirmmasken
- Textverarbeitung usw.

Beispiele. Typische Nutzer sind:

- die Mitarbeiter der Personalabteilung eines Unternehmens
- die Mitarbeiter der Außenstellen in einer Bank
- die Sachbearbeiter im Einwohnermeldeamt
- die Außendienstmitarbeiter einer Versicherung.▲

Als **Fachbereiche** (FB) bezeichnen wir solche Organisationseinheiten, die die spezifischen Geschäftsfunktionen des Unternehmens unterstützen, also z. B. Produkte entwickeln oder Qualitätskontrollen durchführen. Sie haben also keine Geschäftsfunktion, wie zum Beispiel den Vertrieb von Produkten.

Beispiele. Typische Fachbereiche sind:

- bei Banken: Fachbereiche für
  - Privatkundengeschäft
  - Kreditgeschäft
  - Wertpapiergeschäft
  - Zahlungsverkehr
- bei Versicherungen: Fachbereiche für
  - Lebensversicherung
  - Krankenversicherung
  - Sachversicherung.▲

Die Fachbereiche sind damit die wesentlichen Anforderungs- und Auftraggeber an diejenigen EDV-spezifischen Organisationseinheiten, die sich mit Entwicklung und Betrieb von EDV-Anwendungen beschäftigen. Fachbereiche können auch gleichzeitig Nutzer sein, wenn sie zur Ausübung ihrer Fachfunktion EDV-Anwendungssysteme benötigen.

Die folgende Annahme entspricht der heutigen Praxis vieler Unternehmen. Sie ist nicht zwingend notwendig und führt zur Erhöhung von Schnittstellen und damit dem Abstimmungs- und Kommunikationsbedarfs im Unternehmen (s. nächster Abschnitt).

Annahme 3. In unserem Modellunternehmen vertreten die Fachbereiche in der Regel die Interessen der Nutzer und der Geschäftsleitung gegenüber den EDV-spezifischen Organisationseinheiten.

Als **Dienstleistungsbereich** (DB) bezeichnen wir solche Organisationseinheiten, deren Aufgabe es ist, dem Unternehmen allgemeine Dienstleistungen zur Verfügung zu stellen, die nicht direkt mit den Produkten des Unternehmens zu tun haben.

Beispiele. Typische Dienstleistungsbereiche sind Schulung, Personal, EDV, Organisation und Beschaffung.▲

Auch Dienstleistungsbereiche sind im allgemeinen Auftraggeber für die EDV-spezifischen Organisationseinheiten, nämlich dann, wenn sie EDV-Anwendungen für die Abwicklung ihrer Aufgaben brauchen. Zum Beispiel benötigt der Dienstleistungsbereich Personal in der Regel ein Anwendungssystem für die Gehaltsabrechnung.

Unter einer **zentralen Organisationseinheit** verstehen wir eine Organisationseinheit, welche Teil eines Linien- oder Stabsbereiches ist und das von ihr verantwortete Aufgabengebiet für *alle* anderen Linien-Organisationseinheiten wahrnimmt.

Unter einer **dezentralen Organisationseinheit** verstehen wir eine Organisationseinheit, welche Teil eines Linien- oder Stabsbereiches ist und das von ihr verantwortete Aufgabengebiet *nur für den eigenen* Linien- oder Stabsbereich wahrnimmt. Somit muß auch für alle Linien- und Stabsbereiche ein entsprechendes Aufgabengebiet vorgesehen werden.

Bei rein funktionaler Aufbauorganisation sind alle Organisationseinheiten zentral angesiedelt. Bei rein divisionaler Aufbauorganisation sind alle Organisationseinheiten dezentral angesiedelt. Bei Matrixorganisation gibt es zentrale und dezentrale Organisationseinheiten.

Beispiele. Hat jeder Linienbereich seine eigene Schulungs-Organisationseinheit, so ist die Schulungs-Organisationseinheit dezentral angesiedelt. Ist die Organisationseinheit Schulung beim Dienstleistungsbereich Personal angesiedelt und werden dort die Schulungen für alle anderen Linienbereiche durchgeführt, so ist die Organisationseinheit Schulung zentral angesiedelt.▲

Annahme 4. Für die folgenden Ausführungen gehen wir davon aus, daß es einen zentralen Dienstleistungsbereich mit der Aufgabe Organisation gibt. Eine für die weiteren Ausführungen wichtige Verantwortlichkeit dieses Bereiches ist es, für praxisorientierte, wirtschaftliche Arbeitsabläufe bei Nutzern und Fachbereichen zu sorgen.

Die Notwendigkeit der obigen Begriffsdefinitionen im Rahmen von grundsätzlich funktional gegliederten Unternehmen zeigt, daß Mischungen zwischen funktionaler und divisionaler Gliederung aus Gründen der Effizienz notwendig sind und deshalb der Praxis entsprechen.

In derzeit von Unternehmen durchgeführten Organisationsentwicklungen wird die Verantwortung für Ablauforganisation den Fachbereichen oder der Anwendungsentwicklung zugeordnet. Für die erste Alternative spricht, daß dieses Know-how bei den Fachbereichen ohnehin vorhanden sein müßte, da neue Produkte nicht unabhängig von praktikablen Arbeitsabläufen eingeführt werden können. Die zweite Alternative ist dann interessant, wenn die Arbeitsabläufe sehr stark von den verwendeten Anwendungssystemen abhängig sind und deshalb die Organisatoren insbesondere EDV-spezifisches Wissen haben müssen.

2.2.4 Einbettung der EDV-spezifischen Organisationseinheiten in das Unternehmen

Mit den Annahmen 1 bis 4 haben wir in unserem Modellunternehmen eine Basis-Aufbauorganisation festgelegt, die es uns erlaubt, die am Anfang dieses Kapitels gestellte Frage 2 systematisch zu behandeln. Dabei gehen wir wie folgt vor: Aus dem wichtigsten Kriterium für die Einbettung der EDV im Unternehmen – dem Abstimmungs- und Kommunikationsbedarf – leiten wir die sechs gängigsten Hauptalternativen für die Einbettung der EDV ab. Nach der Erläuterung der weiteren wichtigen Kriterien diskutieren wir die Hauptalternativen im Lichte dieser Kriterien.

2.2.4.1 Abstimmungs- und Kommunikationsbedarf als wichtigstes Kriterium

Für die Frage, wo die EDV-spezifischen Organisationseinheiten im Unternehmen angesiedelt werden, ist der Abstimmungs- und Kommunikationsbedarf (kurz AuK-Bedarf) zwischen den EDV-spezifischen Organisationseinheiten untereinander sowie zwischen den nicht-EDV-spezifischen Organisationseinheiten (Organisation, Fachbereiche, Nutzer) von entscheidender Bedeutung. AuK-Bedarf entsteht insbesondere für:

- Informationsverteilung
- Koordination bei Aufgaben, deren Realisierung durch Zusammenarbeit verschiedener Organisationseinheiten ohne explizite Gesamtverantwortung durch eine Projektleitungsfunktion (s. Abschnitt 3.9) geschieht. Die implizite Gesamtverantwortung wird von dem entsprechenden Linienverantwortlichen wahrgenommen. Im Extremfall kann das für relativ einfache Aufgaben schon ein Mitglied der Geschäftsleitung sein.
- Koordination bei Problemen und Änderungen
- Abstimmung von Anforderungen
- Controllingfunktionen.

Organisationseinheiten, deren Aufgaben hohen AuK-Bedarf nach sich ziehen, sollten möglichst „nah" beieinander angesiedelt sein, d. h. einen möglichst kurzen Berichtsweg zur jeweils gesamtverantwortlichen Instanz oder

Person haben. Nur dadurch kann der AuK-Bedarf effizient befriedigt werden.

Wegen der Bedeutung des AuK-Bedarfs stellen wir in Übersicht 2.3 dar, wie wir den jeweiligen AuK-Bedarf einschätzen. Diese Überlegungen bilden dann die Basis, aus der wir unsere Hauptalternativen für die Einbettung der EDV im Unternehmen ableiten. Die Zeileneinträge werden wie folgt begründet[1]:

E zu W	Der extrem starke AuK-Bedarf zwischen Entwicklung und Wartung ergibt sich aus der angenommenen Trennung der beiden Organisationseinheiten. Die Entwicklung muß unter dieser Annahme das gesamte Know-how bezüglich der Anwendungssysteme für deren Wartung dokumentieren und auf geeignete Weise weitergeben.
E zu SuB	Die Effizienz von neuen Anwendungssystemen hängt direkt von der Qualität der einführenden und laufenden Schulung sowie der laufenden Beratung ab. Daher muß insbesondere nach der Neueinführung von Anwendungssystemen eine Abstimmung mit SuB erfolgen. Die Entwicklung erhält ihr Feedback bezüglich der Zweckmäßigkeit der Anwendungssysteme über SuB.
E zu RZ	Neue Anwendungssysteme müssen laufend vom RZ in den Betrieb übernommen werden. D. h. vorhandene Verfügbarkeit und Performance werden potentiell ständig durch neue Anwendungssysteme beeinträchtigt. Tägliche AuK zwischen E und RZ ist deshalb notwendig.
E zu CTR	s. CTR
E zu ORG	Die Arbeitsabläufe sowie die Wirtschaftlichkeit von zu entwickelnden Anwendungssystemen müssen mit ORG abgestimmt werden.
E zu FB	Die Zweckmäßigkeit der Anwendungssysteme hängt von der Qualität der durch die Fachbereiche definierten fachlichen Anforderungen ab. Deshalb ist der AuK-Bedarf zwischen Entwicklung und Fachbereichen bei der Konzeption und dem Systemtest eines neuen Anwendungssystems sehr stark.
E zu NU	Die Nutzer haben – in unserer hypothetischen Großfirma per Definition – keinen oder nur wenig direkten Einfluß auf die Anwendungssysteme und müssen somit nicht mit den Entwicklern direkt kommunizieren.

---

[1] Da die Matrix symmetrisch ist, werden nur die Einträge oberhalb der Diagonale kommentiert.

W zu SuB	Änderungen in Anwendungssystemen müssen den Nutzern über die Berater und Trainer bekannt gemacht werden, also starker AuK-Bedarf.

Übersicht 2.3: Der AuK-Bedarf zwischen den OEen im Unternehmen

	E	W	SuB	RZ	CTR	ORG	FB	NU
Entwicklung (E)		++++	++	+++	+	++	+++	-
Wartung (W)	++++		++	+++	+	++	++	-
Schul., Beratung (SuB)	++	++		++	+	++	++	+++
Rechenzentrum (RZ)	+++	+++	++		+	-	-	+++
Controlling (CTR)	+	+	+	+		+	+	-
Organisation (ORG)	++	++	++	-	+		++	+++
Fachbereiche (FB)	+++	++	++	-	+	++		+++
Nutzer (NU)	-	-	+++	+++	-	+++	+++	

Legende:
- ++++ bedeutet einen *extrem starken*, d. h. in der täglichen Arbeit laufenden AuK-Bedarf: Die Spalten-Organisationseinheit muß die Arbeitsergebnisse der Zeilen-Organisationseinheit vollständig verstehen und weiterentwickeln
- +++ bedeutet einen *sehr starken*, d.h täglichen AuK-Bedarf: Die Qualität der Arbeitsergebnisse einer Zeilen-Organisationseinheit hängt unmittelbar von denen der Spalten-Organisationseinheit ab
- ++ bedeutet einen *starken* AuK-Bedarf: Die Arbeit der Zeilen-Organisationseinheit hängt grundsätzlich von der der Spalten-Organisationseinheit ab. AuK erfolgt häufig oder fallweise in Form von konkreten Arbeitsaufträgen
- + bedeutet einen *schwachen* AuK-Bedarf: Die Zeilen-Organisationseinheit braucht Informationen der Spalten-Organisationseinheit als Arbeitsbasis, AuK erfolgt fallweise und im Jahresrhythmus
- – bedeutet *keinen* AuK-Bedarf: Zwischen den Organisationseinheiten besteht in der Regel kein direkter AuK-Bedarf

W zu RZ	Auch in der Wartung werden täglich Anwendungssysteme geändert, die dann vom RZ erneut eingespielt werden müssen. Daraus ergibt sich ein täglicher AuK-Bedarf mit dem RZ.
W zu CTR	s. CTR

W zu ORG	Im Zusammenhang mit Änderungen müssen Arbeitsabläufe und Wirtschaftlichkeit überprüft und abgestimmt werden.
W zu FB	Die Fachbereiche fordern laufend Änderungen in Anwendungssystemen. Dies führt zu einem häufigen, fallweisen AuK-Bedarf.
W zu NU	Im allgemeinen besteht in unserem Musterunternehmen kein direkter Kontakt zu den Nutzern.
SuB zu RZ	SuB sowie das RZ brauchen User-Help-Desks (UHD). Da zwischen technischen und anwendungsspezifischen Problemen eine Wechselwirkung besteht, folgt zumindest ein starker AuK-Bedarf unabhängig von der Art der organisatorischen Lösung für die UHD (s. Abschnitt 4.5).
SuB zu CTR	s. CTR
SuB zu ORG	SuB schult die Nutzer von Anwendungssystemen. Zur Ausarbeitung der Schulungsveranstaltungen ist SuB in die Entwicklungsprojekte eingebunden. Deshalb besteht ein regelmäßiger AuK-Bedarf zu E, W, ORG und FB.
SuB zu FB	s. SuB zu ORG.
SuB zu NU	SuB hat die Aufgabe, alle Nutzer laufend bei anwendungsspezifischen Problemen zu betreuen.
RZ zu CTR	Zu CTR besteht wegen der zahlreichen Beschaffungsaktivitäten regelmäßiger Kontakt.
RZ zu ORG	Im wesentlichen besteht kein AuK-Bedarf.
RZ zu FB	Im wesentlichen besteht kein AuK-Bedarf.
RZ zu NU	Es besteht ein sehr starker AuK-Bedarf bei technischen Problemen sowie im Zusammenhang mit Geräteinstallationen.
CTR	CTR arbeitet auf der Basis des ihm von den Organisationseinheiten gemeldeten Ressourcenbedarfs und stimmt die Planungsvorschläge ab. Der schwache AuK-Bedarf zu den Zeilen-Organisationseinheiten ergibt sich aus der Tatsache, daß im Jahresrhythmus geplant wird. Für Kontrollfunktionen und Stabsaufgaben gilt Analoges.
CTR zu NU	Zu den Nutzern selbst besteht im allgemeinen kein Kontakt, da diese von den Fachbereichen vertreten werden.
ORG zu FB	Die Verantwortung für praxisorientierte fachübergreifende, wirtschaftliche Arbeitsabläufe ergibt sehr starken AuK-Bedarf zu den Nutzern und starken AuK-Bedarf zu den Fachbereichen.

2.2 Einbettung der EDV in die Aufbauorganisation des Unternehmens

ORG zu NU   s. ORG zu FB

FB zu NU   Die Verantwortung für die Produkte sowie die dazu notwendigen Anwendungssysteme ergibt einen sehr starken AuK-Bedarf zu den Nutzern.

Diskussion und Folgerungen aus der Abhängigkeitenmatrix zum AuK-Bedarf. Entwicklung und Wartung sollten pro Anwendungssystem in derselben Organisationseinheit liegen. Dies erlaubt auch eine eindeutige Verantwortungszuordnung über den *Life-Cycle* eines Anwendungssystems.

Die Organisationseinheiten Entwicklung, Wartung, RZ haben einen sehr starken AuK-Bedarf. Sie sollten deshalb möglichst an dieselbe Person berichten. Im folgenden werden wir eine Person als **EDV-Leiter** bezeichnen, die mindestens für die Aufgabengebiete Entwicklung, Wartung und Rechenzentrum zuständig ist (in Übereinstimmung mit der üblichen Praxis in Unternehmen).

Die Organisationeinheit für Schulung und Beratung hat sehr starken AuK-Bedarf zu allen Organisationseinheiten außer CTR. Deshalb kann sie grundsätzlich in jeder dieser Organisationseinheiten oder in einer für alle Schulungen des Unternehmens verantwortlichen Organisationseinheit angesiedelt werden. Die detaillierte Darstellung des Aufgabengebiets in Kapitel 4 zeigt jedoch deutliche Synergien, wenn die Organisationseinheit für Schulung und Beratung an denselben Leiter berichtet wie die für Entwicklung zuständigen Organisationseinheiten, da die Schulung ein starkes Bindeglied zwischen Entwicklung, Wartung und Nutzern ist.

Die Organisationseinheit Controlling könnte auch in allgemeinen Planungsabteilungen des Unternehmens angesiedelt sein. Als Vorteil einer solchen Ansiedlung kann angesehen werden, daß die Objektivität der Tätigkeiten leichter gewährleistet werden kann.

Entwicklung und Wartung von Anwendungssystemen kann auch bei den Fachbereichen oder der Organisation angesiedelt werden. Der starke AuK-Bedarf zum RZ spricht aber dagegen.

Die Aufgaben der Organisation könnten auch bei Entwicklung und Wartung angesiedelt werden. Für unsere Ausarbeitung haben wir dies per Annahme ausgeschlossen. Die Motivation dafür ist der Wunsch, für Arbeitsabläufe, Rationalisierung und Personalbemessung eine von der EDV unabhängige verantwortliche Organisationseinheit im Unternehmen zu haben.

2.2.4.2 Hauptalternativen für die Einbettung der EDV-spezifischen Organisationseinheiten

Aus den Überlegungen zum AuK-Bedarf leiten wir direkt die in Übersicht 2.4 beschriebenen sechs Hauptalternativen für die Einbettung der EDV-spezifischen Organisationseinheiten im Unternehmen ab.

Selbstverständlich sind diverse kleinere Modifikationen der Hauptalternativen denkbar und bereits in der Praxis vorhanden. Ein Beispiel dafür ist die Zentrale EDV ohne Schulung mit Ansiedlung der Schulung bei den Fachbereichen oder bei der Organisation. Eine detaillierte Diskussion solcher Modifikationen der Hauptalternativen wird für die Aufgabengebiete Schulung und Beratung sowie Planung in den entsprechenden Kapiteln erfolgen.

Übersicht 2.4: Die sechs Hauptalternativen für die Einbettung der EDV-spezifischen OEen im Unternehmen

Hauptalternative	Beschreibung (Verteilung der Organisationseinheiten)	
1. Zentrale EDV	zentral:	Entwicklung, Wartung, Schulung[2], Betrieb (Rechenzentrum), Controlling
2. Fachbereichs-EDV	zentral:	Betrieb (Rechenzentrum), Controlling
	dezentral:	Entwicklung, Wartung, Schulung beim jeweiligen Fachbereich
3. Dezentraler Betrieb	zentral:	Entwicklung, Wartung, Schulung, Controlling
	dezentral:	Betrieb
4. Dezentrale EDV:	zentral:	Controlling
	dezentral:	Entwicklung, Wartung, Schulung, Betrieb
5. Profit-Center EDV	zentral:	Controlling (unternehmensweite Funktion)
	dezentral:	Planung fachspezifisch
	extern:	Entwicklung, Wartung, Schulung, Betrieb als eigenständiges Tochterunternehmen mit Ergebnisverantwortung
6. Outsourcing-EDV	analog Profit-Center EDV, wobei die EDV-Dienstleistungen nicht von einem Tochterunternehmen, sondern von einem unabhängigen Unternehmen erbracht werden.	

Bei allen Alternativen ist das in Kapitel 6 detailliert beschriebene Aufgabengebiet Controlling zentral angesiedelt. Speziell für die Realisierung un-

---

[2] Schulung als Abkürzung für Schulung und Beratung

ternehmensübergreifender EDV-spezifischer Synergien und Standards ist dies unbedingt notwendig.

Die im Unternehmen angesiedelten Organisationseinheiten sind **Cost-Center**, d. h. sie haben keine Verantwortung für Erträge. Im allgemeinen verrechnen sie jedoch ihre Kosten an die Leistungsnehmer (s. Abschnitt 6.3.3).

Für jede der sechs Hauptalternativen gibt es heute erfolgreiche Beispiele in der Industrie. Welche der Hauptalternativen für ein bestimmtes Unternehmen die beste ist, hängt von zusätzlichen Kriterien ab, die unternehmensspezifisch gewichtet werden müssen. Deshalb werden wir im folgenden Abschnitt die wichtigsten dieser Kriterien kurz beschreiben.

2.2.4.3 Weitere wichtige Kriterien für die Einbettung der EDV und deren Bewertung

In den folgenden Abschnitten diskutieren wir fünf weitere wichtige Kriterien, die zusammen mit dem AuK-Bedarf für die Auswahl einer Alternative in der Regel von ausschlaggebender Bedeutung sind. Weitere, im allgemeinen nur in speziellen Situationen wichtige Kriterien vernachlässigen wir bewußt. Die fünf Kriterien sind:

- Endbenutzernähe
- Economies of Scale
- Economies of Decentralisation
- Möglichkeit der effizienten, schnellen unternehmensweiten Entscheidungsfindung und Umsetzung
- Möglichkeit der Vermarktung von internen EDV-spezifischen Ressourcen.

Endbenutzernähe. Eine der wichtigsten Aufgaben der EDV als interner Dienstleistungsbereich eines Unternehmens besteht darin, den Nutzern Anwendungssysteme zur Verfügung zu stellen, die sie bei ihrer Arbeit maximal unterstützen. Dazu müssen die Anwendungssysteme insbesondere

- mit ergonomischen Benutzeroberflächen ausgestattet sein
- praxisorientierte, effiziente Arbeitsabläufe ermöglichen bzw. unterstützen.

Das für die Entwicklung und den Betrieb von EDV-Anwendungssystemen notwendige Spezial-Know-how bringt es zwangsläufig mit sich, daß EDV-Mitarbeiter in der Regel entweder nie oder zumindest mehrere Jahre nicht als Nutzer von EDV-Anwendungssystemen gearbeitet haben. Dadurch besteht die große Gefahr, daß die gebotenen Anwendungssysteme inklusive begleitender Dienstleistungen praxisfremd sind. Der Schulungsaufwand für ein Anwendungssystem wird z. B. von den Entwicklern sicher geringer eingeschätzt als von dem Nutzer, der damit nur sporadisch umgeht. Die Bedeutung von Verfügbarkeit und Antwortzeit wird von Mitarbeitern des Rechenzentrums manchmal erst dann richtig erkannt, wenn sie selbst vor einer Ladenkasse mit schlechter Antwortzeit in einer Schlange wütender Kunden standen.

Wegen der notwendigen Spezialisierung von EDV-Mitarbeitern ist die Gewährleistung von Endbenutzernähe bei allen Hauptalternativen schwierig und nur durch zusätzliche Maßnahmen und Verfahren möglich. Diese werden speziell in den Kapiteln 3 und 4 ausführlich behandelt. *Fachbereichs-EDV* sowie *Dezentrale EDV* erlauben jedoch sicher eine größere Endbenutzernähe als die anderen Hauptalternativen.

Economies of Scale. Unter dem Begriff **Economies of Scale** (EoS) versteht man generell diejenigen wirtschaftlichen Vorteile, die ein Unternehmen aus seiner Größe ableiten kann. Im EDV-spezifischen Umfeld sind EoS beispielsweise aus folgenden Situationen zu ziehen:

- Hohes Einkaufsvolumen ermöglicht Mengenrabatte.
- Konzentration von Mitarbeitern mit speziellem Know-how, z. B. Spezialisten für Systemprogrammierung, Datenbankorganisation, Verfahrenstechnik und Sicherheit spart Kosten.
- Standardisierungen werden erleichtert (z. B. Verfahrenstechnik, Benutzeroberfläche, Hardware).
- Mehrfachentwicklungen werden vermieden.
- Kosten werden eingespart durch Verhinderung von Mehrfachinstallation spezifischer Infrastruktur im Zusammenhang mit Rechenzentren (z. B. schußsichere Wände, Sicherheitsdienste, unterbrechungsfreie Stromversorgung, Netz-Ersatzanlagen).
- Die Zuordnung von Kapazitäten wird flexibler.

Economies of Scale sind nur bei denjenigen Hauptalternativen zu realisieren, bei denen die wesentlichen Arbeitsgebiete der EDV in einer Hand und auf möglichst wenige Orte verteilt sind.

Economies of Decentralisation (Smallness). Selbstverständlich gibt es nicht nur wirtschaftliche Vorteile, die aus der Größe eines Unternehmens bzw. einer Organisationseinheit ableitbar sind, sondern auch das Gegenteil, nämlich solche Vorteile, die aus der Kleinheit der jeweiligen Organisationseinheit herrühren.

In großen Unternehmen entstehen kleine Einheiten durch Dezentralisierung von Unternehmensteilen. Deshalb wollen wir spezifische wirtschaftliche Vorteile, die aus der Kleinheit von Unternehmensteilen gewonnen werden können, unter dem Schlagwort **Economies of Decentralisation** (EoD) zusammenfassen:

2.2 Einbettung der EDV in die Aufbauorganisation des Unternehmens 43

- Datenkommunikationskosten werden durch dezentrale Datenhaltung reduziert.
- Kosten für Rechen- und Speicherkapazität können durch Einsatz von Personalcomputern oder Rechnern mittlerer Datentechnik anstatt Großrechnern (Downsizing) reduziert werden.
- Die Verantwortung für Daten und EDV-Systeme, insbesondere bei hochspezialisierten Anwendungen z. B. Fertigungssteuerung, Systeme für Architekten, Rechtsanwälte kann direkt zugeordnet werden.
- Wenn Nutzer ihre EDV-Systeme selbst entwickeln und betreiben, entfallen aufwendige Abstimmungen mit Entwicklern und Betreibern.
- Mehrere verteilte Rechenzentren können sich gegenseitig Back-up-Dienste anbieten.

Es liegt auf der Hand, daß EoD im allgemeinen im Gegensatz zu EoS stehen. Deshalb ist für jeden Einzelfall sorgfältig abzuwägen, aus welchen der beiden Möglichkeiten der größere Nutzen herzuleiten ist. In der Regel sind nur dort sinnvoll EoD zu gewinnen, wo ganz spezielle, nur lokal verwendete Anwendungssysteme im Einsatz sind, zu deren Betrieb keine Großrechner benötigt werden und für die keine hohen Anforderungen an Sicherheit und Verfügbarkeit bestehen.

Möglichkeit der effizienten, schnellen, unternehmensweiten Entscheidungsfindung und Umsetzung. In den meisten Großunternehmen ist die Umsetzung von wesentlichen Teilen der Geschäftsstrategie abhängig von der rechtzeitigen Bereitstellung von EDV-Systemen.
Beispiele. Ein neues Automobil kann nur dann produziert und verkauft werden, wenn das EDV-System zur Steuerung der entsprechenden Produktionsstraße betriebsbereit ist. Eine Bank kann ein neues Produkt, wie z. B. einen neuen Kredittyp, erst dann auf breiter Basis dem Kunden anbieten, wenn die entsprechenden Buchungs- und Verwaltungssysteme einsatzbereit sind.▲

Schon mittelgroße Projekte zur Entwicklung von EDV-Anwendungssystemen haben einen Aufwand von 5-10 Mannjahren bei einer Durchlaufzeit von circa zwei Jahren. Der Aufbau von neuen Mitarbeitern im EDV-Bereich inklusive entsprechender Einarbeitung dauert in der Regel ein bis zwei Jahre. All dies bedeutet, daß bei zahlreichen wichtigen Entscheidungen des Unternehmens die EDV-spezifischen Voraussetzungen und Konsequenzen bedacht und geplant werden müssen. Deshalb ist eine adäquate Einbindung der EDV in die Entscheidungsfindung unbedingt notwendig. Zur schnellen Umsetzung von Entscheidungen ist es darüber hinaus notwendig, daß die Geschäftsleitung direkt auf EDV-Prioritäten der entsprechenden Organisationseinheiten Einfluß nehmen kann, und die EDV selbst flexibel Ressourcen zuordnen kann.

Für alle Hauptalternativen, bei denen die EDV im Unternehmen selbst angesiedelt ist, ist es sicher möglich, Management-Prozesse (d. h. Aufbau und Ablauforganisation; siehe Kapitel 6) zu installieren, die die Erfüllung dieses Kriteriums gewährleisten. Dies wird mit weniger Aufwand verbunden sein, wenn Anwendungsentwicklung und Rechenzentrumsbetrieb an dieselbe Führungskraft berichten.

Bei den Hauptalternativen *Profit-Center EDV* und *Outsourcing-EDV* wird die Veränderung von Entwicklungszielen bzw. Betriebsabläufen erheblich aufwendiger sein. In beiden Fällen muß mit selbständigen Unternehmen die Realisierung bzw. Veränderung von Aufträgen verhandelt werden, wo im Fall der unternehmensinternen EDV eine Arbeitsanweisung genügt.

Möglichkeit der Vermarktung von internen Ressourcen. In Unternehmen mit großem Entwicklungs- und Rechenzentrumsbetrieb stellen das Knowhow der Mitarbeiter und die vorhandenen Anwendungssysteme einen erheblichen wirtschaftlichen Wert dar. Besteht der Geschäftszweck des Unternehmens nicht darin, EDV-spezifische Dienstleistungen zu verkaufen, dann werden diese Werte im allgemeinen nicht vermarktet.
Beispiel. Eine Bank mit *Zentraler EDV* wird Anwendungssysteme nicht als Produkte verkaufen. Eine Aufbau- und Ablauforganisation, um die dafür notwendigen Marketing- und Serviceleistungen zu erbringen, ist im Bankbetrieb aus vielen Gründen nur schwer realisierbar. Verkauft eine Bank zum Beispiel einem Bankkunden ein Anwendungssystem oder EDV-spezifische Beratungsleistung, so können sich aus dieser Geschäftsbeziehung oft Probleme für die Bankgeschäfte ergeben.▲

Alle Hauptalternativen, bei denen die EDV im Unternehmen angesiedelt ist, aber nicht den eigentlichen Geschäftsschwerpunkt bildet, beinhalten Schwierigkeiten bei der Vermarktung EDV-spezifischer Ressourcen. Die einzige Alternative, die die Vermarktung von internen Ressourcen gut ermöglicht, ist die *Profit-Center EDV*.

In Übersicht 2.5 fassen wir die vorangegangene Bewertung der sechs Hauptalternativen anhand unserer Kriterien zusammen.

Übersicht 2.5: Bewertung der Hauptalternativen für die Einbettung der EDV

Hauptalternative Kriterium	Zentrale EDV	Fachbereichs- EDV	Dezentraler Betrieb	Dezentrale EDV	Profit-Center EDV	Outsourcing EDV
AuK-Bedarf						
• innerhalb EDV	++	-	+	-	++	++
• zwischen EDV und Unternehmen	-	-	-	++	--	--
Endbenutzernähe	-	+	-	+	--	--
EoS	++	-	--	--	++	++

2.2 Einbettung der EDV in die Aufbauorganisation des Unternehmens

Fortsetzung Übersicht 2.5: Bewertung der Hauptalternativen für die Einbettung der EDV

Hauptalternative Kriterium	Zentrale EDV	Fachbe- reichs- EDV	Dezen- traler Betrieb	Dezen- trale EDV	Profit- Center EDV	Out- sourcing EDV
EoD	− −	−	+	+ +	− −	− −
Möglichkeit der effizienten, schnellen unternehmensweiten, Entscheidungs- findung und Umsetzung (EFU)	+ +	+	+	+ +	−	− −
Möglichkeit der Vermarktung von Ressourcen	+	+	+	+	+ +	− −

Legende:
+ + Kriterium ist *gut* erfüllt
+ Kriterium ist *gerade ausreichend* erfüllt
− Kriterium ist *mangelhaft* erfüllt
− − Kriterium ist *sehr mangelhaft* erfüllt

2.2.4.4 Hierarchische Einordnung einer Organisationseinheit

In diesem Abschnitt werden wichtige Grundsätze für die hierarchische Einordnung von Organisationseinheiten erläutert. Die Zahl der Hierarchie-Ebenen im Unternehmen beeinflußt den AuK-Bedarf und die Flexibilität des Unternehmens erheblich. Je mehr Ebenen eingeführt werden, umso schwerfälliger werden Abstimmung und Kommunikation. Die Gefahr einer Verfälschung von Inhalten steigt und die Unternehmensleitung verliert den Kontakt zu den unteren Hierarchie-Ebenen und kann damit die Stimmung und den Motivationsgrad der Mitarbeiter nur ungenügend beurteilen. Deshalb besteht heute die Tendenz zu einer möglichst flachen Hierarchie, d. h. wenigen (3–4) Hierarchie-Ebenen.

Unter der **Führungsspanne** einer Organisationseinheit wird die Zahl der Mitarbeiter verstanden, die direkt an denselben Vorgesetzten berichten. Die durchschnittliche Führungsspanne pro Organisationseinheit und die Zahl der Mitarbeiter in den Einheiten bestimmen die Zahl der notwendigen Hierarchie-Ebenen für die Organisationseinheit. Flache Hierarchien erreicht man durch große durchschnittliche Führungsspannen. Die sinnvolle Größe der Führungsspanne für eine Organisationseinheit hängt von der Tätigkeit, der Verantwortung sowie dem Ausbildungsstand der zu führenden Mitarbeiter ab.

Die Ansiedlung einer Organisationseinheit in der Hierarchie eines Unternehmens bestimmt den Einfluß der Organisationseinheit. Eine Ansiedlung nahe bei der Unternehmensleitung hat einen stärkeren Einfluß im Unternehmen zur Folge als eine Ansiedlung in einer der unteren Ebenen.

Organisationseinheiten mit einem starken AuK-Bedarf sollten in einer Hierarchie-Ebene angesiedelt sein und an dieselbe Person berichten.

In welcher Ebene der Leiter einer EDV-spezifischen Organisationseinheit angesiedelt ist und wie lang damit sein Berichtsweg zur Geschäftsleitung wird, hängt von der Bedeutung dieser Organisationseinheit im Unternehmen ab.

Die Tiefe der Hierarchie einer EDV-spezifischen Organisationseinheit hängt davon ab, was für diese Einheit als sinnvolle Führungsspanne angesehen wird. Im EDV-spezifischen Umfeld, wo die Führungskräfte typischerweise auf allen Ebenen mit Spezialisten – größtenteils akademisch ausgebildet – umgehen, ist eine Führungsspanne von 10 bis 15 sinnvoll.

Beispiel. Folgende Führungsspannen für die einzelnen Ebenen im EDV-Umfeld spiegeln heute den Industriestandard wider:

- Zehn bis zwölf Mitarbeiter (Ebene 5) berichten an einen Gruppenleiter (Ebene 4: Gruppe).
- Vier bis sechs Gruppenleiter berichten an einen Abteilungsleiter (Ebene 3: Abteilung).
- Fünf bis sieben Abteilungsleiter berichten an einen Bereichsleiter (Ebene 2: Bereich).
- Etwa drei Bereichsleiter berichten an einen Vorstand (Ebene 1: Ressort).

Bei privaten Großbanken, Versicherungen sowie der Automobilindustrie ist der Leiter einer *Zentralen EDV* in der Regel in der zweiten Ebene angesiedelt.

Anmerkung: Während die Terminologie für die einzelnen Hierarchie-Ebenen in den verschiedenen Unternehmen unterschiedlich ist, ist die Numerierung der Ebenen von oben nach unten, beginnend mit 1 übliche Konvention.▲

2.2.4.5 Zusammenfassung

Die vorangegangenen Ausführungen zeigen, daß es zur Frage der Einbettung der EDV-spezifischen Organisationseinheit in die Aufbauorganisation des Unternehmens keine eindeutig beste, allgemeingültige Lösung gibt. Welche Alternative im Einzelfall die beste Lösung darstellt, hängt stets von der unternehmensabhängigen Bewertung der einzelnen Kriterien ab. In Unternehmen mit überwiegend unternehmensweit genutzten EDV-Systemen spricht jedoch die Dominanz der Kriterien

- Abstimmungs- und Kommunikationsbedarf
- Economies of Scale
- Möglichkeit der effizienten, schnellen, unternehmensweiten Entscheidungsfindung und Umsetzung

für die Alternative *Zentrale EDV*. Dies muß nicht bedeuten, daß alle Organisationseinheiten am selben Standort angesiedelt sind, sondern nur, daß alle Organisationseinheiten an denselben Leiter berichten.

Die Zentrale EDV kann ergänzt werden durch *Dezentralen Betrieb* oder *Dezentrale EDV* für solche EDV-Systeme, die stark lokalen Charakter haben.

Die Alternative *Zentrale EDV* mit einem Leiter in der 2. Ebene ist heute speziell in Deutschland auch der Industriestandard bei Großanwendern der Informatik.

Beispiele. Bei privaten Großbanken und Versicherungen ist der zentrale Bereich EDV in der Regel ein Teil des Ressorts Organisation. Je nach Größe berichten mehrere regional verteilte Rechenzentren an den EDV-Leiter. Die BAYERISCHE VEREINSBANK hat als erste deutsche Großbank das Rechenzentrum als 100%-Tochter ausgegliedert. Der wesentliche Grund dafür ist die Zusammenfassung aller Konzern-Rechenzentren. Die Sparkassen, Genossenschafts-, Raiffeisen- und Landesbanken haben größtenteils die Alternative *Profit-Center* gewählt. Dazu haben sie eigene Gesellschaften gegründet, die die vollständigen EDV-Dienstleistungen im allgemeinen für die Institute einer Region bereitstellen, da die einzelnen Institute nicht mehr in der Lage wären, die Kosten für Entwicklung und Betrieb der EDV alleine zu tragen. Wichtige Beispiele[3] für diese Profit-Center sind:

- Die FIDUCIA AG in Karlsruhe versorgt mehr als 500 angeschlossene Kreditgenossenschaften.
- Die Gesellschaft für automatische Datenverarbeitung eG (GAD) in Münster versorgt circa 240 angeschlossene Institute.
- Die Datenverarbeitungsgesellschaft der niedersächsischen Sparkassenorganisation mbH (dvg) versorgt circa 75 angeschlossene Sparkasseninstitute aus Niedersachsen sowie die Nord/LB und die Bremer Landesbank.
- Das Sparkassen-Rechenzentrum Rheinland GmbH (SRZ) versorgt circa 60 angeschlossene Institute.

Die DAIMLER-BENZ AG hat 1990 die Konzerntochter DEBIS gegründet, unter anderem mit dem Ziel, alle EDV-Aktivitäten des Konzerns dort zusammenzufassen. Hauptziele sind Economies of Scale insbesondere beim Betrieb des Rechenzentrums und bei der Vermarktung der vorhandenen Dienstleistungen und Ressourcen. Die OPEL AG hat als erster Automobilhersteller in Deutschland Outsourcing-EDV realisiert. Allerdings ist die Firma EDS, von welcher die OPEL AG die Dienstleistungen erhält, eine 100%-Tochter von GENERAL MOTORS, der Konzernmutter der OPEL AG.

---

[3] alle Angaben jeweils Stand 1991

In den USA ist bei Banken *Dezentrale EDV* üblich, da die einzelnen Geschäftssparten der Banken ohnehin eigenständige Divisionen sind. 1991 hat in den USA eine starke Tendenz zur Alternative *Outsourcing-EDV* eingesetzt. Das Hauptmotiv ist, Kosten und Management-Aufwand für die EDV einzusparen.▲

2.3 Wichtige rechtliche Rahmenbedingungen der betrieblichen Informatik

Eine wichtige Leitungsfunktion ist, sicherzustellen, daß alles ordnungsgemäß abläuft. Im Zusammenhang mit EDV-Systemen ist dies eine besondere Aufgabe: Nämlich sicherzustellen, daß auch alle Rechtsvorschriften eingehalten werden, die beim Betrieb von EDV-Systemen zu beachten sind. In diesem Kapitel wird ein Überblick über die wichtigsten Vorschriften gegeben aus

- dem Bundesdatenschutzgesetz (BDSG)
- dem Handels- und Steuerrecht (HGB, AO)
- dem Betriebsverfassungsgesetz (BetrVG)
- den allgemeinen Geschäftsbedingungen (AGB) eines Unternehmens.

Darüber hinaus werden wichtige organisatorische Voraussetzungen aufgezeigt, die zur Umsetzung dieser Rechtsvorschriften nötig sind. In diesem Buch kann nur Grundsätzliches gesagt werden. Das Thema ist zu komplex, weil es bei konkreten organisatorischen Maßnahmen eine Fülle von technischen Details gibt, die beachtet werden müssen. Eine detaillierte Darstellung des Themas muß der Literatur entnommen werden. Als Standardwerk kann Schuppenhauer [Schu 89] empfohlen werden. Für die Studenten der Informatik soll herausgearbeitet werden, daß aus diesen Rechtsvorschriften einer der wesentlichen Unterschiede resultiert zwischen Programmen für kommerzielle Zwecke und Programmen für private oder Studienzwecke.

Nicht eingegangen wird auf diverse Fragen der Rechtsinformatik, die keine unmittelbaren, schwerwiegenden Konsequenzen für die Aufbau- und Ablauforganisation des Informatikbetriebs im Unternehmen haben. Beispiele dafür sind: Gestaltung von Verträgen mit Hardware-Herstellern, Software-Herstellern oder Wartungstechnikern, Arbeitnehmer-Überlassungsgesetz, Urheber- und Patentrechte sowie rechtliche Fragen zur Produkthaftung.

2.3.1 Erfolgsfaktoren für die Einhaltung der rechtlichen Rahmenbedingungen

Um die rechtlichen Rahmenbedingungen einhalten zu können, müssen die in Übersicht 2.6 beschriebenen Bedingungen im Unternehmen erfüllt sein.

Übersicht 2.6: Erfolgsfaktoren für die Einhaltung der rechtlichen Rahmenbedingungen der betrieblichen Informatik

EF RE.1	Bei allen Betroffenen muß ein generelles Verständnis der Ziele und Inhalte vorhanden sein, die durch die rechtlichen Rahmenbedingungen vorgegeben sind
EF RE.2	Die Einhaltung der rechtlichen Rahmenbedingungen im täglichen Betrieb muß durch Richtlinien sichergestellt sein, die in die Ablauforganisation eingebettet sind
EF RE.3	Die Einhaltung der rechtlichen Rahmenbedingungen muß durch regelmäßige Kontrollprozesse überwacht werden

Die rechtlichen Rahmenbedingungen sind in ihren Details sehr komplex. Für die Mitarbeiter und Führungskräfte ist es daher nicht möglich, sie mit den konkreten Realisierungsvorschriften ständig im Kopf zu haben. Als Ersatz dafür müssen die Rechtsgrundsätze in ihren Inhalten verstanden werden. Die Umsetzung der Rechtsvorschriften muß durch konkrete Einbettung in die Ablauforganisation – zum Beispiel in die Verfahrenstechnik für Anwendungsentwicklung – erleichtert und durch regelmäßige Kontrollen überprüft werden.

2.3.2 Schutz personenbezogener Daten

Das Bundesdatenschutzgesetz schützt die Bürger generell vor dem Mißbrauch personenbezogener Daten. Im Zusammenhang mit der maschinellen Verarbeitung von Daten bekommt das Gesetz eine besondere Bedeutung.

2.3.2.1 Wesentliche Inhalte des Bundesdatenschutzgesetzes

Der Zweck des Bundesdatenschutzgesetzes (BDSG) ist im folgenden Passus zusammengefaßt:

> §1 BDSG: „Zweck dieses Gesetzes ist es, den einzelnen davor zu schützen, daß er durch den Umgang mit seinen personenbezogenen Daten in seinem Persönlichkeitsrecht beeinträchtigt wird."

Als **personenbezogene Daten** werden alle Einzelangaben über persönliche oder sachliche Verhältnisse einer bestimmten oder bestimmbaren natürlichen Person definiert. Das **Persönlichkeitsrecht** schützt die Bereiche Individualsphäre, Privatsphäre und Intimsphäre.

Die *Individualsphäre* umfaßt die persönliche Eigenart des Menschen in seinen Beziehungen zur Umwelt (z. B. Name, Geburtsdatum, Geburtsort, Größe, Gewicht, Anschrift). Die *Privatsphäre* umfaßt das Leben im häuslichen, familiären und privaten Kreis (z. B. Einkommen, Krankheiten, Arbeitgeber, Beziehungen). Die *Intimsphäre* umfaßt alle Gedanken und Gefühle, inklusive ihrer äußeren Erscheinungsformen (z. B. Tagebuch, vertrauliche Briefe).

Grundsätzlich liegt ein Mißbrauch personenbezogener Daten vor, wenn die Daten zu einem anderen Zweck verarbeitet oder genutzt werden, als

- Verträge mit betroffenen natürlichen Personen
- BDSG oder andere Rechtsvorschriften

erlauben.
Beispiele. Durch systematische Auswertung des Zahlungsverkehrs ihrer Kunden könnten Banken Informationen über Gewohnheiten von Kunden in Erfahrung bringen, die für Marketingzwecke dritter Unternehmen von hohem Wert sind. Solche Auswertungen sind in den USA erlaubt, in Deutschland strikt verboten. Die Angaben auf Kontoauszügen sind personenbezogene Daten. Eine Weitergabe an Dritte ist streng untersagt.▲

2.3.2.2 Einhaltung des Bundesdatenschutzgesetzes

In großen Unternehmen wird mit Hilfe von fünf Gruppen von Maßnahmen sichergestellt, daß das BDSG im EDV-Umfeld eingehalten wird:

- Alle Mitarbeiter werden über Inhalte des BDSG informiert und im Rahmen des Arbeitsvertrages schriftlich zur Einhaltung verpflichtet.
- Bei der Neuentwicklung von EDV-Anwendungssystemen sichern Richtlinien in der Verfahrenstechnik und Kontrollen mittels Reviews (s. Kapitel 3) die Einhaltung des BDSG.
- Die „10 Gebote des Datenschutzes" werden im Rahmen des täglichen Betriebs eingehalten.
- Bei Unternehmen mit über fünf Mitarbeitern in der Datenverarbeitung ist die Bestellung eines Datenschutzbeauftragten Pflicht.
- Der Betriebsrat überwacht die Einhaltung des BDSG (Abschnitt 2.3.4.1).

Die 10 Gebote des Datenschutzes. Die „10 Gebote" (s. Übersicht 2.7) sind Anforderungen an technische und organisatorische Maßnahmen zur Sicherstellung einer datenschutzgerechten Verarbeitung und sind im BDSG katalogartig dargestellt. Diese Anforderungen werden heute von großen Unternehmen standardmäßig berücksichtigt und sind wesentlicher Bestandteil des gesamtbetrieblichen Sicherheitskonzepts. Die jeweiligen Datenschutzbeauftragten überprüfen die Einhaltung der „10 Gebote" regelmäßig durch Stichproben.

Übersicht 2.7: Die zehn Gebote des Datenschutzes

Kontrollkriterium	Gesetzlich verlangt wird	Realisierung durch z. B.
1. Zugangskontrolle	Der Zugang zu DV-Anlagen ist Unbefugten zu verwehren	Zugang nur über elektronisch geprüften Ausweis, inklusive Vereinzelungsanlage
2. Abgangskontrolle	Ein unbefugtes Entfernen von Datenträgern ist zu verhindern	Archiv nur für ausgewählte Personen zugänglich, Vier-Augen-Prinzip, schriftliche Dokumentation aller Entnahmen
3. Benutzerkontrolle	Ein unbefugtes Benutzen, insbesondere mit Hilfe von Datenkommunikationseinrichtungen, des DV-Systems ist zu verwehren	wie bei Speicherkontrolle
4. Speicherkontrolle	Unbefugte Eingabe, Kenntnisnahme, Ausgabe, Veränderung oder Löschung verhindern	Einsatz von Zugriffsschutzsystemen für Berechtigungsprüfung bei Transaktionen und anderen Zugriffen auf Daten; Programmfreigaben für alle Programme nach Vier-Augen-Prinzip und mit schriftlicher Dokumentation
5. Zugriffskontrolle	Der Zugriff auf Daten ist jeweils durch Prüfen der Berechtigung zu steuern	wie bei Speicherkontrolle
6. Übermittlungskontrolle	Jegliche selbsttätige Übermittlung von Daten ist zu protokollieren	Unkontrollierte Übermittlung von Daten wird nicht zugelassen

Fortsetzung Übersicht 2.7: Die zehn Gebote des Datenschutzes

Kontrollkriterium	Gesetzlich verlangt wird	Realisierung durch z. B.
7. Eingabekontrolle	Eine Überprüfung der Eingabe von Daten ist zu ermöglichen durch die zusätzliche Speicherung der Eingabeumstände („wer-wo-was")	Logbänder, Prüfungen in Programmen, Eingabeprotokollierung
8. Auftragskontrolle	Die Einhaltung der Weisungen des Auftraggebers bei der Verarbeitung von Daten sicherstellen (DV im Auftrag)	Vier-Augen-Prinzip, Test von Anwendungen; vertragliche Vereinbarungen
9. Transportkontrolle	Unbefugte Eingriffe (Zugriff, Verändern) während des Transports von Daten sind zu verwehren	Transport mit Hilfe von Sicherheitsdiensten; Verschlüsselungsverfahren
10. Organisationskontrolle	Die interne Organisation ist so zu gestalten, daß sie den besonderen Anforderungen des Datenschutzes genügt	Festhalten aller Vorschriften in Weisungen (interner Weisungsdienst, Kompetenzregelung)

Wesentliche Aufgaben des Datenschutzbeauftragten. Die Aufgaben des Datenschutzbeauftragten haben ihre Grundlage in §29 Satz 1 BDSG:

„Der Beauftragte für den Datenschutz hat die Ausführung dieses Gesetzes sowie anderer Vorschriften über den Datenschutz sicherzustellen."

Wesentliche konkrete Aufgaben des Datenschutzbeauftragten sind:

- Beratung der Geschäftsleitung und aller Betriebsbereiche in Fragen des Datenschutzes. Ein besonderer Schwerpunkt liegt dabei auf der Beratung im Zusammenhang mit der Entwicklung neuer Anwendungssysteme.
- Kontrolle der Einhaltung des BDSG und Hinwirken auf Beseitigung von Mängeln.
- Führen eines Verzeichnisses bezüglich aller Dateien und Datenbanken, in denen personenbezogene Daten gespeichert sind (ist vom Unternehmen bereitzustellen).
- Bearbeiten von Anfragen und Beschwerden von Mitarbeitern, Kunden oder anderen Betroffenen.

2.3.3 Buchführung bei computergestützten Verfahren

Unternehmen, die die Abwicklung ihres Rechnungswesens mit computergestützten Verfahren, d. h. EDV-Anwendungssystemen, unterstützen, müssen Sorge tragen, daß die *Grundsätze ordnungsmäßiger Buchführung* (GoB) eingehalten werden. Welche Anforderungen an eine Buchführung bei computergestützten Verfahren gestellt werden müssen, damit sie ordnungsmäßig ist, ergibt sich nicht aus einem in sich geschlossenen Gesetz analog dem BDSG, sondern aus einer Fülle von Rechtsvorschriften des Handels- (HGB) und Steuerrechts sowie aus ergänzenden Vorschriften, Richtlinien mit rechtsverbindlichem Charakter (z. B. Erlaß des Finanzministers bezüglich der Grundsätze ordnungsmäßiger Speicherbuchführung (GoSB) von 1978).

Das Handelsrecht schreibt für Aktiengesellschaften und Gesellschaften mbH (letztere ab einer bestimmten Größenordnung) vor, daß die Buchführung und der Jahresabschluß inklusive internen Kontrollsystems von Wirtschaftsprüfern geprüft werden müssen, und damit auch die Einhaltung der GoB testiert werden muß. Das Institut der Wirtschaftsprüfer hat den *Fachausschuß für maschinelle Abrechnungssysteme* (FAMA) gebildet, der den Standard für die Prüfung der GoB bei computergestützten Verfahren festlegt. In den Stellungnahmen des FAMA, zum Beispiel [FAMA 87] werden die wichtigsten Komponenten dieses Standards beschrieben.

2.3.3.1 Grundsätze ordnungsmäßiger Buchführung bei computergestützten Verfahren

Der Zweck der Buchführung wird im Handelsgesetzbuch wie folgt definiert:

> „Jeder Kaufmann ist verpflichtet, Bücher zu führen und in diesen seine Handelsgeschäfte und die Lage seines Vermögens nach den Grundsätzen ordnungsmäßiger Buchführung ersichtlich zu machen. Die Buchführung muß so beschaffen sein, daß sie einem sachverständigen Dritten innerhalb angemessener Zeit einen Überblick über die Geschäftsvorfälle und über die Lage des Unternehmens vermitteln kann. Die Geschäftsvorfälle müssen sich in ihrer Entstehung und Abwicklung verfolgen lassen." [§238 Satz 1 HGB]

Um Kapitalgeber, Gläubiger oder Geschäftspartner vor den Folgen unsachgemäßer Buchführung zu schützen, wurden die GoB so in das Handels- und Steuerrecht übernommen, wie sie sich aus der Praxis ordentlicher Kaufleute sowie aus Rechnungslegungszwecken entwickelt haben. Dem Kaufmann wird erlaubt, die Buchführung an Dritte zu delegieren. Er kann sich auch eines automatisierten Verfahrens bedienen.

„Buchführungspflichtig ist der Kaufmann. Wird diese Aufgabe delegiert, so muß über organisatorische Maßnahmen des internen Kontrollsystems sichergestellt sein, daß Vorgänge, die zur Verletzung seiner Buchführungspflichten führen können, entdeckt und korrigiert werden. Dies gilt auch für die Verarbeitung in einem automatisierten Verfahren." [FAMA 87]

Erfüllt der Kaufmann seine Buchführungspflicht mit einem automatisierten Verfahren, so gilt nach [FAMA 87]:

„Ordnungsmäßige, computergestützte Buchführungssysteme sind solche, die unter Einbeziehung aller maschinellen und manuellen Verfahren eine *vollständige, richtige, zeitgerechte, geordnete* sowie für einen sachverständigen Dritten *nachvollziehbare* Buchführung ergeben."

Die beiden letzten Zitate enthalten die wichtigsten Forderungen an eine ordnungsmäßige Buchführung bei computergestützten Verfahren in komprimierter Form. Die „Durchführungsbestimmungen" für diese Formulierungen sind sehr detailliert und können deshalb im nächsten Abschnitt nur in groben Zügen beschrieben werden.

2.3.3.2 Einhaltung der Grundsätze ordnungsmäßiger Buchführung bei computergestützten Verfahren

Um sicherzustellen, daß die GoB bei computergestützten Verfahren eingehalten werden, sind folgende Maßnahmengruppen erforderlich:

- Realisierung von *Beleg-, Konten- und Journalfunktion* inklusive Aufbewahrungsfristen (Vollständigkeit, Zeitgerechtheit, Geordnetheit, Nachvollziehbarkeit)
- Vier-Augen-Prinzip bei Entwicklung bzw. Änderung von automatisierten Buchführungsverfahren (Korrektheit)
- Dokumentation des Buchführungsverfahren sowie der Verfahrensdurchführung inklusive Aufbewahrungsfristen (Korrektheit, Nachvollziehbarkeit)
- Installation eines *internen Kontrollsystems (IKS)* zur frühzeitigen Erkennung von Verletzungen der Buchführungspflicht
- Prüfung der Einhaltung aller oben genannten Vorschriften durch Wirtschaftsprüfer sowie insbesondere bei Banken durch interne Revision.

Belegfunktion, Journalfunktion, Kontenfunktion. Die **Belegfunktion** besagt, daß für jeden buchungspflichtigen Geschäftsvorfall ein „Beleg" vorhanden sein und über 6 Jahre aufbewahrt werden muß. Nötig sind Mindestangaben

- zur Art des Geschäftsvorfalls
- zum buchenden Betrag

2.3 Wichtige rechtliche Rahmenbedingungen der betrieblichen Informatik

- zum Zeitpunkt
- zu den Beteiligten des Geschäftsvorfalls
- zur Kontierung
- zur Belegnummer.

Bei Anwendung von EDV kann der „Beleg" verschiedenste Ausprägungen haben, wie z. B. Einzel-, Sammel- oder Dauerbeleg, gespeichert auf magnetischen Datenträgern.

Die **Journalfunktion** (Grundbuch) besagt, daß alle Buchungen in ihrer zeitlichen Reihenfolge aufgezeichnet und 10 Jahre aufbewahrt werden müssen. Dies kann pro buchendem System gesondert erfolgen. Nötig sind Mindestangaben

- zur Journalbezeichnung
- zum Nachweis lückenloser Seitenfolge
- zu Spaltenüberschriften
- zu den Buchungsbelegen
  - Belegnummer
  - Belegdatum
  - Kontierung
  - Betrag
  - Belegtext
- zu Kontrollsummen.

Die **Kontenfunktion** (Hauptbuch) besagt, daß alle Buchungen nach sachlicher Gliederung, d. h. zugeordnet zu Konten aufzuzeichnen, in übersichtlicher und verständlicher Form darzustellen und über 10 Jahre aufzubewahren sind. Nötig sind Mindestangaben

- zur Kontenbezeichnung
- zum Nachweis der lückenlosen Kontenblattfolge
  - Belegdatum
  - Belegnummer
  - Belegtext
  - Gegenkonto
  - Betrag
- zu den Kontosummen (Salden).

Die oben genannten Aufzeichnungen können durch Ausdruck sowie Mikrofiche oder magnetische Datenträger erfolgen – sofern die Ausdruckbereitschaft über den Aufbewahrungszeitraum von 10 Jahren sichergestellt ist.

Beleg-, Journal- und Kontenfunktion sowie die Aufbewahrungspflichten sind dazu da, die Vollständigkeit, Zeitgerechtheit, Geordnetheit sowie die Nachvollziehbarkeit der Buchführung sicherzustellen.

Beispiel. Bei Banken hat die Realisierung von Beleg-, Journal- und Kontenfunktion besondere Bedeutung. Ohne den Einsatz von EDV wären die extrem hohen Mengengerüste (mehr als eine Million Buchungen am Tag bei Großbanken) mit wirtschaftlich vertretbarem Aufwand nicht zu bewältigen.

Im Kontokorrentgeschäft ist die Realisierung der Belegfunktion von der Art der Geldtransaktion abhängig. Die physische Ablage von Belegen wird, wo immer möglich, vermieden und ist heute nur mehr bei Ein- bzw. Auszahlungen an Kassen üblich. Bei Abhebung an Geldautomaten und Überweisungen an Selbstbedienungsgeräten wird sie ersetzt durch elektronische Aufzeichnung der Vorgänge in zeitlicher Reihenfolge pro Gerät mit anschließender Mikroverfilmung. Bei beleghafter Überweisung wird der Einzahlungsbeleg ebenfalls auf Mikrofilm erfaßt.

Die Realisierung von Journal- und Kontenfunktion ist einheitlich für alle Geldtransaktionen. Die Konten und Salden werden täglich auf Magnetband gespeichert (Kontenfunktion). Die Buchungen pro Konto in zeitlicher Reihenfolge werden ebenfalls täglich auf Mikrofilm oder optischer Speicherplatte festgehalten (Journalfunktion).▲

Vier-Augen-Prinzip bei Programmentwicklung. Um die Korrektheit von EDV-Systemen sicherzustellen, ist es grundsätzlich notwendig, daß Programmentwicklung oder Änderung nicht von einer Person allein durchgeführt und anschließend die neuen bzw. geänderten Programme in die Programmbibliothek eingebracht werden. Durch organisatorische Maßnahmen (Programmfreigabeverfahren) muß sichergestellt sein, daß jede Neuentwicklung bzw. jede Änderung von einer unabhängigen, zweiten Person auf Korrektheit geprüft wird. Die Unabhängigkeit der zweiten Person wird im allgemeinen dadurch sichergestellt, daß diese nicht an denselben direkten Vorgesetzten berichtet. Diese Vorgehensweise wird oft als **Vier-Augen-Prinzip** bezeichnet. Es wird auch bei anderen wichtigen Aufgaben wie zum Beispiel Rechnungsprüfung angewendet (s. Abschnitt 6.3.3). Ein Nachweis der Prüfungen im Vier-Augen-Prinzip muß geführt und aufbewahrt werden.

Dokumentationsanforderungen. Um die Richtigkeit des angewendeten Verfahrens grundsätzlich und bezüglich seiner tatsächlichen Abwicklung prüfen (nachvollziehen) zu können, sind die Anforderungen an Anwendungs- und Verfahrensdokumentation hoch. Die Anwendungsdokumentation muß mindestens folgende Angaben enthalten:

- Aufgabenstellung
- Dateneingaben (Bänder, Platten, Tastatur)
- Verarbeitungsregeln
- Abstimmungsverfahren
- Fehlerbehandlung
- Datenausgabe
- Regeln zur Kommunikation mit anderen Anwendungen (z. B. Überführung von Daten in Systeme zur Bilanzierung).

2.3 Wichtige rechtliche Rahmenbedingungen der betrieblichen Informatik

Die Verfahrensdokumentation muß enthalten:

- Datenfluß (dargestellt beispielsweise durch Datenflußpläne)
- Datensicherung (z. B. Sicherung auf Bändern)
- Programmanwendung (Protokollierung auf Mikrofilm; z. B. wann wurde ein Programm gestartet; welche Fehlermeldungen wurden erzeugt)
- Freigabeverfahren für Programme (wann wurden welche Programme in die Praxis übernommen).

Die Nachvollziehbarkeit verlangt insbesondere, daß die Anwendungsdokumentation inklusive aller Änderungen und die Verfahrens-Durchführungs-Dokumentation 10 Jahre gespeichert werden. Der Umfang der Anwendungs- und Verfahrens-Durchführungs-Dokumentation beträgt für durchschnittlich große Systeme mehrere hundert Seiten und muß dennoch so gehalten sein, daß sie für einen sachverständigen Dritten mit zumutbarem Aufwand und in vertretbarer Zeit verstanden werden kann. Daher ist darauf zu achten, daß alle Beschreibungen einheitlich strukturiert sind und die wesentlichen Inhalte prägnant und knapp, aber doch vollständig erklärt werden.

Internes Kontrollsystem. Unter einem **internen Kontrollsystem** (IKS) generell versteht man alle organisatorischen und technischen Maßnahmen eines Unternehmens, die dazu dienen

- Vermögen zu sichern
- Genauigkeit und Zuverlässigkeit der Abrechnungsdaten zu sichern
- die festgelegte Geschäftspolitik zu gewährleisten.

Die Notwendigkeit eines IKS kann unter anderem aus den GoB abgeleitet werden. Für buchende Anwendungssysteme besteht ein IKS aus organisatorischen und technischen Vorkehrungen, die Verletzungen der ordnungsmäßigen Buchführung erkennen bzw. verhindern sollen. Als technische Vorkehrungen üblich sind automatisierte Prüfungen in Programmen auf

- richtige Belegung aller Eingabefelder
- Plausibilitätsprüfungen bezüglich Feldinhalten und deren funktionalen Abhängigkeiten
- Kontrollsummenprüfungen diverser Art

die Fehler verhindern helfen. Als organisatorische Vorkehrungen, speziell um Fehler aufzudecken, dienen alle Kontrollmaßnahmen, die beim Buchen Abweichungen vom Soll-Zustand feststellen sollen. Die Anforderungen an ein IKS, um beim Einsatz von EDV-Systemen das Vermögen zu sichern, werden in den Abschnitten 2.3.6 und 5.6.2 behandelt.

Prüfungen durch Wirtschaftsprüfer und interne Revision. Wie eingangs erwähnt, sieht das Handelsrecht vor, daß im Rahmen der Jahresabschlußprüfung von Aktiengesellschaften und mittleren bis großen Gesellschaften mbH die Einhaltung der GoB bei computergestützten Verfahren geprüft werden muß. Darüber hinaus ist bei Banken durch das *Bundesaufsichtsamt für das Kreditwesen* (BAK) eine interne Revision vorgeschrieben, die sämtliche Betriebsabläufe prüft. Eine Teilaufgabe dabei ist die Kontrolle, ob die GoB eingehalten werden.

2.3.4 Rechte von Arbeitnehmern

Das **Betriebsverfassungsgesetz** (BetrVG) dient der Definition und Wahrung der generellen Rechte von Arbeitnehmern, die in Betrieben mit mehr als fünf Arbeitnehmern arbeiten. Die Regelungen des Betriebsverfassungsgesetzes schützen die Arbeitnehmer (AN) schwerpunktmäßig vor Willkür der Arbeitgeber bezüglich

- Leistungsmessung und Beurteilung
- Personalplanung und Personalauswahl
- Veränderung der Arbeitsumgebung und Arbeitsabläufe
- Einhaltung von Gesetzen und Vorschriften zugunsten der Arbeitnehmer.

Das wesentliche Organ dabei ist der *Betriebsrat* (BR). In Unternehmen mit mehr als fünf wahlberechtigten Arbeitnehmern dürfen diese einen Betriebsrat gründen. Mit Hilfe seiner spezifischen Rechte wie

- Mitbestimmungsrecht
- Beratungsrecht
- Unterrichtungsrecht
- Überwachungsrecht
- Initiativrecht

wahrt der Betriebsrat die Rechte der Arbeitnehmer. Wo die Einführung bzw. der Betrieb von EDV-Systemen Rechte des Betriebsrats berühren, muß die Geschäftsführung – und damit das EDV-Management – gewährleisten, daß der Betriebsrat seine Rechte ausüben kann.

2.3.4.1 Wesentliche EDV-spezifische Rechte des Betriebsrates

Die wesentlichen Rechte des Betriebsrats im Zusammenhang mit EDV-Systemen sind:

1. **Mitbestimmungsrecht** bei Einführung bzw. Anwendung von technischen Einrichtungen, die geeignet sind, die Leistung oder das Verhalten von Mitarbeitern zu überwachen (§87 BetrVG).
   Beispiele. Dateien, in denen aus betriebstechnischen Gründen Art, Umfang, Häufigkeit der von Mitarbeitern über Terminal durchgeführten Transaktionen gespeichert werden (Log-Dateien), dürfen nicht zur Messung von Leistung oder Überwachung von Verhalten herangezogen werden.

2.3 Wichtige rechtliche Rahmenbedingungen der betrieblichen Informatik

Ein EDV-System, welches die von Angestellten generierten Umsätze an Geldautomaten speichert und auswertbar macht, ist mitbestimmungspflichtig.▲

2. **Mitbestimmungsrecht** bei der Verwendung von *Personalfragebögen* bzw. bei der Erstellung von Beurteilungsgrundsätzen (§94 BetrVG). Unter einem **Personalfragebogen** versteht man jede Zusammenstellung von Fragen in schriftlicher Form bezüglich direkter oder indirekter Auskunft zur Person, deren Kenntnissen und deren Fähigkeiten.
Beispiele. Bei der Speicherung von Arbeitnehmer-Daten kann der BR über Art der Verwendung und Gültigkeitsdauer mitbestimmen. Das Festlegen von katalogmäßigen Klassifikationsmerkmalen für automationsgerechtes Erstellen von Tätigkeits- und Eignungsprofilen stellt eine Aufstellung von Beurteilungsgrundsätzen dar, die mitbestimmungspflichtig ist.▲

3. **Unterrichtungs- und Beratungsrecht** bei der qualitativen und quantitativen Personalplanung (§92 BetrVG). Unterrichtung bei Verwendung automatisierter Personal-Informationssysteme (auch rein administrative Systeme)
Beispiel. EDV-Systeme, welche zu Zwecken der Personalplanung Daten über Fähigkeiten oder Berufserfahrung speichern bzw. auswertbar machen, sind mitbestimmungspflichtig.▲

4. **Unterrichtungs- und Beratungsrecht** bei technischen Maßnahmen, die den Arbeitsplatz, Arbeitsablauf und die Arbeitsumgebung verändern (§90 BetrVG).
Beispiel. Alle neuen EDV-Systeme verändern die Arbeitsabläufe der betroffenen Arbeitnehmer. Bei einem Übergang von Datenerfassung auf Beleg zu Datenerfassung über Bildschirm hat der BR Beratungsrecht.▲

5. Dem BR obliegt die **Überwachung der Einhaltung des BDSG** (§80 BetrVG). Zu diesem Zweck hat er
   - Anspruch auf Unterrichtung über Art und Ziele der Verarbeitung von Arbeitnehmer-Daten
   - Recht auf Stichproben bezüglich Einhaltung von Vorschriften
   - Recht auf Zugang zu Sicherheitsbereichen
   - darüber zu wachen, daß der Datenschutzbeauftragte seine Pflichten gegenüber den Arbeitnehmern wahrnimmt.

Die EDV trägt dem BetrVG im wesentlichen dadurch Rechnung, daß ein systematischer Informationsfluß zum BR organisiert ist, der sicherstellt, daß der BR seine Rechte ausüben kann. Zum Beispiel ist die Unterrichtung des Betriebsrates eine Standardaktivität innerhalb des Fachkonzepts (s. Kapitel 3) eines jeden Projektes. Bei kritischen Fragen, wie zum Beispiel der Speicherung von Arbeitnehmerdaten aller Art, werden in der Regel Betriebsvereinbarungen geschlossen, wer diese Daten nutzen darf. Der BR überwacht, ob die Vereinbarungen eingehalten werden.

2.3.5 Allgemeine Geschäftsbedingungen

Allgemeine Geschäftsbedingungen (AGB, im allgemeinen „Das Kleingedruckte") dienen zur Präzisierung der Leistungen des Unternehmens gegenüber dem Kunden (Garantien, Haftung usw.), die durch Gesetze oder andere Regelungen nicht in dem gewünschten Detaillierungsgrad festgelegt werden. Die Allgemeinen Geschäftsbedingungen haben rechtsverbindlichen Charakter.

2.3.5.1 Anforderungen aus den Allgemeinen Geschäftsbedingungen der HYPO-BANK

Die Allgemeinen Geschäftsbedingungen der HYPO-BANK – abgestimmt mit dem Bundesverband deutscher Banken – beinhalten zum Beispiel die folgenden Abschnitte:

„Wenn die Bank Aufträge für wiederkehrende oder zu einem bestimmten Zeitpunkt auszuführende Zahlungen oder Leistungen übernimmt, so haftet sie wegen der Möglichkeit unabsehbarer Schäden bei nicht rechtzeitiger Erledigung nur für grobes Verschulden." [HYPO 93]

„Die Bank haftet nicht für Schäden, die durch Störung ihres Betriebs infolge von höherer Gewalt, Aufruhr, von Kriegs- und Naturereignissen oder infolge von sonstigen von ihr nicht zu vertretenden Vorkommnissen (z. B. Streik, Aussperrung, Verkehrsstörung) veranlaßt sind, oder die durch Verfügungen von hoher Hand des In- oder Auslandes eintreten." [HYPO 93]

Da die Allgemeinen Geschäftsbedingungen unternehmensspezifisch sind, können sie nur beispielhaft behandelt werden. Die Bank sichert in den AGBen zu, daß sie die technisch machbaren und wirtschaftlich vertretbaren Vorkehrungen treffen wird, um Kundenaufträge termingerecht auszuführen. Bei möglichen Schäden haftet sie nur im Fall von *grobem Verschulden* ihrerseits (z. B. bei nicht ausgeführten Wertpapieraufträgen, Zahlungen usw.). Diese in allen Formulierungen auftauchende Klausel wirft damit bei der Forderung von Kunden nach Wiedergutmachung von Schäden die entscheidende Frage auf:

Was ist grobes Verschulden?

Muß beispielsweise ein Systemausfall durch Überlastung einer Systemsoftware-Komponente als grobes Verschulden bewertet werden? Stellen individuelle Fehler von Mitarbeitern grobes Verschulden des Unternehmens dar? Der Gesetzgeber legt im Gesetz zur Regelung des Rechts der allgemeinen Geschäftsbedingungen (AGBG) sinngemäß fest:

2.3 Wichtige rechtliche Rahmenbedingungen der betrieblichen Informatik

„**Grobes Verschulden** ist vorsätzliche oder grob fahrlässige Vertragsverletzung. Vorsatz ist das Wissen und Wollen des rechtswidrigen Erfolges. Grobe Fahrlässigkeit liegt vor, wenn die im Verkehr erforderliche Sorgfalt in besonders schwerem Maße verletzt worden ist."

Für die EDV ergibt sich folgende Konsequenz: Da Ausfälle von technischen Systemen nicht ausschließbar sind, muß das Unternehmen mit vertretbarem Aufwand **Notorganisationen** bereithalten.
Beispiel: Notorganisation. Banken benutzen zur Übermittlung von Börsenaufträgen von Kunden zu den Börsenbüros EDV-Anwendungen. Sind diese wegen Störung (Leitungs-, Hardware-Ausfall) nicht verfügbar, so müssen alternative Übertragungswege vorbereitet sein, um die wichtigsten – rechtzeitig aufgegebenen – Börsenaufträge noch vor Börsenschluß übermitteln zu können. Dazu können zum Beispiel Faxgeräte dienen.▲

2.3.6 Sicherung der Funktionsfähigkeit der EDV

Bei den meisten Großanwendern der Informatik bedeuten Beeinträchtigungen der Betriebsbereitschaft sowie der Funktionssicherheit der EDV-Systeme ein erhebliches wirtschaftliches Risiko. Wie bereits in Abschnitt 2.3.3.2 erwähnt, fordert der Gesetzgeber, daß ein „Internes Kontrollsystem" vorhanden sein muß, das die Risiken bezüglich der Betriebsfähigkeit und Funktionssicherheit mit vertretbarem Aufwand durch Maßnahmen verhindert bzw. in deren Auswirkungen begrenzt. Das Spektrum der Risiken sowie der jeweiligen risikobegrenzenden Maßnahmen ist sehr groß. Übersicht 2.8 gibt einen groben Überblick. Details können bei Schuppenhauer [Schu 89] nachgelesen werden.

Übersicht 2.8: Sicherung der Funktionsfähigkeit der EDV

Risiko	Risikomindernde Maßnahmen
Zerstörung des Rechenzentrums durch Katastrophen (Erdbeben, Flugzeugabsturz usw.)	Verbunkerung des Rechenzentrums; Backup-Rechenzentrum an entfernter Lokalität (s. Kapitel 5)
Sabotage, Terrorismus	siehe oben, zusätzlich 10 Gebote des Datenschutzes; Vier-Augen-Prinzip; Paßwortschutz wichtiger Ressourcen

Fortsetzung Übersicht 2.8: Sicherung der Funktionsfähigkeit der EDV

Risiko	Risikomindernde Maßnahmen
Einbruch	Sicherung von Türen, Fenstern; Meldesysteme
Brand	Brandschutzzonen im RZ; Sprinkleranlagen; Rauchverbot
Überschwemmung	entsprechende bauliche Maßnahmen
Ausfall von Strom bzw. Klimaversorgung	unterbrechungsfreie Stromversorgung; Netz-Ersatzanlagen; redundante Auslegung aller betriebsnotwendigen Ressourcen
Ausfall von Datenkommunikationsmedien	Bereithaltung alternativer Übertragungswege
Hardware-Ausfall	redundante Auslegung, soweit möglich; Notfallorganisation zur Überbrückung von Ausfällen
Software-Ausfälle	Test und Vier-Augen-Prinzip sowie Notfallorganisation
menschliches Versagen	Vier-Augen-Prinzip; Automatisierung, soweit möglich

Zusätzlich müssen zur Schadensbegrenzung, soweit wirtschaftlich sinnvoll, Notorganisationen vorbereitet sein, die Ausfälle überbrücken und Schäden so klein wie möglich halten sowie Versicherungen abgeschlossen werden, die unternehmensbedrohende Sach- oder Personenschäden abdecken (s. Kapitel 6).

2.3.7 Zusammenfassung

Vielfältige, komplizierte Vorschriften bilden den rechtlichen Rahmen für die betriebliche Anwendung von Informatik. Die Einhaltung aller Vorschriften ist durch aufwendige organisatorische und technische Vorkehrungen sowie durch den Einsatz von Kontrollorganen sicherzustellen. Eine besondere Bedeutung kommt dabei den Richtlinien zur Speicherung und Aufbewahrung von Daten und Dokumentationen zu.

Trotz der erheblichen Anforderungen, die aus den rechtlichen Rahmenbedingungen resultieren, können diese erst der Anfang eines systematischen Gerüsts von Rechtsvorschriften – *Grundsätze ordnungsmäßiger Datenverarbeitung* – sein, die den Bürger, die Unternehmen, den Staat, ja sogar die

Menschheit vor den Risiken des Einsatzes von EDV-Systemen schützen müssen. In den vergangenen Jahren wurden zahlreiche Katastrophen bekannt, die durch fehlerhaft arbeitende EDV-Systeme ausgelöst wurden und weit über die Konsequenzen einer nicht-ordnungsgemäßen Buchführung hinausgehen. Prominente Beispiele dafür sind der Börsencrash 1987, ausgelöst durch unkontrolliert arbeitende Wertpapierhandelsprogramme sowie der Abschuß einer Verkehrsmaschine im persischen Golf, nachdem es mit einem Kampfflugzeug verwechselt wurde.

Heute gibt es keine institutionalisierten Organe analog dem Technischen Überwachungsverein, die sicherstellen, daß EDV-Systeme ordnungsgemäß arbeiten. Die vorstehenden Beispiele zeigen, daß baldmöglichst weltweit gültige Grundsätze ordnungsmäßiger Datenverarbeitung erarbeitet, ihre Einhaltung durch nationale und internationale Organe kontrolliert und Verstöße geahndet werden müssen. Die bestehenden Organisationen, die die Qualität von EDV-Systemen und deren Betrieb zertifizieren, wie das *Bundesamt für Sicherheit in der Informationstechnik* (s. [Bund 93]) und diverse private Unternehmen sind ein guter Ansatz, reichen aber nicht aus. Schuppenhauer [Schu 89] gibt wichtige Anregungen zu diesem Thema.

2.4 Entwicklung und Umsetzung einer Informatik-Strategie

Die effiziente Nutzung von Informatik-Technologie in Form von EDV-Systemen ist für viele Unternehmen eine wesentliche Voraussetzung, um die Konkurrenzfähigkeit zu erhalten bzw. zu verbessern, und zwar durch Erhöhung der Produktivität sowie durch die mittelfristige Realisierung von neuen Produkten und Dienstleistungen. Beispiele hierzu werden zu Beginn des Kapitels 3 gegeben. Wegen des hohen Aufwands und langer Durchlaufzeiten für die Entwicklung von EDV-Systemen ist die Formulierung und Umsetzung einer

Informatik-Strategie

eine wichtige Leitungsaufgabe des Informatik-Managements. Diese Strategie zeigt die zukünftige Möglichkeiten der Informatik-Technologie im Unternehmen auf und schafft die Voraussetzungen für Informatik-spezifische Infrastruktur zu deren Realisierung. Eine Informatik-Strategie sollte die folgenden Komponenten enthalten:

- Service-Standards für Informatik-spezifische Dienstleistungen innerhalb des Unternehmens und für Kunden
- Portfolio der mittelfristig zu entwickelnden EDV-Anwendungssysteme
- Informatik-spezifische Infrastruktur im Unternehmen, bestehend aus globalen und lokalen Rechnernetzen inklusive Standards für

- Datenkommunikationsmedien
- Hardware
- Systemsoftware
- Entwicklung von Anwendungssystemen
• Vorgehensweisen und Kostenrahmen für die Implementierung der Strategie.

Die Formulierung und Umsetzung einer Informatik-Strategie umfaßt die folgenden Aufgaben:

• Neue Informatik-Technologien sind laufend zu prüfen, inwieweit sie für das Unternehmen nutzbar sind.
• Die Nutzung von Technologie durch die Konkurrenz ist zu beobachten.
• Betroffene Stellen im Unternehmen (z. B. Fachbereiche) sind über die Möglichkeiten neuer Technologie zu informieren.
• Die Strategie muß regelmäßig angepaßt werden.
• Informatik-spezifische Standards und Architekturen bezüglich Hard- und Software, die eine langfristige Nutzung aller Investitionen, die schnelle Implementierung und den kostengünstigen Betrieb neuer EDV-Systeme erlauben, müssen definiert sein.
• Die Infrastruktur (Hardware, Leitungen, bauliche Voraussetzungen) für den Betrieb von zukünftigen EDV-Systemen muß festgelegt sein.
• Die mittelfristigen Kosten müssen eingeplant werden.
• Die personellen Voraussetzungen für die Implementierung der Strategie müssen geschaffen werden.

Speziell wegen des Gegensatzes zwischen der rasanten Entwicklung neuer Technologien auf dem Hardware-Sektor mit Verbesserung des Preis-Leistungsverhältnisses um durchschnittlich 20% pro anno und den vergleichsweise geringen Fortschritten bei der Produktivität ($\leq$3% p.a.) bei Anwendungsentwicklung, hat die Definition von Informatik-spezifischen Standards besondere Bedeutung für die „Lieferfähigkeit" des Dienstleisters EDV gegenüber dem Unternehmen. Die Entwicklung von mittleren Anwendungssystemen bedeutet einen Aufwand von ca. 10–20 Mannjahren bei einer Durchlaufzeit von ca. zwei bis drei Jahren.

Wegen des hohen Aufwands für Entwicklung sollte die Einsatzdauer eines Anwendungssystems mindestens 15 Jahre sein. Das heißt, der Zeitraum, in dem eine Anwendung gefordert, entwickelt, genutzt und schließlich durch eine neue Anwendung abgelöst wird, ist im allgemeinen länger als 15 Jahre. In dieser Zeit entwickelt sich nicht nur die Hardware dramatisch weiter, sondern die Geräte, für die die Anwendungssysteme entwickelt wurden, müssen mehrfach durch neue Generationen von im allgemeinen leistungsfähigeren Geräten ersetzt werden. Um den damit verbundenen Umstellungsaufwand an den Anwendungsprogrammen so gering wie möglich zu halten, müssen diese unter Verwendung von möglichst umfangreichen, weltweit akzeptierten Standards implementiert sein. Die Festlegung

2.4 Entwicklung und Umsetzung einer Informatik-Strategie

und laufende Fortschreibung dieser Standards sollte heute in jedem Falle die folgenden Gebiete umfassen:

- Endgeräte (PCs, Drucker usw.)
- Betriebssysteme
- Datenbanksysteme
- Datenfernverarbeitungs-Protokolle und deren Implementierungen
- Programmiersprachen
- Benutzeroberflächen
- Kommunikations-Schnittstellen zwischen Programmen
- Drucksteuerung
- Verfilmung
- Textbearbeitung und Verarbeitung
- Dokumentation von Anwendungssystemen.

Als ein Beispiel für den Umfang der heute notwendigen Standards bei einem Großanwender zeigen wir einen Auszug aus den derzeit gültigen Standards der HYPO-BANK im Anhang A.

Zur Senkung der Entwicklungskosten ist es notwendig, in der nächsten Zukunft auch die Funktionen von branchenspezifischen Anwendungssystemen – nicht nur deren Implementierung – in weit höherem Maße zu standardisieren, als dies heute der Fall ist. Erst dadurch wird die Entwicklung von Standard-Anwendungssystemen für Branchen möglich. Ausreichend verfügbar sind Standard-Anwendungssysteme heute nur für das Umfeld klassischer, branchenunabhängiger betriebswirtschaftlicher Aufgaben wie

- Finanzbuchhaltung
- Anlagenbuchhaltung
- Materialverwaltung
- Gehaltsbuchhaltung.

Branchen wie Banken, Versicherungen, Automobilindustrie entwickeln heute nach wie vor den überwiegenden Teil ihrer Anwendungssysteme individuell. Aus Kostengründen ist dieses Vorgehen sicherlich auf Dauer nur für wenige marktführende Unternehmen möglich. Ein erster, wesentlicher Schritt zu einer anwendungsspezifischen Standardisierung ist die Entwicklung und branchenweite Abstimmung eines Daten- und Funktionenmodells (s. Abschnitt 3.6.2.6)

Der Aufbau der Infrastruktur für die Implementierung strategischer EDV-Systeme ist im allgemeinen sowohl in technischer, wie auch in personeller Hinsicht eine Aufgabe von mittelfristigem Charakter. Deshalb muß dieser Aufbau über Jahre im voraus geplant und durchgeführt werden.

2.5 Controlling-Kennzahlen: Unternehmen, Personal

Wie bereits in Abschnitt 1.4.4 angekündigt, haben wir uns vorgenommen, zu allen wichtigen Aufgaben des Informatik-Managements Kennzahlen vorzuschlagen, die zur Durchführung von Controlling-Aufgaben hilfreich sind. Controlling-Kennzahlen für das Aufgabengebiet Leitung sind selbstverständlich jeweils abhängig von den operativen Aufgaben, für die die Leitungsfunktion ausgeübt wird, sowie von der hierarchischen Ansiedlung der Leitungsfunktion. Controlling-Kennzahlen für die Geschäftsleitung unterscheiden sich z. B. von denen für Abteilungs- und Gruppenleitung im Umfeld Anwendungsentwicklung oder Rechenzentrum. Deshalb geben wir in der Übersicht 2.9 Kennzahlen an

- zum Unternehmen generell
- zur Personalsituation (für die Hierarchiestufe Geschäftsleitung).

Die Unternehmenskennzahlen werden als Bezugsgröße für alle Kennzahlen in Vergleichen zwischen Unternehmen gebraucht. Die Personalkennzahlen sind in analoger Weise für jede Organisationseinheit verwendbar und sollten der jeweiligen Führungskraft bekannt sein. Die Controlling-Kennzahlen zu den jeweiligen operativen Aufgabengebieten werden in den entsprechenden Kapiteln behandelt.

Übersicht 2.9: Controlling-Kennzahlen: Unternehmen, Personal

Strukturkennzahlen Unternehmen
- Bilanzsumme (oder vergleichbare Zahl, je nach Unternehmensform)
- Personalstand
- Gesamtkosten
  - davon Personal
  - davon Sachkosten
  - davon EDV-spezifische Sachkosten
- Anzahl Geschäftsstellen

Strukturkennzahlen Personal
- Anzahl regelmäßiger Nutzer der EDV
- Anzahl Mitarbeiter mit ausschließlich EDV-spezifischen Aufgaben
  - Entwicklung und Wartung (intern, extern)
  - Betrieb (intern, extern)
  - Controlling (intern, extern)
  - Schulung und Beratung (intern, extern)
  - Gesamt (intern, extern)
- Anzahl der Führungskräfte

2.6 Zusammenfassung

Fortsetzung Übersicht 2.9: Controlling-Kennzahlen: Unternehmen, Personal

- Durchschnittliche Führungsspanne pro Ebene
- Anzahl der Titelträger geordnet nach Wertigkeit

Qualitätskennzahlen Personal
- Durchschnittliche Personalvollkosten pro Mitarbeiter und Jahr
- Qualifikation, Alter
  - %-Anteil Hochschulabsolventen
  - durchschnittliches Alter
  - durchschnittliche Zugehörigkeit zur EDV
  - durchschnittliche Schulungstage pro Mitarbeiter und Jahr
- Fluktuation, Fehlzeiten
  - Abgänge pro Jahr in %, davon kritisch, d. h. zu anderen Unternehmen
  - durchschnittliche Fehlzeit durch Krankheit pro Jahr und Mitarbeiter

2.6 Zusammenfassung

Die Leitungsaufgaben im Informatik-spezifischen Umfeld sind geprägt von spezifischen Randbedingungen, die besondere Anforderungen an die Qualität der Führungskräfte stellen. Die Informatik-Spezialisten verlangen – geprägt durch ihre anspruchsvolle Tätigkeit – einen kooperativen Führungsstil, der individuelle Bedürfnisse berücksichtigt und auf hoher Fachkompetenz basiert. Komplexe Aufgabenstellungen mit hohem Abstimmungs- und Kommunikationsaufwand und gleichzeitig hohen Sachkosten erfordern eine sorgfältige Integration der EDV-spezifischen Organisationseinheiten in die Aufbauorganisation des Unternehmens. Die vielfältigen, tiefgreifenden Möglichkeiten und Risiken, die in der Nutzung von EDV-Systemen stecken, sind durch zahlreiche Rechtsvorschriften eingegrenzt. Die Einhaltung dieser Rechtsvorschriften erfordert Sachkompetenz und besonderes Verantwortungsbewußtsein bei allen Führungskräften. Der ungewöhnlich schnelle Technologie-Fortschritt im Umfeld Informatik, verbunden mit dem nach wie vor hohen Personalaufwand für Anwendungsentwicklung, erfordert mittelfristige Personaldisposition sowie Standardisierung von Hardware und Anwendungssoftware. Die zuletzt genannten Problemstellungen verlangen von den Führungskräften Vorausschau kombiniert mit Überzeugungskraft und Durchsetzungsvermögen im Gesamtunternehmen.

3 Entwicklung und Wartung von Anwendungssystemen

Die Fähigkeit, die aus strategischen oder organisatorischen Gründen notwendigen EDV-Anwendungssysteme

- *anforderungsgerecht*
- *termingerecht*
- *kostengerecht*
- *wirtschaftlich*

zu entwickeln und zu warten, ist zu einem wesentlichen Erfolgsfaktor für die Mehrheit großer Unternehmen geworden. Zwei bekannte Beispiele aus der jüngeren Vergangenheit unterstreichen dies eindrucksvoll. Im ersten Fall hatte eine große amerikanische Airline ein bildschirmgestütztes Reservierungssystem in den Reisebüros installiert. Das Transportvolumen dieser Airline stieg überdurchschnittlich. Selbst nach der gerichtlich erzwungenen Öffnung des Buchungssystems für andere Airlines war der erlangte Vorsprung nicht wieder aufzuholen. Die Konkurrenz stand bald am Rande des Ruins [HBS 84]. Ein ähnliches Beispiel ist eine amerikanische Vertriebsfirma für Krankenhausbedarf, die erstmals Orderterminals direkt bei den Disponenten in den Kliniken installieren ließ. Innerhalb von zwei Jahren stieg der Umsatz um das Dreifache. Dafür gab es mehrere Gründe: Das Bestellen war viel einfacher; die Lieferzeiten kürzer und die Kliniken konnten Lagerhaltung reduzieren.

Zahlreiche weitere Beispiele belegen, daß durch den frühzeitigen Einsatz von spezifischen EDV-Systemen starke Konkurrenzvorteile erzielt werden können. Eine interessante Übersicht wird in dem Programm: „Managing the Information Services Resource" der Harvard Business School gegeben.

Damit ist die effiziente Abwicklung des Aufgabengebiets Anwendungsentwicklung und Wartung (s. Übersicht 1.1) ein wesentliches Ziel des Informatik-Managements. Dennoch gibt es für die Entwicklung von Anwendungssystemen heute noch keine allgemein anerkannte, alle Teilaspekte abdeckende, ingenieurmäßige Verfahrenstechnik. Deshalb müssen sich die Ausführungen dieses Kapitels darauf beschränken, Komponenten, Ziele, Erfolgsfaktoren sowie die daraus resultierenden Konstruktionsprinzipien *eines Modells* für eine Verfahrenstechnik für Anwendungsentwicklung und Wartung zu beschreiben.

Das beschriebene Modell entspricht zum einen der Vorgehensweise der HYPO-BANK. Es wurde in den vergangenen 8 Jahren in mehr als 50 Projekten mit einem Gesamtaufwand von mehr als 600 Mannjahren erfolgreich angewendet und ständig verbessert. Zum anderen entspricht es in wesentlichen Teilen dem Industriestandard.

Gemäß der Zielsetzung des Buches gehen die Ausführungen nicht bis ins Detail eines Lehrbuches für Anwendungsentwicklung. Als Lehrbuch für Anwendungsentwicklung empfehlen wir das Buch „Software-Engineering" von Denert [Dene 90].

3.1 Einige Beispiele für Anwendungssysteme aus dem Bankenbereich

Anhand einiger Projekte speziell aus dem Bankenbereich (Übersichten 3.1 bis 3.6) soll eine Vorstellung von der Verschiedenheit und Größenordnung heutiger Anwendungssysteme vermittelt werden. Dabei verwenden wir die Begriffe Batch und Online wie folgt: Eine Funktion eines EDV-Systems steht **Online** zur Verfügung, wenn sie nach Aktivierung (z.B. durch Datenfreigabe am Bildschirm) sofort, d. h. im Normalfall im Sekundenbereich, ausgeführt wird inklusive Rückmeldung mit Datenausgabe. Die nächste Funktion kann erst nach Ausführungs-Rückmeldung erfolgen. Unter einem **Online-Programm** (Synonym: **Transaktion**) verstehen wir eine durch *ein* Programm realisierte Online-Funktion. Eine Funktion eines EDV-Systems steht **Batch** zur Verfügung, wenn sie nach Aktivierung im allgemeinen nicht sofort, sondern z. B. zu fest vereinbarten Zeiten bzw. erst nach längeren Zeiträumen ausgeführt wird und die Aktivierung weiterer Funktionen nicht von einer Ausführungs-Rückmeldung abhängt. Unter einem **Batch-Programm** verstehen wir eine durch ein Programm realisierte Batch-Funktion.
Beispiel 1: BEWIS – Ein Anwendungssystem zur Bewertung von Immobilien. Für die Vergabe von Hypothekendarlehen muß der Wert von Immobilien nach bankweit einheitlichen Richtlinien ermittelt werden. Dies erfolgte in der Vergangenheit zentral durch eine Gruppe von kompetenten Mitarbeitern (Bewertern).

Um die anfallenden Kosten (beispielsweise für die Besichtigung der Objekte) sowie die Dauer des Bewertungsvorgangs zu reduzieren, wurden die nötigen Datenerfassungs- und Berechnungsvorgänge systematisiert, und die Bearbeitung wurde mit Hilfe eines Anwendungssystems Online über Bildschirm unterstützt. Die auf diese Weise gewonnenen Informationen werden in einer Datenbank gespeichert und stehen dann jedem berechtigten Mitarbeiter Online und Batch zur Verfügung. Durch die Anwendung hat die Bank folgende Vorteile:

3.1 Einige Beispiele für Anwendungssysteme aus dem Bankenbereich

- Der Bewertungvorgang wird vereinfacht, vereinheitlicht und beschleunigt.
- Die Bewertungskosten werden reduziert.
- Eine bundesweite Informationsdatenbank über bewertete Objekte entsteht.

Übersicht 3.1: Projektsteckbrief BEWIS (Stand: 12/91)

Aufgabenstellung	Bewertungs- und Informationssystem für Immobilienobjekte
Online-Funktionen	Objektdatenerfassung und Bewertung, Ortsinformation inklusive bewerteter Objekte
Batch-Funktionen	Zusammenführen von Kunden, Postamtberechtigungen
Aufwand in MJ	25
Durchlaufzeit	von 3/85 bis 4/89
Anzahl Programme, Lines of Code (LOC) • PL/1	538[1] mit ca. 480.000 LOC
Anzahl Datenbanken • IMS • DB2	21 (ohne benutzte DBen anderer Systeme) 1
Anzahl Dateien	–
Systemumgebung	IBM /390-Rechner, MVS, IMS-DB/TM, DB2, PL/1
Nutzer	700
Schulungstage pro Nutzer	3 und Betreuung am Arbeitsplatz
Transaktionen pro Tag im Durchschnitt	30.000
Gespeicherte Daten auf Platte	400.000 Objekte gespeichert auf ca. 1.500 MByte
Systemdokumentation	1500 Seiten
Nutzen	Einsparung von Mitarbeiterkapazitäten (MAK); schnelle, bankweit einheitliche Bewertung, bundesweite Informationsdatenbank

---

[1] Die hohe Anzahl resultiert aus spezifischer Modularisierungstechnik.

Der in Übersicht 3.1 dargestellte Projektsteckbrief zeigt höhere Aufwendungen für die Implementierung der Anwendung, als man es auf den ersten Blick vermuten würde.▲

Beispiel 2: KUNDBAS – Ein Anwendungssystem zur Speicherung von Kundendaten. Unter kundenspezifischen Daten versteht man alle Daten, die den Kunden – nicht seine Geschäfte mit der Bank – beschreiben. Solche sind:

- Name
- Adresse
- Geburtsdatum
- Titel
- Postadresse
- Bevollmächtigte
- Konten usw.

Wichtig ist bei diesem Kunden-Basis-System, automatisch alle Konten desselben Kunden zusammenzufassen, die dieser in den verschiedenen Außenstellen eröffnet haben kann.. Der wesentliche Nutzen liegt in folgenden Aspekten:

- Kundendaten sind zentral, unternehmens-einheitlich, redundanzfrei gespeichert und Online zugreifbar über Masken bzw. über Batch-Programme.
- Die Gesamtkundenverbindung ist jederzeit unternehmensweit Online abfragbar.

Der Projektsteckbrief in Übersicht 3.2 beschreibt die Anwendung im Überblick.▲

Übersicht 3.2: Projektsteckbrief KUNDBAS	(Stand: 12/91)
Aufgabenstellung	Erfassen, speichern und bereitstellen von Kundendaten
Online-Funktionen	Daten erfassen, ändern, anzeigen
Batch-Funktionen	Standard- und individuelle Auswertungen; Überleitung von Daten an andere Systeme
Aufwand in MJ	26
Durchlaufzeit	von 11/84 bis 10/88
Anzahl Programme, Lines of Code (LOC) • PL/1 • Assembler	120 mit 68.000 LOC 7 mit 1.875 LOC

3.1 Einige Beispiele für Anwendungssysteme aus dem Bankenbereich

Fortsetzung Übersicht 3.2: Projektsteckbrief KUNDBAS

Anzahl Datenbanken	
• IMS	1
• DB2	13
Anzahl Dateien	7
Systemumgebung	IBM /390-Rechner, IMS-DB/TM, PL/1, DB2
Nutzer	8.000
Schulungstage pro Nutzer	3
Transaktionen pro Tag im Durchschnitt	150.000
Gespeicherte Daten auf Platte	Daten zu ca. 1,5 Mio. Kunden gespeichert auf 7 GByte
Systemdokumentation	500 Seiten
Nutzen	Redundanzfreie, einheitliche Speicherung von Kundendaten; unternehmensweite Verfügbarkeit der Gesamtkundenverbindung

Beispiel 3: Das HYPO-Service-Terminal – Ein Anwendungssystem für Kunden-Selbstbedienung. Das Anwendungssystem HYPO-Service-Terminal (s. Übersicht 3.3) dient der Kunden-Selbstbedienung. Es stellt den Kunden rund um die Uhr Online viele Funktionen zur Verfügung die ansonsten mit Hilfe von Außenstellenmitarbeitern abgewickelt werden. Und das in benutzerfreundlicher Form (Touch-Screen und Legitimation über ec-Karte und Geheimnummer). Die Funktionen sind:

- Kontoinformation
- Depotinformation
- Überweisung
- Rechenmodell für Privatkredit
- Mitteilungsdienst und Bestellungen
- Bankleitzahlenverzeichnis.

Die Anwendung verbindet zwei Vorteile: Service-Verbesserung und Gebührenreduzierung für die Kunden; Kostenreduzierung für die Bank.

Die Entwicklung dieses Systems unterscheidet sich von den vorhergegangenen Systemen dadurch, daß neben der Software am zentralen Rechner (im folgenden oft als HOST bezeichnet) noch spezielle Treiber für die Steuerung des PC im HYPO-Service-Terminal (Kundentastatur, PIN-Tastatur, Touch-Screen, Kartenleser, Belegdrucker) erstellt werden mußten.

In den folgenden Kapiteln wird die gesamte Verfahrenstechnik für Anwendungsentwicklung und Wartung anhand dieses Projekts erläutert. Ein Auszug aus der Projektdokumentation ist im Anhang B beigefügt.▲

Übersicht 3.3: Projektsteckbrief HYPO-Service-Terminal	(Stand: 07/92)
Aufgabenstellung	Bereitstellen der Funktionen: Konto-, Depot- und Aktieninformation, Überweisung, Dauerauftrag, Privatkreditberatung und Mitteilungen in Selbstbedienung Online rund um die Uhr
Online-Funktionen	s.o.
Batch-Funktionen	Nutzungsstatistik; Weiterverarbeitung Überweisungen, Mitteilungen, Bestellungen, Protokolle
Aufwand in MJ	3,5
Durchlaufzeit	von 2/89 bis 12/91
Anzahl Programme, Lines of Code (LOC)	
• PL/1	62 mit ca. 29.000 LOC
• C	40 mit ca. 40.000 LOC
Anzahl Datenbanken	
• IMS	7
Anzahl Dateien	15
Systemumgebung	IBM /390-Rechner, MVS, IMS-DB/TM,PL/1 auf Zentralrechner, MS-DOS, FBSS, FADT, Storyboard, C auf PC
Nutzer	circa 5.000 Kunden mit Karte und Geheimnummer
Schulungstage pro Nutzer	circa ein halber Tag für betreuende AS-Mitarbeiter, circa 30 Minuten für Kunden mit ec-Karte
Transaktionen pro Tag im Durchschnitt	7.000
Gespeicherte Daten auf Platte	125 MByte
Systemdokumentation	800 Seiten
Nutzen	Reduzierung der Kosten für Zahlungsverkehr und Beratung; Verbesserter Service für Kunden

Beispiel 4: HYBAS – Ein Verwaltungs- und Buchungssystem für Darlehen des Hypotheken-Bankgeschäfts. Das Anwendungssystem HYBAS (s. Über-

3.1 Einige Beispiele für Anwendungssysteme aus dem Bankenbereich

sicht 3.4) unterstützt die Bearbeitung von Hypothekendarlehen von der Antragstellung über Auszahlung, Buchung, Rückzahlung bis hin zur Mahnung mit Hilfe von Online- und Batch-Funktionen.

Übersicht 3.4: Projektsteckbrief HYBAS (Stand: 12/91)

Aufgabenstellung	System zur Erfassung, Verwaltung inklusive Buchung von Darlehen des Hypothekenbankgeschäfts
Online-Funktionen	Unterstützung aller anfallenden Arbeiten während der Laufzeit des Darlehens
Batch-Funktionen	Buchen, Leistungsberechnung, Lastschrift, Mahnung, Fälligkeitsmitteilung, Kontoauszug usw. Meldewesen
Aufwand in MJ	120
Durchlaufzeit	von 1979 bis 1991
Anzahl Programme, Lines of Code (LOC) • PL/1	330 mit ca. 350.000 LOC
Anzahl Datenbanken • IMS • DB2	34 6
Anzahl Dateien	350
Systemumgebung	IBM /390-Rechner, MVS, IMS-DB/TM, DB2, PL/1
Nutzer	600
Schulungstage pro Nutzer	8
Transaktionen pro Tag im Durchschnitt	50.000
Gespeicherte Daten auf Platte	225.000 Darlehen gespeichert auf 6.000 MByte
Systemdokumentation	5.000 Seiten
Nutzen	Hoher Rationalisierungsnutzen; kurze Bearbeitungszeit aller Verwaltungsvorgänge

Wegen des großen Umfangs des Systems wurde es in vielen Teilstufen in mehr als 10 Jahren entwickelt. Der Nutzen des Systems liegt in der Rationalisierung durch Dezentralisierung aller wichtigen Einzelbearbeitungen und in der Automatisierung aller Massenverarbeitungen sowie in der Verkürzung der Durchlaufzeit für alle Sachbearbeitungsvorgänge.▲

Beispiel 5: SBE – Ein Anwendungssystem für Deckungsbeitragsrechnung. Mit Hilfe der Servicebereichs-Ergebnisrechnung (s. Übersicht 3.5), wird der Deckungs- und Ergebnisbeitrag jedes einzelnen Kundengeschäfts ermittelt und nach vorgegebenen Kriterien und Summierungsstufen aggregiert. So kann beispielsweise der Deckungsbeitrag eines einzelnen Kundenbetreuers, einer ganzen Außenstelle oder eines Geschäftsbereichs ermittelt werden. Anhand der Zahlen, die dieses System ermittelt, werden wichtige Teile der Geschäftsstrategie der Bank gesteuert.▲

Übersicht 3.5: Projektsteckbrief SBE (Stand: 12/91)

Aufgabenstellung	Produktspezifische Berechnung und Aggregation von Deckungsbeiträgen
Online-Funktionen	Kunden-, Konten-, Kalkulationsdaten, Einzelkunden-Kalkulation
Batch-Funktionen	Stammdaten abgleichen, Überleitungen aus Vorsystemen, Berichtswesen
Aufwand in MJ	18
Durchlaufzeit	von 1984 bis 1990
Anzahl Programme, Lines of Code (LOC) • PL/1	98 mit ca. 80.000 LOC
Anzahl Datenbanken • IMS • DB2	1 2
Anzahl Dateien	1.200
Systemumgebung	IBM /390-Rechner, MVS, IMS-DB/TM, PL/1
Nutzer	2.000
Schulungstage pro Nutzer	keine, nur Benutzerhandbuch
Transaktionen pro Tag im Durchschnitt	4.000
Gespeicherte Daten auf Platte	3.000 MByte
Systemdokumentation	1.600 Seiten
Nutzen	Aktuelle Management-Informationen zur Steuerung des Geschäfts; Bereitstellen der Zahlen in aktualisierter Form manuell nicht möglich

3.1 Einige Beispiele für Anwendungssysteme aus dem Bankenbereich

Beispiel 6: PUCK – Ein Anwendungssystem für den PC-unterstützten Kundenservice. Das Anwendungssystem PUCK (s. Übersicht 3.6) ist eine Anwendung in *Client/Server-Architektur* (kurz Client/Server-Anwendung), die die Online-Abwicklung der wesentlichen Dienstleistungen des Kontokorrent- und Spargeschäftes in den Außenstellen durch geschäftsvorfallorientierte Benutzerführung mit Hilfe einer grafischen Benutzeroberfläche unterstützt. Zur Implementierung des Anwendungssystems wurden bestehende Anwendungssysteme verwendet, nämlich Systeme für Buchung und Verwaltung des Kontokorrent- und Spargeschäftes sowie für die Verwaltung von Kundendaten (s. Übersicht 3.2). Der Nutzen des Systems liegt sowohl in der Verbesserung des Kundenservice durch schnelleres Abwickeln der Dienstleistungen als auch in deutlichen Personaleinsparungen.▲

Übersicht 3.6: Projektsteckbrief PUCK	(Stand: 04/93)
Aufgabenstellung	*Client/Server*-Anwendungssystem zur Online-Abwicklung wesentlicher Dienstleistungen des Kontokorrent- und Spargeschäftes mit Hilfe von geschäftsvorfallorientierter Benutzerführung über grafische Oberfläche
Online-Funktionen	• Kundenstamm-Datenpflege • Verkauf von Kontokorrent- und Sparprodukten (Kontoeröffnung, -änderung, -schluß) • Dauerauftrag • Schecksperren • Schufa-Kommunikation • Kassen-Geschäftsvorfälle inklusive Offline-Betrieb
Batch-Funktionen	Bestehende Anwendungssysteme für Buchung und Verwaltung des Kontokorrent- und Spargeschäftes sowie für die Verwaltung von Kundendaten.
Aufwand in MJ	70
Durchlaufzeit	von 01/91 bis 06/93
Anzahl Programme, Lines of Code (LOC) • C	480 mit ca. 1 Mio. LOC
Anzahl Tables in der Server-Datenbank • Database-Manager	32
Anzahl Files am Server	1.200

Fortsetzung Übersicht 3.6:	Projektsteckbrief PUCK
Systemumgebung	Zentraler Rechner (Server): IBM /390-Rechner, MVS, IMS-DB/TM, PL/1 Dezentrale Server: OS/2 2.1, LAN-Server, Database Manager Clients: OS/2 2.1
Nutzer	7.000
Transaktionen pro Tag im Durchschnitt	350.000
Gespeicherte Daten am Server	
• Daten	30 MB
• Textbausteine	400 mit ca. 2 MB Zeichen
Systemdokumentation	1.750 Seiten
Nutzen	Hohe Rationalisierung und Service-Verbesserung durch kürzere Bearbeitungszeiten

Generell ist im Bankenbereich in den vergangenen 10 Jahren eine eklatante Zunahme der Komplexität der Anwendungssysteme festzustellen (s. Anhang A, Anwendungssysteme in der HYPO-BANK). Standen anfangs einfache Abwicklungs- und Dispositionssysteme im Mittelpunkt der Entwicklung, mit Hilfe derer Vorgänge automatisiert wurden, so werden heute komplexe Beratungs- und Risikominimierungssysteme angedacht, entworfen und realisiert. Zwischenstationen auf diesem Weg stellen Systeme zur Selbstbedienung und zur Sachbearbeitung dar, beispielsweise im Kreditwesen. Ein Ende dieses Prozesses ist heute nicht abzusehen. Anwendungssysteme zur Unterstützung des Vertriebs sowie zur Unterstützung der vorgangsbezogenen Sachbearbeitung mit Hilfe von elektronischer Bürokommunikation bis hin zum papierlosen Büro sind heute klar erkennbare Tendenzen. Darüber hinaus muß die Mehrheit der großen Anwendungssysteme, die länger als 10 Jahre genutzt werden, in den kommenden Jahren komplett erneuert werden. Dabei ergibt sich im allgemeinen zwangsläufig eine drastische Erhöhung der Funktionalität sowie des Komforts bei den Benutzeroberflächen.

Mit den Anwendungssystemen ändern sich auch die Anforderungen an die Mitarbeiter des Unternehmens. Der Terminalisierungsgrad der Arbeitsplätze sowie die Anzahl der zu nutzenden Anwendungssysteme nimmt ständig zu. Deshalb kommen der Ergonomie der Anwendungssysteme sowie der Qualität der Schulungen eine hohe Bedeutung zu.

3.2 Die Software-Krise

Unter der **Software-Krise** verstehen wir das Unvermögen großer Organisationen, die anwendungsspezifische Software für umfangreiche EDV-Anwendungssysteme

anforderungs-, termin-, kostengerecht und wirtschaftlich

zu entwickeln und zu warten. Deutliche Indikatoren dafür sind: Die Industrie ist heute noch weit davon entfernt, fehlerfreie Software zu produzieren. Nach allgemein anerkannten Schätzungen enthält jedes größere Programm je fünf Kilobyte Programmcode durchschnittlich einen Fehler. So werden von IBM – dem größten Softwareproduzenten der Welt – für das Betriebssystem MVS jährlich circa 1.000 Korrekturen[2] verschickt. Neueste Untersuchungen von Jones [Jone 93] zeigen, daß bei großen Projekten (Funktionsvolumen größer als 1.000 *Function-Points*) Aufwands- und Terminüberschreitungen die Regel sind. Bei sehr großen Projekten (größer als 10.000 Function-Points) besteht sogar eine Wahrscheinlichkeit von 50%, daß diese nicht zu Ende geführt werden. Nur bei kleinen bis mittelgroßen Projekten unter Verwendung von etablierten Technologien werden heute im allgemeinen Budgets und Termine gehalten.

Die Situation und wesentliche Gründe dafür wurden schon 1968 auf der

Nato Conference on Software Engineering [Naur 69]

zum ersten Mal offen angesprochen. Schon damals wurde erkannt, daß die Software-Krise nur durch ingenieurmäßiges Vorgehen bei der Entwicklung von großen Anwendungssystemen zu lösen ist, und dafür fehlten

- die theoretischen Grundlagen
- elementares technisches Handwerkszeug
- die organisatorischen Voraussetzungen.

Angeregt durch diese Konferenz, an der 50 namhafte Experten aus dem Gebiet der Datenverarbeitung teilnahmen, wurden weltweit große Anstrengungen unternommen, diese Krise zu beenden.

Die Wissenschaft hat die theoretischen Grundlagen verbessert. Wichtige anerkannte Ergebnisse sind:

- theoretische Grundlagen des Programmierens, Programmverifikation, Programmtransformation [Baue 81, Grie 81, Hoar 69]
- neue Sprachen wie PASCAL, ADA, PROLOG, C [Jens 74, Wegn 80, Cloc 84, Kern 77]
- die „Lehre vom Programmieren" [Dijk 76, Grie 78, Melh 78].

---

[2] Die regelmäßig gelieferten Korrekturen enthalten zu einem erheblichen Umfang auch Verbesserungen und Änderungen, die nicht auf Fehlern beruhen.

Aus der Verbindung von Wissenschaft und Industrie entstanden eine Vielzahl von isolierten Verfahrenstechniken mit teilweiser oder vollständiger Computerunterstützung, wie zum Beispiel: Jackson-Design-Technik, Composite-Design, Structured-Analysis, Structured-Design, Entity-Relationship-Method, HIPO-Technik, Entscheidungstabellen-Technik [Balz 82]. Alle diese Verfahrenstechniken haben gemeinsam, daß sie nur einige Teilaspekte des „Software-Engineering Problems" abdecken und daß die Strukturen ihrer Ergebnistypen im allgemeinen nicht kompatibel sind.

Zur Verbesserung der Organisation des Entwicklungsprozesses wurden Modelle für die Projektorganisation, z. B. Chief-Programmer-Teams [Broo 75], Kostenkalkulation, Projektplanung und Kontrolle [Albr 79, Boeh 81] geschaffen, die heute grundsätzlich anerkannt, aber im Detail verbesserungsfähig sind.

Beginnend etwa 1975 versuchten EDV-Großanwender, die gewonnenen Lösungen für Teilprobleme zu Gesamtlösungen zu integrieren, die damals als

Software-Produktionsumgebungen

bezeichnet wurden [Haus 85, Bend 84]. Die Idee der Produktionsumgebungen war ein Fortschritt, ist aber bis heute weit von einer Realisierung entfernt. Die wesentlichen Ursachen für diesen unbefriedigenden Zustand sind:

- Es gibt bis heute keine gesicherten Erkenntnisse über die „besten" Verfahrenstechniken in Abhängigkeit von Anwendungstypen.
- Wesentliche Teilaufgaben, wie z. B. Anforderungsanalyse und Testen sind weder theoretisch noch praktisch befriedigend gelöst (z. B. Test von Online-Funktionen).
- Die rasante Steigerung der technischen Möglichkeiten erzeugt ständig den Wunsch nach neuen Anwendungstypen und damit verbunden nach neuen Verfahrenstechniken zu deren Entwicklung (z. B. Verfahrenstechnik für kooperative Host-PC-Anwendungen in Client/Server-Architektur).
- Die Einführung von neuen Vorgehensweisen für Software-Produktion ist ein erhebliches personelles und organisatorisches und wirtschaftliches Problem für Großanwender mit „Entwicklungstradition".
- Die Entwicklungskosten für eine vollständige Produktionsumgebung lagen 1985 nach H. Sneed [Haus 85] schon zwischen 50 und 100 Millionen DM. Heute müssen diese Kosten als deutlich höher eingeschätzt werden. Deshalb ist dem Autor auch kein Unternehmen bekannt, welches das Risiko der Entwicklung einer vollständigen Produktionsumgebung erfolgreich eingegangen ist.
- Termindruck für die Einführung von neuen Anwendungen führt dazu, daß die konsequente Weiterentwicklung der Verfahrenstechnik zu Gunsten von Anwendungsentwicklung zurückgestellt werden muß.

Diese noch unbewältigte Software-Krise wird in ihrer Bedeutung für die Großanwender dadurch verstärkt, daß sie zusammentrifft mit einem permanent wachsendem Bedarf an neuen komplexeren Anwendungen und einem permanenten Mangel an qualifizierten Software-Entwicklern.

Vor diesem „aussichtslosen" Hintergrund hat die HYPO-BANK – beginnend ab 1981 – versucht, auf der Basis der bis dato vorhandenen Verfahrenstechnik einen pragmatisch-systematischen Weg aus der Software-Krise zu finden, dessen Ergebnisse wir in Anlehnung an andere DV-Großanwender als das

HYPO-MODELL für Anwendungsentwicklung und Wartung

bezeichnen möchten. Die Erfahrungen mit dem Modell in mehr als 50 kleinen bis großen Projekten sind gut. Dadurch fühlen wir uns ermutigt, die Komponenten des Modells und ihre Realisierung als Basis für Ausführungen dieses Kapitels zu wählen.

Selbstverständlich werden die Bemühungen um eine Verfahrenstechnik für eine ingenieurmäßige Erstellung von Software weltweit mit großem Einsatz laufend fortgeführt. Die aktuellsten Schlagworte sind:

- *Sprachen der 4. Generation* (z. B. CSP von IBM, Natural von Software AG, NOMAD von Must Software[3]): Sprachen der 3. Generation enthalten mächtige Sprachelemente, mit Hilfe derer die Programmierung von Standardaufgaben wie Listen oder Maskenerstellung, Zugriffe auf Datenbanken und Ein-, Ausgabevorgänge erleichtert wird.
- *Computer Aided Software Engineering* (CASE): Es handelt sich um eine neue Bezeichnung für Software-Produktionsumgebung. Das anspruchvollste CASE-Konzept wurde Ende 1989 von IBM unter dem Namen AD-Cycle (Application Development-Cycle) angekündigt. Angekündigt bedeutet, daß ein durchgängiges Grundkonzept für die im Software-Entwicklungsprozeß anfallenden Daten und Ergebnisse vorliegt, einzelne Werkzeuge vorhanden sind, es aber Jahre dauern wird, bis das Konzept ausgefeilt ist und alle wesentlichen Werkzeuge implementiert sind.
- *Objektorientierte Programmierung*: Das Vorgehensmodell für Software-Entwicklung sowie die Architektur von Anwendungssystemen wird dahingehend verändert, daß Daten und Zugriffsroutinen darauf jeweils als Einheit (**Objekte**) betrachtet und für die Implementierung der Objekte Sprachelemente angeboten werden. Das wesentliche Ziel der Objektorientierung ist es, den Aufwand für Softwareentwicklung und Wartung dadurch zu verringern, daß Objekte wiederverwendbare Bausteine von Anwendungssystemen sind. Deshalb ist Objektorientierung heute der wichtigste Hoffnungsträger für einen Quantensprung in Produktivität und Qualität der Softwareentwicklung. Eine empfehlenswerte Einführung in die objektorientierte Programmierung gibt Mitterer [Mitt 89].

---

[3] Referenzen sind unter produktspezifischer Literatur, unter dem Hersteller zu finden.

Der objektorientierte Entwurf wird bei Jacobson [Jaco 92] ausführlich behandelt.

Eine wichtige Aufgabe für die für Verfahrenstechnik für Anwendungsentwicklung zuständigen Mitarbeiter ist es, Neuentwicklungen auf diesem Gebiet zu prüfen und bei Erfolg in die bestehende Verfahrenstechnik zu integrieren.

3.3 Komponenten eines Modells für Anwendungsentwicklung und Wartung

Gemäß der in diesem Buch vorgenommenen Aufgabenverteilung umfaßt das Aufgabengebiet sowohl die Entwicklung als auch die Wartung von Anwendungssystemen. Dabei müssen auch die Voraussetzungen geschaffen werden für adäquate Schulung und Beratung der Anwender sowie für einen *Service-Level*-gerechten Betrieb der Anwendungen.

Für die unternehmensweite Abstimmung der Entwicklungsziele sowie das Controlling der Entwicklungsprojekte ist die Organisationseinheit Controlling (s. Kapitel 6) zuständig. Die für das Aufgabengebiet Schulung und Beratung (s. Kapitel 5) zuständigen Organisationseinheiten sorgen für die Abwicklung unternehmensweiter Schulungen und laufende Beratung. Das Rechenzentrum (s. Kapitel 5) ist verantwortlich für den Service-Level-gerechten Betrieb der Anwendungen.

Unser Modell für Anwendungsentwicklung und Wartung (AEW) besteht aus drei Komponenten:

- Software-Life-Cycle
- Aufbau- und Projektorganisation
- Rahmenbedingungen für Personal- und Arbeitsplatzausstattung.

Sie müssen sorgfältig auf die Bedürfnisse des Unternehmens und untereinander abgestimmt sein.

Der *Software-Life-Cycle ist die wichtigste Komponente des Modells für AEW.* Unter dem **Software-Life-Cycle** (SLC) versteht man die Summe aller Vorgehensweisen, Werkzeuge und Standards mit Hilfe derer die Software eines Anwendungssystems entwickelt und gewartet wird[4]. Damit ist der SLC die Basis für Effizienz bei Anwendungsentwicklung und Wartung. Die Ausgestaltung des Software-Life-Cycle ist in jedem Fall stark abhängig von den Entwicklungsaufgaben des Unternehmens. Bei einem Automobilhersteller werden zum Beispiel Werkzeuge zur Unterstützung von Konstruktions-

---

[4] Somit ist der Software-Life-Cycle ein weiteres Synonym für Software-Produktionsumgebung bzw. CASE.

3.3 Komponenten eines Modells für Anwendungsentwicklung und Wartung

Aufgaben (CAD-Werkzeuge) im SLC enthalten sein müssen. Bei Banken sind solche Werkzeuge derzeit nicht notwendig.

Die *zweite wichtige Komponente des Modells für AEW ist die Aufbau- und Projektorganisation* für die Entwicklungsmannschaft. Aufbau- und Projektorganisation beeinflussen entscheidend

- die Aufgabengebiete der Entwickler
- die Möglichkeiten der persönlichen Weiterbildung und Weiterentwicklung der Entwickler
- den Abstimmungs- und Kommunikationsbedarf der Entwickler
- die Einbindung aller Betroffenen (auftraggebende Fachbereiche, Organisation, Nutzer) in den Entwicklungsprozeß
- die Möglichkeiten der Koordination von Unternehmenszielen mit Entwicklungszielen
- die Möglichkeiten der Projektkontrolle.

Sie sind damit sehr wesentlich für Effizienz und Effektivität des Entwicklungs- und Wartungsprozesses.

Die *dritte wichtige Komponente des Modells für AEW sind die Rahmenbedingungen für Personal- und Arbeitsplatzausstattung* der Entwicklungsmannschaft. Wesentlich sind der fachliche und technische Ausbildungsstand sowie die Erfahrung der Entwickler. Zum Beispiel ist es unbedingt notwendig, daß in einem Entwicklungsteam für Bankanwendungen auch durch eigene Erfahrungen vertieftes Bank-Know-how vorhanden ist. Die Fach- und Führungsqualitäten des Projektleiters beeinflussen entscheidend die Motivation und damit die Produktivität eines Projektteams. Gestaltung und Ausstattung des Arbeitsplatzes von Entwicklern beeinflussen sehr stark deren Produktivität. Zum Beispiel wirken sich Großraumbüros durch die unvermeidbaren gegenseitigen Störungen oder schlechte Antwortzeiten am Entwicklungsrechner sehr negativ auf Produktivität und Qualität aus.

Übersicht 3.7: Erfolgsfaktoren des Modells für Anwendungsentwicklung und Wartung

EF AEW.1	Vorhandensein eines auf die Bedürfnisse des Unternehmens abgestimmten Software-Life-Cycles
EF AEW.2	Sicherstellung der durch den Software-Life-Cycle vorgegebenen Vorgehensweise in allen Projekten
EF AEW.3	Adäquat qualifizierte und gut geführte Entwicklungsmannschaft
EF AEW.4	Produktivitätsfördernder Arbeitsplatz für Entwickler

In den folgenden Abschnitten werden die wesentlichen Aspekte der oben genannten Komponenten unseres Modells für AEW herausgearbeitet. Oberste Ziele dabei sind, Anwendungsentwicklung und Wartung möglichst effizient und gleichzeitig risikoarm zu gestalten. Die globalen Erfolgsfaktoren für diese Ziele werden in Übersicht 3.7 zusammengefaßt. Eine Verfeinerung sowie auch Begründung dieser Erfolgsfaktoren erfolgt in den jeweiligen Unterabschnitten.

3.4 Der Software-Life-Cycle

Wie bereits erläutert, versteht man unter dem Software-Life-Cycle (SLC) die Summe aller Vorgehensweisen, Werkzeuge und Standards mit deren Hilfe ein Software-Produkt entwickelt, eingeführt und gewartet wird. Damit ist der SLC die Grundlage für die Realisierung der Managementziele für Anwendungsentwicklung und Wartung. Wegen ihrer besonderen Bedeutung präzisieren wir diese Ziele in Übersicht 3.8.

Übersicht 3.8: Ziele des Software-Life-Cycle

- **Realisierung aller wirtschaftlich sinnvollen Anforderungen**
- **Minimierung der Gesamtkosten für Entwicklung und Wartung**
- **Minimierung des Entwicklungsrisikos**
- **Erfüllung aller Qualitätsanforderungen**
  - **weitestgehende Fehlerfreiheit**
  - **wirtschaftlicher Ressourcenverbrauch**
  - **rechtliche Rahmenbedingungen**
- **Sicherstellung von praxisorientierten Arbeitsabläufen inklusive ergonomischen Benutzeroberflächen**
- **Effektive Benutzerschulungen**

Es ist vor allem deshalb schwierig, die oben genannten Ziele zu realisieren, weil die Qualitätsanforderungen in starkem Widerspruch zur Minimierung der Kosten stehen. Für unsere Beschreibung zerlegen wir den SLC in die Bestandteile:

- Phasenkonzept
- Entwicklungsmethodik
- Werkzeugunterstützung.

3.5 Das Phasenkonzept

Zur Minimierung von Kosten und Risiken wird der SLC und dabei speziell der Entwicklungsprozeß in sequentiell ablaufende Phasen gegliedert. Die einzelnen Phasen sind definiert durch die jeweils zu erbringenden Arbeitsergebnisse. Die Arbeitsergebnisse einer Phase sind in sich abgeschlossen und endgültig. Sie dürfen im Idealfall in den Folgephasen nicht geändert werden, da solche Änderungen überproportional hohe Kosten verursachen. Am Ende einer Phase werden die Arbeitsergebnisse einem *Review* (s. Abschnitt 3.5.3) unterzogen. Auf der Basis der Reviewergebnisse wird entschieden, ob und in welcher Form die Entwicklung fortgesetzt wird (s. Abschnitt 3.9).

3.5.1 Erfolgsfaktoren für das Phasenkonzept

Um die Ziele des SLC zu erreichen, müssen mit Hilfe des Phasenkonzepts die in Übersicht 3.9 zusammengefaßten Erfolgsfaktoren erreicht werden.

Übersicht 3.9:	Erfolgsfaktoren für das Phasenkonzept
EF PK.1	Frühestmögliches exaktes Erfassen aller Anforderungen an das EDV-System inklusive Daten und Funktionen aus fachlicher Sicht.
EF PK.2	Abstimmen von Arbeitsabläufen, Benutzeroberflächen und Schulungen mit erfahrenen Nutzern
EF PK.3	Beschränken der Projektgröße durch Zerlegung in unabhängig voneinander entwickelbare Teilprojekte
EF PK.4	Erstellen verläßlicher Wirtschaftlichkeitsvoraussagen
EF PK.5	Sicherstellen der wichtigen Phasenergebnisse durch exakte Vorgaben sowie Kontrollprozesse

Das frühestmögliche, exakte Erfassen aller Anforderungen an das zu entwickelnde System ist der entscheidende Erfolgsfaktor in einem Projekt. Hinzufügen neuer Anforderungen hat im allgemeinen zur Folge, daß

- bereits erzielte Arbeitsergebnisse verworfen werden müssen
- zusätzliche Aufwände entstehen
- geplante Durchlaufzeiten nicht eingehalten werden können
- die Gesamtwirtschaftlichkeit sich negativ verändert.

Eine wesentliche Voraussetzung dafür ist, daß fachlich kompetente Repräsentanten der Auftraggeber verantwortlich eingebunden sind und ausreichend Zeit für diese Aufgabe haben.

Zu diesem Themenkreis gehört auch die Abstimmung von Arbeitsabläufen, Benutzeroberflächen und Schulungen mit erfahrenen späteren Nutzern. Nur so kann erreicht werden, daß das neue Anwendungssystem den Bedürfnissen am Arbeitsplatz entspricht.

Durch Zerlegung der Gesamtaufgabe in kleinere unabhängige Teilaufgaben können gleichzeitig Projektrisiko, Projektdurchlaufzeit und Projektkosten gesenkt werden. Das letztere insbesondere deshalb, weil der Kommunikationsaufwand innerhalb des Projektes nichtlinear mit der Projektgröße wächst.

Nur wenn verläßliche Wirtschaftlichkeitsvoraussagen vorhanden sind, kann das Management beurteilen, ob ein Projekt sinnvoll ist.

Die Vorgabe der wichtigsten Arbeitsergebnisse pro Phase erhöht die Produktivität der Mannschaft und macht Kontrollen des Projektfortschritts möglich. Solche Kontrollen sind unbedingt notwendig, um kein „dickes Ende" eines Projektes zu erleben. Ein solches „dickes Ende" kann darin bestehen, daß die geplanten letzten 20% des Projektes am Ende insgesamt 80% des Gesamtaufwandes ausmachen, weil für die Einhaltung von Meilensteinen (wichtige Termine) ständig Aufgaben in spätere Projektphasen geschoben werden. Interessante Beispiele zu dem genannten Phänomenen sind schon in dem Buch „The Mythical Man-Month" von Brooks [Broo 75] nachzulesen.

3.5.2 Die acht Phasen im Überblick

Wie bereits erläutert, wird ein Phasenkonzept durch die pro Phase zu erbringenden Ergebnisse definiert. Das im HYPO-Modell für AEW verwendete Phasenkonzept wird in Übersicht 3.10 wiedergegeben. Es repräsentiert im wesentlichen den Industriestandard. Die in den Unternehmen verwendeten Phasenbezeichnungen sind unterschiedlich, häufig verwendete Synonyme werden in geschweiften Klammern { } angegeben.

Die Teilergebnisse (Erg. 1-30, Übersicht 3.10) der verschiedenen Phasen werden im folgenden nur grob inhaltlich kommentiert. Wo es zweckmäßig ist, verweisen wir für formale Darstellungen sowie inhaltliche Details auf Auszüge zur Dokumentation zum HYPO-Service-Terminal im Anhang B.

Die Phasen Voruntersuchung bis einschließlich Einführung laufen üblicherweise in der Form eines *Projektes* – mit einem verantwortlichen Projektleiter – ab. Die Elemente der Projektorganisation werden in Abschnitt 3.9 beschrieben.

In der *Phase Voruntersuchung* werden ausgehend von einer Idee für ein neues Anwendungssystem alle wesentlichen Informationen zusammengetragen und beschrieben. Das muß dazu führen, daß mit großer Sicherheit (≥

3.5 Das Phasenkonzept

90%) entschieden werden kann, ob das neue Anwendungssystem machbar und wirtschaftlich sinnvoll ist. Dazu wird zunächst der Ist-Zustand des Arbeitsgebietes mit den wichtigsten Arbeitsabläufen, Problemen und Mengengerüsten analysiert. Die Idee für ein neues Anwendungssystem wird konkretisiert durch die Auflistung der abzuwickelnden Geschäftsvorfälle inklusive aller wesentlichen Anforderungen an die Art der EDV-technischen Unterstützung (Erg. Nr. 1, 2; Anhang B, SK, Seiten 1, 2). Als Basis für eine Entscheidungsfindung, ob und in welcher Form die gewünschte Anwendung realisiert wird, müssen erarbeitet werden: Lösungsalternativen, dazu notwendige Systemumgebungen[5], Hardware, Software, bestehende Daten und Anwendungen, Sachmittel und organisatorische Voraussetzungen, Wirtschaftlichkeit sowie Möglichkeiten der Aufspaltung in Teilprojekte inklusive entsprechender Projektpläne. Die Forderung nach Lösungsalternativen ist insbesondere aus Gesichtspunkten der Wirtschaftlichkeit wichtig. Hochqualifizierte Fachabteilungsmitarbeiter bzw. Anwendungsentwickler haben ein natürliches Bestreben, perfekte, alle Ausnahmesituationen abdeckende Lösungen zu konstruieren. In der Regel sind jedoch Lösungen, die nur 80–90% der Anforderungen abdecken, wirtschaftlicher und außerdem schneller zu entwickeln. Alternativen für eine Zerlegung der Gesamtaufgabe in Teilprojekte aufzuzeigen ist ebenfalls sehr wichtig. Ziel muß sein, die Gesamtaufgabe in möglichst kleine, unabhängige, sequentiell oder parallel entwickelbare Teilaufgaben zu zerlegen. Damit werden zugleich drei Vorteile erzielt: Mit der Teamgröße sinkt der Gesamtaufwand für Abstimmung und Kommunikation. Die Zeiträume, nach denen erste machbare Ergebnisse vorliegen, werden kürzer; dies wirkt sich insbesondere auf die Motivation der Projektmitarbeiter sehr positiv aus. Die Risiken von Fehlentwicklungen werden kleiner. Eine Feinplanung für die Folgephasen sowie eine Grobplanung für das Ende der Teilprojekte sind unbedingt notwendig. Nur so lassen sich Aktivitäten für Einführungstermine inklusive Schulungen koordinieren.

Die *Phase Fachkonzeption* ist die wichtigste Phase eines Anwendungs-Entwicklungsprojekts. In ihr werden alle von der Anwendung bereitzustellenden Funktionen (Erg. Nr. 7; Anhang B: SK, Seite 4) inklusive der dazu notwendigen Daten aus fachlicher Sicht exakt beschrieben. Dazu gehören:

- Kurzbeschreibungen von Funktionen (Erg. Nr. 8; Anhang B, SK, Seite 53)
- Bestandteile der Benutzeroberfläche inklusive Masken (Erg. Nr. 11; Anhang B, SK, Seiten 11, 63) und Listbildern (Erg. Nr. 13; Anhang B, SK, Seite 483) und Arbeitsabläufen (Erg. Nr. 10; Anhang B, SK, Seite 54)
- EVA-Diagramme (Erg. Nr. 9; Anhang B, SK, Seite 482)
- fachliche Verarbeitungsfunktionen (Erg. Nr. 12; Anhang B, SK, Seite 67)
- Daten aus fachlicher Sicht (Erg. Nr. 14; Anhang B, SK, Seiten 533, 534).

---

[5] Ergebnisse, die in Übersicht 3.10 mit gleicher Nummer referenziert werden, sind inhaltlich gleich und werden in Folgephasen überarbeitet bzw. verfeinert.

Selbstverständlich werden im allgemeinen zur Erarbeitung der Daten und Funktionen mehrere Iterationen notwendig sein. Je nach Anwendungstyp werden dabei auch Prototypen zum Einsatz kommen. Wesentlich aber ist, daß am Ende des Testkonzepts die Anwendung vollständig und – bis auf echte Fehler – endgültig beschrieben ist. Jede Änderung fachlicher Anforderungen, welche in den Folgephasen durchgeführt werden muß, hat drastische Auswirkungen auf die Kosten. Bei Funktionen und Daten werden dabei bereits intensive Strukturierungen vorgenommen. Die jeweiligen Strukturierungsprinzipien werden im Abschnitt 3.6.2.6 behandelt. Alle wichtigen Arbeitsabläufe des neuen Anwendungssystems müssen beschrieben werden. Dazu gehört auch die Betreuung der Geräte (Erg. Nr. 15; Anhang B, SK, Seite 513). Die exakte Beschreibung der zu erwartenden Mengengerüste sowie die Anforderungen an die Qualität der Verarbeitungen wie z. B. Verfügbarkeit und Antwortzeit (*Service-Level-Vereinbarungen* s. Abschnitt 5.1.1) sind eine sehr wichtige Voraussetzung für die nötige Hard- und Systemsoftware (Erg. Nr. 16; Anhang B, SK, Seite 529). In dem Abschnitt Systemumgebung wird neben den Hard- und Systemsoftware-Voraussetzungen insbesondere die Integration des neuen Anwendungssystems in die bestehenden EDV-Systeme beschrieben. Wesentlich dabei sind die Fragen: Welche Daten müssen aus welchen Beständen entnommen bzw. übergeleitet werden? Welche Funktionen anderer Anwendungen können verwendet werden? Welche Verarbeitungstermine bestehen? Welche Anforderungen an die technische Qualität der Implementierung bestehen, insbesondere zur Gewährleistung von Service-Level-Vereinbarungen? (Erg. Nr. 4; Anhang B, SK, Seite 828) Die Anforderungen an Datenschutz und Datensicherheit inklusive Notverfahren im Fall von länger dauernden Ausfällen sowie die Anforderungen aus dem Bundesdatenschutzgesetz können gravierende Auswirkungen auf die Systemarchitektur des Anwendungssystems haben. Deshalb müssen sie bereits im Fachkonzept erläutert und mit den entsprechenden Organen wie Datenschutzbeauftragter, Wirtschaftsprüfer, Betriebsrat abgestimmt werden (Erg. Nr. 17; Anhang B, SK, Seite 833). Die am Ende des Fachkonzepts überarbeiteten Wirtschaftlichkeitsprognosen und Projektpläne bilden eine wesentliche Grundlage für die Entscheidung, in welcher Form das Projekt zu Ende geführt wird.

Die *Phase Benutzerorganiation* läuft parallel zu den Phasen Systemkonzeption und Programmentwicklung. In ihr werden die organisatorischen, technischen und personellen Voraussetzungen für den Einsatz des neuen EDV-Anwendungssssystems erarbeitet und umgesetzt. Dazu gehören Räume, Büromittel, Sachmittel wie zum Beispiel Formulare, Weisungen, Geräte inklusive deren Anschluß an Netze (Erg. Nr. 18; Anhang B, SK, Seite 829). Die Voraussetzungen an die Qualifikation der Mitarbeiter müssen ermittelt werden, entsprechende Schulungen und Benutzerdokumentationen müssen bereitgestellt werden (Erg. Nr. 19, 20; Anhang B, ED, Schulungsunterlagen). In Abhängigkeit von der Menge der zu schulenden Mitarbeiter und dem Aufwand pro Schulung ist ein Plan für die Einführung

3.5 Das Phasenkonzept

des EDV-Systems im Gesamtunternehmen zu erstellen. Dabei ist außer an Schulungsräume, Trainer und Geräte auch an Öffentlichkeitsarbeit zu denken. Viele Mitarbeiter (Nutzer) stehen der Einführung von neuen EDV-Systemen skeptisch gegenüber:

- Gewohnte Arbeitsabläufe werden verändert.
- Der Umgang mit neuen Geräten, Benutzeroberflächen wird verlangt.
- Oft werden nach dem Wegfall von Routineaufgaben inhaltlich komplexere Tätigkeiten verlangt. Es entstehen Unsicherheiten, ob sie bewältigt werden können.

In einer Widerstandsanalyse müssen diese und andere Risiken für die Akzeptanz des neuen EDV-Systems ermittelt und durch gezielte Öffentlichkeitsarbeit abgebaut werden (Erg. Nr. 21; Anhang B, ED, Einführungsplan, Öffentlichkeitsarbeit). Insgesamt ist die Phase Benutzerorganisation sehr wichtig für den Erfolg eines neuen EDV-Systems. In ihr werden alle Vorbereitungen für den „Verkauf" eines neuen EDV-Systems im Unternehmen getroffen.

In der *Phase Systemkonzeption* beginnt die Implementierung des EDV-Systems und damit die eigentliche Informatik-spezifische Arbeit. Das fachliche Datenmodell wird in ein physisches umgesetzt. D. h., Datei- und Datenbankstrukturen werden grundsätzlich (sequentiell, hierarchisch, relational) festgelegt und konkret definiert. Dabei müssen neben den fachlichen Anforderungen auch Performance-Gesichtspunkte wie Antwortzeiten und Laufzeiten berücksichtigt werden (Erg. Nr. 22; Anhang B, SK, Seiten 532, 534). Das fachliche Funktionenmodell wird in Programme und Module umgesetzt (Erg. Nr. 23; Anhang B, SK, Seite 612). Die dabei verwendeten Strukturierungsprinzipien werden in Abschnitt 3.6.2.10 erläutert. Der logische Ablauf von Batch-Verarbeitungen inklusive Verarbeitungszeiten wird in Jobablaufplänen festgehalten (Erg. Nr. 24; Anhang B, SK, Seiten 530-531, 794, 807). Eine Konzeption aller notwendigen Tests erfolgt. Dazu gehören:

- Testsystematik inklusive *Qualitätsanforderungen*
- Testfälle für *Einzel-, System-, Integrations-* und *Abnahmetests*
- Testtools inklusive Testumgebungen
- Testteams inklusive Aufgabenverteilung
- Testplanung.

Bei den **Einzeltests** handelt es sich um die jeweils unabhängig durchgeführten Tests einzelner Programme und Module. Bei dem **Systemtest** prüft die Entwicklungsmannschaft das gesamte neue EDV-System ohne Schnittstellen zu anderen EDV-Systemen. Bei dem **Integrationstest** prüft die Entwicklungsmannschaft alle Schnittstellen des neuen EDV-Systems. Bei den **Abnahmetests** prüfen die Auftraggeber (z. B. die entsprechenden Fachbereiche) die Funktionalität und Qualität des EDV-Systems; die Betreiber des EDV-Systems (z. B. das Rechenzentrum des Unternehmens) prüfen die technische Qualität des EDV-Systems wie z. B. Ressourcenverbrauch, Fehlertoleranz. Die Testumgebungen inklusive Testdaten, Testtreiber, Testauswertetools müssen implementiert werden. Der Aufwand der Tests wird durch die Qualitätsanforderungen an das EDV-System definiert. Die bereits in Vorphasen erzielten Ergebnisse für die Systemumgebung werden, wenn notwendig, verfeinert, insbesondere werden Programme und Module für Datenkommunikation konzipiert (Erg. Nr. 4; Anhang B, SK, Seite 828). Der Projektplan für die Phase Programmentwicklung wird im Detail erstellt.

In der *Phase Programmentwicklung* werden alle Programme inklusive Einzeltests sowie der *Jobabläufe* implementiert. Unter einem **Jobablauf** oder **Job** versteht man dabei die logisch verknüpfte Ablauffolge von Batch-Programmen zur Durchführung spezifischer, in sich geschlossener Verarbeitungsfunktionen (Erg. Nr. 24; Anhang B, SK, Seite 794). Alle technischen und organisatorischen Vorbereitungen für die System-, Integrations- und Abnahmetests werden getroffen.

Die *Phase Einführung* beginnt mit den System-, Integrations- und Abnahmetests. Speziell für den Abnahmetest muß das EDV-System in der Regel in der Praxisumgebung installiert sein. Nach erfolgreichen System-, Integrations- und Abnahmetests wird üblicherweise ein *Pilottest* mit einem kleinen, aber repräsentativen Kreis von Nutzern durchgeführt. Dabei wird auch überprüft, inwieweit die Schulungen und die Benutzerdokumentation ausreichend sind. Nach erfolgreichem Pilottest und der Einarbeitung aller unbedingt notwendigen Änderungen wird das EDV-System gemäß Einführungsplan unternehmensweit freigegeben. Die Phase Einführung wird mit einem Projektabschlußbericht beendet. Der wesentliche Teil des Berichts ist eine endgültige Darstellung der Wirtschaftlichkeit des EDV-Systems inklusive seiner Entwicklungskosten. Auffällige Veränderungen gegenüber ursprünglichen Prognosen müssen kommentiert werden. Mit der Annahme des Projektabschlußberichts durch das jeweils kompetente Gremium (s. Abschnitt 3.9.3) ist der Projektleiter entlastet (Erg. Nr. 30; Anhang B, ED, Projektabschlußbericht).

In der *Phase Wartung* werden alle aus funktionalen, technischen und gesetzlichen Anforderungen notwendigen Änderungen durchgeführt. Dabei muß die Systemdokumentation (s. Abschnitt 3.6.2.16) stets auf dem aktuellen Stand gehalten werden, alle Änderungen müssen gesondert ausgewiesen werden können (s. Abschnitt 2.3.3.2). Üblicherweise können zum Zeitpunkt der Einführung eines EDV-Systems keine endgültigen Aussagen getroffen werden, inwieweit der prognostizierte Nutzen auch eintritt. Zum Beispiel können im allgemeinen Personaleinsparungen erst nach mindestens einem Jahr Nutzung realisiert werden. Deshalb sollte z. B. die verantwortliche Fachabteilung in der Phase Wartung einen Wiederbericht schreiben, der an Hand von Soll und Ist darstellt, wie wirtschaftlich das EDV-Systems ist.

3.5 Das Phasenkonzept

Übersicht 3.10: Das Phasenkonzept im HYPO-Modell für AEW

Phase	Wesentliche Ergebnisse	Nr
Voruntersuchung (VU)	Ist-Zustand des Arbeitsgebiets inklusive Probleme	1
	Anforderungskatalog inklusive Geschäftsvorfälle	2
	Lösungsalternativen inklusive Teilprojektzerlegung:	3
	• Systemumgebung	4
	• Wirtschaftlichkeitsprognosen	5
{Vorstudie}	• Projektpläne für Folgephasen	6
Fachkonzeption (FK)	Baumdarstellung der fachlichen Funktionen, pro Funktion:	7
	• Kurzbeschreibung	8
	• EVA-Diagramm bei Batch-Verarbeitung	9
	• Interaktionsdiagramm bei Online-Verarbeitung	10
	• Masken	11
	• Verarbeitungsregeln	12
	• Listbilder	13
	Fachliches Datenmodell:	14
	• Entitätstypen	
	• Beziehungstypen	
	• Attribute	
	• Relationen	
	Arbeitsabläufe	15
	Mengengerüste inklusive Qualität der Verarbeitung	16
	Systemumgebung	4
	Datenschutz- und Datensicherheitsanforderungen, Notverfahren	17
{Pflichtenheft,		
System-	Wirtschaftlichkeitsprognose	5
Spezifikation}	Projektpläne für Folgephasen	6
Benutzer-organisation (B)	Organisatorische, technische und personelle Voraussetzungen inklusive Notverfahren	18
(läuft parallel zu	Schulungskonzeption inklusive Unterlagen	19
Phasen SK, PE, EF)	Benutzerdokumentation	20
	Einführungsplan inklusive Öffentlichkeitsarbeit	21

Fortsetzung Übersicht 3.10:	Das Phasenkonzept im HYPO-Modell für AEW	
Systemkonzeption (SK)	Physisches Datenmodell	22
	Programm- und Modulstruktur: • Übersicht in Baumdarstellung • Verbale Kurzbeschreibung	23
	Jobabläufe (logisch)	24
{System-Entwurf, System-Konstruktion}	Testkonzept	25
	Systemumgebung	4
	Projektpläne für Folgephasen	6
Programmentwicklung (PE)	Programme inklusive Module und Masken (getestet)	26
	Jobabläufe (physisch)	24
{Implementierung}	Testumgebung und Daten für Tests	27
Einführung (EF)	System-, Integrations- und Abnahmetests	28
	Unternehmensweit eingeführtes Anwendungssystem inklusive Systemdokumentation	29
{Systemintegration}	Projektabschluß inklusive Wirtschaftlichkeit	30
Wartung (W)	Anwendungssystem inklusive Änderungen, Wiederbericht	31

3.5.3 Reviews im Phasenkonzept

Unter einem **Review** einer Phase verstehen wir die Überprüfung aller wesentlichen, in der jeweiligen Phase erbrachten Ergebnisse durch ein vom Projektteam unabhängiges Team. Die wichtigsten Prüfziele der Reviews sind:

- Sind die Ergebnisse vollständig?
- Bestehen Inkonsistenzen zwischen verschieden Phasen?
- Sind Standards bezüglich Qualität der Inhalte und der Dokumentation eingehalten?

Reviews können grundsätzlich am Ende jeder Entwicklungsphase stattfinden, dabei können auch mehrere Phasen zusammengefaßt sein. Für unbedingt notwendig halten wir Reviews am Ende der Phasen

- Voruntersuchung
- Fachkonzeption

3.5 Das Phasenkonzept

- Systemkonzeption
- Programmentwicklung.

Beim Review der Phase Voruntersuchung sind die wichtigsten Prüfungsziele:

- Sind die Anforderungen an das zu entwickelnde System vollständig?
- Sind alternative Lösungen inklusive deren Machbarkeit aufgezeigt?
- Sind Teilprojektzerlegungen vorgeschlagen?
- Sind die Wirtschaftlichkeitsprognosen sorgfältig ausgearbeitet und realistisch?

Beim Review der Phase Fachkonzeption sind die wichtigsten Prüfungziele:

- Ist die Anwendung aus fachlicher Sicht vollständig und korrekt beschrieben?
- Sind alle in der Voruntersuchung formulierten Anforderungen abgedeckt?
- Sind die Standards für die Benutzeroberfläche eingehalten?

Beim Review der Phase Systemkonzeption sind die wichtigsten Prüfungsziele:

- Ist das physische Datenmodell vollständig, korrekt und technisch sinnvoll?
- Sind Modularisierungsprinzipien eingehalten?
- Sind alle fachlichen Funktionen abgedeckt?
- Wurde auf Definition und Einsatz von wiederverwendbaren Modulen geachtet?
- Ist die geplante Systemintegration technisch machbar: Sind die systemtechnische Voraussetzungen realistisch, die Laufzeiten akzeptabel?
- Gewährleistet das Testkonzept hinreichende Qualität?

Beim Review der Phase Programmentwicklung ist das wichtigste Ziel die Prüfung aller Qualitätsanforderungen wie Fehlerfreiheit, Programmierstandards, Benutzeroberfläche und Dokumentation.

Durch die Zusammensetzung des Review-Teams muß eine gründliche und objektive Prüfung gewährleistet werden. Dazu sollte das Review-Team höchstens zur Hälfte aus Projektmitgliedern bestehen. Unverzichtbare Team-Mitglieder sind:

- Projektleiter
- Repräsentanten der Nutzer sowie der Fachbereiche inclusive Führungskräfte
- Repräsentanten der für Verfahrenstechnik zuständigen Organisationseinheit
- Repräsentanten der für Projektcontrolling zuständigen Organisationseinheit.

Für den Review-Prozeß hat sich folgende Organisation bewährt:

- Die für Projektcontrolling zuständige Organisationseinheit ist für Planung und Durchführung der Reviews verantwortlich.
- Den Mitgliedern des Review-Teams werden jeweils spezifische Prüfungsziele zugeordnet. Dabei muß sichergestellt sein, daß kein Teammitglied seine eigenen Ergebnisse prüft.
- Jedes Review-Team-Mitglied erhält neben Übersichtsmaterial nur die zu prüfenden Unterlagen.
- Die einzelnen Reviewergebnisse werden in einer gemeinsamen Teamsitzung konsolidiert und protokolliert.

Das Review-Protokoll ist jeweils ein Teil der Phasenfreigabe und wird dem jeweiligen Projektkontrollgremium zugeleitet (s. Abschnitte 3.5.3 und 3.9.3). Die durch das Review bestätigten Projektergebnisse des Fachkonzepts werden „eingefroren", d. h. sie dürfen nur auf offiziellen Wegen verändert werden (auch vom Auftraggeber).

Insgesamt sind Reviews ein wichtiger Teil des Phasenkonzepts. Sie stellen sicher, daß alle geforderten Phasenergebnisse in entsprechender Qualität erbracht werden und geben frühe Warnung bei signifikanten Problemen im Projektverlauf.

3.6 Die Entwicklungsmethodik

Ziele der Entwicklungsmethodik sind

- die Wirtschaftlichkeit des Entwicklungsprozesses zu optimieren
- die Qualität der Ergebnisse zu sichern.

Dabei wollen wir unter Methodik jede Art der Standardisierung von Vorgehensweisen verstehen. Die Darstellung von Ergebnissen zu standardisieren ist ein wichtiger Teil einer Methodik. Wird ein Ergebnis im wesentlichen durch einen kreativen Prozeß erzeugt, der sich einer systematischen Beschreibung entzieht, so wollen wir die Standardisierung der Darstellung des Ergebnisses auch als Methodik ansehen. Durch Standardisierung bleibt es dem einzelnen Entwickler erspart, selbst zu überlegen, wie Arbeitsergebnisse erzielt und dokumentiert werden. Gleichzeitig wird dadurch oft der gewünschte Qualitätsstandard der Arbeitsergebnisse erzwungen.

3.6.1 Erfolgsfaktoren für die Entwicklungsmethodik

Wie bereits erwähnt, gibt es für den Entwicklungsprozeß keine allgemein anerkannten besten Methoden, weder für die Vorgehensweise im Großen,

3.6 Die Entwicklungsmethodik

nämlich dem Entwurf von fachlichen Funktionen und Daten sowie der Umsetzung in Module und Dateien bzw. Datenbanken, noch für die einzelnen Teilaktivitäten, wie zum Beispiel Aufwandsschätzung, Wirtschaftlichkeitsanalyse usw. Deshalb muß eine Entwicklungsmethodik aus einzelnen Teilmethoden zusammengesetzt werden. Die Erfolgsfaktoren für eine solche Zusammensetzung werden in Übersicht 3.11 beschrieben.

Übersicht 3.11: Erfolgsfaktoren für die Entwicklungsmethodik

EF EM.1 Die Teilmethoden decken alle wesentlichen Ergebnisse ab und sind, wo möglich, untereinander kompatibel (Output Methode A = Input Methode B)

EF EM.2 Die Teilmethoden sind durch vorgegebene Standardisierung der Ergebnisdarstellung ergänzt

EF EM.3 Die Teilmethoden sind leicht zu erlernen und werden durch EDV-technische Werkzeuge unterstützt

EF EM.4 Die Teilmethoden sind bewährt, zumindest für die Implementierung von Gruppen von unternehmenspezifischen Anwendungen

Die Entwicklungsmethodik muß eine möglichst vollständige Leitlinie für die Arbeitsweise der Entwickler darstellen. Immer dann, wenn ein Arbeitsergebnis Voraussetzung für eine Folgeaktivität ist, muß dieses Arbeitsergebnis direkt, ohne formale Veränderungen als Input verwendet werden können. Wird zum Beispiel ein Verarbeitungsschritt mit Hilfe einer Entscheidungstabelle beschrieben, so muß diese auch als Input für Codegenerierung dienen können.

Ein wesentlicher Bestandteil jeder Methode ist die Vorgabe von Standards für die Darstellung der zu erzielenden Ergebnisse. Dadurch werden gleichzeitig

- die Produktivität für Entwicklung und Wartung erhöht und
- die Qualität sichergestellt.

Jede Methode sollte ohne theoretischen Ballast erlernbar und einfach praktizierbar sein. Zum Beispiel sind graphische Darstellungen im allgemeinen nur in Lehrbeispielen übersichtlich und leicht erstellbar. Schon Praxisfälle mittlerer Komplexität sind oft nicht mehr zu handhaben. Ein gutes Beispiel hierfür ist die graphische Darstellung von Netzplänen für Projektplanung.

Jede Methode sollte durch ein EDV-technisches Werkzeug unterstützt werden, das die Entwickler von Routineaufgaben entlastet und wiederum Qualität sichert. Zum Beispiel standardisiert ein Generator für Entscheidungstabellen die Darstellung einer Entscheidungstabelle. Er entlastet den

Entwickler von Dokumentationsarbeit, prüft die Vollständigkeit der Tabellen und unterstützt bei der Codegenerierung.

Alle Methoden müssen auf die Entwicklung der jeweils unternehmensspezifischen Anwendungen zugeschnitten sein. Sicherlich werden für die Entwicklung von Online-Anwendungssystemen im Banken- bzw. Versicherungsgewerbe andere Methoden benötigt als bei der Entwicklung von Systemprogrammen oder Schachprogrammen.

Zusammenfassend möchten wir hervorheben, daß für die Qualität eines SLC die Kompatibilität aller eingesetzten Methoden nach unserer Erfahrung einen höheren Stellenwert hat als die Verwendung von speziellen, besonders guten, aber nicht konsistenten Teilmethoden.

3.6.2 Methodenübersicht und Teilmethoden

Die grundlegende Vorgehensweise im Entwicklungsprozeß orientiert sich an der HIPO-Technik von IBM [IBM 74]. Sie wird ergänzt durch Interaktionsdiagramme, Entscheidungstabellen, konzeptionelles Datenbankdesign, Modularisierungsprinzipien und strukturierte Programmentwicklung. Ausgehend von einer, im allgemeinen unstrukturierten, Sammlung von

- Geschäftsvorfällen und
- Anforderungen an die maschinelle Unterstützung ihrer Verarbeitung

werden ein

- Funktionenmodell und ein
- Datenmodell

entwickelt. Übersicht 3.12 gibt eine Übersicht über die, im HYPO-Modell für AEW, eingesetzten Methoden.

Die Vorgehensweise dabei ist Top-down, d. h. von groben nach feinen Funktionen und Daten, iterativ im Sinne einer Wechselwirkung zwischen Funktionen und Daten. Eine Verfeinerung bzw. Veränderung von Funktionen kann eine solche bei den Daten nach sich ziehen und umgekehrt. Die Iterationen finden solange statt, bis alle Geschäftsvorfälle in der gewünschten Weise abgewickelt werden können und Funktionen und Daten den geforderten Strukturierungsgrundsätzen genügen (s. Abschnitt 3.6.2.6). Danach müssen alle Funktionen und Daten inklusive Arbeitsabläufen aus fachlicher Sicht vollständig beschrieben sein.

3.6 Die Entwicklungsmethodik

Übersicht 3.12: Methoden im HYPO-Modell für AEW

Phase	Wesentliche Ergebnisse	Wichtige Methoden
VU	Ist-Zustand des Arbeitsgebiets inklusive Problemen	Interviewtechniken
	Anforderungskatalog inklusive Geschäftsvorfälle	Brainstorming, Teamwork
	Lösungsalternativen inklusive Teilprojektzerlegung:	
	• Systemumgebung	—
	• Wirtschaftlichkeitsprognosen	Wirtschaftlichkeitsberechnung
	• Projektpläne für Folgephasen	Netzplantechnik, Aufwandsschätzung
FK	Baumdarstellung der fachlichen Funktionen, pro Funktion:	Top-down-Zerlegung in Einzelfunktionen auf Basis eines unternehmensweiten Funktionenmodells
	• Kurzbeschreibung	—
	• EVA-Diagramm bei Batch-Verarbeitung	—
	• Interaktionsdiagramm bei Online-Verarbeitung	—
	• Masken	Prototyp
	• Verarbeitungsregeln	Entscheidungstabellen
	• Listbilder	Musterlisten
	Fachliches Datenmodell:	E/R-Modellierung auf Basis eines unternehmensweiten Datenmodells (falls vorhanden)
	• Entitätstypen	
	• Beziehungstypen	
	• Attribute	
	• Relationen	
	Arbeitsabläufe	—
	Mengengerüste inklusive Qualität der Verarbeitung	—
	Systemumgebung	—
	Datenschutz- und Datensicherheitsanforderungen, Notverfahren	—
	Wirtschaftlichkeitsprognose	Wirtschaftlichkeitsberechnung
	Projektpläne für Folgephasen	Netzplantechnik, Aufwandsschätzung

Fortsetzung Übersicht 3.12: Methoden im HYPO-Modell für AEW

Phase	Wesentliche Ergebnisse	Wichtige Methoden
B	Organisatorische, technische und personelle Voraussetzungen inklusive Notverfahren	—
	Schulungskonzeption inklusive Unterlagen	—
	Benutzerdokumentation	Online-Unterstützung mit Hilfe von Help- und Prompt-Funktionen
	Einführungsplan inklusive Öffentlichkeitsarbeit	—
SK	Physisches Datenmodell	Benutzersichten mit Zugriffswegen und Häufigkeiten
	Programm- und Modulstruktur: • Übersicht in Baumdarstellung • Verbale Kurzbeschreibung	Überarbeitung des fachlichen Funktionsbaumes nach Modularisierungsprinzipien
	Jobabläufe (logisch)	—
	Testkonzept	Testüberdeckungsgrad, Wiederholbarkeit
	Systemumgebung	—
	Projektpläne für Folgephasen	Netzplantechnik
E	Programme inklusive Module und Masken (getestet)	Strukturierte, standardisierte Programmentwicklung
	Jobabläufe (physisch)	—
	Testumgebung und Daten für Tests	—
EF	System-, Integrations- und Abnahmetests	Vier-Augen-Prinzip
	Unternehmensweit eingeführtes Anwendungssystem inklusive Systemdokumentation	Freigabeverfahren
	Projektabschluß inklusive Wirtschaftlichkeit	Ist-Erfassung von Aufwand, Nutzen, ROI-Berechnung
W	Anwendungssystem inklusive Änderungen, Wiederbericht	Freigabeverfahren

3.6 Die Entwicklungsmethodik

In den folgenden Abschnitten kommentieren wir einige uns wichtig erscheinende Aspekte der verwendeten Teilmethoden. Die Methoden werden nicht mit dem Detaillierungsgrad eines Lehrbuchs beschrieben. Dazu muß die Literatur wie z. B. [Balz 82, Dene 91, Öste 81, Schu 86] konsultiert werden.

3.6.2.1 Standardisierung

Wie bereits mehrfach erwähnt, ist die Standardisierung von Ergebnis-Darstellungen, deren Erarbeitung und Dokumentation ein sehr wichtiges Hilfsmittel zur Steigerung von Produktivität und Qualität in Projekten und damit ein wesentlicher Teil jeder Methodik für Anwendungsentwicklung. Ein gutes Beispiel hierzu ist die Standardisierung des Berichtswesens über Formulare (s. Anhang B). Weitere wichtige Standards werden in Übersicht 3.13 zusammengefaßt.

Übersicht 3.13: Standards für wiederkehrende Aufgaben

- Masken- und Dialogaufbau
- Unternehmensweites Daten- und Funktionenmodell
- Daten-bzw. Datenbankspezifikation
- Programmstruktur
- Freigabe von Programmen und Datenstrukturen
- Dokumentation
- Service-Level-Vereinbarungen
- Berichtswesen

Die Dokumentation der Ergebnisse in standardisierter Form hat für die Qualitätssicherung generell eine Bedeutung, die weit über die Dokumentation an sich hinausgeht. Übertrieben gesagt sollte eine Projektdokumentation dadurch entstehen, daß die Anwendungsentwickler angeleitet durch ein überdimensionales Formular, in dem die Struktur der Ergebnisse vorgegeben ist, nur die konkreten Arbeitsergebnisse eintragen. Damit sind die Entwickler zum einen von jeglicher Routinearbeit entlastet und zum anderen können sie kein Arbeitsergebnis vergessen. Deshalb spielen die Art der Dokumentation sowie die EDV-technischen Hilfsmittel dafür eine überragende Rolle für die Effizienz der Projektabwicklung. Im Abschnitt 3.6.2.16 beschäftigen wir uns mit den Rahmenbedingungen, die eine effiziente Dokumentation ermöglichen.

3.6.2.2 Interviewtechniken, Brainstorming, Teamwork

Ein hoher Prozentsatz der Projektarbeit wird in Teamwork durchgeführt. Deshalb ist es wichtig, daß möglichst alle, aber zumindest die führenden Mitglieder des Projektteams (s. Abschnitt 3.9) geschult sind in üblichen Techniken für Teamwork wie z. B.:

- Interviewtechnik
- Brainstorming
- Grundsätze der Moderation und Führung von Sitzungen.

Speziell durch undisziplinierte Sitzungsführung sowie durch das Verletzen von Basisregeln der Zusammenarbeit können hohe Effizienzverluste entstehen.

3.6.2.3 Netzplantechnik

Zur Führung von mittleren und großen Projekten ist es unumgänglich, einen Projektplan zu erstellen und zu warten. Er stellt übersichtlich dar:

- die Aufgaben pro Mitarbeiter
- die Aufwände pro Aufgabe
- die logischen Abhängigkeiten der Aufgaben
- den Terminplan für die Aufgaben
- die Abwesenheitszeiten von Mitarbeitern.

Der Einsatz eines auf Netzplantechnik basierenden Werkzeuges ist empfehlenswert.

3.6.2.4 Methoden der Aufwandsschätzung

Ohne genaue Methoden zur Aufwandsschätzung lassen sich keine fundierten Prognosen über die Wirtschaftlichkeit von Projekten machen, ebenso ist das Erstellen von konkreten Projektplänen davon abhängig. Übersicht 3.14 zeigt die heute verwendeten Methoden, deren Anwendbarkeit abhängig vom Projektfortschritt sowie der Genauigkeit ihrer Prognose.

Die *Experten-Methode* beruht darauf, daß ein Experte, z. B. der Projektleiter oder eine erfahrene Führungskraft, den Aufwand eines Projekts durch Vergleich mit dem Aufwand für ähnliche Projekte im eigenen bzw. anderen Unternehmen ermittelt.

Die *Prozent-Methode* stützt sich auf eine unternehmensspezifische Erfahrungs-Datenbank, in der aus bisher realisierten Projekten mit ihrem jeweiligen Aufwand pro Phase der durchschnittlichen Aufwand für Entwicklung und Wartung pro Phase abgeleitet sind. Aus diesen Werten können ab Phase Voruntersuchung obere und untere Grenzen für den möglichen Projektaufwand hochgerechnet werden. Übersicht 3.15 zeigt die Erfahrungsdatenbank der HYPO-BANK.

3.6 Die Entwicklungsmethodik

Übersicht 3.14: Die Methoden zur Aufwandsschätzung im Phasenkonzept

Methode	anwendbar	gilt für Phasen	mit einer Genauigkeit von circa ±
Experten-Methode	ab Ende Phase VU	Gesamtprojekt	50%
Prozent-Methode	ab Ende Phase VU	Gesamtprojekt	50%
Top-down-Methode	in jeder Phase	nur für aktuelle Phase	30%
Lines-of-Code-Methode	ab Ende Phase SK	für Phase Programmentwicklung	?
Function-Point-Methode	ab Ende Phase FK	Gesamtprojekt	20%

Experten- und Prozentsatz-Methode sind ab Ende der Phase VU anwendbar und es wird eine Genauigkeit größer als 50% angegeben. Daraus ergibt sich, daß nach der VU noch keine halbwegs verläßliche Schätzmethode existiert denn 50%ige Aufwandsüberschreitung kann für viele Projekte bedeuten, daß sie unwirtschaftlich werden.

Die *Top-down-Methode* (oft auch als Bottom-up-Methode bezeichnet) wird üblicherweise zur Planung von Phasen von dem Projektleiter in Zusammenarbeit mit den Teammitgliedern durchgeführt. Die Methode besteht darin, jede Aufgabe solange Top-down in Teilaufgaben zu zerlegen, bis für jede dieser Teilaufgaben intuitiv ein Aufwand geschätzt werden kann. Die Summe ergibt den Gesamtaufwand.

Bei der *Lines-Of-Code-Methode* (LOC-Methode) wird die Anzahl der zu programmierenden Code-Zeilen für das Gesamtprojekt geschätzt. Der Gesamtaufwand für die Programmentwicklung ergibt sich dann aus der Anzahl LOC dividiert durch einen Divisor LOC/MM, der Auskunft darüber gibt, wieviele LOC pro MM im Durchschnitt von einem Mitarbeiter codiert werden. Die Methode ist aus diversen Gründen sehr problematisch und findet deshalb in der Praxis nur in speziellen Situationen Anwendung: Sie ist erst am Ende der Phase Systemkonzept sinnvoll anwendbar; auch dann ist die Anzahl der Code-Zeilen eines Programms sprachabhängig und schwer schätzbar; der unternehmensabhängige Produktivitätsfaktor (LOC/MM) ist ebenfalls sprachabhängig. Eine ausführliche Beschreibung der Methode findet man bei Boehm [Boeh 81].

Übersicht 3.15: Durchschnittliche Verteilung des Aufwands für Entwicklung und Wartung in der HYPO-BANK

Phase	Aufwand für Phase in % des Gesamtaufwandes für Entwicklung
Voruntersuchung	5 - 10
Fachkonzeption	20 - 30
Systemkonzeption	15 - 20
Benutzerorganisation	5 - 10
Programmentwicklung	25 - 35
Einführung	10 - 15
Wartung (über 10 Jahre)	50 - 100

Die *Function-Point-Methode* (FP-Methode) hat sehr große Ähnlichkeiten mit der Methodik der Kostenschätzung, wie sie in der Industrie, speziell im Baugewerbe durchgeführt wird. Dort werden die zu erbringenden Leistungen mit Hilfe von standardisierten Leistungsverzeichnissen erfaßt. Zu jeder Leistung gibt es Standardstückkosten. Der Gesamtpreis ergibt sich als Summe aller Leistungen jeweils multipliziert mit den Standardstückkosten. Bei der Function-Point-Methode wird analog vorgegangen:

1. Jede Funktion eines Anwendungssystems wird gemäß ihren „Leistungen" mit Basispunkten bewertet. Unter den Leistungen versteht man in diesem Zusammenhang alle Verarbeitungsschritte, die die Funktion in Abhängigkeit der Eingabendaten durchführt, wie z. B.:
   - auslesen von Input-Daten am Bildschirm
   - einlesen von Datenbeständen auf Platte, Magnetband usw.
   - durchführen von Prüfungen
   - durchführen von Verarbeitungsschritten
   - erzeugen der Output-Daten
     - Datenbestände auf Platte, Magnetband usw.
     - Masken
     - Listen
     - Microfiche usw.
2. Die Function-Points (FP) ergeben sich aus der Summe aller Basis-Punkte (BFP) multipliziert mit einem Einflußfaktor E:

$$FP = \sum BP \cdot E$$

3.6 Die Entwicklungsmethodik

Über den Einflußfaktor E wird versucht, etwaige besondere Schwierigkeiten zu berücksichtigen, unter denen die Funktionen implementiert werden. Solche Schwierigkeiten können sein:
- kooperative Verarbeitung zwischen Rechnern
- hohe Transaktionsrate bei niedriger Antwortzeit
- komplizierte Verarbeitungslogik (Rechenoperationen, Kontrollverfahren, Ausnahmeregelungen)
- Wiederverwendung von Modulen in anderen Anwendungssystemen
- Notwendigkeit von Bestandskonvertierungen
- hoher Benutzerkomfort wie z. B. graphische Benutzeroberflächen

3. Die durchschnittliche Produktivität FP/MM ist eine unternehmensspezifische Konstante, die als Durchschnitt über mindestens 10 Projekte ermittelt sein muß.
4. Der Gesamtaufwand A ergibt sich aus:

$$A = \frac{FP}{\left(\frac{FP}{MM}\right)}$$

Die durchschnittliche Produktivität FP/MM ist stark abhängig von dem typischen Anwendungsmix des Unternehmens. So macht es einen großen Unterschied, ob die Methode zur Aufwandsschätzung bei der Erstellung von System-Software, Banken-Anwendungen oder eines Schachprogramms eingesetzt werden soll. Dies ist insbesondere bei der Beurteilung und dem Vergleich der Konstanten verschiedener Unternehmen zu beachten.

Um die Einheitlichkeit von Function-Point-Berechnungen im Vergleich zu früher gelaufenen Projekten zu gewährleisten, ist es nötig, daß alle Bewertungen abschließend von einer kompetenten Stelle überprüft und angepaßt werden. Die Stelle führt auch die unternehmensspezifische Function-Point-Tabelle. In der HYPO-BANK werden alle Projekte am Ende des Fachkonzepts mit Hilfe der Function-Point-Methode geschätzt. Nach unserer Erfahrung ist die Genauigkeit der Schätzung größer als ±20%. Die aktuell gültige Function-Point-Tabelle der HYPO-BANK ist im Anhang A zu finden. Dort werden auch die Erfahrungswerte der IBM und Sneed wiedergegeben (s. [Noth 84, Sneed 82]). Als Beispiel für eine Function-Point-Schätzung sind im Anhang B die Werte für das HYPO-Service-Terminal aufgeführt.

Abschließend ist zu sagen, daß es sehr empfehlenswert ist, jede Schätzung stets mit Hilfe von mindestens zwei verschiedenen Methoden durchzuführen. Damit ergibt sich automatisch eine Plausibilitätskontrolle. Bewährte Methodenkombinationen sind:

- am Ende der VU: Experten-, Prozent-, Top-down-Methode
- am Ende von FK, SK: Function-Point-, Prozent-, Top-down-Methode.

3.6.2.5 Prognose der Wirtschaftlichkeit

Der korrekten, möglichst frühen Prognose der Wirtschaftlichkeit kommt eine besondere Bedeutung in Projekten zu. In Abhängigkeit ihrer Aussagen wird entschieden, ob ein Projekt realisiert wird und wenn ja, welche Lösung gewählt wird.Deswegen ist es wichtig, daß alle Nutzen- und Kostenaspekte erfaßt und daraus Aussagen über den prognostizierten Kapitalrückfluß (**Return on Investment**, ROI) abgeleitet werden. Bewährte Kapitalrückflußkennzahlen sind:

$$\text{ROI 1} = \frac{\text{Summe Entwicklungsaufwand}}{\text{Nettonutzen p.a.}}$$

beschreibt die Amortisationsdauer in Jahren, wobei der Entwicklungsaufwand über 5 bis 7 Jahre abgeschrieben wird.

$$\text{ROI 2} = \frac{\text{Nettonutzen} \cdot \text{Nutzungsdauer}}{\text{Summe Entwicklungsaufwand}} - 1$$

beschreibt den Gewinn bzw. Verlust des Projekts pro 1.- DM eingesetzter Entwicklungskosten.

Zur Vermeidung von Fehlern, speziell bei der Erfassung der Kosten, ist eine Standardisierung z. B. mit Hilfe eines Formulars empfehlenswert. Es muß in jedem Fall die folgenden Positionen enthalten:

- Nutzen p.a.
  - entfallene Hardware
  - Personaleinsparungen (meist der ausschlaggebende Nutzen)
  - Materialeinsparungen
  - Info-Nutzen (schwierig nachzuweisen)
  - Zusätzlicher Ertrag bzw. Einsparungen (schwierig nachzuweisen)
  - sonstiger Nutzen
- Aufwand p.a.
  - Hardware
  - Systemsoftware (anteilsmäßig)
  - Material
  - Wartung
  - Personal
  - sonstiger Aufwand p.a.
- Aufwand einmalig
  - Entwicklungskosten
  - Schulungskosten
  - Fremdsoftware
  - Anpassung anderer Systeme
  - sonstiger Aufwand
- Kapitalrückflußkennzahlen.

3.6 Die Entwicklungsmethodik

Ein Beispiel eines solchen Formulars inklusive der entsprechenden Werte für das HYPO-Service-Terminal kann im Anhang B (Entwicklungsdokumentation, Projektabschlußbericht) eingesehen werden.

3.6.2.6 Daten- und Funktionenmodellierung

Die Erstellung eines Daten- und Funktionenmodells für das zu entwickelnde Anwendungssystem ist ein Schwerpunkt des Entwicklungsprozesses. Wie bereits erwähnt, ist unsere Modellierungsmethode Top-down und iterativ im Sinne einer Wechselwirkung zwischen Daten und Funktionen. Für die einzelnen Iterationen gibt es keine standardisierten Vorgehensweisen. Mit gesundem Menschenverstand müssen die Strukturierungsziele erreicht werden. Die wesentlichen davon sind:

- Daten werden in Einheiten (Entitäten) zusammengefaßt, welche den Begriffen des täglichen Lebens entsprechen. Ihre logischen Beziehungen werden in Form von Relationen dargestellt. Entitäten und Relationen bilden das sogenannte Entity-Relationship-Modell (E/R-Modell).
- Daten werden (idealerweise unternehmensweit) nur einmal definiert und beschrieben.
- Alle Daten werden jeweils nur genau einer Entität zugeordnet (Normalisierung).
- Funktionen repräsentieren jeweils eine inhaltlich zusammenhängende Menge von Arbeitsvorgängen.
- Gleiche Teilfunktionen in verschiedenen Funktionen werden erkannt und als eigene Funktion definiert (Modularisierung).

Bis heute werden Daten- und Funktionenstrukturen in Großfirmen in der Regel anwendungsbezogen entwickelt. Damit definiert jedes Projekt seine eigenen logischen wie physischen Datenstrukturen und seine eigenen Funktionen. Es ist offensichtlich, daß bei der Vielzahl der Projekte eine große Zahl von Daten und Funktionen auch projektübergreifend benutzt werden könnte. Dies zu erreichen, ist das Ziel der *unternehmensweiten Daten- und Funktionenmodellierung*, für die es heute keine anerkannte Methode gibt.

Eine sehr gut lesbare Beschreibung einer Vorgehensweise zur anwendungsbezogenen Daten- und Funktionenmodellierung findet sich bei Denert [Dene 91] in den Kapiteln 5 und 6.

Für die Implementierung und Pflege eines Daten- und Funktionenmodells im Unternehmen muß eine verantwortliche Organisationseinheit eingerichtet und entsprechend in der Unternehmenshierarchie angesiedelt werden. Die Vorgaben dieser Organisationseinheit für die Daten- und Funktionenmodellierung sind von allen Entwicklern einzuhalten.

3.6.2.7 Benutzerschnittstellen: Praxisgerechte Arbeitsabläufe, ergonomische Benutzeroberflächen, professionelle Schulung

Extreme Bedeutung für die Produktivität der Nutzer haben praxisorientierte Arbeitsabläufe mit ergonomischen Benutzeroberflächen und adäquaten Antwortzeiten. Genauso wichtig ist die Qualität der einführenden und laufenden Schulungen. Denn an den einzelnen Arbeitsplätzen werden z. B. im Bankenumfeld bis zu 15 Anwendungssysteme mit mehr als 100 Masken verwendet und pro Arbeitsplatztyp ist eine hohe Zahl von Nutzern (bis zu 5.000) üblich.

Erfolgsfaktoren für die Gestaltung von optimalen Benutzerschnittstellen.
Übersicht 3.16 zeigt die Erfolgsfaktoren für optimale Benutzerschnittstellen.

Übersicht 3.16:	Erfolgsfaktoren für Benutzerschnittstellen
EF B.1	Abstimmung von Arbeitsabläufen, Benutzeroberflächen, Schulungen mit den Nutzern
EF B.2	Einheitliche Benutzeroberfläche für alle Anwendungen
EF B.3	Durchgängige Nutzungsmöglichkeit aller Anwendungen eines Arbeitsplatzes
EF B.4	Adäquate Antwortzeit für alle Online-Funktionen
EF B.5	Weitestgehend Online-verfügbare Benutzerunterstützung (Hilfe- und Prompt-Funktionen)
EF B.6	Professionelle Schulungen

Software-Entwickler und im Projekt integrierte Fachabteilungsmitarbeiter sind in der Regel nie oder zumindest einige Jahre nicht in der Praxis tätig gewesen. Daher sind eine explizite, gründliche Abstimmung von Arbeitsabläufen, Benutzeroberflächen und Schulungen mit späteren Nutzern unbedingt notwendig.

In der Regel werden an einem Arbeitsplatz diverse unabhängige Anwendungen in verschiedenen Arbeitsabläufen benötigt. Deshalb müssen Benutzeroberflächen (Maskenaufbau, Verwendung von Funktionstasten, Farbe usw.) einheitlich gestaltet sein. Darüberhinaus müssen alle Masken unter einer Benutzerberechtigung (Benutzerkennung und Paßwort) möglichst direkt aufrufbar sein. Gut ausgearbeitete Hilfe- und Promptfunktionen sollen den Lern- und Gedächtnisaufwand für die Benutzung eines Anwendungssssystems so gering wie möglich halten.

EDV-Spezialisten unterschätzen häufig die Problematik, EDV-Laien für ein Anwendungssystem zu schulen. Deshalb sollten zur Erstellung von

3.6 Die Entwicklungsmethodik

Schulungskonzepten und Materialien didaktisch geschulte Mitarbeiter herangezogen werden.

Gestaltung von Benutzerschnittstellen. Übersicht 3.17 zeigt die wesentlichen Elemente zur Gestaltung von Benutzeroberflächen und Benutzerschulung im HYPO-Modell für AEW.

Übersicht 3.17: Gestaltung von Benutzerschnittstellen im HYPO-Modell für AEW

- HYPO-Masken-Standard für alle Online-Anwendungen auf Basis von SAA-CUA
- *Single-System-Image* für alle Online-Anwendungen eines Arbeitsplatzes
- Hilfe-Funktion für alle Online-Anwendungen
- Prompt-Funktionen für alle Online-Anwendungen
- Einheitlich aufgebaute Benutzeranleitungen
- Prototyping für Benutzeroberflächen
- Professionelle Schulungs- und Beratungsmannschaft

Der SAA-CUA (System Application Architecture – Common User Access) ist ein von der Firma IBM definierter Maskenstandard, er umfaßt auch graphische Benutzeroberflächen. Der HYPO-Maskenstandard ist eine im wesentlichen aufwärtskompatible Erweiterung des IBM-Standards SAA-CUA.

Unter einem **Single-System-Image** für eine Menge von Anwendungen versteht man die Möglichkeit, auf diese Anwendungen mit Hilfe einer Berechtigung zugreifen und dabei zwischen den Masken direkt springen zu können, d. h. durch Angabe von Maskenname und Ordnungsbegriffen und ohne in Baumstrukturen zu „klettern".

Online-verfügbare Hilfe-Funktionen sollen auf Felder und Masken bezogen und gut ausgearbeitet sein. Sie erleichtern das Erlernen von neuen Anwendungen erheblich und helfen bei Problemen mit der Anwendung. Prompt-Funktionen dienen dazu, wichtige Informationen dynamisch bereitzustellen, also zum Beispiel Schlüssel, Verzeichnisse usw. Sie ersparen somit ein zeitaufwendiges Nachblättern in Manualen und verringern Eingabefehler. Einheitlich aufgebaute Benutzeranleitungen dienen ebenfalls dem schnellen Erlernen von neuen Anwendungssystemen.

Um bei Online-Anwendungssystemen praxisorientierte Arbeitsabläufe und ergonomische Benutzeroberflächen zu erstellen, ist das beste Hilfsmittel ein *Prototyp*. Unter einem **Prototyp** versteht man ein Programmsystem, das eine beispielhafte Simulation aller wesentlichen Arbeitsvorgänge am

Bildschirm unter Verwendung der originalen Masken zuläßt. Die entsprechenden Verarbeitungsfunktionen sowie alle notwendigen Konsistenzprüfungen werden jedoch nur exemplarisch oder gar nicht durchgeführt. Ein Prototyp kann im Unternehmen auf breiter Basis, speziell mit den zukünftigen Nutzern abgestimmt werden. Anwendungsentwickler und Mitarbeiter der Fachbereiche haben oft keine ausreichende Kenntnis von der Situation und den Bedürfnissen der Nutzer der Anwendungen in der täglichen Praxis. Darüber hinaus ist es bei komplexeren Online-Anwendungen nicht möglich, Arbeitsabläufe nur auf dem Papier zu entwerfen, vor allem, wenn graphik-orientierte Benutzeroberflächen verwendet werden (der breiten Öffentlichkeit durch APPLEs „MACINTOSH" oder durch MICROSOFTs „WINDOWS" bekannt). Für die Erstellung eines Prototyps ist in jedem Fall ein EDV-technisches Werkzeug notwendig.

Schulung und Beratung für Anwendungssysteme separaten Organisationseinheiten zuzuordnen, betont die Wichtigkeit der Aufgabe und erlaubt es, pädagogisches Know-how zu konzentrieren. Aufgaben und Organisation der für Schulung und Beratung verantwortlichen Organisationseinheiten werden in Kapitel 4 beschrieben.

3.6.2.8 Entscheidungstabellen

Komplexe Fallunterscheidungen können auf sehr effiziente Weise mit der Entscheidungstabellen-Technik erarbeitet und dargestellt werden. Entscheidungstabellen sind auch für EDV-Laien gut lesbar und eignen sich deshalb zur Abstimmung von Verarbeitungsregeln mit Fachabteilungen. Darüber hinaus gibt es für die Entscheidungstabellen-Technik Werkzeuge für Darstellung, Vollständigkeitsprüfung und Codegenerierung (s. [Balz 85, Stru 77]).

3.6.2.9 Modularisierung

Unter der **Modularisierung** versteht man generell die Zergliederung einer Gesamtfunktionalität in kleinere Einheiten (Module), wobei jedes **Modul**

- eine funktionale Einheit repräsentiert
- möglichst wenige, klar beschriebene Schnittstellen (z. B. Eingaben, Ausgaben) hat.

Ziel der Modularisierung ist es, komplexe Zusammenhänge in unabhängig bearbeitbare, in sich geschlossene, einfache Komponenten zu zerlegen. Für Anwendungssysteme ist deshalb Modularisierung ein absolut notwendiges Konstruktionsprinzip, welches von Entwurfs- und Implementierungsmethoden und Werkzeugen unterstützt wird. Dem interessierten Leser empfehlen wir die gründliche Ausarbeitung dieses Themas bei Denert [Dene 91].

3.6.2.10 Strukturierte Programmentwicklung

Unter der **strukturierten Programmentwicklung** oder auch strukturierten Programmierung im weiteren Sinn wollen wir alle methodischen Ansätze verstehen, die dazu beitragen, Programme möglichst fehlerfrei und gut lesbar zu gestalten. Wesentliche Teilmethoden sind:

- Programme werden modularisiert. Module haben keine globalen Variablen.
- Es werden lineare Kontrollstrukturen verwendet (Goto-freies Programmieren).
- Variablen werden vor ihrer Verwendung deklariert.
- Die automatische Konvertierung von Datentypen ist verboten.
- Für die formale Darstellung von Programmen gibt es präzise Regeln (Grobstruktur, Namenskonventionen, Kommentierungen, Einrückungen, (Erg. Nr. 25, Anhang B, SK, Seiten 632, 638)).

Die Literatur über strukturierte Programmierung ist sehr umfangreich. Einen guten Überblick findet man bei Balzert [Balz 82].

3.6.2.11 Standardisierte Programmentwicklung, Programmgeneratoren

Unter der **standardisierten Programmentwicklung** wollen wir alle Vorgehensweisen verstehen, mit Hilfe derer erreicht wird, daß gleiche Funktionen in gleicher Weise implementiert werden. Die wichtigsten Vorgehensweisen sind:

- Standardmodule sind definiert und werden verwendet.
- Programm-Generatoren werden verwendet.

Standardmodule können sowohl für technische als auch für fachliche Funktionen definiert werden. Mit Hilfe von Standardmodulen wird erreicht, daß gleiche Funktionen in verschiedenen Anwendungen nicht mehrfach implementiert werden. In großen Entwicklungsmannschaften bedarf es erheblicher verfahrenstechnischer und organisatorischer Anstrengungen, eine angemessene Verwendung von Standardmodulen zu erreichen:

- Zu standardisierende Funktionen müssen identifiziert werden (s. Abschnitt 3.6.2.6).
- Implementierungsstandards müssen definiert werden.
- Effiziente Informationsmöglichkeiten über Standardmodule müssen vorhanden sein.
- Die laufende Definition und Verwendung von Standardmodulen muß kontrolliert werden.

Typische Einsatzbereiche für technische Standardmodule sind:

- Fehlerbehandlung
- Aufbau von Benutzeroberflächen (Help-, Promptfunktion, Fenster)

- Tabellenverwaltung
- Kalenderfunktion
- Text-Daten-Integration.

Bei der Verwendung von Programmgeneratoren geht es um die Generierung von Programmen oder Teilen davon aus formalen Beschreibungen oder Prototypen. Beispiele hierfür sind:

- Entscheidungstabellen-Generatoren
- Maskengeneratoren
- Programmrahmen-Generatoren
- Listengeneratoren.

3.6.2.12 Testkonzeption und Realisierung

Der Test von Anwendungssystemen – speziell solchen mit Online-Teilen – ist sicher eine der Teilaufgaben im Software-Entwicklungsprozeß, die bis heute kaum mit ingenieurmäßigem Vorgehen erledigt wird. Wesentliche Komponenten eines ingenieurmäßigen Vorgehens beim Testen sind:

- Ein „*vollständiger*" Satz von Testfällen für ein Anwendungssystem wird definiert. Er stellt sicher, daß das Anwendungssystem korrekt arbeitet. Die fehlerfreie Bearbeitung der Testfälle durch das Anwendungssystem dient als Abnahmekriterium.
- Aus den Testfällen werden die technischen Voraussetzungen (Daten, Anwendungssystem, Testtreiber, Daten für Geschäftsvorfälle und Ergebnisdaten) für die Durchführung der Tests mit möglichst hoher maschineller Unterstützung produziert.
- Die Testtreiber steuern die Durchführung der Tests inklusive Auswertung der Ergebnisse.

Keiner dieser Punkte ist heute generell zufriedenstellend gelöst. In der Regel müssen anwendungsspezifische Teillösungen realisiert werden.

Schon aus logischen Gründen gibt es keinen „vollständigen" Testsatz. Zum Beispiel ist durch einen Testfall, der *heute* korrekt abläuft, nicht sichergestellt, daß dies auch *morgen* gilt. Vielleicht spielen die Uhrzeit oder das Datum in der Implementierung eine Rolle, wobei dies aus fachlicher Sicht nicht sein dürfte. Diese Eigenschaft produziert dann nicht erwartete Reaktionen. Auch aus mengenmäßiger Sicht sind „vollständige" Testsätze im allgemeinen nicht möglich. Was ist zum Beispiel ein vollständiger Testsatz für ein Online-Anwendungssystem mit 1000 Nutzern? Wieviele Systemkonfigurationen müssen getestet werden, bis korrektes Arbeiten sichergestellt ist? Als Ersatz für vollständiges Testen definiert man sogenannte Testüberdeckungsgrade. Sie repräsentieren Qualitätsanforderungen an Testsätze, welche zum Teil automatisch nachgeprüft werden können. Zum Beispiel sollte ein Testsatz stets sicherstellen, daß jedes Codestück eines Programms mindestens einmal durchlaufen wird (C0-Überdeckung).

3.6 Die Entwicklungsmethodik

Das nächste Problem ist die formale Beschreibung von Testfällen. Es gibt heute keine anerkannte, allgemein verwendbare Darstellung von Testfällen, weder aus fachlicher noch aus technischer Sicht. Die Beschreibung von Testfällen ist anwendungsspezifisch und wird von den Projektteams individuell geleistet. Daraus folgt, daß auch Testumgebungen inklusive Treibern anwendungssspezifisch sind. Für die der Wiederholbarkeit von Tests mit Hilfe von Testtreibern gibt es ebenfalls nur Teillösungen, die sehr stark von der generellen Systemumgebung abhängen.

Mit Hilfe der obigen allgemeinen Betrachtungen sollte gezeigt werden, welch schwieriges und für die Wissenschaft lohnendes Gebiet der Test von Software heute noch darstellt. Für eine genauere Behandlung des Themas sind die Arbeiten von Myers [Myer 87] und Denert [Dene 91] empfehlenswert.

3.6.2.13 Freigabeverfahren

Das **Freigabeverfahren** dient der Überführung von Komponenten eines Anwendungssystems (Daten, Programme, Module) von der Entwicklungs- in die Praxisumgebung. Ein standardisiertes Verfahren muß so konzipiert sein, daß Qualitätsanforderungen wo immer möglich maschinell geprüft und alle Anforderungen aus den Grundsätzen der ordnungsmäßigen Datenverarbeitung sichergestellt werden. Zu den Qualitätsanforderungen gehören:

- Namenskonventionen müssen eingehalten werden.
- Datendefinitionen müssen konsistent sein.
- Programmierstandards müssen eingehalten werden.

Zu den Anforderungen aus den Grundsätzen der ordnungsmäßigen Datenverarbeitung gehören:

- Eine Änderungsdokumentation muß vorhanden sein.
- Jede Programmversion muß reproduzierbar sein.
- Praxisversionen können nur durch authorisierte Personen verändert werden.

Durch die große Anzahl sowie die Verschiedenartigkeit der freizugebenden Komponenten (Sprachen, Datentypen) ist ein effizientes Freigabeverfahren heute nicht mehr durch organisatorische Vorkehrungen, sondern nur mit Hilfe eines spezifischen EDV-Systems sicherzustellen.

3.6.2.14 Projektabschluß

Der Projektabschluß dient der offiziellen Beendigung des Projekts inklusive der Entlastung des Projektleiters. Der Projektabschluß sollte in der Regel einige Monate nach der offiziellen Einführung des Anwendungssystems erfolgen und mit einem Projektabschlußbericht dokumentiert sein. Ein wesentlicher Punkt des Berichts ist die abschließende Wirtschaftlichkeitsberechnung des Projekts unter Einbeziehung aller tatsächlich angefallenen Kosten sowie dem prognostizierten Nutzen (s. Anhang B, Projektabschlußbericht). Alle wesentlichen Änderungen der Wirtschaftlichkeit gegenüber den vorausgegangenen Planungen müssen kommentiert sein.

Ebenso wichtig ist es, einen Termin festzulegen, an dem der verantwortliche Fachbereich einen Wiederbericht über den Nutzen des Anwendungssystems gibt. Der Hauptzweck ist, den prognostizierten mit dem realen Nutzen zu vergleichen. Deshalb sollte der Termin etwa im Jahr nach der vollständigen Einführung des Systems liegen.

3.6.2.15 Wartung

Die Phase Wartung dauert bei heute eingeführten Anwendungssystemen zwischen 10 und 15 Jahren. In dieser Zeit müssen laufend Fehler verbessert sowie kleinere funktionale Änderungen oder Ergänzungen[6] durchgeführt werden. Der durchschnittliche jährliche Aufwand dafür liegt zwischen 3% und 10% des Entwicklungsaufwandes. Die effiziente Abwicklung der Wartungsaufgaben ist deshalb für Qualität und Kosten der Anwendungssysteme von großer Bedeutung.

Zur Begrenzung der Änderungswünsche sowie der dafür anfallenden Kosten bewährt sich die Budgetierung der für Wartung zur Verfügung stehenden Kapazitäten pro Anwendungssystem sowie die Realisierung der Wünsche mit Hilfe eines Releasekonzeptes.

Der Aufwand für Wartung hängt entscheidend von der Qualität der Dokumentation ab sowie von eingearbeiteten Mitarbeitern. Deshalb sollten pro Anwendungssystem grundsätzlich drei Mitarbeiter eingearbeitet sein, von denen einer hauptverantwortlich ist.

3.6.2.16 Effiziente Dokumentation

Die vorangegangenen Abschnitte haben deutlich gezeigt, daß die Art der Dokumentation sowie die Hilfsmittel für ihre Erstellung entscheidende Auswirkungen auf die Qualität und Produktivität der Entwicklung und Wartung haben. Alle Arbeitsergebnisse werden in Dokumenten festgehalten; alle Standards, Methoden und Arbeitsanleitungen müssen dokumentiert sein. Um die Bedeutung einer effizienten Dokumentation hervorzuheben, fassen wir die wichtigsten Konstruktionsprinzipien in diesem Abschnitt zusammen. Den Gesamtkomplex gliedern wir in die drei unterschiedliche Aufgabengebiete:

- *Entwicklungsdokumentation*
- *Systemdokumentation*

---

[6] Bei großen Ergänzungen oder systematischen Änderungen ist eine Abwicklung in Projektform zu empfehlen.

3.6 Die Entwicklungsmethodik

- *Verfahrensdokumentation.*

Unter der **Entwicklungsdokumentation** (ED) verstehen wir alle Dokumente wie Protokolle, Planungsunterlagen, Korrespondenz, Verträge, Rechnungen usw., die während der Entwicklung und Wartung anfallen und eine gewisse Zeit aufbewahrt, aber nicht mehr verändert werden.

Unter der **Systemdokumentation** (SD) verstehen wir alle Dokumente, die so lange vorhanden sein und auf dem aktuellen Stand gehalten werden müssen, wie die Anwendung im Einsatz ist. Wesentliche Teile der Struktur der Systemdokumentation sind durch die Grundsätze ordnungsgemäßer Buchführung (s. Abschnitt 2.3.3.1) vorgeschrieben. In unserer Terminologie umfaßt die Systemdokumentation insbesondere alle Ergebnisse aus den Phasen Voruntersuchung, Fachkonzept, Systemkonzept, Benutzerorganisation und Programmentwicklung und wird im allgemeinen in die folgenden Dokumente gegliedert:

- *Systemkonzept* (SK)
- *Programmdokumentation* (PD)
- *Jobdokumentation* (JD)
- *Benutzerdokumentation* (BD).

Unter dem **Systemkonzept** (SK) verstehen wir die fachliche und technische Beschreibung der Anwendung. Das Systemkonzept entsteht durch schrittweise Verfeinerung der jeweiligen Ergebnisse der Phasen Voruntersuchung, Fachkonzept, Programmentwicklung, Einführung. Unter der **Programmdokumentation** (PD) verstehen wir die Listings aller Programme. Unter der **Jobdokumentation** (JD) verstehen wir die Beschreibung aller Jobabläufe. Dabei müssen neben den Soll-Abläufen auch die jeweiligen Ist-Abläufe (Ablaufprotokolle) dokumentiert sein. Unter der **Benutzerdokumentation** (BD) verstehen wir alle Dokumente, die zur Schulung sowie zur laufenden Unterstützung der Nutzer benötigt werden:

- Schulungsunterlagen
- Handbücher
- organisatorische Anweisungen
- Unterlagen für Marketing.

Wesentliche Konstruktionsprinzipien einer effizienten Systemdokumentation sind:

- System- und Entwicklungsdokumentation sind getrennt.
- Die Systemdokumentation ist weitestgehend redundanzfrei, d. h. jede Information wird nur an einer Stelle gespeichert. An allen anderen Stellen, wo sie benötigt wird, wird auf sie verwiesen oder sie wird einkopiert. Ein gutes Beispiel hierfür sind Satzbilder. Diese werden im Data-Dictionary-System (zentrale Datenbank) gespeichert und wo benötigt einkopiert (s. HYPO-Service-Terminal Anhang B).

- Aufbau, Inhalt und Darstellungsform sind streng normiert. Die Standardgliederung des Dokuments ist vorgegeben. Die inhaltlichen und formalen Anforderungen an die einzelnen Gliederungspunkte sind so genau beschrieben, wie es generelle Formulierungen zulassen. Wo immer möglich, werden Muster und Formulare verwendet (s. HYPO-Service-Terminal Anhang B: Projektabschlußbericht, Wirtschaftlichkeitsberechnung usw.).
- Die endgültige Form der Systemdokumentation wird mit einem einzigen Textverarbeitungs- bzw. Dokumentationssystem erstellt und formatiert. Alle Textteile können EDV-unterstützt zu einem Dokument zusammengefaßt werden.
- Alle Systemdokumente sind zentral gespeichert. Der Zugriff auf diese Dokumente ist über Paßwörter geregelt und kann für alle Berechtigten Online erfolgen.
- Alle Veränderungen an Dokumenten, die nach den Grundsätzen ordnungsgemäßer Buchführung nachvollziehbar sein müssen, werden automatisch gespeichert. Das gilt insbesondere für Programmlistings. Dort müssen Veränderungen über ein spezielles Freigabeverfahren autorisiert werden.

Unter der **Verfahrensdokumentation** (VD) verstehen wir alle Dokumente, in denen Methoden, Richtlinien, Vorschriften und Standards beschrieben werden, die bei der Anwendungsentwicklung anzuwenden bzw. zu beachten sind. Im allgemeinen handelt es sich bei der Verfahrensdokumentation um eine große Menge von einzelnen Vorschriften und Hinweisen sowie um zahlreiche Handbücher, in denen die generelle Vorgehensweise wie das Phasenkonzept, die Anwendung spezifischer Methoden oder Werkzeuge detailliert beschrieben wird. Damit die Anwendungsentwickler jederzeit die benötigten verfahrenstechnischen Informationen finden können, sollten diese in einem Handbuch zusammengefaßt sein. Das Handbuch sollte folgenden Anforderungen genügen:

- Für die Mitarbeiter, die sich einen Überblick verschaffen wollen, sollte es zusammenhängend lesbar sein.
- Für Mitarbeiter, die Informationen zu spezifischen Fragestellungen brauchen, sollte es über einen Index verfügen
- Beschreibungen von spezifischen Methoden und Tools sollte es nicht direkt, sondern nur in Form von Verweisen auf entsprechende Handbücher enthalten.
- Es sollte über Bildschirm und auf Papier verfügbar sein.

Selbstverständlich kann ein solches Handbuch auch Teil eines generellen **Weisungshandbuchs** derjenigen Organisationseinheit sein, an die Anwendungsentwicklung und Wartung berichten. Ein generelles Weisungshandbuch sollte in jedem Fall in einem zentralen EDV-Bereich vorhanden sein.

Ein Beispiel für die Struktur eines Weisungs-Handbuchs ist der „KOMPASS" des EDV-Bereichs der HYPO-BANK (s. Anhang A). In ihm sind alle Weisungen zusammengefaßt, außer denen, die ausschließlich für den Rechenzentrumsbetrieb gelten.

3.7 Effiziente Werkzeugunterstützung

Werkzeuge – heute oft als CASE-Tools bezeichnet – dienen der Produktivitäts- und Qualitätsverbesserung im Entwicklungsprozeß. Produktivitätsverbesserungen werden im wesentlichen dadurch erreicht, daß Werkzeuge Routineaufgaben erleichtern oder vollständig übernehmen. Qualitätsverbesserungen können erreicht werden, wenn mit Hilfe von Werkzeugen Standards vorgegeben, unterstützt oder geprüft werden. Im Idealfall sollte jede Methode oder Tätigkeit durch ein Werkzeug unterstützt werden.

3.7.1 Erfolgsfaktoren für effiziente Werkzeugunterstützung

Die Erfolgsfaktoren für effiziente Werkzeugunterstützung sind in Übersicht 3.18 zusammengefaßt.

Übersicht 3.18: Erfolgsfaktoren für effiziente Werkzeugunterstützung

EF W.1	Alle Werkzeuge entlasten Entwickler von den Routineaufgaben
EF W.2	Alle Werkzeuge sichern Qualitätsanforderungen durch Vorgabe und Prüfung von Standards
EF W.3	Alle Werkzeuge sind benutzerfreundlich, leicht erlernbar und haben einheitliche Oberflächen
EF W.4	Alle Werkzeuge können an jedem Arbeitsplatz mit guter Antwortzeit (im allgemeinen subsecond) benutzt werden
EF W.5	Alle Werkzeuge sind untereinander kompatibel (Output Werkzeug A = Input Werkzeug B)

Der wesentliche Zweck von Werkzeugen ist, Entwickler von Routineaufgaben zu entlasten, einfachen Zugang zu Informationen zu ermöglichen und gleichzeitig Qualitätsstandards zu sichern. Dazu muß der Einsatz der Werkzeuge leicht erlernbar und benutzerfreundlich sein. Eine Grundvoraussetzung dazu ist es, daß sie einheitliche Benutzeroberflächen haben und untereinander kompatibel sind, d. h. der Output eines Werkzeugs Input für alle weiterverarbeitenden Werkzeuge sein kann. Wesentlich ist auch, daß sie an jedem Arbeitsplatz mit guter Antwortzeit verfügbar sind. Unter guter Antwortzeit versteht man dabei im allgemeinen Antwortzeiten unter einer Sekunde für Online-Transaktionen, die z. B. im wesentlichen Editiervorgänge beinhalten.

3.7.2 Werkzeugunterstützung im HYPO-Modell

Übersicht 3.19 gibt eine Übersicht der Werkzeugunterstützung im HYPO-Modell. Für die Bezeichnung von Werkzeugen werden für den kundigen Leser Abkürzungen benutzt. Referenzen für am Markt erhältliche Werkzeuge sind im Literaturverzeichnis im Abschnitt „Produktspezifische Literatur" unter dem jeweiligen Hersteller aufgeführt.

Übersicht 3.19: Werkzeugunterstützung im HYPO-Modell

Tätigkeit oder Methode	Werkzeug[7] Kurzbezeichnung	Hersteller
Projektplanung	Super Project Expert	CA
Auftragseingabe am Entwicklungsrechner	Entwicklungsrechner und Verfahrenstechnik-Handbuch KOMPASS	HYPO[8]
• für HOST-Anwendungen	TSO, ISPF TOOLS-Menü	IBM HYPO
• für PC-Anwendungen	OS/2-Toolkit	IBM
Textverarbeitung	DCF	IBM
Systemdokumentation	DCF	IBM
Daten- und Funktionenmodellierung	ADW DDS	KnowledgeWare IBM
Prototyping • bei 3270-Oberfläche • bei graphischen Oberflächen	Screenform Gpf	ESC Software Gpf Systems

---

[7] Systemsoftware wird auch als Werkzeug bezeichnet.
[8] HYPO verweist auf Eigenentwicklung der HYPO-BANK.

3.7 Effiziente Werkzeugunterstützung

Fortsetzung Übersicht 3.19: Werkzeugunterstützung im HYPO-Modell

Tätigkeit oder Methode	Werkzeug Kurzbezeichnung	Hersteller
Programmentwicklung		
• Sprachen	PL/I, Cobol, C, C++, Assembler	IBM
• Betriebssysteme	MVS, OS/2	IBM
• Datenbanken-HOST	IMS-DB, DB2	IBM
• Transaktionsmonitore	IMS-TM, CICS	IBM
• Datenbanken-PC	OS/2, Database-Manager	IBM
• Standard-Programmrahmen für Batch- und Online-Programme	Eigenentwicklung	HYPO
• Entscheidungstabellen-Generator	VORELLE	mbp
• Tabellenverwaltungssystem	TABEX/2	BOI
• Maskenaufbau PC	OS/2-Presentation-Manager	IBM
• Kommunikation im LAN	OS/2-LAN-Server	IBM
Jobsteuerung-HOST	JCL	IBM
Test am Entwicklungsrechner		
• Fehleranalyse	Inspect (PL/1)	IBM
	XPEDITER	ADS
• Teststeuerung	TIP	CAP debis
	BTS	IBM
	TETO	HYPO
Freigabe, Versionshaltung	Freigabe-Symblib-Verfahren	HYPO

Für die Entwickler sollten eigene Entwicklungs- und Testrechnersystemen bereitstehen. Schon wegen der guten Antwortzeiten werden sie so maximal entlastet.

3.8 Weiterentwicklung des Software-Life-Cycles

Das HYPO-Modell für AEW ist in diverser Hinsicht unfertig und muß deshalb ständig weiterentwickelt werden. Wichtige offene bzw. unbefriedigend gelöste Bereiche sind:

- Methodik und Werkzeugunterstützung für das Testen, speziell von Online-Anwendungssystemen
- Qualitätsdefinition und Qualitätssicherung von Anwendungssystemen
- Werkzeugunterstützung für die Entwicklung von Anwendungssystemen mit graphischer Benutzeroberfläche
- Werkzeugunterstützung für Code-Generierung aus Prototypen
- Methodik und Werkzeugunterstützung zur Integration eines unternehmensweiten Daten- und Funktionenmodells in den Entwicklungsprozeß
- Methodik und Werkzeugunterstützung zur Förderung der Wiederverwendung von vorhandenem Programmcode
- Methodik und Werkzeugunterstützung für objektorientierte Software-Entwicklung.

Darüber hinaus sind die meisten der beschriebenen Methoden, speziell diejenigen, die mit dem Entwurf von Anwendungssystemen zu tun haben, nur grobe Rahmenbedingungen für Vorgehensweisen. Deshalb muß organisiert sein, daß der Markt für Werkzeuge ständig beobachtet wird; und daß Erfahrungen aus laufenden Projekten genutzt werden, um die Verfahrenstechnik kontinuierlich zu verbessern (s. Abschnitt 3.9.4).

3.9 Aufbau- und Projektorganisation

Aufbau- und Projektorganisation beeinflussen entscheidend
- die Aufgabengebiete der Entwickler
- den Abstimmungs- und Kommunikationsbedarf der Entwickler
- die Möglichkeiten der Koordination von Unternehmens- und Entwicklungszielen
- die Möglichkeiten der Kontrolle von Projekten.

Damit sind Aufbau- und Projektorganisation wesentliche Katalysatoren für Effizienz und Effektivität des Entwicklungs- und Wartungsprozesses.

3.9.1 Erfolgsfaktoren für Aufbau- und Projektorganisation

Die in Übersicht 3.20 zusammengestellten Erfolgsfaktoren sind für Effizienz und Effektivität des Entwicklungs- und Wartungsprozesses wesentlich.

Übersicht 3.20: Erfolgsfaktoren für Aufbau- und Projektorganisation im Umfeld AEW

EF AuP.1	Minimierung des Kommunikationsaufwandes sowie von Informationsverlusten zwischen Entwicklern
EF AuP.2	Durchgängige Verantwortung für Entwicklung und Wartung
EF AuP.3	Verantwortliche Einbindung aller beteiligten Fachabteilungen in den Entwicklungsprozeß
EF AuP.4	Kurze Abstimmungswege zwischen Anwendungsentwicklung (AE), Rechenzentrum (RZ), Planung (PL) und Verfahrenstechnik (VT)
EF AuP.5	Eindeutige Verantwortung für das optimale Bereitstellen von Verfahrenstechnik inklusive Beratung und Schulung
EF AuP.6	Eindeutige Verantwortung für Mittel- und Langfristplanung von Entwicklungsvorhaben und Kosten
EF AuP.7	Effektive Projektkontrolle inklusive Qualitätssicherung und Frühwarnung

Bei Anwendungsentwicklung und Wartung muß extrem viel kommuniziert werden. Allein die Festlegung aus fachlicher Sicht bedeutet bei der Entwicklung von neuen Anwendungssystemen einen Aufwand von ca. 50%. Zum anderen haben neue Anwendungssysteme heute generell sehr viele Schnittstellen zu bereits bestehenden Systemen, die erkannt und berücksichtigt werden müssen. Um beides effizient abzuwickeln, müssen die Aufbau- und Projektorganisation sicherstellen, daß es neben der vorhandenen, strukturierten Dokumentation gute Kommunikationsmöglichkeiten gibt.

Darüber hinaus ist es notwendig, daß die Verantwortung für Entwicklung und Wartung möglichst durchgängig ist. Jede Teilung der Verantwortung führt zu erheblichem Kommunikations- und Koordinationsaufwand. Jedes Projekt sollte über die gesamte Laufzeit von einem Projektleiter geführt werden. Er sollte derjenigen Organisationseinheit angehören, die die Wartung des neuen Anwendungssystems übernimmt. Ideal ist es, wenn der Projektleiter einige Jahre die Wartung des Systems verantwortet.

Um den notwendigen fachlichen Input bei Entwicklungsvorhaben sicherzustellen, müssen Fachabteilungen sowie die Organisation (in unserem Modellunternehmen) verantwortlich mitarbeiten. Das muß in der Projektorganisation berücksichtigt sein.

Bei Entwicklung und Wartung von Anwendungssystemen sind ständig Abstimmungen zwischen Anwendungsentwicklung, Rechenzentrum, Planung und Verfahrenstechnik notwendig. Die Abstimmungswege müssen deshalb möglichst kurz und direkt sein.

Die systematische, konsistente Weiterentwicklung des Software-Life-Cycles sowie dessen konsequente Anwendung muß sichergestellt werden. Dazu ist es notwendig, einer Organisationseinheit die Verantwortung dafür eindeutig zuzuordnen und sie mit entsprechenden Kapazitäten und Kompetenzen auszustatten. Andernfalls wird die Effizienz des Software-Life-Cycle dadurch verschlechtert, daß viele individuelle Änderungen unkoordiniert erfolgen bzw. individuelle Abweichungen als Ausrede für die Nichteinhaltung von Standards genannt werden.

Heute gibt es sicherlich kein Unternehmen, das ausreichend Kapazitäten für Anwendungsentwicklung und Wartung zur Verfügung stellen kann, um alle Wünsche der verschiedenen Organisationseinheiten termingerecht abwickeln zu können. Deshalb ist es für das Unternehmen von großer Wichtigkeit, daß ein transparenter Prozeß sicherstellt, daß die wichtigsten Vorhaben realisiert werden. Dazu ist es notwendig, daß auch die mittelfristigen Kosten der Vorhaben bekannt sind und eingeplant werden können. Für die Definition und Abwicklung eines solches Prozesses muß die Verantwortlichkeit festgelegt sein.

Die hohe wirtschaftliche Bedeutung termin-, kosten- und qualitätsgerechten Abwicklung von Entwicklungsvorhaben macht eine effektive, laufende Kontrolle unbedingt notwendig.

3.9.2 Aufbauorganisation im HYPO-Modell

Die Aufbauorganisation im HYPO-Modell für AEW ist durch die folgenden Konstruktionsprinzipien gekennzeichnet:

- Die Anwendungssysteme sind nach Banksparten (z. B. Privatkundengeschäft, Firmenkundengeschäft) und nach übergeordneten zentralen Funktionen (z. B. Personalwesen, Finanzinformation) zusammengefaßt und jeweils Organisationseinheiten zugeordnet.
- Die Organisationseinheiten betreuen die jeweiligen Anwendungssysteme über den gesamten Lebenszyklus Entwicklung einschließlich Wartung.
- Innerhalb der Organisationseinheiten gibt es grundsätzlich keine Trennung der Aufgaben in Analyse, Programmierung, Entwicklung und Wartung. Konzentriert sich ein Mitarbeiter auf eine der genannten Spezialaufgaben, so entspricht es seinen persönlichen Neigungen bzw. Fähigkeiten.

3.9 Aufbau- und Projektorganisation

- Die Entwicklung von neuen Anwendungssystemen erfolgt in der Form von *Projekten*. Die Mehrzahl der Teammitglieder sowie der Projektleiter stammen in der Regel aus der für das Fachgebiet zuständigen EDV-spezifischen Organisationseinheit.
- Die für Anwendungsentwicklung verantwortlichen Organisationseinheiten (Gruppen, Abteilungen) sind Teil der zentralen EDV, zu der auch die Abteilungen für Rechenzentrum, Verfahrenstechnik sowie Controlling gehören.
- Für die Weiterentwicklung der Verfahrenstechnik für Anwendungsentwicklung und Wartung sowie für die Durchführung aller notwendigen Schulungen und der laufenden Beratung ist eine eigene Organisationseinheit zuständig (s. Abschnitt 3.9.4).
- Für die Mittelfristplanung von Entwicklungsvorhaben und Kosten sowie für die Koordination des Projekt-Controlling ist eine eigene Organisationseinheit zuständig (s. Kapitel 6).

3.9.3 Projektorganisation im HYPO-Modell

Die Entwicklung von neuen Anwendungssystemen wird ab einer bestimmten Größe (Entwicklungaufwand $\geq$ 6 MM) in Form von Projekten realisiert. Unter einem **Projekt** verstehen wir die Zuordnung einer Aufgabe an ein Team von Mitarbeitern (Projektteam) mit folgenden Randbedingungen:

- Die Mitglieder des Projektteams stammen aus verschiedenen Organisationseinheiten des Unternehmens. Sie arbeiten in der Regel nur mit einem gewissen Anteil ihrer Arbeitszeit für das Projekt und vertreten dabei ihr spezifisches Fachgebiet.
- Eines der Teammitglieder ist der verantwortliche Projektleiter. Er verteilt und kontrolliert alle projektspezifischen Aufgaben und regelt die notwendige Kommunikation innerhalb und außerhalb des Projektteams. Über die projektspezifischen Aufgaben berichten die Teammitglieder an den Projektleiter.
- Der Projektleiter berichtet über die fachlichen Aspekte in der Regel nicht an seinen Linienvorgesetzten, sondern an ein spezielles Kontrollgremium.

Durch die Projektform können alle von einer neuen Anwendung betroffenen Fachbereiche in die Entwicklung des Anwendungssystems verantwortlich eingebunden werden. Weil in der Regel mehrere Organisationseinheiten von den Ergebnissen des Projekts betroffen sind, müssen zusätzliche organisatorische Vorkehrungen (Gremien, Berichtswege) für die Steuerung und Kontrolle von Projekten getroffen werden. Als ein Beispiel für diese Gremien werden in Übersicht 3.21 diejenigen der HYPO-BANK dargestellt.

Übersicht 3.21: Organe der Projektorganisation in der HYPO-BANK

Organe der Projektorganisation	Aufgaben
EDV-Lenkungsausschuß (Mitglieder aus 1. Ebene)	Koordination und Genehmigung aller mittel- und langfristigen Pläne für die EDV • Sachkostenetat • Entwicklungskapazitäten und deren Verteilung für das Folgejahr • Fünfjahresplan Entwicklungsvorhaben und Kosten
Projektkontrollausschüsse (PKA) (Mitglieder der 2. Ebene)	Kontroll-, Koordinations- sowie Entscheidungsgremium für eine Gruppe von fachlich zusammengehörenden Projekten (zweimonatlich) zuständig für Projektziele, Qualität, Zeitpläne, Budgets, Wirtschaftlichkeit und Grundsatzfragen. Entlastung des Projektleiters.
Benutzerverantwortlicher (2. Ebene)	Mitglied des Projektkontrollausschusses mit oberster fachlicher Verantwortung für ein Projekt
„Abteilung" Controlling	Koordination aller Planungen, Steuerung der Projektkontrolle, Organisation der Projektkontrollausschüsse
Projektleiter	Führung des Projektes
Linienführungskräfte	Projektkontrolle der Standards und Wirtschaftlichkeit, Bereitstellung von Mitarbeiterkapazitäten, Koordination verschiedener Projekte
„Abteilung" „Verfahrenstechnik"	Festlegung der Entwicklungsmethodik, Prüfung der technischen Qualität

Die Zuständigkeiten und Aktivitäten der für Controlling verantwortlichen Organisationseinheit werden in Kapitel 6 im Detail behandelt.

3.9.4 Zuständigkeit für Verfahrenstechnik im HYPO-Modell

Ein effizienter Software-Life-Cycle ist eine wichtige Voraussetzung für die Produktivität der Entwicklungsmannschaft. Die Konstruktion und Pflege eines Software-Life-Cycles muß heute noch im wesentlichen durch die Unternehmen erfolgen, da es auf dem Markt keine Anbieter von anerkannten, vollständigen Software-Life-Cycles gibt. Stets werden nur einzelne Komponenten angeboten. Darüber hinaus ist der Schulungsaufwand immens.

Schon die Schulung von Informatikern mit Hochschulabschluß dauert mindestens 40 Tage, wenn die wichtigsten Komponenten eines Software-Life-Cycles vermittelt werden sollen.

Übersicht 3.22:   Das Aufgabengebiet Verfahrenstechnik

- Weiterentwicklung des Software-Life-Cycles
- Weiterentwicklung des unternehmensweiten Daten- und Funktionenmodells
- Schulung und Beratung aller Entwickler
- Pflege aller Handbücher
- Erfassung der Produktivität des Entwicklungsprozesses
- Mitarbeit bei der Qualitätskontrolle

Die vorangegangenen Aussagen zeigen, daß es heute notwendig ist, eine Organisationseinheit „Verfahrenstechnik" für die Installation und Pflege eines Software-Life-Cycles sowie für die entsprechende Schulung der Mitarbeiter verantwortlich zu machen. Ihre Hauptaufgaben sind in Übersicht 3.22 zusammengefaßt.

3.10 Rahmenbedingungen für Personal- und Arbeitsplatzausstattung

Ein auf die Bedürfnisse des Unternehmens zugeschnittener Software-Life-Cycle ist eine grundlegende Voraussetzung für Effizienz bei Anwendungsentwicklung und Wartung. Sein Nutzen kann jedoch nur dann realisiert werden, wenn die Mitarbeiter

- entsprechend qualifiziert sind
- in kleinen, gut geführten, harmonischen Projektteams arbeiten
- einen leistungsfördernden Arbeitsplatz haben.

Diese Bedingungen zu schaffen gehört zu den wichtigsten Leitungsfunktionen der Führungskräfte (s. Abschnitt 2.1). Die Anwendungsentwickler brauchen als wesentliche Qualifikationen:

- analytisches Denkvermögen verbunden mit genauer Arbeitsweise
- ständige Lernbereitschaft

- ein gründliches Verständnis aller im SLC verwendeten Methoden und Werkzeuge
- adäquates fachspezifisches Grundwissen (z. B. im Bankenumfeld Kenntnisse einer Banksparte)
- gute Kenntnisse der bestehenden Anwendungssysteme im jeweiligen Entwicklungsgebiet
- ausgeprägte Fähigkeiten zur Teamwork.

Die Einarbeitungszeit für Hochschulabgänger mit Informatik-spezifischer Ausbildung oder für Bankkaufleute beträgt ein bis zwei Jahre. Erst dann können sie mittelgroße Aufgaben selbständig erledigen, d. h. ohne ständige Rückfragen. Projektleitungen können in der Regel erst nach drei Jahren Entwicklungserfahrung übernommen werden.

Die personelle Zusammensetzung der Projektteams spielt eine wichtige Rolle für deren Produktivität. Die Teams sollten nicht größer als 10 Mitarbeiter sein, eine gesunde Mischung zwischen leistungsstarken, erfahrenen und jungen Mitarbeitern bilden und menschlich harmonieren.
Der Projektleiter muß über gute Fach- und sehr gute Führungskompetenz verfügen sowie Verhandlungsgeschick besitzen. Die Kompetenz des Projektleiters ist für die Produktivität eines Projektteams von herausragender Bedeutung. Defizite, speziell in der Führung, können durch Verfahrenstechnik nur zu einem sehr geringen Teil ausgeglichen werden. Deshalb muß die Führungskompetenz schon bei der Auswahl und durch spezifische Ausbildung gewährleistet werden.

Der Arbeitsplatz, an dem Anwendungsentwickler ihre Leistungsfähigkeit voll entfalten können, stellt hohe Anforderungen an die Unternehmen. Für die nicht-kommunikativen Teile ihrer Arbeit brauchen die Anwendungsentwickler eine möglichst störungsfreie Umgebung und schnellen Zugriff auf alle technischen Hilfsmittel und Daten. Konkret bedeutet dies: Die Büros sollten auf maximal zwei ständig anwesende Personen ausgelegt sein. Jeder Arbeitsplatz muß mit Terminal oder PC ausgestattet sein. Die Antwortzeit sollte für alle Standardtransaktionen unter einer Sekunde liegen. Für die kommunikativen Teile ihrer Arbeit brauchen die Entwickler Besprechungsräume, ausgestattet mit Hilfsmitteln für Teamwork und Kommunikation wie Flip-Charts und Overhead-Projektoren.

Die Gestaltung der Arbeitszeit sollte zumindest im Zeitraum von 7.00 Uhr bis 19.00 Uhr flexibel sein und die Umwandlung von Überstunden in Freizeit grundsätzlich erlauben.

Weitere wichtige Voraussetzungen für die Produktivität und Qualität im Entwicklungsprozeß sind hohe Motivation und geringe Fluktuation der Mitarbeiter. Beides sicherzustellen, ist die Aufgabe guter Personalführung.

3.11 Controlling-Kennzahlen: Anwendungsentwicklung und Wartung

Controlling-Kennzahlen für Anwendungsentwicklung und Wartung sind ein weites Feld. Zahlreiche Veröffentlichungen beschäftigen sich mit diesem Thema (s. [Noth 87, Span 91]), ohne daß sich bisher ein Standard durchgesetzt hat. Die Gründe hierfür sind vielfältig: Qualität von Anwendungsentwicklung ist zwar theoretisch definierbar, aber nur mit einem extremen Aufwand meßbar. Aufbau und Ablauforganisation sind heute in den Unternehmen noch sehr unterschiedlich, so daß sich die Standardisierung der relevanten Kennzahlen als schwierig herausstellt. Eine erste Näherung für ein Kennzahlengerüst schlagen wir in Übersicht 3.23 vor.

Übersicht 3.23: Controlling-Kennzahlen: Anwendungsentwicklung und Wartung

Strukturkennzahlen
- EDV-Betriebsqualität
  - CPU-Kapazität nutzbar für den Entwickler
  - Plattenspeicher nutzbar für den Entwickler
  - Verfügbarkeit des Entwicklungssystems
  - Durchschnittliche Antwortzeit des Entwicklungssystems
- Werkzeuge
  - Sprachen
  - Datenbanksysteme
  - Tools
- Personal
  - Anzahl interner Mitarbeiter für Anwendungsentwicklung und Verfahrenstechnik (AE und VT)
  - Anzahl externer Mitarbeiter AE und VT
- Aufwendungen
  - Angeforderte Entwicklungskapazität in MM für Projekte
  - Angeforderte Entwicklungskapazität in MM für Weiterentwicklung und Wartung
  - Bestehendes Programmvolumen
    - Anzahl der Online-Programme
    - Anzahl der Batch-Programme
    - Alter der Programme
      - %-Anteil zwischen 5 und 15 Jahren
      - %-Anteil älter als 15 Jahre

Fortsetzung Übersicht 3.23: Controlling-Kennzahlen: Anwendungsentwicklung und Wartung

Leistungskennzahlen
- Kapazitätsbereitstellung
  - MM für Projekte für AE und VT[9]
  - Externe MA für AE und VT
- Kapazitätsverwendung
  - MM für Projekte für AE und VT
  - MM für Weiterentwicklung oder Wartung für AE und VT
- Produktivität
  - Durchschnittliche Function-Points/MM über alle im Berichtsjahr abgeschlossenen Projekte

Qualitätskennzahlen
- Erkannte Fehler in Programmen (Ø Jahr)
- Anfragen zu Anwendungssystemen am User-Help-Desk (Ø Tag)
- Summe der Kapitalrückflüsse über alle im Berichtsjahr abgeschlossenen Projekte (ROI/MJ)
- Durchschnittliche Termintreue über alle im Berichtsjahr abgeschlossenen Projekte (Durchschnitt Gesamtdauer geplant/Gesamtdauer effektiv)
- Durchschnittliche Wirtschaftlichkeitstreue über alle im Berichtsjahr abgeschlossenen Projekte (Durchschnitt ROI geplant/ROI effektiv)

3.12 Zusammenfassung

Die Anwendungsentwicklung ist nach wie vor eine Achilles-Ferse der Informatik. Es gibt heute noch keine allgemein anerkannte, alle Aufgabengebiete abdeckende durchgängige Verfahrenstechnik für Anwendungsentwicklung und Wartung. Deshalb ist die Produktivität bei Anwendungsentwicklung und Wartung noch nicht ausreichend, bei großen Projekten besteht ein großes Risiko für Fehlschläge. Die rasanten Fortschritte der Technologie in der Rechengeschwindigkeit, Datenspeicherung und Datenkommunikation können nicht schnell genug, also in ein bis zwei Jahren, in nutzbringende Anwendungssysteme umgesetzt werden.

---

[9] Es ist unternehmensabhängig zu entscheiden, ob die Kapazitäten für fachspezifische Aufgaben (Organisation, Fachbereiche) sowie für Individuelle Datenverarbeitung hier eingerechnet sind.

3.12 Zusammenfassung

Trotz solcher Mängel braucht die Entwicklungsmannschaft ein soweit als möglich vollständiges Modell für Anwendungsentwicklung und Wartung als Basis für produktive Arbeit. Für den Erfolg eines solchen Modells sind die Konsistenz und durchgängige Nutzung aller Methoden und Werkzeuge wichtiger als das Vorhandensein spezieller, aber nicht integrierter Methoden und Werkzeuge.

Weitere wichtige Voraussetzungen für die produktive Arbeit sind: eine Aufbau- und Projektorganisation, die die klare Zuordnung von Verantwortung ermöglicht und Abstimmungs- und Kommunikationsaufwand minimiert; möglichst störungsfreie Arbeitsplätze für die Entwickler mit schnellem Zugriff auf Daten und Werkzeuge; eine ständige, systematische Weiterentwicklung der Verfahrenstechnik auf Basis vorhandener Erfahrungen durch eine dafür verantwortliche Organisationseinheit.

Der große Schwerpunkt, den Verfahrenstechnik in dieser Ausarbeitung einnimmt, darf jedoch nicht davon ablenken, daß die wesentlichen Aufgaben im Entwicklungsprozeß inhaltlicher Art sind und durch disziplinierte und kreative Kopfarbeit von Menschen gelöst werden müssen. Deshalb ist ein produktiver, qualitativ hochstehender Entwicklungsprozeß nur möglich mit einer erfahrenen, adäquat ausgebildeten, gut motivierten Entwicklungsmannschaft, in der auch das fachspezifische Know-how vorhanden ist.

4 Schulung und Beratung für Anwendungssysteme

Die mit neuen Anwendungssystemen verbundenen Ziele werden im allgemeinen nur dann erreicht, wenn die Systeme auch intensiv und ordnungsgemäß genutzt werden. Auch bei ergonomisch einwandfreien, praxisgerechten Anwendungssystemen ist das keine Selbstverständlichkeit. Es setzt voraus, daß die Mitarbeiter sowohl die Handhabung als auch den Nutzen der Anwendungssysteme für die Kunden, für das Unternehmen und für sich persönlich verstehen und akzeptieren. Das zu erreichen, ist das Ziel des Aufgabengebietes Schulung und Beratung. Dazu sind

- akzeptanz-fördernde Maßnahmen
- bedarfsgerechte Schulungen
- laufende Beratung und Information

notwendig. Bei Informatik-Großanwendern kann dies zu erheblichem Aufwand in Form von Schulungen für Tausende von Nutzern führen. In diesem Kapitel behandeln wir dieses häufig unterschätzte und vernachlässigte Aufgabengebiet des Informatik-Managements und zeigen alternative Vorgehensmöglichkeiten.

4.1 Die Problematik des Aufgabengebietes

Wie in Abschnitt 1.2.4 erläutert, umfaßt das Aufgabengebiet Schulung und Beratung die Teilaufgaben:

- Schulungsmittel inclusive Handbücher erstellen und pflegen.
- Schulungen planen und abwickeln.
- Akzeptanzprobleme bei Neueinführungen abbauen.
- Nutzer beraten und informieren.
- Entwickler über Probleme in Anwendungen informieren.

In großen Unternehmen werden diese Teilaufgaben nur selten vollständig und professionell abgewickelt. Untersuchungen zeigen, daß neue Anwendungssysteme oft mit großen Zeitverzögerungen flächendeckend eingeführt und dann nur höchstens 70% der vorhandenen Funktionen genutzt werden.

Das bedeutet, daß der von einem neuen Anwendungssystem erwartete Nutzen nur mit starker Verzögerung und nicht vollständig realisiert werden kann. Wichtige Gründe für diese Defizite sind:

- Das Konzept für einführende Schulungen und das Bereitstellen der notwendigen Schulungsmittel gehört mit zu den Aufgaben des für die Entwicklung des Anwendungssystems verantwortlichen Projektteams. Diese Mitarbeiter sind überwiegend Informatik-Spezialisten und im allgemeinen längere Zeit nicht in der Praxis tätig gewesen. Deshalb unterschätzen sie den Lernaufwand für die in der täglichen Arbeit stehenden künftigen Nutzer und die dafür notwendige Zeit. Dementsprechend sind einführende Schulungen oft nicht ausreichend professionell gestaltet. Typische Mängel sind: didaktisch mangelhafte Unterlagen, unprofessionelle Trainer und zu wenig Zeit für Schulungen und vertiefendes Training.
- Flächendeckende, einführende und laufende Schulungen können im allgemeinen nicht vom Projektteam durchgeführt werden. Deshalb muß im Unternehmen festgelegt sein, wer dafür zuständig ist. Es können spezifische, für Schulungen zuständige Organisationseinheiten oder der betroffene Fachbereich sein. Oft ist keine Zuständigkeit definiert. Der Grund dafür liegt in der Unterschätzung der Aufgaben und dem daraus resultierenden geringen Stellenwert im Unternehmen.
- Als schwerwiegender, zusätzlicher Mangel dieser Defizite werden häufig auch die Kosten für die notwendigen Schulungen deutlich unterschätzt und nicht in mittelfristige Planungen eingestellt. Beispiele für die möglichen Größenordnungen auftretender Kosten können den Projektsteckbriefen in Abschnitt 3.1 entnommen werden. Kalkuliert man die Vollkosten für einen Schulungstag mit circa DM 1.500, so ergibt sich für die einführenden Schulungen für das System HYBAS die beeindruckende Summe von DM 7.200.000[1]. Oft können Fehlplanungen nicht mehr ausgeglichen werden, so daß Räume, Trainer und auch Geld für notwendige Schulungen fehlen.
- Nach abgeschlossener Einführung einer Anwendung wird oft vergessen, laufende Schulungen anzubieten. Große Unternehmen stellen jährlich Hunderte von neuen Mitarbeitern ein. Diese müssen die Anwendungen ihres Arbeitsplatzes oft ohne systematische Schulungen mit Hilfe von Kollegen am Arbeitsplatz erlernen. Eine einfache Modellrechnung zeigt, daß dies im allgemeinen die ineffizienteste Form der Mitarbeiterschulung ist: Benötigt ein erfahrener Mitarbeiter zur Einarbeitung eines neuen Mitarbeiters circa einen Arbeitstag und müssen pro Jahr rund 100 neue Mitarbeiter geschult werden, so kostet diese Art der Ausbildung das Unternehmen circa 100 Arbeitstage eines erfahrenen Mitarbeiters.

---

[1] s. Übersicht 3.4: 600 Mitarbeiter werden je 8 Tage geschult mit Kosten von DM 1.500 pro Schulungstag.

4.1 Die Problematik des Aufgabengebietes

Dabei darf man davon ausgehen, daß dabei höchstens 80% des zu vermittelnden Wissens tatsächlich weitergegeben werden und dieser Prozeß, da er während der Arbeitszeit stattfindet, auch mindestens 10 Arbeitstage Durchlaufzeit in Anspruch nimmt. In dieser Zeit kann der neue Mitarbeiter nicht seine volle Produktivität entfalten. Bildet das Unternehmen die 100 Mitarbeiter in zehn Eintageskursen für jeweils zehn Mitarbeiter, abgehalten durch professionelle Trainer aus, so ergeben sich die folgenden Vorteile:
- deutlich niedrigere Kosten (zehn Trainertage, Entwicklungskosten für Schulung, evtl. Reisekosten für Trainer und Mitarbeiter)
- schnellere und vollständigere Einarbeitung neuer Mitarbeiter
- weniger Störungen von erfahrenen Mitarbeitern am Arbeitsplatz

Eine optimale Situation wird erreicht, wenn die Schulungen und Termine schon geplant sind, sobald neue Mitarbeiter das erstemal am Arbeitsplatz erscheinen. Sonst gehen Monate an Vorlaufzeit verloren, bis Schulungsplätze verfügbar sind.

- Auch gut ausgebildete Mitarbeiter brauchen häufig Rat bei anwendungsspezifischen Problemen oder brauchen Informationen bei Änderungen an bestehenden Anwendungssystemen. Solche Informationen können sein: neue Werte für Standardparameter (z. B. Zinssätze bei Krediten); Status bezüglich Fehlersituationen; kleine Änderungen, die keine extra Schulung erfordern. Zur zielgerichteten, schnellen Verteilung solcher Informationen sollte ein Electronic-Mail-System vorhanden sein. Die Zahl der für Beratung eingesetzten Mitarbeiter ist oft nicht ausreichend. Zu den wichtigen Aufgaben dieser Mitarbeiter gehört auch, den Entwicklern ein klares Feedback über die Wünsche der Nutzer und die Schwachstellen der Anwendungen zu geben.
- Die letzte mögliche Ursache für mangelhafte Nutzung von Anwendungssystemen ist die Skepsis künftiger Nutzer gegenüber neuen Anwendungssystemen. Die gängigsten Gründe für Akzeptanzprobleme sind:
  - Die Anforderungen neuer Technik bereiten Angst.
  - Es wird befürchtet, daß neue Arbeitsabläufe sich negativ auf die persönliche Arbeit auswirken. Zum Beispiel, daß Daten direkt am Bildschirm anstatt wie bisher auf Formularen erfaßt werden müssen und daß die Qualität und Vollständigkeit dieser Daten vom Anwendungssystem überprüft wird.

Mit gezielter Öffentlichkeitsarbeit im Vorfeld und während der einführenden Schulungen müssen diese Vorurteile abgebaut und die positiven Aspekte des neuen Anwendungssystems herausgearbeitet werden.

4.2 Erfolgsfaktoren für Schulung und Beratung

Die in Übersicht 4.1 zusammengefaßten Erfolgsfaktoren für Schulung und Beratung werden durch Ausführungen des vorangegangenen Abschnitts begründet.

Übersicht 4.1: Erfolgsfaktoren für Schulung und Beratung

EF SuB.1	Klare Festlegung der für Schulung und Beratung zuständigen Organisationseinheiten
EF SuB.2	Einsatz erfahrener Trainer für die Gestaltung und Durchführung von Schulungen
EF SuB.3	Bereitstellen aller notwendigen Mittel für einführende und laufende Schulungen inklusive Abbau von Akzeptanzproblemen
EF SuB.4	Permanent verfügbarer und kompetenter *User-Help-Desk* für laufende Beratung und Information

4.3 Alternativen der Schulungsabwicklung

Für die Abwicklung von Schulungen gibt es unterschiedliche Alternativen. In Übersicht 4.2 werden die verbreitetsten dargestellt.
Die Auswahl der geeigneten Möglichkeit (bzw. Mischform) hängt von dem Zusammentreffen und der jeweiligen Gewichtung der folgenden Kriterien ab:

- Sind die Auszubildenden bereits erfahren im Umgang mit einem Anwendungssystem oder ist es ihr erster Kontakt mit einem EDV-System?
- Ist das Fachgebiet den Auszubildenden bekannt?
- Wie umfangreich ist die neu zu erlernende Funktionalität des Anwendungssystems?
    - sehr (mehr als 30 Masken bzw. Fenster)
    - mittel (zwischen 5 und 30 Masken bzw. Fenster)
    - wenig (weniger als 5 Masken bzw. Fenster)
- Ist die Benutzeroberfläche des Anwendungssystems für die Auszubildenden grundsätzlich neu?
- Muß das Anwendungssystem an einem Stichtag flächendeckend eingeführt werden oder kann dies sukzessive geschehen?

4.3 Alternativen der Schulungsabwicklung

Übersicht 4.2: Alternativen der Schulungsabwicklung

- *Zentraler Klassenunterricht*: Professionelle Trainer schulen in speziellen Schulungsräumen Gruppen von Auszubildenden
- *Dezentrales Coaching*: Speziell ausgebildete Trainerteams schulen Auszubildende am Arbeitsplatz
- *Schneeballsystem*: Professionelle Trainer schulen in Zentralem Klassenunterricht Auszubildende, die dann Dezentrales Coaching an ihrem Arbeitsplatz durchführen
- *Computer-Based-Training*: Mit Hilfe von spezifischen Anwendungssystemen trainieren Auszubildende selbständig die Nutzung neuer Systeme an ihrem Arbeitsplatz
- *Selbststudium*: Mit Hilfe von speziellen Schulungsunterlagen trainieren Auszubildende selbständig die Nutzung neuer Systeme an ihrem Arbeitsplatz
- *Kollegentraining*: Kollegen leiten Auszubildende unter Verwendung von Handbüchern an

Diese Kriterien zeigen, daß geeignete Schulungsformen mit großer Sorgfalt ausgewählt werden müssen und daß es zweckmäßig ist, für dieselben Lerninhalte verschiedene Schulungsformen anzubieten. Als Leitlinien halten wir für nützlich:

- Klassenunterricht sollte in jedem Fall angewendet werden, wenn eine der folgenden Bedingungen zutrifft:
  - Die Auszubildenden haben noch keine Erfahrung im Umgang mit EDV-Anwendungssystemen.
  - Die neu zu erlernende Funktionalität ist mittel bis umfangreich.
  - Die Benutzeroberfläche ist grundsätzlich neu.
- Coaching ist als Ergänzung zum Klassenunterricht meist empfehlenswert. Bei umfangreicheren Anwendungen oder neuen Oberflächen ist Coaching eine notwendige Ergänzung.
- Schulungen im Schneeballsystem sind nur empfehlenswert für bereits erfahrene Mitarbeiter und wenn die zu erlernende Funktionalität klein ist. Oft ist das Schneeballsystem nicht erfolgreich, weil die Coaches ihre Funktion nicht in geplanter Weise durchführen, zum Beispiel wegen Krankheit oder Arbeitsüberlastung.
- Computer-Based-Training ist eine sehr gute Ergänzung für Klassenunterricht oder Coaching. Als alleiniges Schulungsmittel am Arbeitsplatz sind die Erfolge jedoch gering, weil die Auszubildenden in der Regel

nicht genügend Zeit oder Geräte für die Beschäftigung mit dem Trainingsprogramm haben.
- Selbststudium ist grundsätzlich nur bei sehr erfahrenen, hoch motivierten Mitarbeitern und kleiner Funktionalität erfolgreich. Selbstverständlich ist es auch in Unternehmen mit sorgfältig geplantem Schulungsbetrieb nicht immer möglich, für jeden Auszubildenden rechtzeitig die benötigte Schulung anzubieten, deshalb sollten Unterlagen zum Selbststudium stets vorhanden sein.
- Ein systematischer, vollständiger Lerntransfer kann mit Kollegentraining in der Regel nicht sichergestellt werden. Daher sollte diese Schulungsform nur im Notfall oder als Ergänzung zu anderen Schulungsformen angewendet werden.

4.4 Qualität von Schulungen

Bei allen Schulungsformen ist die Qualität von hoher Bedeutung für den Lerntransfer und die Motivation der Auszubildenden bei der Umsetzung des Gelernten.

Eine gründliche Beschreibung der Qualität von Schulungen umfaßt die Gebiete Didaktik, Pädagogik, Rhetorik, Präsentationstechnik und übersteigt damit den Rahmen dieses Buches. Deshalb müssen wir uns darauf beschränken, einige uns wichtig erscheinende Merkmale qualitativ hochwertiger Schulungen aufzuzeigen. Das Management sollte in jedem Fall dafür sorgen, daß die Schulungen von erfahrenen Trainern und Pädagogen geplant und abgehalten werden. Die wichtigsten Merkmale fassen wir in Übersicht 4.3 zusammen.

Die Qualität der oder des Trainers ist von ausschlaggebender Bedeutung für den Erfolg einer Schulung. Deshalb sollten nur Trainer mit nachgewiesenem pädagogischen Geschick eingesetzt werden.

Ein modularer Aufbau von Schulungen, klare Lernziele und Erfolgskontrollen sind eine didaktische Basisanforderung an jede Schulung.

Jede theoretische Ausführung sollte durch Praxisbeispiele vertieft werden. Das verschafft den Teilnehmern motivierende Erfolgserlebnisse und Selbstvertrauen.

Der Einsatz von Medien wie Flip-Chart, Overheadprojektoren und Video-Clips zur Visualisierung von wichtigen Aussagen und Zusammenhängen ist heute selbstverständlich. Bei EDV-Anwendungssystemen sollte in jedem Fall die Möglichkeit zur Übung am Gerät bestehen. Dies bedeutet erheblichen Aufwand für die Ausstattung von Schulungsräumen mit Geräten und für die Bereitstellung von speziellen Versionen des Anwendungssystems für Schulungszwecke. Für den Fall der Schulung von unerfahrenen

Mitarbeitern in großen, neuen Anwendungssystemen ist dieser Aufwand jedoch notwendig.

> **Übersicht 4.3: Wesentliche Merkmale qualitativ hochwertiger Schulungen**
>
> - Trainer mit hohem pädagogischen Geschick
> - Modularer Aufbau der Schulungen mit klaren Lernzielen und Erfolgskontrollen pro Modul
> - Vertiefung von Theorie durch Praxisbeispiele
> - Einsatz heute üblicher Schulungsmedien inklusive Geräten für Praxisübungen mit den Anwendungssystemen
> - Klassen mit höchstens 12 Teilnehmern
> - Gut lesbare, auch zum Selbststudium geeignete Handbücher mit
>   - klarem, einheitlichen Aufbau
>   - Inhaltsverzeichnis, Index
>   - Kurzanleitungen
> - Formalisierte, schriftliche Beurteilung der Schulung durch Teilnehmer

Die ergänzenden Handbücher haben ebenfalls eine hohe Bedeutung für den Erfolg. Sie sollten so aufgebaut sein, daß sie gleichzeitig durchgängiges Selbststudium und gezieltes Nachschlagen erlauben. Für wesentliche Arbeitsabläufe an Geräten sollten sie unabhängig verwendbare Kurzanleitungen enthalten. Alle Handbücher und Kurzanleitungen eines Arbeitsplatzes sollten nach einheitlichen Gesichtspunkten aufgebaut sein, um Lernen wie auch Nachschlagen zu erleichtern.

Am Ende jeder Schulung sollten die Teilnehmer mit Hilfe eines Formblattes zu einer schriftlichen Beurteilung der Schulung aufgefordert werden. Die Trainer und die für die Schulung verantwortlichen Organisationseinheiten sollten die Beurteilungen regelmäßig auswerten, um Defizite zu erkennen und abzubauen.

4.5 Laufende Beratung und Information: User-Help-Desk

Die Nutzer von komplexen Anwendungssystemen haben häufig kleinere oder größere Probleme, zu deren Lösung sie unmittelbar Hilfe brauchen. Umgekehrt benötigen die für das Anwendungssystem verantwortlichen

Organisationseinheiten Möglichkeiten, die Nutzer schnell und gezielt zu informieren, zum Beispiel über generelle Änderungen oder Probleme. Üblicherweise faßt man die mit diesen Aufgaben betrauten Mitarbeiter in einer oder mehreren Organisationseinheiten zusammen, genannt **User-Help-Desk (UHD)**. Wesentliche Qualitätsmerkmale für eine gute UHD-Organisation sind:

- Die Berater in UHDs sind kompetent genug, um mindestens 80% des Anfragen sofort beantworten zu können.
- Es besteht die Möglichkeit, Anfragen die nicht sofort erledigt werden können, an einen Second-Level-Support zur Bearbeitung zu geben.
- Die Berater haben Tools zur Verfügung, mit deren Hilfe sie Problemsituationen analysieren und beheben können.
- Es sind möglichst wenige UHDs eingerichtet, wobei für den Nutzer die Zuordnung: Problemtyp — zuständiges UHD transparent sein muß.
- Die UHDs sind während der Arbeitszeit ständig telefonisch erreichbar.
- Ein Electronic-Mail-System, mit Hilfe dessen Informationen zielgerichtet an Nutzergruppen gesendet werden können, ist vorhanden.
- Eine Telefonanlage mit zentralem Ansagedienst und automatischer Reihenschaltung ist vorhanden.
- Alle Anfragen werden automatisch protokolliert; es besteht die Möglichkeit der Auswertung der Anfragen nach Problemtyp und Status (erledigt, in Bearbeitung bei, Termin für Erledigung).
- Die verantwortlichen Entwicklungsgruppen werden regelmäßig über Problemschwerpunkte informiert.

4.6 Aufbauorganisation

Wie bereits in Abschnitt 2.2.4 erläutert, haben die für Schulung und Beratung verantwortlichen Organisationseinheiten einen sehr starken Abstimmungs- und Kommunikationsbedarf über alle Informatik-spezifischen Aufgabengebiete. Für eine Ansiedlung von Schulung und Beratung innerhalb einer zentralen EDV, in der auch die Zuständigkeit für Anwendungsentwicklungen und Rechenzentrum liegt, sprechen die folgenden Vorteile:

- Die gesamte Verantwortung für Entwicklung, Einführung und laufende Betreuung von Anwendungssystemen liegt in einer Hand.
- Die Zusammenführung aller Kapazitäten für Entwicklung, Einführung und laufende Betreuung von Anwendungssystemen ergibt hohe Synergien.
    - Ein zentrales UHD für alle EDV-spezifischen Probleme kann eingerichtet werden (s. Abschnitt 4.5).

- Der notwendige Informationsfluß zwischen Anwendungsentwicklern und Nutzern kann sichergestellt werden.

Alternative Ansiedlungsmöglichkeiten des Aufgabengebiets Schulung und Beratung bei Fachbereichen oder bei den für Organisation oder die für allgemeine Schulung zuständigen Bereichen führen zu einer Zersplitterung der Gesamtkapazitäten und damit zur Umkehr der oben beschriebenen Vorteile in Nachteile.

Als Vorteile der alternativen Ansiedlungen sehen wir den damit verbundenen Informatik-spezifischen Know-how-Aufbau bei den entsprechenden Bereichen an, der diese zu kompetenteren Gesprächspartnern für die Entwickler macht.

4.7 Controlling-Kennzahlen: Schulung und Beratung

Übersicht 4.4: Controlling-Kennzahlen: Schulung und Beratung

Strukturkennzahlen
- Anzahl der Nutzer
- Anzahl der Anwendungssysteme

Qualitätskennzahlen
- Durchschnittliche Anzahl Anrufe am User-Help-Desk pro Tag
- Durchschnittliche Anzahl Anrufe, welche sofort beantwortet werden
- Durchschnittliche Schulungs-Beurteilung pro Kriterium

Leistungskennzahlen
- Anzahl der Schulungsangebote
- Anzahl der Handbücher
- Anzahl der Schulungen mit Selbsttrainingsmöglichkeiten:
  - schriftlich
  - Compter-Based-Training
- Anzahl der Schulungen mit Trainingsmöglichkeiten am Gerät
- Anzahl abgewickelter Schulungen pro Jahr
- Summe abgewickelter Schulungstage pro Jahr
- Summe der Schulungsteilnehmer pro Jahr
- Durchschnittliche Anzahl der Trainer pro Schulung
- Anzahl eingesetzter Trainer:
  - intern
  - extern
- Anzahl der Berater am User-Help-Desk

4.8 Zusammenfassung

Das Aufgabengebiet Schulung und Beratung für Anwendungssysteme wird in Großunternehmen häufig in seiner Bedeutung für die wirtschaftliche Nutzung der Systeme unterschätzt. Die für eine angemessene Abwicklung notwendigen Kapazitäten und Qualitäten werden nicht ausreichend bereitgestellt.

Um den von einem Anwendungssystem erwarteten Nutzen zu erzielen, sind im allgemeinen professionelle einführende und laufende Schulungen sowie eine laufende Beratung aller Nutzer notwendig. Um diese sicherzustellen, muß vor allem eindeutig festgelegt sein, welche Organisationseinheiten dafür verantworlich sind.

Die größten Synergien können sicher dann erzielt werden, wenn Schulung, Beratung und Anwendungsentwicklung in derselben Organisationseinheit liegen.

5 Betrieb der EDV-Systeme: Rechenzentrum

Informatik-Großanwender sind darauf angewiesen, daß alle EDV-Systeme störungsfrei arbeiten, um Geschäftseinbußen zu vermeiden. Mögliche Folgen von Störungen sind jedermann aus dem täglichen Leben bekannt:
- Durch den Ausfall eines Produktions-Steuerungssystems in einem Automobilwerk kommt die Produktion vollständig zum Erliegen. Wegen der Just-In-Time-Anlieferung stehen in wenigen Stunden Hunderte von Lastzügen vollbeladen vor den Werkstoren und bringen den lokalen Straßenverkehr zum Stillstand.
- Der Ausfall der Selbstbedienungsgeräte einer Großbank hinterläßt Tausende von frustrierten Kunden, die dringend Bargeld oder Kontoinformationen benötigen.
- Ein kurzer Ausfall der Zahlungsverkehrssysteme einer Großbank erzeugt Valuta-Verluste in Millionenhöhe, weil der Termin für die Weitergabe der Zahlungsaufträge verpaßt wird.
- Der Ausfall von Flug- bzw. Reisebuchungssystemen legt Reiseveranstalter praktisch vollständig lahm.

Den störungsfreien Betrieb der EDV-Systeme sicherzustellen, wird speziell in großen Rechnernetzen durch die zahlreichen potentiellen Fehlerquellen erschwert: zentrale Rechner, Tausende von Datenleitungen mit angeschlossenen Terminals, PCs und spezifischen Geräten, Leitungen, Systemsoftware, Anwendungssysteme und Menschen arbeiten nicht absolut fehlerfrei. Zwar können alle Fehler durch größeren Sach- bzw. Personalaufwand verringert werden. Aber die zentrale Managementaufgabe für den Betrieb von EDV-Systemen ist es, mit wirtschaftlich vertretbarem Aufwand den für das Unternehmen notwendigen Level an Störungsfreiheit bzw. Betriebsqualität zu gewährleisten.

Der Autor ist davon überzeugt, daß diese Managementaufgabe heute nur dann effizient erledigt werden kann, wenn die Rechnernetze stark standardisiert sind und der Betrieb der zentralen Rechner auf möglichst wenige *Rechenzentren (RZ)* konzentriert ist. Dieses Kapitel begründet diese Auffassung. Sie steht in starkem Gegensatz zu der von manchen Propheten des *Downsizing* empfohlenen Dezentralisierung und wird gestützt durch die Aktivitäten zur Zentralisierung des Rechenzentrumsbetriebs, die bei vielen führenden Großanwendern derzeit stattfinden.

Die Darstellung des schwierigen Aufgabengebietes (s. Abschnitt 1.2.5) inklusive möglicher Lösungen erfolgt analog den anderen Kapiteln des Buches. Wir zerlegen die Gesamtaufgabe in unabhängig zu bearbeitende, in sich geschlossene Teilaufgabengebiete. Die Wahl der Teilaufgabengebiete entspricht im großen und ganzen dem heutigen Industriestandard. Vorgenommene Feinabstimmungen sind subjektiv, gemäß den Erfahrungen des Autors. Darüber hinaus sind die Teilaufgabengebiete einem ständigen Wandel unterworfen, bedingt durch die schnelle Weiterentwicklung der Technologie. Für die Teilaufgabengebiete arbeiten wir grundsätzliche Lösungswege heraus, Detailbeschreibungen von Arbeitsabläufen erfolgen nicht, sie können in betriebsspezifischen *RZ-Handbüchern* nachgelesen werden. Bei Methoden und Tools konzentrieren wir uns auf *eine Lösung*, die in jedem Fall weit verbreitet oder Industriestandard ist.

Zu dem Thema ist dem Autor keine systematische, umfassende Darstellung – weder aus dem akademischen noch aus dem industriellen Umfeld – bekannt. Der wesentliche Grund ist, daß der Betrieb von EDV-Systemen erst in den vergangenen zehn Jahren die Bedeutung und Komplexität erlangt hat, die eine systematische Beschäftigung mit Ablauforganisation, Methoden und Tools notwendig und auch wissenschaftlich interessant macht – im Sinne eines Anwendungsgebiets der Informatik.

5.1 Ziele des Rechenzentrumsbetriebs

Die Aufgabe RZ-Betrieb wird erst durch das spezifische zu gewährleistende Niveau an *Servicequalität, Funktions- und Datensicherheit* vollständig definiert. Je höher die Anforderungen sind, desto aufwendiger wird die Realisierung, und desto höher werden die Betriebskosten. Die Kosten steigen überproportional, wenn sich die gewünschte Servicequalität dem maximal technisch machbaren Niveau nähert. Deshalb sind offizielle, im Unternehmen abgestimmte Vereinbarungen über Servicequalität, Funktions- und Datensicherheit eine wesentliche Arbeitsgrundlage für das Rechenzentrums-Management.

5.1.1 Servicequalität

Verbindliche Vereinbarungen über die Servicequalität von RZ-Leistungen gegenüber den Nutzern werden üblicherweise als

Service-Level-Vereinbarungen

5.1 Ziele des Rechenzentrumsbetriebs

bezeichnet und pro Anwendungssystem abgeschlossen. Service-Level-Vereinbarungen sollten die in Übersicht 5.1 zusammengefaßten Kenndaten pro Anwendungssystem enthalten.

Übersicht 5.1: Wichtige Kenndaten von Service-Level-Vereinbarungen

- Soll-Anschaltzeit
- Durchschnittliche Verfügbarkeit innerhalb Soll-Anschaltzeit ab Rechenzentrum und vor Ort
- Verfügbarkeit im Katastrophenfall bzw. maximale Ausfalldauer
- Durchschnittliche Antwortzeit pro Transaktion beim Endbenutzer ab Rechenzentrum und vor Ort
- Wesentliche Termine (Beginn, Ende) für den Ablauf von Batch-Programmen
- Termine für Outputverteilung
- Wichtige Kenngrößen des Kapazitätsbedarfs
  - Speicherplatz/Transaktion, Batch-Job
  - Rechnerkapazität/Transaktion, Batch-Job
  - Daten-Kommunikationsvolumen/Transaktion
  - Mengengerüste
    - Transaktionen Ø/Tag
    - Druckseiten Ø/Tag
    - Microfiche Ø/Tag
- Wesentliche betriebliche Konsequenzen bei Nichteinhaltung von Teilzielen

Legende: "Ø" = Durchschnitt, "/" = pro

In der Regel gibt es für die folgenden Kenndaten generelle vom Unternehmen vorgegebene Standardwerte, die nicht einzeln vereinbart werden müssen:

- Soll-Anschaltzeit
- durchschnittliche Verfügbarkeit
- Antwortzeit beim Endbenutzer
- maximale Ausfalldauer im Katastrophenfall.

Im Fall von Großbanken und Versicherungen gelten zum Beispiel die folgenden Standardwerte als typisch:

- Die Anschaltzeit für interne Anwendungssysteme umfaßt 90 Minuten vor bis einschließlich 90 Minuten nach Schließung der Geschäftsräume mit Kundenverkehr.
- Die Anschaltzeit für Kunden-Selbstbedienungssysteme umfaßt mindestens 20 Stunden am Tag, 7 Tage die Woche.
- Die durchschnittliche Verfügbarkeit der Anwendungen ab Rechenzentrum ist größer als 99,5%.
- Die durchschnittliche Verfügbarkeit der Anwendungen vor Ort beim Nutzer ist größer als 97%.
- Die durchschnittliche Antwortzeit ab Rechenzentrum ist kleiner als eine Sekunde für 95% aller Transaktionen.
- Die durchschnittliche Antwortzeit vor Ort beim Nutzer ist kleiner als drei Sekunden für 95% aller Transaktionen.
- Die maximale Ausfalldauer im Katastrophenfall ist 48 Stunden.

Noch anspruchsvollere Werte, wie z. B. 100%ige Verfügbarkeit, werden für Zahlungsverkehrssysteme in Warenhäusern oder Flugbuchungs-Verwaltungssysteme gefordert.

Die Ausführungen dieses Kapitels wollen wir abstellen auf den oben beschriebenen typischen Service-Level für EDV-Systeme von Banken und Versicherungen. Für Unternehmen mit höheren Anforderungen gelten die Ausführungen mit entsprechenden Ergänzungen. So müssen zum Beispiel für das Erreichen einer 100%igen Verfügbarkeit von EDV-Systemen alle Ressourcen redundant ausgelegt sein, der Testaufwand muß drastisch erhöht werden.

5.1.2 Funktions- und Datensicherheit

Die Anforderungen an Funktions- und Datensicherheit sowie Fehlerfreiheit werden im wesentlichen durch die für das Unternehmen relevanten gesetzlichen Vorschriften vorgegeben. Die Ausführungen dieses Kapitels stellen wir auf Unternehmensprozesse ab, für die die Grundsätze ordnungsmäßiger Datenverarbeitung Gültigkeit haben (s. Abschnitte 2.3.3 und 2.3.6).

5.1.3 Wirtschaftlichkeit

Der Rechenzentrumsbetrieb verursacht im allgemeinen erhebliche Personal- und Sachkosten im Unternehmen. Diese Kosten zu minimieren ist ein selbstverständliches Ziel.

Für die Personalkosten wird das Ziel durch Automatisierung erreicht. Die Möglichkeiten dazu werden bei der Beschreibung der Teilaufgabengebiete behandelt.

Für die Sachkosten ist eine sorgfältige Auswahl des Geräteparks inklusive Systemsoftware wesentlich. Ein guter Kompromiß zwischen innovativen, neuen aber teuren und bereits bewährten Produkten muß gefunden werden. Das Aufgabengebiet Controlling spielt hierbei eine wichtige Rolle (s. Kapitel 6).

5.2 Erfolgsfaktoren für den Rechenzentrumsbetrieb

Das Ziel des Rechenzentrumsbetriebs ist es, auf möglichst kostengünstige Weise das gewünschte Niveau an Servicequalität und an Funktions- und Datensicherheit zu gewährleisten. Die globalen – d. h. für alle Teilaufgabengebiete des RZ-Betriebs gültigen – Erfolgsfaktoren für die Realisierung dieses Ziels sind in Übersicht 5.2 zusammengefaßt.

Übersicht 5.2: Erfolgsfaktoren für den Rechenzentrumsbetrieb

EF RZ.1	Weitestgehende Standardisierung und Automatisierung aller Arbeitsabläufe
EF RZ.2	Transparente Dokumentation aller wesentlichen Arbeitsabläufe inklusive Sicherheitsanforderungen
EF RZ.3	Hohes Risikobewußtsein bei allen Mitarbeitern
EF RZ.4	Vier-Augen-Prinzip für alle Änderungen innerhalb eines EDV-Systems
EF RZ.5	Kein Einsatz von unausgereifter Hard- und Software
EF RZ.6	Funktionsübergreifende Koordination von – Änderungen – Problemen – Performance – Kapazität – Sicherheit
EF RZ.7	Freie Kapazitäten für die Abwicklung von Maßnahmen und Projekten
EF RZ.8	Kurze Kommunikationswege zu Lieferanten von Hard- und Software sowie zu Nutzern

Die Erfolgsfaktoren werden durch die wesentlichen Randbedingungen des RZ-Betriebs begründet:

- Alle Vorgänge haben es in der Regel mit extrem großen Mengengerüsten zu tun, die eine individuelle manuelle Bearbeitung nahezu unmöglich machen.
- Die in den Betrieb eines EDV-Systems involvierten Komponenten eines Großrechnersystemes sind extrem komplex und verzahnt. Sie werden deshalb nur in Teilaspekten, nicht als Ganzes verstanden. Das bedeutet, daß kleinste Änderungen große, unvorhersehbare lokale und produktübergreifende Konsequenzen haben können.
- Die in einem Problemfall zu koordinierenden Stellen (z. B. Hersteller, RZ-Mitarbeiter, Nutzer) sind in der Regel über die ganze Welt verteilt.

5.3 Struktur von EDV-Systemen

Als Basis für unsere Ausarbeitung werden in diesem Abschnitt wichtige Begriffe zur Struktur von EDV-Systemen festgelegt. Grundsätzlich unterscheiden wir zwei Typen von EDV-Systemen:

- *Großrechnersysteme*
- *Fachabteilungs-Rechnersysteme.*

Unter einem **Großrechnersystem** (GRS) verstehen wir ein EDV-System mit folgenden charakteristischen Eigenschaften:

- Im GRS werden die EDV-Anwendungssysteme von *mehreren* Fachgebieten gleichzeitig betrieben.
- Das GRS besteht im allgemeinen aus einem Rechnernetz mit mindestens tausend Daten-Endeinrichtungen.
- Das GRS hat einen oder mehrere im Verbund arbeitende Rechner[1] inklusive Speicher und Steuerungssystemen, die wir als das **zentrale Rechnersystem** bezeichnen. Seine charakteristische Eigenschaft ist, daß alle übergreifenden fachlichen Verarbeitungen sowie die gesamte Steuerung des GRS auf ihm stattfinden. Die dazu notwendigen Daten und Programme werden im zentralen Rechnersystem gespeichert. Die *dezentralen Rechnersysteme* erhalten, soweit notwendig, Kopien von Daten und Programmen bzw. Teile davon.
- Das zentrale Rechnersystem ist in speziell ausgestatteten Räumen untergebracht, dem **Rechenzentrum**. Zur Ausstattung gehören:
  - Zutrittskontrollsysteme
  - bauliche Absicherung gegen unberechtigtes Eindringen, Sabotage
  - Klimaanlagen für die Rechner
  - Einrichtungen zur Brandmeldung und Brandbekämpfung

---

[1] in der Regel Mainframe-Rechner

5.3 Struktur von EDV-Systemen

- unterbrechungsfreie Stromversorgungs- und Netz-Ersatzanlagen
- Doppelböden für Verkabelung, Strom- und Klimaversorgung, Wartung.

Die für diese Ausarbeitung wesentlichen Komponenten eines GRS stellen wir in Abbildung 5.1 dar.

Das zentrale Rechnersystem betreibt die zentralen Teile der System- und Anwendungssoftware. Dazu sind Speichermedien wie Magnetplatten-, Magnetkassettensysteme und optische Speichermedien **direkt** über Kanäle (Symbol: —) an den zentralen Rechner[2] angeschlossen. Für den Output werden Druckersysteme wie z. B. Laserdrucker oder andere Devices betrieben. Gesteuert und überwacht wird der gesamte Betrieb über die **Konsolsysteme**; das sind Terminals und Drucker, über die die gesamte systemspezifische Kommunikation innerhalb eines GRS erfolgt (s. Abschnitt 5.5.6.). Weiter sind an das zentrale Rechnersystem direkt oder **Remote** (Symbol: ⎿⎽) über Medien und Übertragungseinrichtungen **Endgeräte** angeschlossen. Typische Endgeräte sind:

- Terminals (ohne programmierbare Rechenkapazität)
- PCs oder Workstations (mit programmierbarer Rechenkapazität)
- Drucker
- branchenspezifische Spezialgeräte wie
  - Kassen bei Banken
  - Ladenkassen bei Warenhäusern
  - Selbstbedienungsgeräte bei Dienstleistungsunternehmen (bei Banken z. B. Geldautomaten, Kontoauszugsdrucker, Service-Terminals).

Die komplexesten Komponenten von GRSen sind direkt oder Remote angeschlossene, **dezentrale Rechnersysteme** (kurz **dezentrale Rechner**), z. B. in *Client/Server-Architektur*. Sie sind aus funktionaler Sicht vergleichbar mit den zentralen Rechnersystemen, haben aber in der Regel eine deutlich geringere Leistungsfähigkeit. Ihr Aufgabenspektrum ist dementsprechend eingeschränkt auf solche Funktionen, die entweder lokal notwendig sind oder lokal effizienter abgewickelt werden können (verteilte Verarbeitung):

- Kommunikation und Datentransfer zwischen Endgeräten untereinander und zum zentralen Rechner
- Produktion des lokalen Outputs (z. B. Druckersteuerung)
- lokale Datenhaltung, -sicherung und -archivierung
- Versorgung der Endgeräte mit Daten und Programmen
- Abwicklung spezieller anwendungsspezifischer Funktionen wie z. B.
  - Bereitstellung elementarer Funktionen vor Ort bei Ausfall des zentralen Rechners (**Offline-Betrieb**)
  - Texthaltung und -bearbeitung

---

[2] Ohne Einschränkung der Allgemeinheit wird im folgenden angenommen, daß es sich immer um einen Rechner handelt.

– Steuerung für Montagebänder, Schienenverkehr, Straßenverkehr, Kernkraftwerke, Wetterbeobachtung usw.

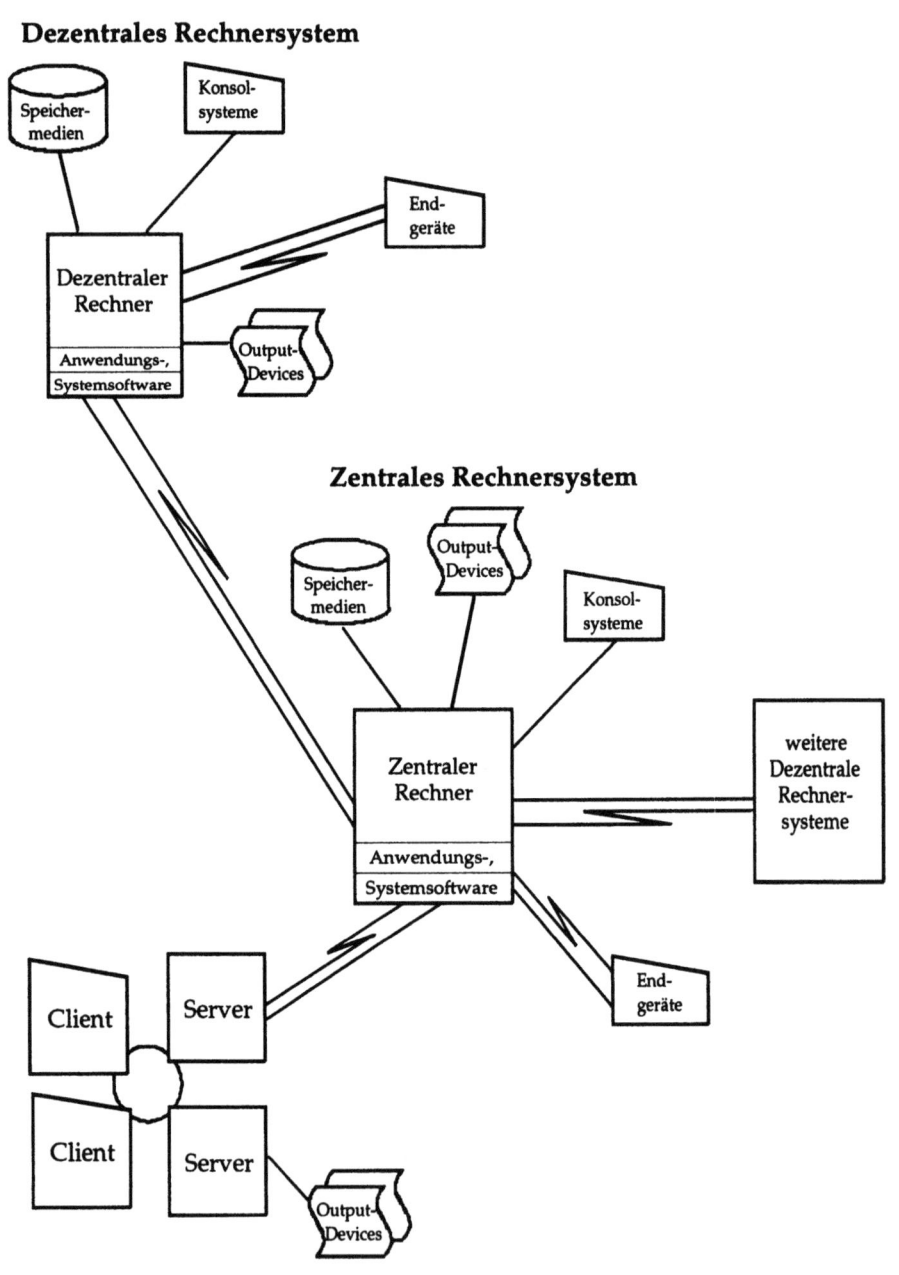

Abbildung 5.1: Struktur eines Großrechnersystems

5.3 Struktur von EDV-Systemen

An die dezentralen Rechnersysteme können Endgeräte und weitere dezentrale Rechner direkt oder Remote angeschlossen werden. Die Summe aller direkt oder Remote an das zentrale Rechnersystem angeschlossenen Endgeräte, dezentralen Rechnersysteme, Kommunikationsmedien, Übertragungseinrichtungen eines GRSs bezeichnen wir als das **Netz** des GRSs. Die Kommunikationsmedien und Übertragungseinrichtungen eines Netzes wollen wir unter dem Begriff **Kommunikationsnetz** zusammenfassen. Schon diese grundsätzliche Beschreibung zeigt, daß GRSe in der Regel sehr komplex sind. Deshalb ist für die Abwicklung des Betriebs von GRSen eine maximale Systematik notwendig.

Unter einem **Fachabteilungs-Rechnersystem** (FRS) (Synonyme: Fachabteilungssystem, Fachbereichssystem) verstehen wir ein EDV-System, dessen wesentliche Aufgabe es ist, die EDV-Anwendungssysteme *eines* Fachgebietes unabhängig von einem GRS zu betreiben. Typische Beispiele für FRSe sind bei Banken: Immobilienverwaltung, volkswirtschaftliche Datenbanken, Archivverwaltung und spezifische Handelssysteme.

In der Regel besteht zwischen den GRSen und FRSen eines Unternehmens keine laufende Kooperation. Üblicherweise werden jedoch vom FRS komprimierte Daten zu fest vorgegebenen Zeiten zur Weiterverarbeitung (im allgemeinen für Verwaltungszwecke) an das GRS übergeleitet, z. B. mittels Datenträgeraustausch oder Filetransfer.

Ein FRS unterscheidet sich von einem GRS nicht im grundsätzlichen Aufbau, sondern nur in den Mengengerüsten:

- Das FRS hat nur einen zentralen Rechner.
- An das FRS sind im Durchschnitt 10-50, maximal einige hundert Endgeräte angeschlossen.

Wegen der geringeren Anforderung an Funktions- und Datensicherheit müssen FRSe im allgemeinen nicht zwingend in Rechenzentren betrieben werden. Dies kann auch bei der Fachabteilung geschehen.

Da GRSe und FRSe sich strukturell gleichen, entsprechen sich auch die Teilaufgabengebiete des Betriebs. Die wesentlichen Unterschiede in der Abwicklung der Aufgaben gegenüber den GRSen sind:

- Es werden andere Tools zur Beherrschung der hohen Mengengerüste verwendet.
- Die Arbeitsteilung für die Abwicklung der Teilaufgabengebiete ist geringer.

Fachabteilungs-Rechnersysteme können zum Beispiel durch **Downsizing** entstehen. Dabei werden *alle* Anwendungsbestandteile eines GRSs vom zentralen Rechnersystem auf Rechner geringerer Kapazität (z. B. Workstations) verlagert, die möglicherweise dezentral betrieben werden. Der Gedanke des Downsizing wird derzeit von Herstellern für Workstations sehr intensiv vermarktet. Als Hauptargument für Downsizing werden die geringeren Kosten für die Rechnerkapazität (Preis pro MIPS) gegenüber Großrechnern

(Mainframe-Systeme) verwendet. Bei Großanwendern sind die Anwendungsgebiete für Downsizing häufig sehr klein. Einige wesentliche Gründe sind:

- Die Leistungsfähigkeit von
    - Hardware (Rechner, Speicher, Kanäle)
    - Systemsoftware (Betriebssysteme, Datenbanksysteme, Transaktionsmonitore usw.)
    - Tools für Management des Betriebs

    reicht bei Workstations noch nicht aus, um die hoch integrierten EDV-Systeme von Großanwendern zu ersetzen, die heute bereits eine Spitzenlast von 100 Transaktionen pro Sekunde verarbeiten.
- Die Logistik der Hersteller für die Wartung von Hard- und Systemsoftware reicht nicht aus, um die benötigte Verfügbarkeit des Systems zu gewährleisten.
- Die Kosten für das Downsizing – nämlich die Neu-Implementierung der Anwendungssysteme – sind im allgemeinen immens und würden für Jahrzehnte Einsparungen bei Hardware-Kosten übertreffen.
- Die Betriebs- und Wartungskosten für dezentralisierte Fachabteilungs-Rechnersysteme auf der Basis von Workstations oder PCs sind im allgemeinen deutlich höher als die für Großrechnersysteme. Dadurch werden die Kosteneinsparungen beim Einkauf der Rechnerkapazität oft mehr als ausgeglichen, wie Untersuchungen von Beratungshäusern [ITG 93] belegen.
- Ist Downsizing aller EDV-Systeme grundsätzlich oder wegen Entwicklungsaufwänden nicht möglich, so führt Downsizing von Teilsystemen zu Kostenerhöhung, weil Economies of Scale am GRS verlorengehen.

Eine spezielle, heute sehr verbreitete, effiziente Architektur für Anwendungssysteme mit verteilter Verarbeitung bei programmierbaren Endgeräten, ist die **Client/Server-Architektur**. Bei dieser Architektur werden von sogenannten Servern Dienste angeboten, die von den Clients in Anspruch genommen werden. Beispiele für solche Dienste sind: Extraktion von Daten aus Dateien oder Datenbanken, Druck-, Gerätesteuerung. Von einem Rechner können sowohl Server-Dienste zur Verfügung gestellt, als auch Dienste eines anderen Servers als Client in Anspruch genommen werden. Im umgangssprachlichen Gebrauch werden Geräte, die nahezu ausschließlich für Server-Dienste verwendet werden, als „**Server**" bezeichnet. Rechner, die im wesentlichen Dienste nutzen aber keine anbieten, werden als „**Client**" bezeichnet. Endgeräte sind typischerweise Clients. Die Client/Server-Architektur erlaubt insbesondere auf Grund der programmierbaren Endgeräte eine Verlagerung der Dienste innerhalb des Netzes. Diese Unabhängigkeit der Dienste von spezifischen Rechnern erlaubt flexible Lastverteilung und Verknüpfung heterogener Systeme.

Innerhalb von Großrechnersystemen ist der zentrale Rechner Server für die Remote angeschlossenen dezentralen Rechner. Seine wichtigsten Funktionen sind:

- Steuerung der Kommunikation im gesamten Netz
- Bereitstellen von Daten, Programmen und entsprechenden Diensten
- Abwicklung von Batch- oder Online-Verarbeitungen
- Durchführen von Datensicherungen und Datenarchivierungen
- Versorgung der dezentralen Server mit Daten und Programmen.

Die dezentralen Rechner einer Lokation werden über ein lokales Netzwerk (Symbol: O in Abbildung 5.1) miteinander verbunden. Ähnlich wie im Zusammenspiel des zentralen Rechners mit den dezentralen Rechnern übernehmen auch innerhalb eines lokalen Netzwerkes manche Rechner Serveraufgaben. Clients werden versorgt mit Daten und Programmen, Kommunikation wird gesteuert, Verarbeitungen werden abgewickelt. Für die Clients verbleiben als Funktionen die, die sie selbst durchführen:

- Aufbau von Benutzeroberflächen
- Textformatierung, Tabellenkalkulation usw.
- Verarbeitungsfunktionen (z. B. Offline-Betrieb).

Bei Fachabteilungs-Rechnersystemen in Client/Server-Architektur entfällt typischerweise die Anbindung an ein Großrechnersystem. Ansonsten ist die Aufgabenverteilung analog. Ein Beispiel für ein Anwendungssystem eines Großrechnersystems in Client/Server-Architektur ist in Übersicht 3.6 beschrieben.

Für die weiteren Ausführungen des Kapitels wollen wir annehmen, daß im Rechenzentrum die zentralen Rechner (Mainframe-Systeme mit mehr als 100 MIPS) eines oder mehrerer GRSe mit jeweils einem großen Netz von dezentralen Rechnern (100-500) und Endgeräten (1.000-10.000) sowie mehrere FRSe betrieben werden. Alle detaillierten Ausführungen zu Teilaufgabengebieten sind abgestellt auf den Betrieb des zentralen Rechners des RZs. Sie gelten grundsätzlich auch für den Betrieb von FRSen. Besonderheiten zu deren Betrieb fassen wir in Abschnitt 5.5.7 zusammen.

5.4 Das Rechenzentrum als Produktionsbetrieb

Um die Arbeitsweise eines Rechenzentrums zu erläutern, vergleichen wir es mit einem industriellen Produktionsbetrieb. Die Analogie stellen wir in Übersicht 5.2 dar.

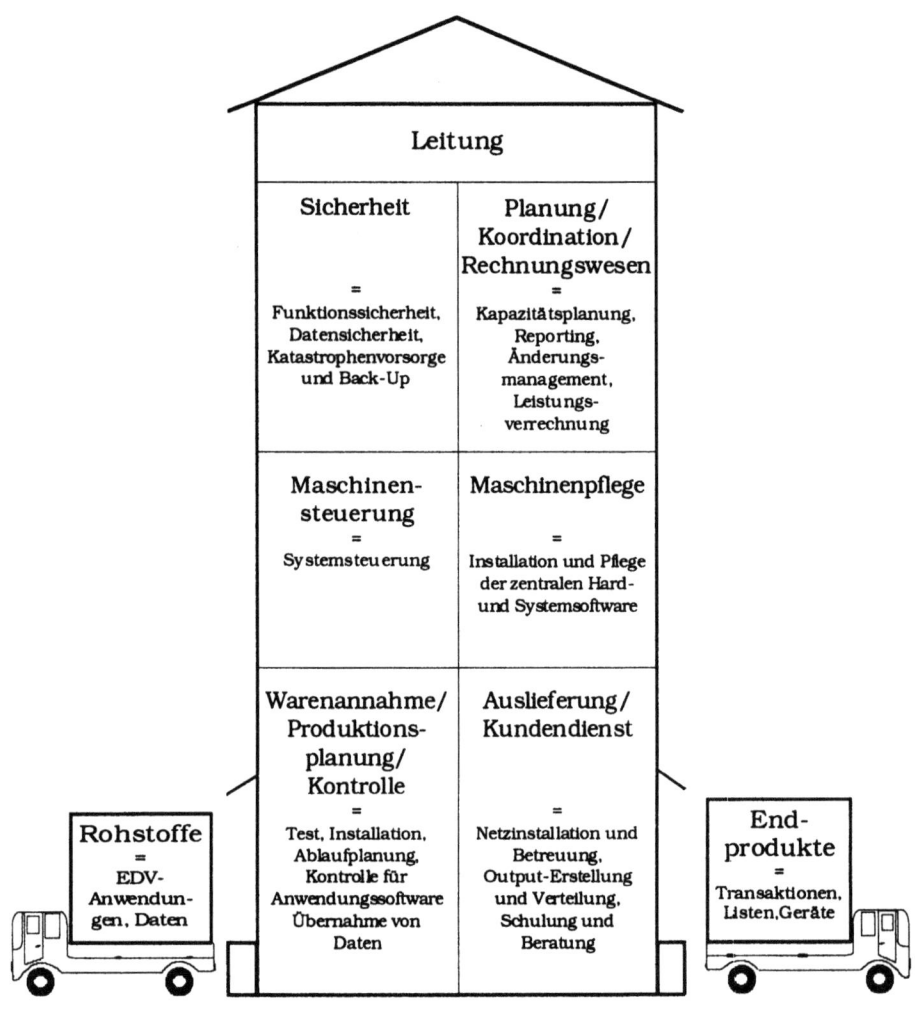

Abbildung 5.2: Der Produktionsbetrieb Rechenzentrum

Der *Rohstoff* eines RZ-Betriebs sind neue EDV-Anwendungen und Daten. Die auszuliefernden *Endprodukte* sind das Ergebnis von Batch- oder Online-Programmausführungen, die als Informationen auf Endgeräte oder Mikrofiche ausgegeben, auf Magnetplatten und -bändern gespeichert werden.

Die *Warenannahme* installiert die neuen EDV-Anwendungssysteme in die Produktionsumgebung, testet sie (Systemtest) und gibt sie frei für die Produktion. Speichermedien werden bereitgestellt und, wenn notwendig, mit Daten gefüllt.

Die *Produktionsplanung/Kontrolle* legt die zeitliche und logische Ablauffolge aller Batch-Programme fest sowie die Output-Erstellung. Sie kontrolliert, daß Batch-Programme nach Plan ablaufen. Für Online-Programme wird nur die Betriebsbereitschaft gemäß dem vereinbarten Service-Level festgelegt.

Die *Maschinensteuerung* beobachtet und steuert den Betrieb aller EDV-Systeme im Rechnernetz rund um die Uhr.

Die *Maschinenpflege* besteht aus der Installation und Pflege der zentralen Hardware bzw. Systemsoftware. Installation und Pflege aller dezentral benötigten Geräte inklusive Software sehen wir ebenfalls als Aufgabe des Rechenzentrums an. Diese Geräte werden für Auftragseingabe (z. B. Transaktionen) und Warenanlieferung (Informationen) benötigt, und deshalb ist es zweckmäßig, auch Installation und Pflege dezentraler Geräte inklusive Software (des Netzes) in Verantwortung des Rechenzentrums durchzuführen.

Die Funktion *Sicherheit* ist zuständig für alle Aspekte der Funktions- und Datensicherheit sowie für den Katastrophenschutz.

Die Funktion *Planung/Koordination/Rechnungswesen* übernimmt die in einem Produktionsbetrieb notwendigen betriebswirtschaftlichen Funktionen wie Bestell- und Rechnungswesen, Kosten- und Ertragsplanung. Sie werden ergänzt durch umfangreiche spezielle EDV-spezifische Aufgaben wie Reporting, Kapazitätsplanung, zentrale Koordination von Änderungen, Lösung von Problemen usw.

Um die generellen Abläufe des RZ-Betriebs ablauforientiert darstellen zu können, gliedern wir die Teilaufgabengebiete in funktionsspezifische und übergreifende Aufgaben. Dabei verstehen wir unter den funktionsspezifischen Aufgaben solche, die unmittelbar mit dem Betrieb der EDV-Systeme zu tun haben. Unter den übergreifenden Aufgaben fassen wir Koordinations-, Planungs- sowie betriebswirtschaftliche Aufgaben zusammen.

5.5 Funktionsspezifische Aufgaben für Großrechnersysteme

5.5.1 Installation, Ablaufplanung und -kontrolle für zentrale Anwendungssoftware

Die wesentlichen Ziele des Teilaufgabengebietes (Kurzbezeichnung: zentrale Produktionsplanung/Kontrolle[3]) sind: Die zentralen Bestandteile neuer Anwendungssoftware in die bestehende Produktionsumgebung des zentralen Rechners korrekt zu integrieren sowie den fehlerfreien Ablauf von Batch-Jobs inklusive aller Sicherungen und Auslagerungen zu gewährleisten. Die wichtigsten Aufgaben sind in Übersicht 5.3 zusammengestellt.

---

[3] wurde früher oft als Arbeitsvorbereitung bezeichnet

Übersicht 5.3: Teilaufgabengebiet: Zentrale Produktionsplanung/Kontrolle

- **Laufende Übernahme von neuen Anwendungssystemen (oder Änderungen)**
  - Mitarbeit in entsprechenden Anwendungsentwicklungsprojekten
  - Programmübernahme (Batch, Online) inklusive Speicherzuteilung für Dateien und Datenbanken
  - Systemtest
  - Festlegung der Job-Abläufe inklusive Abhängigkeiten
  - Festlegung der *Sicherungen* inklusive Aufbewahrungsfristen und Auslagerungen für
    - Daten
    - Programme
    - Jobablaufprotokolle
- **Durchführung aller Daten-, Programm-, Jobablaufsicherungen inklusive Auslagerungen**
- **Tägliche Produktionskontrolle und Fehlerkorrektur**
  - Kontrolle aller Jobabläufe, Jobwiederholungen
  - Pflege der Datenbestände (Dateien, Datenbanken): Datenbank-Recovery, -Reorganisation, -Tuning,
- **Laufende Problembearbeitung**
- **Verbesserung von Qualität und Produktivität**

Die Übernahme neuer Anwendungssysteme (oder Änderung bestehender) beginnt schon während der Entwicklung. Für das Aufgabengebiet zuständige Mitarbeiter werden während der Phase Systemkonzept in das Projektteam integriert. Sie wirken mit bei der Festlegung von Jobabläufen, überprüfen deren technische Machbarkeit sowie Auswirkungen auf bestehende Jobabläufe. Sie erarbeiten Verbesserungsvorschläge, legen den Umfang notwendiger Systemtests fest und treffen entsprechende Vorbereitungen. Nach Übergabe eines neuen Anwendungssystems an das RZ durch die Entwickler werden Programme und Datenbestände unter Praxisbedingungen installiert und einem Systemtest unterzogen. Dadurch muß sichergestellt werden, daß die neuen Anwendungsprogramme unter Praxisbedingungen ablauffähig sind, gewünschte Service-Levels (Verarbeitungstermine, Antwortzeiten) eingehalten werden können und bestehende Abläufe von EDV-Anwendungssystemen nicht gestört werden. Die Methodik für Systemtests ist anwendungsabhängig. Sie reicht von Stichprobenprüfungen von Online-Transaktionen und Batch-Abläufen bis hin zu Parallelläufen inklusive Bestandsvergleichen über längere Zeiträume. Zur Inbetriebnahme eines neuen Anwendungssystems müssen bei der Installation aller neuen Programme die neuen Batch-Jobs in die bestehenden Job-Abläufe integriert werden. Dazu werden

- Verarbeitungszeiten festgelegt
- Jobabhängigkeiten festgestellt und eingeplant
- Speicherplatz für Bestände zugeteilt und entsprechend belegt
- Bestands-, Programm-, Joblauf-*Sicherungen* inklusive jeweiliger Aufbewahrungsfristen und -orte festgelegt.

Unter der **Sicherung** von „Daten" (Datenbanken, Dateien, Programmen, Protokollen usw.) verstehen wir Kopien der zu sichernden „Daten" auf diversen Speichermedien wie Magnetplatten oder Magnetkassetten. Sicherungen sind notwendig, um gesetzliche Aufbewahrungvorschriften einzuhalten (s. Abschnitt 2.3) und Datenverluste bei technischen oder sonstigen Fehlern (z. B. Plattenfehler) zu minimieren. Sicherungen sind notwendig zur Einrichtung des *Notfallbetriebs* bei Katastrophen. Wesentliche Daten der täglichen Produktion wie

- Log-Files für Transaktionen
- Bestände für Druckoutput

werden laufend gesichert. Eine Kopie der gesicherten Daten wird in möglichst kurzen Abschnitten an einen anderen Ort ausgelagert , der durch hohe Sicherheitsvorkehrungen gegen unbefugten Zutritt und Katastrophen geschützt ist. Die effizienteste Möglichkeit der Sicherung und Auslagerung besteht in der Verwendung von Bandspeichersystemen mit Robotern, die an den jeweiligen Auslagerungsorten aufgestellt sind und die Arbeit bedienerlos programmgesteuert verrichten.

Die Steuerung der geplanten Jobabläufe inklusive der Sicherungen kann heute nicht manuell durch die Systemsteuerung (s. Abschnitt 5.5.6) erfolgen, sondern nur mit Hilfe von diversen *Automatisierungstools* und Werkzeugen. Unter einem **Automatisierungstool** (kurz: Tool) verstehen wir spezifische EDV-Systeme, die dazu dienen, komplexe und in der Regel vorgegebene Abläufe mit hohen Mengengerüsten zu steuern. Wir verwenden bewußt den Begriff Automatisierungstool anstatt wie bei Anwendungsentwicklung Werkzeug, um den speziellen Charakter dieser EDV-Systeme zu betonen. Ein Prototyp eines solchen Tools ist ein Joblauf-Steuerungssystem. Für alle Jobs eines Großrechners müssen eingegeben werden:

- der jeweilige zeitliche Ablauf
- die logischen Abhängigkeiten
- mögliche Recovery-Maßnahmen im Fehlerfall
- die gewünschten Ausgabenachrichten.

Danach steuert das System den gesamten Ablauf selbständig und erstellt ein Protokoll für die Nachkontrolle. Nur im Fall von Fehlern, für die kein automatisches Recovery vorgesehen ist, muß die Systemsteuerung eingreifen.

Alle geplanten Jobs müssen täglich korrekt ablaufen. Dazu liefern die Automatisierungstools Protokolle über den Status der Abläufe. Fehler und Abweichungen müssen sofort korrigiert werden. Ein besonderes Problem stellen dabei die Datenbestände dar, speziell die Datenbanken. Ihr „Zustand" muß laufend überprüft und bei Bedarf durch Recovery-, Reorganisations- oder Tuningmaßnahmen verbessert werden. Auch dazu werden wieder Tools eingesetzt.

Eine für Großanwender typische Zusammenstellung von Tools, Werkzeugen und Mengengerüsten für das Teilaufgabengebiet erfolgt in Übersicht 5.4[4].

Übersicht 5.4: Tools, Werkzeuge, Mengengerüste für Teilaufgabengebiet: Zentrale Produktionsplanung/Kontrolle

Aufgabe	Tool oder Werkzeug Kurzbezeichnung	Hersteller	Typisches Mengengerüst circa
Übernahme von Batch- und Online-Programmen von Test in Praxis	Freigabeverfahren	HYPO	Übernommene Batch-Programme ⌀ Monat 300
Definition der Batch-Jobs	JCL[5]	IBM	Online-Programme ⌀ Monat 200
Systemtest	TPNS	IBM	Module ⌀ Monat 500
Automatisierung des Ablaufs der Batch-Jobs inklusive • Sicherungen • Protokollierung aller fehlerhaften Abläufe	OPC/ESA	IBM	Batch-Jobs ⌀ Tag 10.000
Job-Protokollierung	Beta 92	Beta-Systems	

---

[4] Die Angaben in Übersicht 5.4 und der folgenden mit analogem Inhalt spiegeln die Praxis der HYPO-BANK, Stand Ende 1993, wieder, können aber als repräsentativ für Großanwender angesehen werden.

[5] Referenzen auf Werkzeuge befinden sich im Literaturverzeichnis im Abschnitt "Produktspezifische Literatur" unter dem jeweiligen Hersteller.

5.5 Funktionsspezifische Aufgaben für Großrechnersysteme

Fortsetzung Übersicht 5.4: Tools, Werkzeuge, Mengengerüste für Teilaufgabengebiet: Zentrale Produktionsplanung/Kontrolle

Aufgabe	Tool oder Werkzeug Kurzbezeichnung	Hersteller	Typisches Mengengerüst circa
Analyse des Zustands von Datenbanken	PCP für IMS DB2-SMU	BMC CDB	Anzahl Datenbanken 900 Anzahl Dateien 120.000
Recovery von Datenbanken	DBRC	IBM	Plattenspeicher für Produktionsdaten 500 GB
Reorganisation von Datenbanken	Unload Plus	BMC	
Sicherung von Datenbanken	Image Copy	IBM	
Automatisches Handling von Magnetbandkassetten (Roboter)	ACL IBM-3495	COMPAREX IBM	Anzahl der Mounts Ø Tag 1.000
Kassettenverwaltungssystem	CA-1	CA	Anzahl Magnetkassetten im Archiv 45.000
Auslagerung von Kassetten	ACL Kontroll-Listen	COMPAREX HYPO	Anzahl Kassettenauslagerungen Ø Tag 500

In *jedem Teilaufgabengebiet* fallen neben den täglich zu erledigenden Produktionsaufgaben und der Problembearbeitung diverse kleine und große Maßnahmen an, bis hin zu Projekten zur Verbesserung von Qualität und Produktivität. Solche können sein:
- Einführung von neuen Tools
- Releasewechsel bei Tools
- systematische Aktionen zur Verbesserung der Qualität von Abläufen
- Ausbildungmaßnahmen

- Sonderaktionen für diverse Zwecke (z. B. Statistiken, Auswertungen usw.).

Die Problembearbeitung ist wegen der Menge der Probleme und des in der Regel arbeitsgebiets-übergreifenden Charakters von besonderer Bedeutung für das RZ. Sie wird in Abschnitt 5.6. behandelt.

Die Personalkapazität in allen Organisationseinheiten des Rechenzentrums ist darauf auszurichten, daß neben den täglichen Produktionsaufgaben hinreichend Zeit für die qualitäts- und produktivitätsverbessernden Maßnahmen und die Problembearbeitung bleibt. Bei zu geringer Kapazität werden diese Aufgaben immer zu Gunsten der Produktionsaufgaben verschoben. Dies kann schwerwiegende Folgen haben, speziell wegen des noch hohen Potentials für Automatisierung im RZ-Betrieb. Erfahrung sagt uns, daß höchstens 60% der Kapazitäten für den Produktionsbetrieb verplant sein sollten.

Ganz wesentlich ist es, daß Maßnahmen ab einer gewissen Größenordnung, wir schlagen 6 MM Aufwand vor, auch im RZ in Projektform mit einem verantwortlichen Projektleiter durchgeführt werden. Nur so sind Termine und die notwendige Qualität zu gewährleisten.

5.5.2 Installation und Wartung zentraler Rechnersysteme

Die wesentlichen Ziele des Teilaufgabengebietes sind: Die für den Betrieb der Anwendungssoftware notwendigen Geräte des zentralen Rechnersystems im RZ termingerecht zu installieren und für maximal störungsfreien Betrieb zu sorgen. Die Installation und Wartung von dezentralen Rechnern und von Endgeräten wird in Abschnitt 5.5.5 behandelt. Einen Überblick der wichtigsten Aufgaben geben wir in Übersicht 5.5.

Übersicht 5.5: Teilaufgabengebiet: Installation, Wartung zentraler Rechnersysteme

- Planung und Durchführung (Überwachung) aller Geräteinstallationen (-exstallationen)
- Planung und Sicherstellung aller Wartungsaktivitäten
- Test und Abnahme aller neuen (geänderten) Geräte
- Laufende Problembearbeitung
- Verbesserung von Qualität und Produktivität

Durch sorgfältige Planung ist sicherzustellen, daß Geräteinstallationen oder Wartungsarbeiten den Produktionsbetrieb möglichst nicht stören, in jedem

5.5 Funktionsspezifische Aufgaben für Großrechnersysteme

Fall aber nur im eingeplanten Umfang. Vor allem muß die Infrastruktur für ein zu installierendes Gerät rechtzeitig bereitgestellt werden (Stellflächen, Stromversorgung, Klimaversorgung, Verkabelung für Datenkommunikation usw.). Oft ist es nötig, EDV-Anwendungssysteme für die Dauer der Geräteinstallationen bzw. Wartung vollständig auf andere Rechner zu verlagern. Dazu ist funktionsübergreifende Planung nötig (s. Abschnitt 5.6.1). Für die Geräteinstallationen und Wartung gibt es grundsätzlich vier Möglichkeiten:

- durch Mitarbeiter des RZ (Eigenwartung)
- durch den Lieferanten
- durch den Hersteller
- durch eine spezialisierte Firma.

Welche Möglichkeit gewählt wird, muß für jeden Gerätetyp gesondert entschieden werden. Bei der Auswahl müssen gegeneinander abgewogen werden:

- die Kosten
- die gewünschte Betriebsqualität
- die Schnelligkeit bei Fehlerbehebung
- die dauerhafte Verläßlichkeit des Services.

Bei Großrechnersystemen, die mit höchster Verfügbarkeit betrieben werden müssen, sprechen für Wartung durch Hersteller oder durch herstellerautorisierte Lieferanten:

- Kenntnisse der Technikern
- Technikeinsatz bei Fehlerdiagnose (z. B. Ferndiagnose)
- Logistik für Ersatzteilbeschaffung.

Ein Beispiel für eine vorbildliche Organisation der Wartung für Großrechner gibt die Firma IBM. Die Performance der Rechner wird rund um die Uhr Online durch spezifische Rechensysteme überwacht. Unregelmäßigkeiten werden erkannt und diagnostiziert. Im Bedarfsfall sind im allgemeinen Ersatzteile und Techniker unterwegs (Taxi, Flugzeug), bevor der Kunde sein Problem bemerkt hat. Üblicherweise sind Techniker und Ersatzteile innerhalb einer Stunde vor Ort.

In den Verträgen mit Wartungsfirmen sollten Regelungen zu folgenden Punkten enthalten sein:

- Anwesenheitszeiten der Techniker vor Ort
- maximale Zeitdauer des Beginns von Problembearbeitungen vor Ort nach Meldung
- maximale Lieferfristen für Ersatzteile.

Am Ende einer Installation bzw. größerer Wartungsaktivitäten muß eine offizielle Übergabe des betriebsbereiten Gerätes an Mitarbeiter des Hauses erfolgen. Dabei müssen insbesondere Nachweise über erfolgte Tests geführt werden.

Das Spektrum von Methoden und Tools für Installation und Wartung reicht von Meßgeräten aller Art bis hin zu spezifischen EDV-Systemen für Fehlerdiagnose und Test. Sie werden ausschließlich von Wartungsfirmen bereitgestellt und deshalb in dieser Ausarbeitung nicht behandelt.

Als typische Mengengerüste an Geräten eines mittelgroßen Rechenzentrums sehen wir mehr als 200 Geräte (Terminals und PCs nicht gerechnet) an, zusammengesetzt aus mehr als 30 Gerätetypen.

5.5.3 Installation und Wartung zentraler Systemsoftware

Übersicht 5.6: Teilaufgabengebiet: Zentrale Systemprogrammierung

- Installation, Wartung inklusive Test aller Systemsoftwareprodukte
  - Betriebssysteme
  - Datenbanksysteme
  - Teleprocessing-Monitore
  - Datenfernverarbeitungssoftware (inklusive dezentraler Teile)
  - Netzwerk-Managementsoftware (ohne dezentrale Teile)
  - Produktions-Tools für RZ (Sort-Programme, Bandarchiv, Jobsteuerungssystem usw.)
  - Tools für Anwendungsentwicklung (Compiler, Dokumentationstools, Testwerkzeuge, Abfragesprachen usw.)

- Regelmäßige Anpassung der aktuellen Systemsoftwareprodukte (Generierungen) an
  - Netzstruktur
  - Rechnerkonfiguration
  - Anwendungssysteme
  - Endgeräte

- Ständige Performanceüberwachung und Tuning aller Systemsoftwarekomponenten

- Laufende Problembearbeitung

- Verbesserung von Qualität und Produktivität
  - Automatische Performanceüberwachung
  - Start oder Stop von Systemen
  - Krisenprozeduren

Das wesentliche Ziel des Teilaufgabengebiets (Kurzbezeichnung: zentrale Systemprogrammierung) ist, einen maximal fehlerfreien Betrieb der Sy-

5.5 Funktionsspezifische Aufgaben für Großrechnersysteme

stemsoftware des zentralen Rechnersystems zu gewährleisten. Die wichtigsten Aufgaben sind in Übersicht 5.6 zusammengestellt.

Für Großanwender typische Werkzeuge, Tools und Mengengerüste des Teilaufgabengebiets werden in Übersicht 5.7 dargestellt.

Übersicht 5.7: Tools, Werkzeuge, Mengengerüste für Teilaufgabengebiet: Zentrale Systemprogrammierung

Aufgabe	Tool oder Werkzeug Kurzbezeichnung	Hersteller	Typisches Mengengerüst circa
Anzeige von Schwellwerten	AF/OPERATOR	Candle	Anzahl Schwellwerte in Monitoren def/aktiv
Monitor für MVS	OMEGAMON	Candle	MVS 70/20
Monitor für DB2	OMEGAMON	Candle	DB2 30/25
Monitor für IMS	OMEGAMON	Candle	IMS 200/100 Anzahl Puffer IMS 70
Plattenmonitor	ASTEX	Legent	
Anpassung Systemsoftware an Änderungen • Rechnernetz-Konfiguration • Anwendungs-system-konfiguration (Generierungen)	Assembler REXX	IBM IBM	IMS-Definitionen: Datenbanken 500 Programme 1.000 Transaktionen 2.000 Terminals oder Drucker 20-40.000
Softwarewartung • Installation neuer Produkte, Produktversionen oder Releasestände • Präventivwartung (Software-Refresh)	SMP/E	IBM	Anzahl installierter Systemsoftware-produkte 140 Lines of Code MVS ESA 13-14 Mio.

Fortsetzung Übersicht 5.7: Tools, Werkzeuge, Mengengerüste für Teilaufgabengebiet: Zentrale Systemprogrammierung

Aufgabe	Tool oder Werkzeug Kurzbezeichnung	Hersteller	Typisches Mengengerüst circa
• aktuelle Informationen, Kommunikation	DIAL IBM	IBM	Ø Anzahl PTFs im Refresh pro Jahr für MVS 2.000 IMS 500 DB2 200
• Informieren über Softwareprodukte	Referenz-Manuale BookManager	alle IBM	Circa 600 Referenz-Manuale auf CD-ROM für alle Systemsoftwareprodukte

Systemsoftwareprodukte für Großrechner sind heute in der Regel hoch komplexe Softwareprodukte. Zum Beispiel besteht das Betriebssystem MVS/ESA der Firma IBM aus 13 bis 14 Mio. Lines of Code. Die dem Kunden zur Verfügung gestellten Referenz-Manuale bestehen aus circa 70 Ordnern und haben zusammen mehr als 35.000 Seiten. Für den Betrieb des Systems können mehr als 2.900 systeminterne Parameter durch den Kunden definiert werden, wenn kundenspezifische Einstellungen gewünscht sind. Das Produkt hat Schnittstellen zu allen kundenspezifischen Systemsoftware-Produkten. Bedingt durch die Größenordnung des Systems verstehen auch deren Entwickler nur Teilbereiche im Detail. Die Konsequenzen dieser Komplexität sind:

- Das System ist *nicht fehlerfrei*: Im Jahr werden im Durchschnitt mehr als 1.000 Verbesserungen (PTF's) durch IBM geliefert.
- Das System ist *nicht fehlertolerant*: Kleinere Fehleingaben durch Kommandos oder fehlerhafte Konstellationen der Anwendungssoftware können große Auswirkungen bis hin zum Programmstillstand haben.
- Das System ist *nicht stabil bei hoher Auslastung*: Bei Überschreitung spezifischer Schwellwerte, z. B. 85% Auslastung, kann das System durch interne Warteschlangenprobleme in große Performanceprobleme (z. B. Verzehnfachung der Antwortzeiten) geraten.
- Das System ist *nicht ausreichend präzise in eigenen Fehlermeldungen*: Die Fehlermeldungen des Systems sind häufig sehr allgemein (z. B. „0C4") und führen nicht zur Fehlerursache. Fehler können in der Regel nur unter Mithilfe des Herstellers diagnostiziert und behoben werden. Dazu

5.5 Funktionsspezifische Aufgaben für Großrechnersysteme

sind oft umfangreiche Informationen („Dumps") bereitzustellen und mehrere Tage Bearbeitungszeit notwendig.

Die Ausführungen zu MVS gelten analog für alle großen Systemsoftwareprodukte, unabhängig vom Hersteller. Deshalb ist im gesamten Arbeitsgebiet besondere Sorgfalt und Systematik zwingend. Dazu gehören:

- Alle Änderungen müssen Klassen zugeordnet sein, für die es spezifische Durchführungsbestimmungen gibt. Eine Klassifizierung könnte sein:
  - Funktionale Änderung: Das sind entweder
    - Änderungen am Code des Systems aus funktionalen Gründen bzw. zur Beseitigung von Fehlern oder
    - Änderungen an der Betriebsart des Systems mit Auswirkungen auf Teile des Gesamtsystems.
  - Generierungen: Das sind Änderungen an den anwendungsbezogenen Außenschnittstellen des Systems (z. B. Definition von Endgeräten, Datenbanken, Anwendungsprogrammen usw.).
  - Modifikationen: Das sind Änderungen an Parametereinstellungen (z. B. Puffergrößen), die nur lokale Auswirkungen haben und die Funktionalität des Produktes nicht ändern.
- Als Durchführungsbestimmungen für Änderungen haben sich folgende Regelungen bewährt:
  - Generell für alle Typen von Änderungen:
    - Alle Änderungen sollten in einer Weise dokumentiert sein, daß im Problemfall sofort erkannt werden kann, was am Gesamtsystem geändert wurde.
    - Für alle Änderungen sollte das „Vier-Augen-Prinzip" angewendet werden.
    - Alle Änderungen sollten außerhalb der Produktionszeiten stattfinden (außer in Notsituationen).
    - Für jede Änderung sollte die Möglichkeit einer automatischen Rückkehr zum Ausgangszustand vorbereitet sein (Fall-back-Organisation).
  - Für Generierungen oder funktionelle Änderungen:
    - Sie sollten in Release-Form, d. h. in zusammengefaßter Form und zu vorgegebenen Zeiten erfolgen.
    - Zu dem Zeitpunkt dürfen keine weiteren Änderungen am Gesamtsystem erfolgen.
    - Der Zeitpunkt muß mit der RZ-Leitung abgestimmt und in einem für alle mit EDV befaßten Mitarbeiter zugänglichen Medium veröffentlicht sein.
  - Für Generierungen:
    - Die Konsistenz sollte weitestgehend automatisiert geprüft werden.
  - Für funktionelle Änderungen:

- Von den Herstellern sollte die regelmäßige Bereitstellung eines auf Konsistenz geprüften Paketes von Änderungen verlangt werden (z. B. im Wartungsvertrag).
- Jede Änderung muß über mehrere Tage ausführlich funktionell getestet werden, wenn möglich auch bezüglich der Performance. Der Test muß auf einem vom Produktionssystem verschiedenen, aber identisch konfigurierten System laufen.
- Eine Änderung sollte immer nur ein Systemsoftwareprodukt betreffen.
- Für jedes Systemsoftwareprodukt sollten mindestens drei Mitarbeiter kompetent sein.
- Die Art der Zusammenarbeit mit Herstellern bei Problemen mit Systemsoftware sollte formal geregelt sein. Folgende Punkte sollten enthalten sein:
  - Bereitstellung eines Informationssystems durch den Hersteller mit folgenden Eigenschaften:
    - Jedes beim Kunden auftretende Problem kann sofort gemeldet werden, inklusive Priorität.
    - Der Hersteller kann den Kunden über potentielle Problemsituationen und deren Vermeidung sofort Online informieren.
    - Der Bearbeitungsstatus eines Kundenproblems wird durch den Hersteller dokumentiert (s. Abschnitt 5.6.1).
  - Der Hersteller garantiert Obergrenzen (abhängig von Prioritäten) für für die Zeitdauer bis zum Beginn der Problembearbeitung.
- Die Performance des gesamten EDV-Systems muß ständig beobachtet werden, so daß Problemsituationen frühestmöglich erkannt werden. Dazu müssen alle wesentlichen Kenngrößen für die Performance bekannt sein. Der Status der Kenngrößen muß laufend beobachtet werden. Für jede Kenngröße sollten Schwellwerte definiert sein, bei deren Überschreitung sofort Gegenmaßnahmen eingeleitet werden müssen. Wesentliche Typen von Kenngrößen sind:
  - Antwortzeiten von Transaktionen auf
    - Plattenebene
    - Systemebene
    - Netzebene
  - Wartezeiten auf Systemressourcen
  - Auslastung von
    - Prozessoren
    - Kanälen
    - Speichermedien
    - internen Speicherbereichen von Software-Produkten (Puffer)
    - Adreßräumen (Jobs, Tasks)

Die Gesamtzahl aller zu beobachtenden Kenngrößen ist deutlich größer als hundert. Deshalb ist der Einsatz von speziellen Tools zur Anzeige

von Kenngrößen und eventuellen Abweichungen unbedingt erforderlich. Solche Tools müssen ständig angepaßt und weiterentwickelt werden.
- Für den Start oder Stop von EDV-Systemen oder Teilen davon müssen standardisierte Vorgehensweisen vorhanden sein. Diese sollten in jedem Fall beinhalten:
  - Standardzeitpunkte für Start oder Stop
  - Standardprozeduren zum automatischen Ablauf von Start- oder Stop Vorgängen
  - Prozeduren für das Vorgehen in Krisensituationen (s. Abschnitt 5.6.1).

5.5.4 Bereitstellung von System- und Anwendungssoftware für dezentrale Rechner und Endgeräte

Das wesentliche Ziel des Aufgabengebietes (Kurzbezeichnung: dezentrale Systeme) ist, die für den Betrieb der dezentralen Rechner sowie der Endgeräte eines GRS bzw. eines FRS notwendige System- und Anwendungssoftware in fehlerfreier Form bereitzustellen.

Das Aufgabengebiet hat erst ab circa 1990, mit der breiten Verwendung von PCs als Endgerät, große Bedeutung erlangt. Bis dahin hatten Endgeräte in der Regel keine durch Anwender programmierbare Rechnerkapazität, und dezentrale Rechner wurden nur in geringen Stückzahlen eingesetzt, z. B. für Kassenterminals bei Banken. Mit der Verwendung des PCs als Endgerät auf breiter Basis hat sich diese Situation grundlegend geändert:

- Die PC-Industrie produziert eine wachsende Flut von preiswerten Produkten.
- Es gibt in den Unternehmen eine wachsende Zahl von Mitarbeitern, die durch private Nutzung von PCs sich ein Basiswissen über deren Möglichkeiten angeeignet haben. Diese Mitarbeiter sind zu „Mitwissern" geworden, die gerne die Initiative ergreifen für den Bau eigener Lösungen.
- Mit der Einführung von Anwendungen in Client/Server-Architektur werden wichtige Teile von operativen Anwendungssystemen auf PCs als Endgeräten betrieben. Der Betrieb dieser Systeme erfordert die für den RZ-Betrieb typischen, streng normierten Vorgehensweisen.

Es ist in vielen Unternehmen ein Spannungsfeld entstanden zwischen Mitarbeitern, die auf ihren Geräten am Arbeitsplatz eigene Lösungen kreieren wollen – mit Hilfe von innovativen Produkten bis hin zu PC-Netzen – und den EDV-Verantwortlichen, die einen ordnungsgemäßen, Service-Level-gerechten und wirtschaftlichen Betrieb der Anwendungssysteme garantieren müssen. Die Steuerung dieses Spannungsfeldes mit dem Ziel maximalen Nutzen für das Unternehmen aus vorhandener Technologie und kreativen Mitarbeitern zu gewinnen, ist eine der zentralen Herausforderung des Aufgabengebiets dezentrale Systeme. Einen Überblick der wichtigsten Aufgaben geben wir in Übersicht 5.8.

Übersicht 5.8: Teilaufgabengebiet: Dezentrale Systemprogrammierung

- Wartung dezentraler Systemsoftware
- Übernahme dezentraler Anwendungssoftware
- Sicherstellung der Betriebssicherheit und Systemsteuerung vor Ort
- Entwicklung und Bereitstellung von spezifischen Systemfunktionen
  - Installationsverfahren
  - Software-Versorgungsverfahren
  - Schnittstellen und Treibern für neue Komponenten
  - Sicherungs-Verfahren
  - Standard-Utilities für Anwendungsentwicklung
- Auswahl von Produkten und Festlegung von Standards für individuelle Datenverarbeitung
  - Textverarbeitung
  - Tabellenkalkulation
  - Electronic Mail
  - Archivierung
  - Terminkalender
  - Grafikverarbeitung
- Datenbanksysteme
- Festlegung der Systemarchiktektur für dezentrale Systeme
- Systemtest aller Software-Komponenten und Konfektionierung für Verteilung
- Kapazitätenplanung für dezentrale Hardware-Komponenten
- Bereitstellung von Entwicklungs- und Test-Umgebungen für Anwendungsentwickler
- Beratung von Anwendungsentwicklern für die Programmierung dezentraler Systeme
- Laufende Problembeseitigung
- Verbesserung von Qualität und Produktivität

Die Auflistung der wichtigsten Aufgaben zeigt, daß es Überschneidungen zu den bereits besprochenen Teilaufgabengebieten

5.5 Funktionsspezifische Aufgaben für Großrechnersysteme

- zentrale Produktionsplanung
- zentrale Systemprogrammierung

bei zentralen Rechnern gibt. Hinzu kommen Aufgaben wie „Entwicklung von Systemfunktionen", „Konfektionierung für Verteilung" oder „Auswahl von Produkten und Festlegung von Standards für individuelle Datenverarbeitung" die dort nicht angefallen sind.

Die wesentlichen Gründe, weshalb wir diese Aufgaben bei dezentralen Rechnern, speziell PCs, zu einem eigenen Teilaufgabengebiet zusammenfassen sind:

- Die vielfältigen Schnittstellen zwischen Systemprogrammierung und Anwendungsentwicklung. Anwendungsentwickler benötigen in der Regel Kenntnisse der Architektur und Arbeitsweise der Systemsoftware.
- Das Aufgabengebiet Systemprogrammierung für dezentrale Rechner umfaßt heute noch einen deutlichen Teil an Eigenentwicklungen von *Utilities*[6] bis hin zu typischen Systemfunktionen wie Zugriffsschutz- oder Netzwerkmanagement usw., für die die Hersteller heute weder Standards noch Produkte für die dezentralen Rechner anbieten.

Selbstverständlich ist es nicht wünschenswert, daß EDV-Anwender Systemprogramme selbst entwickeln müssen. Solche Eigenentwicklungen führen zu hohen Investitionen, die in der Regel in den Folgejahren durch aufkommende Standardprodukte ersetzt werden müssen. Unternehmen, die heute die vorhandene, preiswerte Hardware (PCs, Workstations) für Client /Server-Anwendungssysteme (s. Abschnitt 3.1) verwenden wollen, müssen das in ihre Wirtschaftlichkeitsbetrachtungen einbeziehen.

Die Auswahl von Produkten für individuelle Datenverarbeitung ist ein spezielles Problem. Die Industrie erzeugt ständig neue, interessante Angebote. Der Aufwand für Integration, Installation, Schulung und Beratung kann aber nur auf einem wirtschaftlich sinnvollen Niveau gehalten werden, wenn eine unternehmensweite Standardisierung stattfindet. Ein zufriedenstellender Kompromiß ist heute schwer zu erzielen.

Ein besonderer Schwerpunkt ist der Systemtest von neuen Softwarekomponenten. Wegen der engen Verknüpfung von System- und Anwendungssoftware sowie dem hohen Aufwand für die Verteilung der Änderungen an Server und Clients über *Down-load*, ist bei allen Änderungen an Teilkomponenten ein intensiver, vollständiger Test notwendig. Dabei muß auch die Performance der einzelnen Komponenten unter möglichst praxisnahen Bedingungen getestet werden. Erkenntnisse daraus stellen den Input für die Kapazitätsplanung von dezentralen Hardwarekomponenten dar. Nach dem Systemtest kann die Software für die Verteilung konfektioniert werden (s. Abschnitt 5.5.5).

---

[6] Unter **Utilities** verstehen wir Systemprogramme mit anwendungsübergreifendem Charakter, wie z.B.: Gerätetreiber aller Art; Zugriffsroutinen auf Daten, Texte; Standardroutinen für Maskenaufbau.

Für die im Teilaufgabengebiet eingesetzten Methoden, Tools und Werkzeuge gelten grundsätzlich die selben Ausführungen wie über die entsprechenden zentralen Teilaufgabengebiete und die Anwendungsentwicklung.

5.5.5 Installation und Wartung des Netzes

Das wesentliche Ziel des Teilaufgabengebiets (Kurzbezeichnung: Netzinstallation und Wartung) ist es, das Netz von GRSen inklusive Software termingerecht betriebsbereit zu installieren sowie zu warten. Einen Überblick der wichtigsten Aufgaben geben wir in Übersicht 5.9.

Übersicht 5.9: Teilaufgabengebiet: Netzinstallation und Wartung

- Planung, Installation und Wartung der dezentralen Geräte inklusive Software
  - Planung und Durchführung der Installation von neuen Geräten inklusive Software
  - Wartung inklusive Fehlerbehebung der dezentralen Geräte
  - Versorgung der dezentralen Geräte mit System- und Anwendungssoftware
- Planung, Installation und Betrieb des Netzes
  - Erweiterung und Optimierung des Kommunikationsnetzes
  - Überwachung der Verfügbarkeit und Antwortzeit im Netz inklusive Endgeräten
- Laufende Problembearbeitung
- Verbesserung von Qualität und Produktivität

Die termingerechte Installation von betriebsbereiten dezentralen Geräten inklusive Software bedarf einer besonders sorgfältigen Planung. Zu koordinieren sind unterschiedlichste Aktivitäten:

- generelle bauliche Maßnahmen
- EDV-spezifische Infrastrukturmaßnahmen vor Ort:
  - Abstellmöglichkeiten für Geräte – von Schreibtischen bis hin zu geschützten Räumen – müssen vorhanden sein. Dezentrale Rechner sollten in gesonderten, abschließbaren, feuergeschützten Räumen untergebracht werden. Dort sollten auch alle Unterlagen, Werkzeuge für Wartung und Sicherung aufbewahrt werden. Die Festlegung einer Standardausstattung für solche Räume ist zweckmäßig.
  - Strom- und Klimaversorgung muß eingerichtet sein.
  - Die lokale Verkabelung muß vorhanden sein.

5.5 Funktionsspezifische Aufgaben für Großrechnersysteme

- Datenkommunikationsmedien und Übertragungseinrichtungen müssen bereitgestellt sein.
- Anlieferung von Geräten mehrerer Hersteller
- Betriebsbereitschaft von System- und Anwendungssoftware inklusive Generierungen.

Wird eine der obigen Aktivitäten nicht rechtzeitig erledigt, kann großer Schaden, in jedem Fall aber Ärger entstehen:

- Termine werden nicht eingehalten.
- Vertragsfirmen müssen mehrfach anreisen.
- Gelieferte Geräte bleiben unbenutzt.
- Anwendungssysteme können nicht genutzt werden.

Für Geräteinstallation und Wartung gibt es die analogen Alternativen wie bei zentralen Geräten:

- durch Mitarbeiter des Unternehmens
- durch den Lieferanten
- durch den Hersteller
- durch spezialisierte Firmen.

Bei großen Netzen mit starker räumlicher Ausdehnung sprechen Kosten und Anfahrtszeiten für die Beauftragung von Lieferanten oder Herstellern, die ein flächendeckendes Servicenetz anbieten können. In jedem Fall sollten Installation und Wartung in einer Hand liegen. Eine Ortsbegehung vor der Detailplanung ist in jedem Fall sehr zweckmäßig. Für die Verträge mit Wartungsfirmen gelten die Ausführungen von Abschnitt 5.5.2.

Wartungsfirmen bei der Fehlerbehebung an Geräten zu steuern und zu kontrollieren, ist bei großen Netzen ein erhebliches Problem. Eine sehr effiziente Methode ist die zentrale Steuerung und der Einsatz von Tools für Problemerkennung, Übermittlung und Kontrolle:

- Die Systemsteuerung (s. Abschnitt 5.5.6) erfährt von Nutzern, daß Techniker notwendig sind, oder erkennt es an Hand von **Monitoren** (EDV-Systeme, die den Betriebszustand von EDV-Systemen und Schwellwerte für wichtige Parameter laufend überprüfen und Ausnahmen melden).
- Das Problem wird
  - Online erfaßt:
    - Problemnummer, Problembeschreibung
    - Gerätetyp, Geräte-Identifikationsnummer
    - Zeitpunkt der Störung
    - Ort usw.
  - Online in Datenbank gespeichert
  - Online an die Zentrale der Wartungsfirma weitergeleitet. Diese steuert den technischen Außendienst mit entsprechenden Informationen.

- Der technische Außendienst repariert das Gerät und dokumentiert seinen Einsatz selbst vor Ort über Online-Maske:
  - Problemnummer
  - Problemtyp
  - Status der Fehlerbehebung
  - Beginn der Bearbeitung
  - Ende der Bearbeitung
  - Name des Bearbeiters

  Die Information wird Online an die zentrale Datenbank übertragen.
- Zu festen Zeitpunkten prüfen das Problem-Management (s. Abschnitt 5.6.1) des RZs und Vertreter der Wartungsfirma mit Hilfe der Datenbank den Status aller Probleme und leiten entsprechende Maßnahmen ein.

Für Großanwender typische Tools, Werkzeuge und Mengengerüste des Teilaufgabengebietes werden in Übersicht 5.10 dargestellt.

Übersicht 5.10: Tools, Werkzeuge, Mengengerüste für Teilaufgabengebiet: Netzinstallation und Wartung

Aufgabe	Tool oder Werkzeug Kurzbezeichnung	Hersteller	Typisches Mengengerüst circa
Performance-Überwachung des Netzes	NetView Performance Monitor (NPM)	IBM	Online-Geräte 8.000
	NetSpy	Legent	
Software-Versorgung des Netzes	CAS	SNI	
	NetView/DM	IBM	
Überwachung der Funktionsfähigkeit des Kommunikationsnetzes	DataScope	Datakom	Datenleitungen 1.300 Funkstrecken 45 Front-End-Prozessoren 16
Installation und Exstallation aller Geräte inklusive Software	Info/Management	IBM	In-, Exstallationen ∅ Jahr ca. 2.000

5.5 Funktionsspezifische Aufgaben für Großrechnersysteme

Fortsetzung Übersicht 5.10: Tools, Werkzeuge, Mengengerüste für Teilaufgabengebiet: Netzinstallation und Wartung

Aufgabe	Tool oder Werkzeug Kurzbezeichnung	Hersteller	Typisches Mengengerüst circa
Online-Steuerung und Kontrolle der Technischen Außendienste inklusive Dokumentation	CUTE	HYPO	Anzahl Technikereinsätze Ø Jahr 5.000

Große Netze samt Tausenden von programmierbaren Geräten mit System-, Kommunikations-, und Anwendungssoftware zu versorgen ist eine relativ neue Aufgabenstellung. Sie kann keinesfalls manuell mit Hilfe von Datenträgern wie z. B. Disketten erfolgen. Es werden EDV-Systeme benötigt, die eine automatische Versorgung (**Down-load**) über Datenleitungen erlauben (s. Abschnitt 5.5.4).

Bei großen Netzen ist die ständige Beobachtung und Optimierung mit Hilfe von Tools eine sehr wichtige Aufgabe:

- Störungen müssen erkannt und mit Hilfe der Netzbetreiberfirmen behoben werden.
- Die Netzauslastung muß laufend überprüft werden. Nur so können Performance-Probleme frühzeitig erkannt werden.
- Die Netzarchitektur muß regelmäßig überprüft werden, um
  - maximale Ausfallsicherheit
  - hohen Durchsatz
  - zu möglichst niedrigen Kosten

  durch den Einsatz von neuer, aber geprüfter Technologie zu erreichen.

5.5.6 Systemsteuerung, Output-Erstellung, Beratung und Betreuung von Nutzern

Die wesentlichen Ziele des Aufgabengebietes (Kurzbezeichnung: Systemsteuerung[7]) sind: Den reibungslosen Betrieb aller EDV-Systeme inklusive Output-Erstellung zu gewährleisten; bei technischen Problemen Nutzer informieren und beraten bzw. Probleme sofort beseitigen. Die wichtigsten Aufgaben sind in Übersicht 5.11 zusammengestellt.

---

[7] wird oft auch als Operating bezeichnet

Übersicht 5.11: Teilaufgabengebiet: Systemsteuerung

- Steuern und Überwachen des Betriebs aller Online- und Batch-Systeme im zentralen Rechenzentrum wie im Netz
  - Sofortiges Erkennen und Bearbeiten aller Ausnahmesituationen
  - Bereitstellen von
    - Systemen für Messagefiltering (Alertsystem)
    - Proceduren für Start, Restart oder Steuerung von Systemen
    - Systemen für Sicherstellung des Betriebs ohne Operator vor Ort
- Krisenmanagement
- Erstellen und Verteilen von Output inklusive Materialverwaltung
  - Druck
  - Mikrofiche
  - Magnetband
  - Cassetten
- Laufende Information und Beratung der Nutzer bei technischen Problemen (*User-Help-Desk*) inklusive Problembehebung soweit möglich
- Laufende Problembearbeitung
- Verbesserung von Qualität und Produktivität

Für einen fehlerfreien Betrieb aller EDV-Systeme müssen alle Ausnahmesituationen, die Störungen des Betriebs darstellen oder dazu führen können, frühestmöglich erkannt und möglichst sofort behoben werden. Dabei wollen wir unter **Störung** alle Abweichungen vom definierten Service-Level verstehen. Typische Situationen für Störungen sind:

- Nicht-Verfügbarkeit einer Transaktion, eines Batch-Programms
- Nicht-Verfügbarkeit einer Datenbank
- Ausfall eines Anwendungssystems
- Ausfall von Teilkomponenten des Netzes
- stark erhöhte Antwortzeiten.

In großen Netzen gibt es täglich mehr als 200.000 Meldungen. Die Aufgabe, an den zehn bis dreißig Steuerungsmonitoren wichtige von unwichtigen Meldungen zu unterscheiden, ist besonders schwierig. Sie kann nur mit Hilfe von Tools erledigt werden, die Systemmeldungen automatisch vorsortieren und damit eine effiziente, fehlerfreie Bearbeitung durch den „Operator" ermöglichen. Die Vorsortierung erfolgt zunächst nach Geräten oder Softwaregruppen (z. B. Selbstbedienungsgeräte, Server, Betriebssysteme, Datenbanksysteme, Batch-Betrieb usw.), die dann jeweils auf einem speziellen Monitor erscheinen, und nach Meldungstypen:

- *Unwichtige Meldungen* bedeuten Information ohne die Notwendigkeit einer Aktion. Sie erscheinen nicht am Bildschirm, werden aber protokolliert.
- *Wichtige Meldungen* bedeuten Information und möglicherweise die Notwendigkeit einer Aktion. Sie erscheinen kurz am Bildschirm und werden protokolliert.
- *Sehr wichtige Meldungen* erfordern eine sofortige Aktion. Sie erscheinen speziell markiert am Bildschirm und bleiben erhalten, bis sie bearbeitet sind. Sie werden protokolliert. Üblicherweise werden solche Meldungen als **Alerts** bezeichnet.

Typische Situationen für Alerts sind:

- Die Message-Queues des IMS sind zu über 50% belastet. Mögliche Ursache ist eine fehlerhafte Transaktion, die ununterbrochen Nachrichten in eine Queue stellt. Läuft diese Queue über, wird IMS inaktiv. Bevor es dazu kommt, muß diese Transaktion durch einen Operator-Eingriff zwangsweise beendet werden.
- Das IMS geht in den Zustand „Selective Dispatching" über. Ursache sind Engpässe in einigen Pools (Communication Work Area Pool, Communication I/O-Pool). Die Folge ist eine extreme Verlangsamung der Transaktionsverarbeitung. Unter Umständen müssen diese Pools vergrößert und das IMS neu gestartet werden.
- Für eine aktive IMS-Transaktion stehen mehr als 15 Nachrichten zur Verarbeitung an. In diesem Fall zeichnet sich ein möglicherweise größerer Verarbeitungsengpaß ab, der sofort analysiert werden muß.
- Die Belastung des Common Storage Area in MVS ist größer als 90%. Die Common Storage Area ist ein Speicherbereich, der von allen Tasks genutzt werden kann. Dieser Bereich kann nicht beliebig groß gemacht werden. Eine höhere Auslastung als 90% kann das gesamte System akut gefährden. Zur Bereinigung der Common Storage Area ist deshalb (möglichst im Offline-Fenster) ein Neustart des gesamten Systems notwendig.

Die Zuordnung von Meldungen zu den obigen Typen erfolgt nur zum geringen Teil durch die Hersteller der Produkte und stellt eine laufende Aufgabe für Spezialisten der Systemsteuerung dar.

Eine weitere wichtige Spezialistenaufgabe ist die Erstellung von automatischen Prozeduren und organisatorischen Abläufen für Start und Stop von Systemen, die auch in Krisensituationen greifen. Hierzu ist die Zusammenarbeit mit der Systemprogrammierung (zentral, dezentral) notwendig.

Als **Krisen-Management** bezeichnen wir die Behebung bzw. Vermeidung von Störungen, die einen großen Kreis von Nutzern, Kunden empfindlich treffen (z. B. Nichtverfügbarkeit aller Systeme), oder große, unmittelbare fi-

nanzielle Auswirkungen auf das Unternehmen haben (Schadenersatz für nicht erbrachte Leistungen).
Erfolgreiches Krisenmanagement setzt gründliche Vorarbeiten voraus. Dazu gehören:

- Ein einheitliches Verständnis bei allen Betroffenen, was als Krise zu bewerten ist.
- Festlegen von jeweils verantwortlichen Krisenmanagern (z. B. RZ-Leiter, Gruppenleiter, Schichtführer).
- Sicherstellen, daß ein möglicher Krisenmanager zu allen Zeiten mit Operatorbetrieb vorhanden ist.
- Sicherstellen, daß alle möglicherweise notwendigen Spezialisten kurzfristig verfügbar sind. Außerhalb üblicher Arbeitszeiten ist dazu zum Beispiel ein Bereitschaftsdienst – erreichbar über Funktelefon – mit der Möglichkeit für *Remote-Operating* sehr nützlich.
- Systematische Information von Nutzern und Führungskräften über Ursache und Status der Störung. Zur Information von großen Nutzerkreisen ist eine spezifische Telefonanlage mit einer im Unternehmen bekannten Nummer und paralleler Ansage von Standardtexten unbedingt notwendig.
- Eine Checkliste zur Unterstützung der systematischen Analyse der Problemsituationen sowie entsprechenden Recovery-Aktionen sollte vorhanden sein und vom Krisenmanager beherrscht werden.
- Nach Behebung der Krise muß eine Nachbesprechung mit allen Beteiligten stattfinden. Die Ziele dabei sind:
    - Die Möglichkeiten einer künftigen Vermeidung analoger Krisen werden beschrieben.
    - Alle Probleme sind in das *Problem-Management* einzutragen.
    - Der Krisenablauf wird dokumentiert (auch für spätere Recherchen in analogen Situationen).

Für EDV-Systeme, die sieben Tage jeweils mindestens zwanzig Stunden in Betrieb sind, ist Schichtbetrieb mit einer Besetzung von mindestens drei MA pro Schicht notwendig. Für den Betrieb an Wochenenden und an Feiertagen ist es zweckmäßig, alle wesentlichen Funktionen der Systemsteuerung auch Remote, d. h. von Arbeitsplätzen außerhalb von Rechenzentren, betreiben zu können. Hierzu sind spezielle EDV-Systeme, genannt **Remote-Operating**, notwendig. Diese Systeme müssen insbesondere vor unberechtigtem Zugriff oder Fehlbedienung geschützt werden.

Eine ständige Routineaufgabe ist die Bedienung aller Geräte, die Output erzeugen. Diese Geräte müssen mit Material versorgt werden. Der Output muß aus dem Geräten entnommen, stichprobenweise geprüft und verteilt werden (meist über interne Postverteilung). Für eine bedarfsorientierte Materialdisposition ist zu sorgen.

5.5 Funktionsspezifische Aufgaben für Großrechnersysteme

Die Nutzer von EDV-Systemen geraten immer wieder in Problemsituationen technischer Art, zu deren Lösung sie über Telefon oder Bildschirm Hilfen brauchen:

- Die Nutzer müssen informiert werden über Ursache und Dauer von generellen Problemsituationen oder geplante Ausnahmesituationen des Betrieb.
- Die Nutzer brauchen Beratung, um lokale Probleme selbst zu beseitigen.
- Die Nutzer brauchen Problembehebung durch zentrale Stellen.

Um zu garantieren, daß über generelle Probleme stets aktuell informiert wird und mindestens 80% der Anrufer sofort eine abschließende Beratung bzw. Hilfe erhalten, muß ein sog. User-Help-Desk (UHD) im RZ[8] eingerichtet sein. Für die Ausstattung des UHDs gelten die Ausführungen von Abschnitt 4.5. Für Großanwender typische Tools, Werkzeuge und Mengengerüste des Teilaufgabengebietes werden in Übersicht 5.12 dargestellt.

Übersicht 5.12: Tools, Werkzeuge, Mengengerüste für Teilaufgabengebiet: Systemsteuerung

Aufgabe	Tool oder Werkzeug Kurzbezeichnung	Hersteller	Typisches Mengengerüst circa
Steuern der zentralen Rechnersysteme und des Netzes	Command Languages für Systemsoftware: • MVS, JES 2, IMS, IMS/TM, DB2, NCP, VTAM usw. • AF/Operator	IBM Candle	Verschiedene Systemsoftwareprodukte 20 dezentrale Rechner 5.000 (programmierbare Endgeräte)
Schwellwertüberwachung zur Früherkennung von Problemen • in zentralen Rechnersystemen • im Netz	 OMEGA-Center NetSpy	 Candle Candle	Schwellwerte ca. 220

---

[8] siehe auch Abschnitt 5.8

Fortsetzung Übersicht 5.12: Tools, Werkzeuge, Mengengerüste für Teilaufgabengebiet: Systemsteuerung

Aufgabe	Tool oder Werkzeug Kurzbezeichnung	Hersteller	Typisches Mengengerüst circa
Automatisches Filtern und Überleiten von Nachrichten	NetView AF-Operator	IBM Candle	Nachrichten pro Großrechner (90% gefiltert) ⌀ Tag 200.000
Automatisches Starten oder Beenden, Überwachen und Steuern des Großrechnersystems	NetView AF-Operator (mit Task-Manager)	IBM Candle	CLIST-Prozeduren 420 CLIST-Prozeduren 560
Operatorloser Betrieb an Wochenenden und automatische Alarmierung	NetView AF-Operator (mit Task-Manager)	IBM Candle	Voller Online-Betrieb am Wochenende, inklusive Batch
Problemanalyse und Beseitigung in LANs	OS/2-LAN-Server LMU	IBM IBM	Anzahl Probleme ⌀ Tag 20
Remote Operating	RZ-Technik	IBM	Anzahl Einsätze ⌀ Jahr 70
Steuerung des Druckoutputs	JES 2 Laserdrucksysteme	IBM SNI	Anzahl Druckseiten Laserdrucker ⌀ Tag 30.000
Erzeugung von digitalisierten • COM-Masken • Druckmasken	XFP-Software FGS	anacomp SNI	COM-Masken 40 Druckmasken 90
Steuerung des Microfiche-outputs	Command-Language für COM-Recorder	anacomp	Anzahl der Microfiche ⌀ Tag 6.000 Microfiche-Jobs 900

5.5.7 Installation, Wartung und Betrieb von Fachabteilungs-Rechnersystemen

Das wesentliche Ziel des Teilaufgabengebietes (Kurzbezeichnung: Betrieb von Fachabteilungs-Rechnersystemen) ist, den Service-Level-gerechten Betrieb von in der Verantwortung des RZ befindlichen Fachabteilungsrechnernetzen zu gewährleisten. Die wichtigsten Aufgaben sind in Übersicht 5.13 zusammengestellt.

Übersicht 5.13: Teilaufgabengebiet: Betrieb von Fachabteilungs-Rechnersystemen

- Installation und Wartung der Hardware inklusive Endgeräte
- Installation und Wartung des Kommunikationsnetzes
- Installation und Wartung von System- und Anwendungssoftware
- Systemsteuerung inklusive Output
- Beratung und Betreuung der Nutzer
- Laufende Problembehandlung
- Verbesserung von Qualität und Produktivität

Das Aufgabengebiet umfaßt pro System alle Aufgaben, die auch bei GRSen anfallen. Die grundsätzlichen Unterschiede sind:

- Die Betriebszeiten sind kürzer, die Qualitätsansprüche geringer.
- Die Komplexität des Gesamtsystems ist niedriger:
  - System- und Anwendungssoftware werden von Herstellern oft im Paket geliefert.
  - Das System erlaubt nur eine kleine Anzahl von Anwendungsfunktionen (10-50 Transaktionen).
  - Der Batch-Betrieb besteht aus wenigen Jobs (10-20).
  - Die Anzahl der Nutzer ist kleiner als hundert.

Deshalb sind zur Abwicklung der Aufgaben dieselben Vorgehensweisen wie bei Großrechnersystemen empfehlenswert. Nicht unbedingt zweckmäßig sind die hohe Arbeitsteilung sowie der intensive Einsatz von Tools. Diese sind in der Regel auch nicht vorhanden.

Die zentralen Rechner eines Fachabteilungs-Rechnersystemes sollten in jedem Fall in einem Rechenzentrum aufgestellt werden. Nur dadurch können Sicherheit und Betreuung gewährleistet werden. Zum Beispiel ist bei Großbanken sowie bei Versicherungskonzernen eine klare Tendenz vorhanden, alle zentralen Rechnersysteme in möglichst wenigen Rechenzentren konzentriert zu betreiben.

Die Anwendungssysteme werden im allgemeinen von Herstellern geliefert. Dennoch ist es unbedingt notwendig, daß die anwendungsspezifischen Wartungsarbeiten von Anwendungsentwicklern und Fachabteilungen verantwortlich und mit entsprechendem Know-how begleitet werden (z. B. Funktionstest bei Releasewechsel, Konfektionierung der Systeme, Schnittstellen zu GRSen).

5.6 Übergreifende Aufgaben

In diesem Abschnitt werden diejenigen Teilaufgaben dargestellt, die nicht unmittelbar mit der Abwicklung der Betriebsfunktionen des RZs zu tun haben, aber als Basis oder zur Unterstützung dieser Aufgaben notwendig sind bzw. funktionsübergreifenden Charakter haben. Wir fassen die Aufgaben in zwei Teilaufgabengebiete zusammen:

- Installation-Management
- RZ-Sicherheit und Katastrophenvorsorge.

5.6.1 Installation-Management

Die wichtigsten Ziele des Teilaufgabengebietes sind: Alle Aufgaben des RZs (außer Sicherheitsaufgaben) zu koordinieren, die funktionsübergreifenden Charakter haben; alle für Steuerung und Planung notwendigen Informationen zentral bereitzustellen; alle betriebswirtschaftlichen Funktionen zuverlässig abzuwickeln. Die wichtigsten Aufgaben werden in Übersicht 5.14 zusammengefaßt.

Die erste wichtige Aufgabe ist, für alle in Verantwortung des RZ betriebenen EDV-Systeme realistische, überprüfbare *Service-Level-Vereinbarungen* (s. Abschnitt 5.1.1) abzuschließen, und zwar zwischen dem RZ und der für die jeweilige Anwendung zuständigen Organisationseinheit. Der Abschluß muß während der Entwicklungsphase des jeweiligen EDV-Systems so rechtzeitig erfolgen, daß

- nicht realisierbare Anforderungen
- unverhältnismäßiger Ressourcenverbrauch
- mangelnde Standards

durch die Anwendungsentwicklung bzw. Vertragsfirmen noch korrigiert und die notwendigen Hardware-Ressourcen im RZ noch bereitgestellt werden können.

5.6 Übergreifende Aufgaben

Übersicht 5.14: Teilaufgabengebiet: Installation-Management

- Abschluß aller Service-Level-Vereinbarung
- Berichtswesen
- Kapazitätenplanung und Zuteilung
- Change-Management
- Performance-Management
- Problem-Management
- Bestellwesen, Kostenplanung und Kontrolle
- Bereitstellung der Daten für Leistungsverrechnung
- Pflege des RZ-Handbuchs
- Pflege der Beziehungen zu Herstellern
- Laufende Problembearbeitung
- Verbesserung von Qualität und Produktivität

Die regelmäßige Dokumentation der Einhaltung aller Service-Level-Vereinbarungen sowie die tägliche Kontrolle sind Teil der Aufgaben Berichtswesen sowie Performance-Management. Wegen der zahlreichen Beobachtungsgrößen ist zur effizienten Abwicklung der Aufgaben eine maschinell verarbeitbare Dokumentation aller Service-Level-Vereinbarungen zweckmäßig. Die Aufgabe **Berichtswesen** umfaßt das Erstellen aller regelmäßigen, offiziellen Berichte des RZ an Instanzen des Unternehmens. Die folgenden Berichtstypen haben sich als nützlich erwiesen (jeweils pro GRS):

- **Tagesreport**
  - *Hauptzweck*: Information über tagesaktuelle Daten und Ereignisse des RZ-Betriebs als Basis für operative Maßnahmen
  - *Inhalt*: Tagesaktuelle Daten zu
    - wichtigen verarbeiteten Mengen
    - Service-Qualität inklusive Fehlerursachen
    - Ereignissen (s. Übersicht 5.15)
  - *Erscheinungsmodus*: Täglich für Vortag, auf Papier sowie am Bildschirm
  - *Verteiler*: Alle Führungskräfte aus EDV und Fachabteilungen, die eng mit der EDV zusammenarbeiten

- **Monatsreport**
  - *Hauptzweck*: Information über Entwicklung von Mengen, Servicequalität, Ressourcenverbrauch als Basis für Kapazitätsplanung und grundsätzliche Maßnahmen
  - *Inhalt*: Aggregierte Daten zu
    - verarbeiteten Mengen
    - verbrauchten Ressourcen
    - Service-Levels
    im Vergleich über zwölf Monate (s. Übersicht 5.16)
  - *Erscheinungsmodus*: Monatlich auf Papier
  - *Verteiler*: Führungskräfte aus Geschäftsleitung, EDV- und RZ-Leitung
- **Quartalsreport**
  - *Hauptzweck*: Information über Servicequalität
  - *Inhalt*: Aggregierte Daten zur bereitgestellten Servicequalität im Vergleich über zwölf Monate; Kommentierung wesentlicher Ereignisse und Entwicklungen
  - *Erscheinungsmodus*: Nach Quartalsende auf Papier
  - *Verteiler*: Verantwortliche Führungskräfte für EDV und wesentliche Nutzerbereiche.

Die Erstellung der Berichte muß bis auf Kommentierungen vollständig automatisiert sein. Dazu wird ein Report-Generator verwendet, der die Berichtsdaten in standardisierter Form aus den zuliefernden EDV-Systemen erhält. Die entsprechenden Standards müssen definiert und bei Inbetriebnahme neuer Systeme implementiert werden.

Übersicht 5.15: Struktur des Tagesreports

- Verarbeitete Mengen (täglich, aggregierter Monatsdurchschnitt)
  - Anzahl Transaktionen nach Hauptanwendungen
  - Anzahl verarbeiteter Batch-Jobs
  - Anzahl TSO-Sessions usw.

- Soll-Ist-Vergleich über wesentliche Service-Level-Vereinbarungen (täglich, aggregierter Monatsdurchschnitt)
  - Verfügbarkeit wichtiger EDV-Systeme in % (ab Rechenzentrum, vor Ort)
  - Antwortzeit wichtiger EDV-Anwendungen in sec (ab Rechenzentrum, vor Ort)
  - Verarbeitungstermine für Batch-Anwendungen usw.

- Kommentierung wesentlicher, außergewöhnlicher Ereignisse, z. B.:
  - Systemstörungen
  - Transaktionen mit übergroßem Systemverbrauch
  - Jobs mit überlangen Laufzeiten

5.6 Übergreifende Aufgaben

Übersicht 5.16: Struktur des Monatsreports

- User-Statistik in Users/logged-on
  - Ø, max/Tag
  - Ø, max/Monat
- Antwortzeiten in sec
  - Ø Tag, Transaktionstyp
- Verarbeitete Mengen (in der Regel Ø/Tag) Anzahl
  - Transaktionen nach Anwendungsgebieten
  - Jobs
  - Tape-Mounts
  - Microfiches
  - Druckseiten
  - Auswertungen
- Prozessorauslastung in %
  - Ø, max/Tag
  - Ø, max/Monat
- Prozessornutzung in Std/Monat
  - nach Projekten
  - durch Batchload
- Pagingrate in Pages/sec
  - Ø, max/Tag
  - Ø, max/Monat

Die Aufgabe der **Kapazitätsplanung** ist es sicherzustellen, daß die für den Betrieb der EDV-Systeme notwendigen Ressourcen (Rechner, Speicher, Drucker, Leitungen usw.) ausreichend vorhanden sind, um
   Normal- bzw. Spitzenlast
abzudecken. Das wesentliche Problem dabei ist, die Lastzunahme mindestens ein halbes Jahr im voraus zu berechnen. Wichtige Einflußgrößen sind:

- Erhöhung des Produktionsvolumens durch
  - Zunahme der Nutzung neu eingeführter Systeme nach Einarbeitung (Lernkurve)
  - neue Anwendungen
  - neue Geräte
  - neue Nutzer
- Generelle Veränderungen an EDV-Systemen durch
  - neue Releases von Systemsoftware
  - strukturelle Änderungen in Anwendungssoftware.

Die in der Praxis verbreitetste Methode der Kapazitätsplanung ist die *lineare Extrapolation*. Dabei wird der künftige Bedarf hochgerechnet aus der Entwicklung der vergangenen Monate bzw. Jahre (s. Abschnitt 5.6.1). Für wesentliche, sprunghafte Änderungen des Trends durch grundsätzliche Neuerungen müssen entsprechende Prognosen erstellt werden. Diese sind häufig sehr schwierig, da

- die Nutzungshäufigkeit von neuen Anwendungen schwer vorhersehbar ist
- der direkte Ressourcenverbrauch einer Systemänderung oft schwer kalkulierbar ist
- die indirekten Auswirkungen auf andere Ressourcen oft nicht kalkulierbar sind.

Systematische Methoden für solche Hochrechnungen sind nur in Teilbereichen (z. B. zentrale Rechnerkapazität) bekannt, sind aber wegen des damit verbundenen Aufwandes nicht verbreitet. Die Ergebnisse der Kapazitätenplanung werden in die generelle Geräte- und Kostenplanung eingestellt (s. Abschnitte 6.3.2 und 6.3.3)

Mit die häufigsten Ursachen für Störungen im Betrieb von EDV-Systemen sind Änderungen an diesen Systemen. Wegen der hohen Komplexität heutiger GRSe bedarf es einer sorgfältigen, funktionsübergreifenden Planung und Koordination dieser Änderungen. Diese Aufgabe wird üblicherweise mit **Change-Management** bezeichnet. Um die Behandlung von geplanten Änderungen an der Hard- und Software-Konfiguration eines GRSs differenziert beschreiben zu können, teilen wir diese in Klassen ein:

- *Changes*: Geplante Änderungen, bei denen Risiko für Störungen besteht, insbesondere bei nicht korrekter Durchführung. Typische Beispiele sind:
  - Neu- oder Test-Installation bzw. -Exstallation von Hardware
  - Wartungsarbeiten an Hardware
  - Einsatz von neuen Releases von Systemsoftware
  - Fehlerbehebung bei Systemsoftware (Refresh-Aktion)
  - Software-Down-load-Aktion für dezentrale Rechner
  - Praxiseinführung von neuen Anwendungssystemen
  - Strukturänderung in Datenbanken, Dateien
  - Änderungen an besonders kritischen Anwendungssystemen mit zentralen Funktionen, wie z. B. Bereitstellen von Kundeninformation oder Berechtigungsprüfung
  - Änderungen an besonders wichtigen Online-Programmen
  - Änderungen an wichtigen Parametern für den Betrieb der Systemsoftware
- *Info-Changes*: Geplante Änderungen, die von den Mitarbeitern eines Aufgabengebiets alleine durchgeführt werden können und nach bisherigen Erfahrungen kein Risiko für Störungen bedeuten. Typische Beispiele sind:

5.6 Übergreifende Aufgaben

- Übernahme einzelner Anwendungsprogramme mit kleinen Änderungen und exakt kalkulierbaren Auswirkungen
- Einsatz einzelner Fehlerkorrekturen (PTFs) an Systemprogrammen mit exakt kalkulierbaren Auswirkungen
- *Trivial-Changes*: Geplante Änderungen, die mit Sicherheit nicht fehlerhaft ablaufen können und auch mit Sicherheit keine Störungen verursachen können. Typische Beispiele sind:
  - Änderung von unkritischen Systemparametern (Puffergrößen, Ressourcensteuerung, Zuteilung usw.)
  - Commands zur Ablaufsteuerung der Systeme
  - unkritische Änderungen am Ablauf von Anwendungsprogrammen.

Bewährte Komponenten für erfolgreiches Change-Management sind:

1. Alle Änderungen müssen in geeigneter Weise dokumentiert werden. Das wesentliche Hilfsmittel bei der Fehlersuche ist die Durchsicht aller in der Vergangenheit gemachten Änderungen. Deswegen ist eine lückenlose, chronologische Dokumentation aller Änderungen notwendig. Die Dokumentation sollte, soweit als möglich, automatisch und in möglichst wenigen verschiedenen Medien erstellt werden. Folgendes Konzept hat sich bewährt:
   - Alle Systemänderungen werden über Log-Bänder automatisch dokumentiert.
   - Alle Job-Änderungen werden durch das Job-Steuerungssystem protokolliert.
   - Alle Changes und Info-Changes werden in einem spezifischen System, dem *Change-Report*, erfaßt.
2. Für die generelle Methodik bei der Durchführung von Änderungen sowie die Koordination ist ein Mitarbeiter, der **Change-Manager**, verantwortlich. Er hat ausreichend viele Stellvertreter, so daß die Funktion *immer* ausgeübt wird.
3. Jeder Change muß beim Change-Manager beantragt und von diesem genehmigt werden.
4. Vor der Genehmigung von Standard-Changes prüft der Change-Manager an Hand der Dokumentation
   - wie hoch das Risiko des Changes ist
   - ob der Zeitpunkt für den Change angemessen gewählt ist
   - inwieweit der Change angemessen vorbereitet ist
   - durch welche Tests der Erfolg des Changes festgestellt wird
   - ob für den Zeitpunkt andere Changes vorliegen. (In der Regel sollte zu einem Zeitpunkt nur ein Change durchgeführt werden.)
5. Komplexe Changes werden im täglichen *Problem/Change-Meeting* des RZ besprochen und überprüft, erst danach können sie genehmigt werden. Unter dem **Problem/Change-Meeting** verstehen wir ein tägliches Treffen (zu Beginn des Arbeitstages) aller Führungskräfte der untersten

Führungsebenen unter der Leitung der bzw. des *Problem-* und Change-Managers mit dem Ziel,
- alle beantragten Changes, welche nicht Standard sind
- alle bestehenden Probleme

durchzusprechen und das weitere Vorgehen zu beschließen.

6. Es existiert eine Liste aller typischen Änderungen, die in jedem Fall Changes sind. Diese Liste wird vom Change-Manager ständig gepflegt.
7. Mit der Beantragung des Changes muß der Change durch den Antragsteller im **Change-Report** dokumentiert werden. Die Dokumentation sollte die folgenden Punkte umfassen:
   - Was wird geändert?
   - Warum wird geändert?
   - Welches Risiko beinhalten die Änderungen bei nicht korrektem Ablauf?
   - Wann beginnt der Change, für wann ist sein Ende geplant?
   - Welche wesentlichen Schritte werden bei der Änderung durchgeführt?
   - Wer ist für die Änderung verantwortlich, welche Mitarbeiter müssen anwesend, bzw. kurzfristig erreichbar sein (**Change-Team**)?
   - Wie wird der Erfolg des Changes festgestellt? Welche Tests müssen stattfinden?
   - Wie wird reagiert, wenn der Change nicht erfolgreich war (**Fall-back-Organisation**)?
8. Über Changes, die mit Sicherheit deutliche Auswirkungen auf den Service-Level des Betriebs haben, sollten die betroffenen Nutzer im voraus informiert werden. Dazu ist insbesondere ein Mail-System mit Broadcasting-Funktion von hohem Nutzen.
9. Die Abwicklung der Changes muß eine gründliche Prüfung enthalten, inwieweit der Change erfolgreich war. Ist dies nicht der Fall, d. h. es bleiben nicht akzeptable Störungen des Betriebs, so muß der Leiter des Change-Teams den Change mit Hilfe der Fall-back-Organisation rückgängig machen.
10. Der Status eines Changes wird durch den Teamleiter an den Change-Manager gemeldet und im Change-Report dokumentiert.
11. Die Vorgehensweisen des Change-Managements sind klar dokumentiert. Es ist sichergestellt, daß alle betroffenen Mitarbeiter sie kennen und jederzeit auf die Unterlagen zugreifen können.

In einem GRS gibt es zu jedem Zeitpunkt *Probleme*[9], die nicht sofort behoben werden können, sondern sich über einen längeren Zeitraum erstrecken. Wegen der Vielzahl und Komplexität dieser Probleme ist eine zentrale Ko-

---

[9] Unter einem **Problem** verstehen wir jede ungeplante Abweichung vom regulären Betrieb, die möglicherweise eine Störung zur Folge hat und nicht durch eine Routineaktion einzelner Mitarbeiter (z.B. UHD) sofort behoben werden kann.

5.6 Übergreifende Aufgaben

ordination zweckmäßig. Diese Aufgabe wird üblicherweise als **Problem-Management** bezeichnet. Gutes Problem-Management umfaßt die folgenden Komponenten:

1. Für die generelle Methodik sowie die Kontrolle der Behebung von Problemen ist ein Mitarbeiter, der **Problem-Manager**[10], verantwortlich. Er hat ausreichend viele Stellvertreter, so daß die Funktion immer ausgeübt werden kann.

2. Jedes Problem muß im **Problem-Report** dokumentiert sein.

3 Es muß klar festgelegt sein, *welche Informationen* über ein Problem festgehalten werden müssen. Dazu gehören in jedem Fall:
   - Problemtyp (Hardware, Systemsoftware, Anwendung usw.)
   - Problembeschreibung (Ursache, Auswirkung)
   - Zeitpunkt, wann das Problem auftrat
   - Bearbeiter des Problems (wenn möglich nur einer)
   - Termine für die Behebung des Problems, wobei Verschiebungen dokumentiert und begründet werden müssen
   - Status des Problems:
     - erledigt
     - warten auf Korrekturen durch Hersteller, Mitarbeiter usw.
     - Test von Korrekturen usw.
   - Beschreibung von Maßnahmen, Veränderungen an Abläufen, die ein Auftreten des Problems in Zukunft vermeiden

4 Es muß klar festgelegt sein, *wer welche* Informationen einträgt:
   - Der als erster ein Problem erkennt, eröffnet das Problem.
   - Der Problem-Manager legt Bearbeitung und Termin fest.
   - Der Problem-Manager definiert den Status eines Problems.
   - Nur der Problem-Manager schließt das Problem.

5. Der Problem-Report muß über ein Dokumentationssystem abgespeichert sein, das die folgenden Funktionen bietet:
   - Bereitstellung aller Informationen auf Papier und über Online-Masken
   - Speicherung aller Probleme (auch geschlossene) über mehrere Jahre
   - Volltextsuche nach spezifischen Problemsituationen in der Vergangenheit zur Unterstützung der Lösung von aktuellen Problemen
   - Auswertungen nach verschiedenen Gesichtspunkten:
     - Problemtyp
     - Häufigkeit
     - Status usw.

6. Die Aufgaben und Kompetenzen des Problem-Managers sind klar definiert. Sie umfassen insbesondere:
   - Pflege und Kontrolle der Dokumentation

---

[10] Problem- und Changemanagement können in Personalunion erfolgen.

- Festlegung von verantwortlichen Bearbeitern inklusive Terminen (jeweils in Abstimmung mit dem Betroffenen)
- Überprüfung von Terminen
- Eskalation von Problemen
- Abschluß von Problemen

7. Regelmäßige Meetings finden unter der Leitung des Problem-Managers statt. Dabei wird der Status der Probleme diskutiert und die Art der weiteren Behandlung beschlossen. Bewährt haben sich ein *tägliches* Meeting mit internen Mitarbeitern sowie ein *wöchentliches* Meeting mit Mitarbeitern aller wichtigen Lieferanten.

In einem GRS werden zu jedem Zeitpunkt mehrere tausend Aufträge (z. B. Nachrichtenübermittlung, Informationsbereitstellung, Buchungen, Geldauszahlungen, Berechnungen, Abspeicherungen) verwaltet und abgearbeitet. Die **Performance** eines GRS, nämlich die Menge der in einer Zeiteinheit erledigten Aufträge, gewichtet mit der Qualität der Erledigung[11] hängt von zahlreichen Faktoren ab:

- Bereitstellung ausreichender Kapazitäten bezüglich
  - Rechnerleistungen
  - Speichergrößen und Zugriffsgeschwindigkeit
  - Kanäle
  - Datenkommunikationsmedien
  - Übertragungseinrichtungen
- Leistungsverbrauch der Anwendungssoftware (Anwendungs-Tuning)
- Leistungsverbrauch der Systemsoftware sowie dem wartezeitfreien Zusammenarbeiten aller Ressourcenverbraucher (System-Tuning).

Typische Ursachen für Verschlechterungen der Performance sind:

- neue Versionen von System- oder Anwendungssoftware
- Parameterveränderungen an Systemsoftware
- außergewöhnliche Laststeigerungen bei spezifischen Anwendungssystemen
- Ausfall von redundant ausgelegten Ressourcen, wie zum Beispiel Kanäle, Kassettenlaufwerke, Leitungen usw.

Wegen der hohen Komplexität eines GRSs und der ständigen Veränderungen der Konfiguration bzw. der Last ist es zweckmäßig, eine zentrale Stelle dafür verantwortlich zu machen, daß jede signifikante Abweichung von der Standard-Performance erkannt, analysiert und behoben wird. Diese Aufgabe wird oft mit **Performance-Management** bezeichnet. Gutes Performance-Management beinhaltet die folgenden Komponenten:

---

[11] Eine mathematische Definition des Begriffes ist dem Autor nicht bekannt. Eine Möglichkeit wäre: ∅ Anzahl Transaktionen pro Sekunde / ∅ Antwortzeit.

5.6 Übergreifende Aufgaben

- Die für eine Beurteilung der Performance relevanten Kenngrößen werden festgelegt:
  - Verfügbarkeiten von EDV-Systemen
  - Verfügbarkeiten von Geräten
  - Verarbeitungsmengen
  - Termine für Batch-Verarbeitungen
  - Antwortzeiten für Klassen von Transaktionen.
- Täglich finden Soll-Ist-Vergleiche über Online-Monitore mit Alert-Funktion statt. Bei Abweichungen über einem definierten Prozentsatz wird sofort reagiert.
- Aggregierte Durchschnittswerte für wichtige Kenngrößen werden gebildet und gespeichert. Weicht die Entwicklung der Kenngrößen in einem Zeitraum über einen definierten Prozentsatz ab, so erfolgt ein Alert.
- Die Analyse von Performance-Problemen erfolgt Top-down in folgenden Schritten:
  - Abfrage nach relevanten Änderungen der Systemkonfiguration
  - Prüfung des Lastprofils und der Ressourcenauslastung (Speicher, Kanäle, Puffer, Leitungen usw.)
  - Analyse von für die Performance wichtigen Kenngrößen der System- und Anwendungssoftware:
    - Processing-Time einer Transaktion oder eines Batch-Programms
    - Rechen- und Wartezeitanteil an der Processing-Time
    - Anzahl Ein- oder Ausgabe-Aktionen pro Transaktion, Batch-Programm
    - Anzahl Datenbankzugriffe pro Transaktion, Batch-Programm
    - Zugriffszeit auf Platte
    - Pufferauslastung
- Alle nicht sofort lösbaren Performance-Probleme werden in das Problem-Management weitergeleitet.
- Alle Tätigkeiten werden durch Tools, Reports, Monitore, auch solche aus anderen Aufgabengebieten unterstützt (s. Übersicht 5.17).

Bestellwesen, Kostenplanung und Kontrolle ist eine betriebswirtschaftliche Standardaufgabe, deren Abwicklung im Unternehmen generell geregelt sein muß. Wichtig dabei sind insbesondere betragsabhängige Kompetenzregelungen für Vertragsabschlüsse, Bestellung und Bezahlung. Für das Rechenzentrum hat die Aufgabe wegen des hohen Volumens besondere Bedeutung. Kritisch ist insbesondere die Rechnungsbezahlung. Dabei sollten durch unabhängige Personen die folgenden Fragen geprüft werden:

- Ist die Lieferung erhalten worden?
- Entprechen Lieferung und Preis der Bestellung?
- Wurden die beiden oben genannten Kontrollen durchgeführt?

Wegen der Vielzahl von Vorgängen ist in der Regel der Einsatz von spezifischen EDV-Systemen wie zum Beispiel einer Bestandsverwaltung oder einer Anlagenbuchhaltung notwendig (s. Abschnitt 6.3.3).

Der Rechenzentrumsbetrieb ist im allgemeinen ein erheblicher Kostenfaktor im Unternehmen. Damit die Dienstleistungen des Rechenzentrums ökonomisch genutzt werden, müssen Leistungen unbedingt verrechnet werden; auch wenn sich diese Kosten im allgemeinen nur in Form von „grünen Dollars" in der Kostenstellenrechnung des Unternehmens niederschlagen. Die Daten für eine solche Dienstleistungsverrechnung bereitzustellen ist deshalb eine wichtige Aufgabe, für die ein spezifisches EDV-System vorhanden sein muß, das die jeweils gewünschten Daten sammelt und aggregiert. Die Festlegung der Preise sowie die Rechnungsstellung erfolgt durch das Rechenzentrum selbst oder durch eine Stabsabteilung (s. Kapitel 6) des EDV-Leiters.

Die vorangegangenen Ausführungen zeigen deutlich, daß das Rechenzentrum ein komplexer Produktionsbetrieb ist, der nur dann störungsfrei arbeiten kann, wenn alle Aufgaben in geplanter Weise wahrgenommen werden, dafür vorgeschlagene Tools eingesetzt und Weisungen eingehalten werden. Damit sich alle Mitarbeiter jederzeit informieren können, sollten in einem **RZ-Handbuch** wichtige

- Aufgaben
- Zuständigkeiten
- Verfahren, Tools
- Weisungen
- Informationen

zusammengefaßt sein. Die Aktualisierung des RZ-Handbuches sollte laufend geschehen und von zentraler Stelle koordiniert werden.

Eine besonders wichtige Aufgabe aller Mitarbeiter und Führungskräfte des RZs ist die Pflege der Beziehungen zu Herstellern, Lieferanten und Dienstleistern. Wegen der engen Zusammenarbeit in den Aufgabengebieten Problem-, Change- und Performance-Management ist im Teilaufgabengebiet Installation-Management die Pflege guter Beziehungen besonders notwendig. Sie sollte die folgenden Komponenten umfassen:

- Bilaterale Ansprechpartner auf Mitarbeiter- und Managementebene für jedes wichtige Aufgabengebiet sind festgelegt.
- Regelmäßige Meetings wichtiger Ansprechpartner mit Austausch von Anforderungen, Zielen und Terminen finden statt.
- EDV-Systeme für den schnellen Austausch von Informationen über Kommunikationsmedien sind vorhanden.

Für Großanwender typische Tools, Werkzeuge und Mengengerüste des Teilaufgabengebietes werden in Übersicht 5.17 dargestellt.

Übersicht 5.17: Tools, Werkzeuge, Mengengerüste für Teilaufgabengebiet: Installation-Management

Aufgabe	Tool oder Werkzeug Kurzbezeichnung	Hersteller	Typisches Mengengerüst circa
Datensammlung und Erstellung aller Berichte	SLR EPDM	IBM IBM	SLR-Datensätze Ø Jahr 11.500
Problemdokumentation und Verfolgung	Info/Management	IBM	Ø Jahr 1.300
Änderungsdokumentation und Verfolgung	Info/Management EPDM	IBM IBM	Ø Jahr 700
Verwaltung der Speichermedien	DFHSM DFDSS FDR DMS	IBM IBM INNOVATION Sterling Software	Plattenspeicher GB 1.000
Performanceüberwachung	ASTEX Diverse Tools aus anderen Aufgabengebieten Lineare Hochrechnung	Legent	
Dokumentation der gesamten installierten Hard- und Software	Konfigurationsdatenbanken	HYPO	Anzahl Geräte 10.000

5.6.2 RZ-Sicherheit und Katastrophenvorsorge

Das wesentliche Ziel des Teilaufgabengebietes (Kurzbezeichnung: RZ-Sicherheit) ist, zu gewährleisten, daß alle gesetzlichen und internen Vorschriften für die Funktions- und Datensicherheit eingehalten werden und daß im Fall von Katastrophen der RZ-Betrieb gemäß Service-Level-Vereinbarung

wieder hergestellt wird. Einen Überblick der wichtigsten Aufgaben gibt
Übersicht 5.18.

Übersicht 5.18: Teilaufgabengebiet: RZ-Sicherheit und Katastrophenvorsorge

- Tägliche Kontrolle aller Richtlinien zur Sicherheit im
  Rechenzentrum
  - Daten-, Programmsicherheit (Berechtigungstypen, Trennung
    Test-Produktion, Veränderungen der
    Systemsoftwarekonfiguration usw.)
  - Funktionssicherheit (Zugangskontrollen, Schlüsselverwahrung,
    Sprinkleranlage, schußsichere Wände usw.)
- **Wiederherstellung wesentlicher Teile des RZ-Betriebs**
  (Notfallbetrieb) im Fall von Katastrophen
  - Pflege der Handbücher für den Notfallbetrieb
  - Pflege aller Prozeduren für die Installation des Notfallbetriebs
    - Übernahme neuer Anwendungen inklusive Daten
    - Anpassung an neue Hardware- und Software-
      konfigurationen
  - Regelmäßige Durchführung von Übungen zum Notfallbetrieb
  - Kontrolle der notwendigen Hard-und Software-
    Voraussetzungen für den Notfallbetrieb.
  - Kontrolle der Datenauslagerungen
- **Laufende Problembearbeitung**
- **Verbesserung von Qualität und Produktivität**
- **Laufende Schwachstellenanalyse bezüglich Sicherheit**

In Abschnitt 2.3 wurden die wesentlichen gesetzlichen und internen Vorschriften für die Daten- und Funktionssicherheit dargestellt sowie grundsätzliche Vorgehensweisen zu deren Einhaltung ausführlich geschildert. Die Hauptverantwortung für die konkrete Realisierung liegt jedoch im Rechenzentrum. Daten und Programme müssen vor unberechtigtem Zugriff (Kopie, Veränderung) geschützt und vor Vernichtung gesichert werden (s. Abschnitt 2.3: 10 Gebote der Datensicherung). Die Funktionssicherheit aller Komponenten muß durch weitestgehende redundante Auslegung sowie diverse bauliche Vorschriften sichergestellt sein. Daß alle diese gesetzlichen und internen Vorschriften eingehalten werden, wird durch folgende Komponenten sichergestellt:

- Die Führungskräfte sind ständig aufmerksam.
- Die Risiken für den ordnungsgemäßen Betrieb werden regelmäßig analysiert. Konkrete Aktionspläne zu deren Beseitigung werden erstellt.

5.6 Übergreifende Aufgaben

- Externe und interne Gutachter (Revision) auditieren regelmäßig den Betrieb.
- Mitarbeiter des RZ – die nur diese Aufgabe haben – kontrollieren täglich die Einhaltung der Vorschriften.

Das Unternehmen ist vom Betrieb des RZs abhängig. Deshalb müssen Vorkehrungen für den Fall einer Katastrophe getroffen werden und einer totalen Betriebsunfähigkeit des RZs vorgebeugt werden. Ein **Notfallbetrieb** mit den lebensnotwendigen EDV-Systemen muß in definiertem Zeitraum wieder aufgenommen werden können. Eine sorgfältige Katastrophenvorsorge muß folgende Komponenten enthalten:

- Die Anforderungen an den Notfallbetrieb werden in Form einer speziellen Service-Level-Vereinbarung festgehalten:
  - Umfang der bereitzustellenden EDV-Systeme
  - Qualität des Betriebs (z. B. Antwortzeit)
  - maximale Dauer bis zur Aufnahme des Notfallbetriebs

  Die Kosten für den Notfallbetrieb hängen extrem von diesen Anforderungen ab.
- Die Lokalität (**Back-up-Rechenzentrum**), in der der Notfallbetrieb wieder aufgenommen wird, ist bestimmt. Die notwendige Infrastruktur ist vorhanden. Folgende Alternativen sind gebräuchlich:
  - Unternehmens-eigene RZs, auf deren originäre Nutzung im Katastrophenfall längere Zeit verzichtet werden kann. Dies könnte zum Beispiel ein RZ sein, dessen Kapazität im Normalfall für die Entwicklung von EDV-Anwendungssystemen verwendet wird
  - Back-up-RZs eines anderen Unternehmens (z. B. aus dem Konzernverbund)
  - Verwendung eines Back-up-RZs eines Unternehmens, das die Abwicklung des Notfallbetriebs als Dienstleistung anbietet

  Die Auswahl der geeigneten Alternativen hängt von der unternehmensspezifischen Situation und den daraus resultierenden Kosten ab.
- Die technischen und organisatorischen Prozeduren zur Einrichtung des Notfallbetriebs sind festgelegt und werden gewartet.
- Sämtliche Prozeduren sind in Handbüchern beschrieben.
- Mindestens einmal jährlich findet eine Übung der Prozeduren für die Einrichtung des Notfallbetriebs statt.

Für Großanwender typische Tools, Werkzeuge und Mengengerüste des Teilaufgabengebietes werden in Übersicht 5.19 dargestellt.

Übersicht 5.19: Tools, Werkzeuge, Mengengerüste für Teilaufgabengebiet: RZ-Sicherheit und Katastrophenvorsorge

Aufgabe	Tool oder Werkzeug Kurzbezeichnung	Hersteller	Typisches Mengengerüst circa
Katastrophenvorsorge: • Sicherung und Auslagerung überprüfen	Kontroll-Listen	HYPO	ausgelagerte Kassetten 2.500 Jobsteps 1.400 Datenbanken 800
Verwaltung von IMS-Berechtigungsprofilen	HSS	HYPO	
Sicherheit: • Veränderungskontrolle Systemsoftware	DELTAMON	Candle	Dateien 250
• „Versiegelung" Programmbibliotheken	PAC	HYPO	System- und Anwendungsprogramme 10.000
Verwaltung von Benutzerkennwörtern und Passwörtern	TopSecret	CA	Benutzerkennungen 10.000
Zugriffskontrolle • TSO-Berechtigungen, Zugriffe	TopSecret	CA	
• IMS-Transaktionen	Dialog-Manager	HYPO	

5.7 Offene Fragen

Die voranstehenden Abschnitte haben gezeigt, daß ein Service-Level-gerechter Rechenzentrumsbetrieb nur unter Einsatz zahlreicher Systemsoftware-Produkte sowie Tools zu gewährleisten ist. Wichtige, aus Sicht des

5.7 Offene Fragen

Autors bisher nicht befriedigend gelöste Aufgaben in diesem Zusammenhang sind:

- Erstellung und unternehmensübergreifende Standardisierung eines vollständigen Daten- und Funktionenmodells für den Rechenzentrumsbetrieb
- Erarbeitung von Konstruktionsprinzipien für EDV-Systeme, die sicherstellen, daß die Systeme maximal unterbrechungsfrei arbeiten und Problemsituationen selbst diagnostizieren können.

Das Fehlen eines standardisierten Daten- und Funktionenmodells bewirkt, daß die Hersteller heute solche Produkte unabgestimmt entwickeln. Damit treten große Redundanzen in den zu speichernden und zu pflegenden Daten sowie in den Funktionen (Programmen) auf. Ein eindrucksvolles Beispiel sind die für das Konfigurationsmanagement benötigten Daten. Sie werden in Abschnitt 6.4 ausführlich beschrieben. Darüber hinaus ist die Semantik von Daten und Begriffen nicht einheitlich. Dies führt zu Schwierigkeiten in der Kommunikation, sowohl zwischen Programmen als auch zwischen Menschen. Spricht man zum Beispiel von der Verfügbarkeit eines Anwendungssystems, so werden für diesen anschaulich klaren Begriff in verschiedenen Rechenzentren, bedingt durch die Art der Meßmethoden, unterschiedliche Interpretationen verwendet.

Einen hoffnungsvollen Ansatz zur Definition eines Daten- und Funktionenmodells für den Rechenzentrumsbetrieb hat die Firma IBM mit dem Konzept „SystemView" geleistet [IBM 91]. Leider ist das Konzept aus Sicht des Autors unvollständig und Jahre von einer Realisierung entfernt. Eine konzertierte Aktion von Normungsgremien und Herstellern zur Beschleunigung dieses Prozesses wäre unbedingt notwendig und würde Effizienz und Qualität des Rechenzentrumsbetriebs deutlich erhöhen.

In Großrechnersystemen besteht die System- und Anwendungssoftware aus 30 bis über 100 Millionen Lines of Code. Bei dem Betrieb von GRSen treten immer wieder – speziell bei großer Last – Situationen auf, in denen die Performance des Systems stark beeinträchtigt ist (z. B. verdoppelte Antwortzeiten) bzw. der Betrieb völlig zum Stillstand kommt. Dabei kann es sich um echte Software-Fehler oder um Warteschlangenprobleme beim Zusammenspiel der einzelnen Software-Komponenten handeln. Die Vorgehensweisen für die Analyse solcher Situationen ist im allgemeinen völlig unbefriedigend:

- Die von den Software-Komponenten gesendeten Fehlermeldungen zeigen die Ursachen des Problems nicht eindeutig an.
- Zur Analyse der Situation müssen Log-Bänder und Speicherabzüge (Dumps) herangezogen werden, die zum einen Tausende von Seiten umfassen und zum anderen erst erstellt werden müssen. Dieses ist nicht immer möglich, da die Situation möglicherweise nur temporär war.
- Die Situation ist nicht systematisch rekonstruierbar, d. h. Dumps können nicht erstellt werden.

- Zur Analyse der Unterlagen müssen Spezialisten für die verschiedenen Software-Produkte herangezogen werden.

Die ständige Zunahme der Komplexität der Systeme und der Rechnergeschwindigkeit ziehen ein hohes Katastrophen-Risiko nach sich. Baldmöglichst müssen Konstruktionsprinzipien für Software-Systeme gefunden und implementiert werden die bewirken, daß potentielle Problemsituationen durch das System selbst so rechtzeitig erkannt und gemeldet werden, so daß Abhilfe geschaffen werden kann. Bei der Hardware von GRSen sind solche Konstruktionsprinzipien verwirklicht. Bei der Software muß intensiv daran gearbeitet werden.

5.8 Aufbauorganisation

Die vorgenommene Gruppierung des Rechenzentrumsbetriebs in Teilaufgabengebiete versucht, einen guten Kompromiß zwischen den folgenden, sich widersprechenden Anforderungen an eine Aufbauorganisation zu finden:

- Eindeutige Verantwortlichkeiten für in sich geschlossene Aufgabengebiete sollen zugeordnet werden.
- Der Kommunikations- und Abstimmungsbedarf soll minimiert werden.
- Alle notwendigen übergreifenden Koordinationen zwischen Teilaufgabengebieten müssen stattfinden.
- Spezialisten-Know-how muß gebündelt werden.

Die vorgenommene Gruppierung entspricht im wesentlichen dem Industriestandard. In Teilbereichen gibt es sicher gleichwertige Alternativen. Beispiele dafür sind: Will ein Unternehmen *ein* User-Help-Desk bereitstellen, das Hilfe bei *allen* EDV-spezifischen Problemen gibt, so muß in diesem UHD Know-how bereitgehalten werden über Anwendungssysteme, Datenkommunikation, Endgeräte und zentrale Hardware. Ein solches UHD beschäftigt in großen Unternehmen sicher mehr als 10 Mitarbeiter und sollte damit eine eigene Gruppe sein. Diese kann im Rechenzentrum oder aber bei der Anwendungsentwicklung angesiedelt sein (s. Abschnitt 4.5). Die Betreuung der Fachabteilungs-Rechnersysteme (s. Abschnitt 5.5.7) kann je nach Größenordnung auch arbeitsteilig geschehen und von den Organisationseinheiten geleistet werden, die für die entsprechenden Teilaufgabengebiete im GRS zuständigen sind.

Die Zusammenfassung der Teilaufgabengebiete in Organisationseinheiten ist eine Frage sinnvoller Führungsspannen und hängt damit von der Größe des Rechenzentrums ab. Auf der untersten Führungsebene sind Führungsspannen von 10-20 für die Betreuung von Spezialisten erstrebenswert.

Der Rechenzentrumsleiter sollte bei der Lösung „Zentrale EDV" in jedem Fall an den EDV-Leiter berichten.

Die Frage, wieviele Rechenzentren ein Unternehmen betreibt, kann nicht allgemeingültig beantwortet werden. Die wichtigsten Einflußfaktoren sind:

- Größe und regionale Ansiedlung des Unternehmens
- Qualitätsanforderungen an den Betrieb der EDV-Systeme
- Sicherheitsanforderungen an den Betrieb der EDV-Systeme.

In jedem Fall sprechen „Economies of Scale" für möglichst wenige Rechenzentren.

5.9 Controlling-Kennzahlen: Rechenzentrumsbetrieb

Controlling-Kennzahlen haben für den Rechenzentrumsbetrieb eine besondere Bedeutung. Ohne solche Kennzahlen ist ein effizientes Management nicht möglich. Die Gründe dafür sind:

- extrem hohe Mengengerüste bei
  - Nutzern
  - Geräten
  - Programmen
  - Leitungen
  - Vorgängen aller Art
- hohe Qualitätsanforderungen
- hohe Kosten für den Rechenzentrumsbetrieb.

Zur Früherkennung von Problemen wie zum Beispiel Kapazitätsengpässen und Qualitätsdefiziten sind Kennzahlen ebenso notwendig wie zum Nachweis von Qualität und Produktivität. Zum Beispiel wird es bei einem Großrechnersystem mit Tausenden von Endgeräten zu jedem Zeitpunkt einige Problemsituationen geben. Zur Beurteilung der Qualität des Betriebs müssen deshalb Kennzahlen über Durchschnittswerte herangezogen werden. Wie im Fall der Anwendungsentwicklung gibt es heute noch keinen Standard für solche Kennzahlen. Eine erste Näherung für ein Kennzahlengerüst schlagen wir in Übersicht 5.20 vor.

Sowohl die Definition als auch die Messung obiger Kennzahlen ist in vielerlei Hinsicht problematisch. Zum Beispiel ist bei einem Großrechnersystem mit mehreren tausend Endgeräten die Verfügbarkeit der Anwendungssysteme beim Endbenutzer mit vertretbarem Aufwand nicht exakt meßbar. Insbesondere ist nicht automatisch feststellbar, ob ein Gerät defekt oder aus Versehen nicht in Betrieb ist. Die Diskussion von Details dieser Fragestellungen sprengen den Rahmen dieser Ausarbeitung und können bei Spannagl [Span 91] nachgelesen werden.

Übersicht 5.20: Controlling-Kennzahlen: Rechenzentrumsbetrieb

Strukturkennzahlen
- Rechnernetze
  - Rechenzentren (Anzahl) mit
    - Mainframe-Systemen
    - externen Datenträgersystemen
      - Halbleiterspeichern
      - Magnetplattenspeichern
      - Bandgeräten
      - optischen Speichern
    - Druckern
    - sonstigen Rechnersystemen
  - Kommunikationsnetz
    - Kommunikationsnetz-Architektur
    - Übertragungseinrichtungen
      - Cluster-Controller
      - Konzentratoren
    - Kommunikationsmedien
      - Datenleitungen
      - Typ (Standleitung, Wählleitung oder Übertragungsgeschwindigkeit)
      - Funkstrecken
    - Daten-Endeinrichtungen
      - Workstations
      - Terminals, PCs
      - Geräte (sonstige)
- Software
  - Systemsoftware
    - Basissoftware
    - Steuerungs- oder Verwaltungssoftware
    - Dialog- oder Datenbanksoftware
    - Netz- oder Kommunikationssoftware
    - Anwendungsentwicklungs- oder IDV-Software
  - Anwendungssoftware
    - Anwendungssysteme
    - Programme
    - Transaktionen
    - Batch-Jobs
    - Datenbanken
    - Dateien
- Personal
  - Mitarbeiterkapazität pro Aufgabengebiet

Fortsetzung Übersicht 5.20: Controlling-Kennzahlen: Rechenzentrumsbetrieb

Qualitätskennzahlen
- Antwortzeit (jeweils Ø Tag, sortiert nach charakteristischen Serviceprioden)
  - HOST-Antwortzeit
  - Netz-Antwortzeit
  - Terminal-Antwortzeit
  - Batch-Termintreue
  - Batch-Durchlaufzeit
- Verfügbarkeit (jeweils Ø Tag, sortiert nach charakteristischen Serviceprioden)
  - Systemverfügbarkeit
  - Anwendungsverfügbarkeit
  - Geräteverfügbarkeit
  - Ausfälle Ø Jahr
  - Ausfallzeit im Durchschnitt
- Benutzerzufriedenheit
  - Antwortzeit
  - Verfügbarkeit
  - Betreuung
- Probleme
  - aufgetretene Probleme Ø Jahr
  - durchschnittliche Dauer der Problembewältigung

Leistungskennzahlen
- Rechner (jeweils Ø Tag)
  - durchgeführte Online-Transaktionen
  - gelaufene Batch-Jobs
  - Nachrichten
- Netz
  - übertragene Daten Ø Tag
  - Netzwerkadressen
  - Nutzer
- Output (jeweils Ø Tag)
  - Druckerzeugnisse
  - Verfilmung
  - Magnetbandspeicherung
- Installation (jeweils Ø Tag)
  - Installationen
  - Exstallationen

Fortsetzung Übersicht 5.20: Controlling-Kennzahlen: Rechenzentrumsbetrieb

- Auslastung (jeweils Ø Tag)
  - CPU-Auslastung
  - Hauptspeicherauslastung
  - Kanal-Auslastung
  - Platten-Auslastung
  - Bänder-Auslastung
  - Drucker-Auslastung
  - COM-Auslastung
  - Auslastung optischer Speicher

5.10 Zusammenfassung

RZ-Management ist heute eine gleichermaßen bedeutungsvolle wie schwierige Aufgabe. Werden die für das Unternehmen notwendigen Qualitätsziele des RZ-Betriebs nicht erreicht, so kann dem Unternehmen daraus großer Schaden entstehen. Die Realisierung der Qualitätsziele ist heute oft ein nervenaufreibender Drahtseilakt für Management und Mitarbeiter. Das liegt an den hohen Mengengerüste bei Geräten, Software und Abwicklungen, der extremen Komplexität der Systemsoftware-Komponenten, den ständig notwendigen Änderungen an Teilkomponenten von Großrechnersystemen sowie der großen Zahl von involvierten Menschen. Die wesentlichen Erfolgsfaktoren sind heute systematische Arbeitsweise, sorgfältige Planung aller Ressourcen, maximaler Test aller Änderungen, ständige funktionsübergreifende Koordination von Problemen sowie Automation aller kritischen Handhabungen.

Die Verbesserung der Situation ist sicher eine der großen Herausforderungen der betrieblichen Informatik in den kommenden zehn Jahren. Sie wird nach Meinung des Autors nicht durch Downsizing und die damit verbundene Auflösung bzw. Dezentralisierung von Rechenzentren erreicht, sondern durch Zentralisierung und weitestgehende Automation aller Handhabungen mit Hilfe von Systemsoftware-Produkten auf der Basis eines standardisierten Daten- und Funktionenmodells.

6 Controlling: Planung, Kontrolle und Stabsaufgaben

Die in den vorangegangenen Kapiteln beschriebenen operativen Aufgabengebiete beinhalten wesentliche Dienstleistungen für das Unternehmen und verursachen einen erheblichen Personal- und Sachaufwand. Die effiziente Abwicklung der operativen Aufgabengebiete erfordert deshalb zahlreiche übergreifende Planungs-, Kontroll- und sonstige Stabsaufgaben, die wir als Aufgabengebiet unter dem Schlagwort Controlling zusammenfassen. Speziell bei Zentraler EDV sind üblicherweise die

- Verteilung von Entwicklungskapazitäten für Anwendungssysteme
- Verteilung von Geräten
- Leistungsverrechnung

unbefriedigend gelöst und verursachen häufige, aufwendige Abstimmungen mit oft unbefriedigenden Ergebnissen. Die Folge davon ist Mißtrauen im Unternehmen gegen die Zentrale EDV. Das kann zu Dezentralisierungs-Tendenzen bis hin zum Outsourcing der EDV führen.

Eine im Erfahrungsbereich des Autors bewährte Zusammenstellung der Controlling-Aufgaben wird in Übersicht 1.4 wiedergegeben. Wegen der Bedeutung der Aufgaben im Unternehmen hat es sich als zweckmäßig erwiesen, sie von einer zentralen „Stabsabteilung" (s. Abschnitt 2.2.4.2) wahrnehmen zu lassen und nicht direkt den Leitungsaufgaben der jeweiligen operativen Einheit zuzuordnen. Gelingt es dieser Organisatonseinheit, durch transparente und objektive Arbeit, Vertrauen im Unternehmen zu gewinnen, so wird sie zu einer wichtigen Brücke zwischen den operativen Einheiten des Unternehmens und der EDV.

6.1 Ziele des Aufgabengebietes

Die Ziele des Aufgabengebietes Controlling sind nicht, wie bei den operativen Aufgaben, durch das Aufgabengebiet in offensichtlicher Weise definiert und werden deshalb in Übersicht 6.1 zusammenfassend dargestellt.

Übersicht 6.1: Ziele des Aufgabengebiets Controlling

- Erstellen von unternehmensweit abgestimmten Mittelfristplänen für die Entwicklung von EDV-Systemen
- Sicherstellen der Voraussetzungen für die Umsetzbarkeit von definierten EDV-Strategien
  - Festlegen und Durchsetzen von Standards für die EDV-Systeme
  - Bereitstellen von
    - Personalkapazitäten
    - finanziellen Mitteln
- Sicherstellen aller notwendigen Vorkehrungen für die EDV-Sicherheit
- Gewährleisten von korrekten Verträgen
- Abdecken unternehmensbedrohender, EDV-spezifischer Risiken durch Versicherungen
- Frühwarnung bei signifikanten Planabweichungen bei
  - Projekten
  - Budgets
- Sicherstellen von Synergien im Konzern für die Nutzung von EDV-Ressourcen
- Gewährleisten der korrekten Abwicklung aller betriebswirtschaftlich notwendigen Funktionen im Informatik-Umfeld

6.2 Erfolgsfaktoren für Controlling-Aufgaben

Die Erfolgsfaktoren für Controlling-Aufgaben werden in Übersicht 6.2 zusammengestellt.

Der wichtigste Erfolgsfaktor für Controlling-Aufgaben ist, daß die betroffenen Organisationsabteilungen Vertrauen in die Objektivität der Controlling-Arbeit gewinnen. Dazu ist die Abstimmung und eine transparente Darstellung aller Arbeitsergebnisse notwendig. Selbstverständlich müssen die Arbeitsergebnisse Kompetenz in allen relevanten Fachgebieten zum Ausdruck bringen.

Für die Gestaltung von Standards sowie für die Auswahl von Geräten ist eine breite Marktübersicht im Umfeld Informatik notwendig. Dazu ist neben entsprechender Ausbildung Berufserfahrung sehr wichtig.

Übersicht 6.2:	Erfolgsfaktoren für Controlling
EF CT.1	Breite Akzeptanz im Unternehmen durch transparente, objektive Arbeitsweise
EF CT.2	Fachkompetenz in den Gebieten – angewandte Informatik – Kostenkalkulation – Informatik-spezifische Rechtsgrundlagen – Informatik-spezifische Versicherungen
EF CT.3	Breite Marktübersicht im Umfeld Informatik
EF CT.4	Verhandlungsgeschick
EF CT.5	Einsatz von Tools und Werkzeugen

Die ständige interne Abstimmung von Planungs-und Kontrolltätigkeiten sowie die Gestaltung von Verträgen und Konditionen verlangen von allen Mitarbeitern Geschick bei Moderation von Sitzungen und Verhandlungen.

Ein intensiver Einsatz von Tools und Werkzeugen ist für eine effiziente Bewältigung der vielfach hohen Mengengerüste notwendig. Ein eindrucksvolles Beispiel ist die Leistungsverrechnung für Dienstleistungen der EDV im Unternehmen. Ohne Tools für die automatische Sammlung und Aggregation der diversen Posten ist eine Leistungsverrechnung nicht durchführbar.

6.3 Teilaufgabengebiete und deren Abwicklung

Um eine übersichtliche Beschreibung zu ermöglichen, behandeln wir das Gesamtaufgabengebiet in sechs zusammenhängenden Teilaufgabengebieten:

- Anwendungsentwicklung
- Hardware, System- und Standardsoftware
- Kosten
- Sicherheit
- Versicherungen
- Konzernsynergien.

6.3.1 Controlling für Anwendungsentwicklung

Das wesentliche Ziel des Teilaufgabengebietes ist es, dafür zu sorgen, daß die für das Unternehmen wichtigen Anwendungen rechtzeitig und plangerecht entwickelt werden. Einen Überblick der wichtigen Aufgaben geben wir in Übersicht 6.3.

Übersicht 6.3: Teilaufgabengebiet Controlling für Anwendungsentwicklung

- **Mittelfristplan für Anwendungsentwicklung (Prioritätenplanung)**
  - Bedarfserfassung und jährliche Fortschreibung
  - Unternehmensweite Abstimmung der Entwicklungsprioritäten
  - Laufende Konkurrenzbeobachtung

- **Plankontrolle und Steuerung von Planabweichungen**
  - Laufende Projekte
    - Qualität
    - Aufwand
    - Wirtschaftlichkeit
    - Termintreue
  - Abgeschlossene Projekte
    - Nachkontrolle der Wirtschaftlichkeit
  - Jährlicher Soll-Ist-Vergleich für die Kapazitätenverwendung

- **Gestaltung von Verträgen mit externen Anbietern**

- **Erfahrungsaustausch und Marktbeobachtung**

- **Verbesserung von Qualität und Produktivität**

Üblicherweise reicht die heute in Unternehmen vorhandene Kapazität für Anwendungsentwicklung und Wartung bei weitem nicht aus, um alle Anforderungen der Nutzer (bzw. Fachabteilungen) generell und zum gewünschten Termin zu erfüllen. Darüber hinaus gibt es sehr viele Anwendungssysteme, die fachgebiets- bzw. spartenübergreifenden Charakter haben. Um zu erreichen, daß dennoch die für das Unternehmen wichtigsten Entwicklungs- bzw. Wartungsaufgaben rechtzeitig erledigt werden können, ist eine unternehmensübergreifende Mittelfristplanung (**Prioritätenplanung**) notwendig. Wichtige Merkmale einer erfolgreichen Prioritätenplanung sind:

- Der Planungsprozeß wird jährlich abgewickelt. Er umfaßt alle für Entwicklungsarbeiten notwendigen Ressourcen:
  - Anwendungsentwickler inklusive Organisatoren
  - Fachabteilungsmitarbeiter

- Nutzer
- RZ-Mitarbeiter
- Mitarbeiter für Schulung
- Hardware
- Software
- finanzielle Mittel
* Der Planungshorizont liegt bei ein bis drei, maximal fünf Jahren.
* Für das erste Planjahr muß die Planung so exakt wie möglich (±5%) sein. Für die weiteren Jahre können im allgemeinen nur Größenordnungen ermittelt werden.
* Der Planungsprozeß ist transparent. Dazu gehört:
  - Alle vorhandenen Kapazitäten müssen offengelegt werden.
  - Zur Bewertung von Anforderungen existiert eine einheitlich angewendete Systematik.
  - Eine abgestimmte Vorgehensweise für die Erstellung der Entscheidungsvorlage Prioritätenplan ist vorhanden. Sie bindet Repräsentanten aller Anforderer angemessen ein.
* Die zur Umsetzung von Entscheidungen notwendigen genehmigten Ressourcen müssen in die entsprechenden Mittelfristplanungen (Personalkapazitäten, finanzielle Budgets) eingestellt werden.

Die Bewertung von Anforderungen ist ein besonders schwieriges Problem. Für die Beurteilung der Wichtigkeit einer Anforderung müssen unterschiedlichste Kriterien gegeneinander abgewogen werden. Die wichtigsten sind in Übersicht 6.4 zusammengefaßt.

Übersicht 6.4: Kriterien zur Bewertung der Wichtigkeit von Anforderungen bezüglich Anwendungsentwicklung und Wartung

* Wirtschaftlichkeit
* Strategiekonformität
* Kundennutzen oder Vertriebsunterstützung
* Akzeptanzverbesserung bezüglich EDV-Anwendungssystemen bei Mitarbeitern
* Informations- oder Steuerungsnutzen
* Risikominderung
* Erhöhung der Sicherheit
* Strukturverbesserungen für EDV- Systeme

Die Bewertung der einzelnen Kriterien ist unternehmensspezifisch. Eine Möglichkeit einer formalen, vergleichenden Bewertung von Anforderungen besteht darin, pro Kriterium Punkte innerhalb eines vorgegebenen Rahmens zu vergeben. Die Summe aller Punkte pro Anforderung ergibt eine formale Bewertung der Anforderung. Die Anforderung mit den meisten Punkten ist die wichtigste. Erfahrungsgemäß sind solche Punktebewertungen hilfreich für die Ermittlung der wichtigen Anforderungen. Sie sollten jedoch unternehmerische Entscheidungen der Geschäftsleitung nicht ersetzen.

Die in dieser Ausarbeitung vorgeschlagene Projektorganisation (s. Abschnitt 3.9.3) sieht Projektkontrollausschüsse (PKA) als die entscheidungstragenden Gremien für Projekte vor, also auch für das Controlling der Projekte. Die Vorbereitung *aller PKA-Entscheidungen* ist eine wichtige Controllingaufgabe für die Anwendungsentwicklung. Sie umfaßt die folgenden Schwerpunkte:

- Projektreviews werden geplant, moderiert und protokolliert.
- Regelmäßige Projekt-Fortschrittsberichte bzw. die geplanten Wiederberichte werden eingeholt, geprüft und verteilt.
- PKA-Sitzungen werden geplant, wichtige Entscheidungen vorbereitet (Phasenfreigabe, Entlastung des Projektleiters usw.).
- Informationen werden gesammelt, kommentiert und verteilt. Dazu gehören:
  - Regelmäßiger Statusbericht für alle PKA-anhängigen Projekte, mit folgenden Tagesordnungspunkten: Information über durchgeführte Projektreviews; Soll-Ist-Vergleiche über Ressourcenverbrauch und Termine; Hinweise auf und Kommentierung von speziellen Problemsituationen in Projekten.
  - Entscheidungsrelevante Unterlagen werden vorbereitet.
- PKA-Sitzungen werden moderiert.
- Entscheidungen des PKA werden protokolliert.

Die Qualität des Projektcontrolling ist ein wichtiger Faktor für das frühe Erkennen und Abwenden von Problemsituationen. Projektleiter neigen häufig dazu, Probleme zu verbergen bzw. zu verdrängen, in der Hoffnung, sie im weiteren Verlauf projektintern lösen zu können. Erfahrungsgemäß ist jedoch die Beseitigung von Problemen in Projekten umso einfacher und billiger, je früher sie geschieht.

Eine wichtige Stabsaufgabe im Zusammenhang mit der Projektabwicklung ist die *effiziente Gestaltung von rechtssicheren, interesse-wahrenden Verträgen* mit externen Firmen, die Dienstleistungen für die Anwendungsentwicklung erbringen. Wesentliche Komponenten dabei sind:

- Standardverträge für alle typischen Dienstleistungen werden bereitgestellt.
- Juristisches Know-how zur Beratung der Projektleiter beim Abschluß von Verträgen, die vom Standard abweichen steht zur Verfügung.

6.3 Teilaufgabengebiete und deren Abwicklung

Die Kontrolle der Einhaltung der Verträge ist zuerst Aufgabe des Projektleiters. Sie ist jedoch auch Aufgabe des Projektcontrollings, speziell wenn es sich um die Einhaltung genereller Rechtsvorschriften wie z. B. Arbeitnehmerüberlassungsgesetz, Datenschutzgesetz usw. handelt.

Die Verbesserung von Qualität und Produktivität im eigenen Aufgabengebiet ist selbstverständliche Aufgabe jeder Organisationseinheit. Anregungen hierzu sollten aus einem regelmäßigen Erfahrungsaustausch mit anderen Unternehmen und aus der Marktbeobachtung kommen.

Für die effiziente Abwicklung der Controlling-Aufgabe werden Tools und Werkzeuge benötigt, da auch hier, analog dem Rechenzentrum, große Mengengerüste auftreten. Für Großanwender typische Tools, Werkzeuge und Mengengerüste für das Teilaufgabengebiet werden in Übersicht 6.5 dargestellt.

Übersicht 6.5: Tools, Werkzeuge, Mengengerüste für Teilaufgabengebiet: Controlling bezüglich Anwendungsentwicklung

Aufgabe	Tool oder Werkzeug Kurzbezeichnung	Hersteller	Typisches Mengengerüst circa
Erfassung und Aggregation von Entwicklungsanforderungen	Eigenentwicklung (ohne Namen)	HYPO	Anzahl der Positionen Ø Jahr: 300 Entwicklungskapazität in MM/Jahr 1.500
Erfassung und Verwaltung von Projektkenndaten	Eigenentwicklung	HYPO	Projekte laufend Ø Jahr 10–20
Bewertung von Entwicklungsaktivitäten	Eigenentwicklung	HYPO	Anzahl Bewertungen Ø Jahr 100

6.3.2 Controlling für Hardware, System- und Standardsoftware

Das wesentliche Ziel des Aufgabengebietes ist es sicherzustellen, daß die zur Nutzung von Anwendungssystemen notwendige Hardware inklusive System- und Standardsoftware (Kurzbezeichnung: Geräte) rechtzeitig und kostengünstig bereitgestellt werden kann. Einen Überblick der wichtigen Aufgaben geben wir in Übersicht 6.6.

Übersicht 6.6: Teilaufgabengebiet Controlling für Geräte

- Mittelfristplan für alle Anforderungen an Hardware, System- und Standardsoftware für das Unternehmen (Gerätestrategie)
  - Bedarfserfassung und jährliche Fortschreibung
  - Festlegung der Standards
    - Hardware
    - Systemsoftware, Standardsoftware
    - Datenübertragungsmedien und Protokolle
  - Laufende Marktbeobachtung
- Ressourcenzuteilung inklusive laufende Behandlung von Planabweichungen
- Koordination der Gerätebeschaffung
  - Abschluß von Verträgen insbesondere Rahmenverträge
  - Bestellung und Installation
  - Verwaltung der Bestände
- Erfahrungsaustausch und Marktbeobachtung
- Verbesserung von Qualität und Produktivität

Der Bedarf an Hardware, System- und Standardsoftware für Betrieb und Nutzung der EDV-Systeme erstreckt sich von Großrechnern mit entsprechender Peripherie bis hin zu Tausenden von Endgeräten wie Terminals, PCs, Selbstbedienungsgeräte aller Art, inklusive der entsprechenden System- und Standardsoftware. Dabei ist die überwiegende Mehrheit der Endgeräte in Kommunikationsnetze eingebunden, in denen die Anwendungen des Unternehmens betrieben werden. Die rechtzeitige, kostengünstige Bereitstellung eines solchen Geräteparks findet im Spannungsfeld folgender Umstände statt:

- Die DV-Industrie produziert ein vielfältiges, sich ständig erweiterndes Angebot an Hard- und Software.
- Die DV-Industrie verschweigt in der Regel versteckte Inkompatibilitäten zwischen verschiedenen Generationen bzw. Versionen von Hard- und Software.
- Die Anforderungen der Nutzer, geweckt durch das vielfältige Angebot, überschreiten in der Regel den Kostenrahmen.
- Die Möglichkeit, daß Nutzer selbständig Geräte beschaffen, verhindert in der Regel Kompatibilität und kostengünstigen Einkauf und macht effizientes Konfigurationsmanagement schwierig.
- Geräte haben in der Regel Lieferzeiten.

6.3 Teilaufgabengebiete und deren Abwicklung

Die geschilderten Probleme können nur durch eine strikt gehandhabte Systematik bei Geräteauswahl und -beschaffung gelindert werden. Sie sollte die folgenden Punkte umfassen:

- Für alle in größeren Mengen benötigten Geräte werden für Hardware, Systemsoftware, Standardsoftware und Material (Disketten, Toner, Papier usw.) Standards definiert. Diese sichern die Verwendbarkeit der Geräte über mindestens fünf Jahre. Die Festlegung der Standards wird durch Mitarbeiter des Controllings gesteuert. Wichtige Mitarbeiter aus betroffenen Fach- bzw. Nutzerbereichen sind eingebunden. Die wesentliche Aufgabe der Controlling-Mitarbeiter ist es, die für das Unternehmen die mittelfristig beste Lösung zu koordinieren.
- Von allen Herstellern wird die Zusicherung verlangt, daß künftige Generationen bzw. Versionen ihrer Produkte die Ablauffähigkeit bestehender Anwendungssysteme samt Benutzeroberflächen garantieren.
- Die Gerätestandards sind so gewählt, daß es dafür Angebote von mehreren Herstellern gibt.
- Für den Bedarf an Geräten existiert ein Mittelfristplan, der jährlich überarbeitet wird.
- Der Antrag für Gerätebeschaffung ist standardisiert über Formulare, so daß alle benötigten Details ohne Rückfrage vorliegen.
- Die konkrete Ressourcenzuteilung und Installation erfolgt in Abstimmung mit der anfordernden Organisationseinheit. Dabei werden die für die Bestellung notwendigen Kompetenzen, die Einhaltung der Standards und die Verträglichkeit mit bestehenden Mittelfristplänen und Budgets geprüft. Planabweichungen werden in Abstimmung mit der für die jeweilige Kostenart verantwortlichen Stelle bearbeitet.
- Für die Beschaffung der Geräte werden Rahmenverträge für alle Komponenten abgeschlossen.
- Im Zusammenhang mit der Bestellung und Installation von Geräten muß dafür gesorgt sein, daß in einer stets aktuellen Datenbank (**Konfigurationsdatenbank**) diejenigen Kenndaten gespeichert werden, die für die Verwaltung und Versorgung der im Unternehmen betriebenen Geräte notwendig sind. Die Aktualisierung der Konfigurationsdatenbank sollte soweit als möglich automatisiert sein. Ideal wäre es, wenn jede Komponente eines Gerätes die benötigten Kenndaten in abrufbarer Weise gespeichert hätte, so daß die Konfigurationsdatenbank über Netzwerk-Managementfunktionen automatisiert gepflegt werden kann. Solange dies nicht der Fall ist, muß bei allen Konfigurationsänderungen ein manueller Update erfolgen. Dies sollte in der Regel durch den geschehen, der die Änderung der Gerätekonfiguration durchführt (s. Abschnitt 6.4).
- Die Rechnungsabwicklung sollte im Vier-Augen-Prinzip, d. h. durch eine nicht mit der Bestellung befaßte Stelle erfolgen (s. Abschnitt 6.3.3).

Zur effizienten Abwicklung der Aufgaben ist wegen der großen Mengengerüste der intensive Einsatz von Tools notwendig. Für Großanwender typische Tools, Werkzeuge und Mengengerüste werden in Übersicht 6.7 dargestellt.

Übersicht 6.7: Tools, Werkzeuge, Mengengerüste für Teilaufgabengebiet: Controlling für Geräte und Systemsoftware

Aufgabe	Tool oder Werkzeug Kurzbezeichnung	Hersteller	Typisches Mengengerüst circa
Geräteplanung: Erfassung und Aggregation aller Geräteanforderungen	Konfigurationsdatenbank	HYPO	Anzahl Bedarfsmeldungen Ø Jahr 710
Bestellwesen: Abwicklung von Bestellungen, Installationsplanung	Konfigurationsdatenbank, diverse Dateien	HYPO	Anzahl offener Bestellungen > 200 Anzahl Bestellungen Ø Jahr > 1.000
Konfigurationsplanung Verwaltung aller installierten Geräte	Konfigurationsdatenbank, diverse Dateien, Datenbanken	HYPO	Anzahl installierter Geräte > 10.000

6.3.3 Controlling für Kosten

Die wesentlichen Ziele des Aufgabengebietes sind, sicherzustellen, daß die Gesamtkosten für EDV im Unternehmen verläßlich und sachgerecht geplant werden, die Rechnungsabwicklung korrekt und effizient erfolgt. Einen Überblick der wichtigen Aufgaben geben wir in Übersicht 6.8.

Das Controlling der EDV-spezifischen Gesamtkosten kann im allgemeinen nicht unabhängig von den im Unternehmen für andere Kostenarten üblichen Vorgehensweisen gehandhabt werden. In großen Unternehmen gibt es bei den EDV-Kosten heute die folgenden Besonderheiten, die im Controlling berücksichtigt werden sollten:

- Die Kosten für EDV stellen einen signifikanten Teil der Sachkosten dar und wachsen überdurchschnittlich, da Rationalisierungsmaßnahmen fast immer und neue Produkte sehr häufig vom Einsatz neuer oder geänderter EDV-Systeme abhängig sind.

- Die Verhältnismäßigkeit der Kosten für EDV-spezifische Dienstleistungen kann im allgemeinen nicht mit generellen betriebswirtschaftlichen Methoden beurteilt werden, sondern erfordert zusätzlich spezielles Informatik-spezifisches Know-how.
- Die Planung der EDV-Kosten erfordert spezielles Informatik-spezifisches Know-how.

Übersicht 6.8: Teilaufgabengebiet Controlling für Kosten

- **Mehrjahresplan für die unternehmensweiten EDV-Kosten**
  - Bedarfsberechnung und jährliche Fortschreibung der Kosten für
    - Hard- und Software
    - Datenkommunikation
    - Informationsdienste
    - Beratungsleistungen
    - Schulung
    - Material
    - Personal
  - Unternehmensweite Abstimmung aller Planungen
- **Regelmäßiger Soll-Ist-Vergleich aller EDV-Kosten, laufende Behandlung von Planabweichungen**
- **Rechnungsabwicklung inklusive Bestandsverwaltung für betriebswirtschaftliche Zwecke**
- **Zuordnung der EDV-Kosten zu Verursachern, Leistungsverrechnung**
- **Erfahrungsaustausch und Marktbeobachtung**
- **Verbesserung von Qualität und Produktivität**

Effizientes Controlling der EDV-Kosten sollte deshalb die folgende Komponenten beinhalten:

- Eine zentrale Stelle (im folgenden die **Etat-verantwortliche**) mit Informatik-spezifischem Know-how – in der Regel die „zentrale EDV" – ist verantwortlich für die jährliche Erstellung (Fortschreibung) eines im Unternehmen abgestimmten Mittelfristplanes aller EDV-spezifischen Kosten, über den die Geschäftsleitung entscheidet.
- Der Mittelfristplan berücksichtigt *alle* Umstände, die sich auf EDV-Kosten auswirken:
  - Folgekosten aus Projekten, die zum Einsatz kommen (Schulungen, Geräte usw.)

- Kosten für Kapazitätserhöhungen wegen generellen Wachstums
- Kosten für den Ersatz von Geräten
- Kosten für die Neuanforderung von Geräten, EDV-Systemen
- Abschreibungsbedarf für bereits installierte Geräte
- Wartungskosten für Geräte
- Installationskosten für Geräte
- Kosten für Datenkommunikation
- Lizenz- und Wartungskosten für Software
- Kosten für externe Dienstleistungen
- Personalkosten für Mitarbeiter mit EDV-spezifischen Aufgaben[1]
- Sachkosten für Mitarbeiter mit EDV-spezifischen Aufgaben
- Kostenänderungen, die aus Preisänderungen resultieren

- Die Mittelfristplanung wird mindestens nach folgenden Gesichtspunkten gegliedert dargestellt:
  - Gesamtkosten pro *Kostenstelle*[2] untergliedert nach
    - Folgekosten aus bestehenden Investitionen bzw. Verträgen (Basiskosten, sortiert nach Kostenarten)
    - Kosten aus Neuinvestitionen
  - Gesamtkosten untergliedert nach Kostenarten im Vergleich mit vorangegangenen Jahren
  - Neuinvestitionen für das Folgejahr inklusive resultierenden Kosten für die Gewinn- und Verlustrechnung (sortiert nach wichtigen Kostenarten)

- Die Etat-verantwortliche Stelle kommentiert für die Geschäftsleitung alle beantragten Neuinvestitionen aus neutraler Sicht. Insbesondere werden dabei die folgenden Fragen behandelt:
  - Ist die vorliegende Begründung der Investition plausibel? Ist zum Beispiel der erhoffte Nutzen realistisch?
  - Paßt die Investition zur EDV-Strategie bzw. zu den EDV-spezifischen Standards des Unternehmens?
  - Stellt die vorgeschlagende Investition eine preiswerte Lösung dar?
  - Ist die Investition in bisherigen Mittelfristplanungen enthalten oder werden diese dadurch erhöht bzw. verringert?

- Der Mittelfristplan wird durch die Geschäftsleitung verabschiedet. Sie entscheidet auch, wenn die vorgeschlagene Obergrenze für den Etat überschritten wird oder wenn die anfordernde Stelle und der Etat-Verantwortliche sich über eine Investition nicht einig sind.

- Nach Festsetzung des Gesamtetats durch die Geschäftsleitung erhalten die Kostenstellen ihre daraus resultierenden Budgets für Neuinvestitio-

---

[1] in jedem Fall für solche Mitarbeiter, die in einer „zentralen EDV" arbeiten

[2] Unter den **Kostenstellen** des Unternehmens verstehen wir diejenigen Stellen im Unternehmen, die für die Verwendung der Mittel verantwortlich sind. Bei der funktionalen Gliederung unseres Musterunternehmens (s. Übersicht 2.3) würden zum Beispiel die Bereiche als Kostenstellen fungieren.

nen zur *verantwortlichen Disposition* innerhalb vorgegebener Rahmenbedingungen (insbesondere Standards).
- Die Etat-verantwortliche Stelle ist zuständig für die Einhaltung des jeweils aktuellen Etats. Es besteht eine Kompetenzregelung für die Behandlung von unterjährigen Anforderungen, die nicht im Mittelfristplan enthalten sind.
- Die Etat-verantwortliche Stelle erstellt regelmäßig, z. B. halbjährlich, einen Soll-Ist-Vergleich über die Kosten.

Die zweite wichtige Aufgabe ist eine korrekte Rechnungsabwicklung innerhalb des Zuständigkeitsbereiches (z. B. „zentrale EDV") inklusive der Wartung des EDV-spezifischen Anlagenbestands. Wegen des im allgemeinen hohen Mengengerüsts sind beide Aufgaben nicht trivial und sollten von einer zentralen Stelle geregelt werden. Bevor eine Rechnung bezahlt wird, muß von zwei unabhängigen, d. h. nicht an dieselbe Person berichtenden, Mitarbeitern (Vier-Augen-Prinzip) geprüft werden, ob

- die Lieferung der Bestellung entspricht (im allgemeinen durch Quittierung des Lieferscheins und Abgleich mit der „Bestelldatenbank") und ob
- die Rechnung der Lieferung und den vertraglich zugesicherten Konditionen entspricht.

Erst nach Unterschrift der geprüften Rechnung durch einen Kompetenzträger kann die Rechnung bezahlt werden. Dabei muß sichergestellt sein, daß entsprechende Eintragungen erfolgen in

- der Anlagenbuchhaltung des Unternehmens
- der Buchhaltung zur Erstellung der Gewinn- und Verlustrechnung
- der Buchhaltung des EDV-Etats.

Die dritte wichtige Aufgabe ist eine sachgerechte Leistungsverrechnung für alle EDV-spezifischen Dienstleistungen im Unternehmen. Auch wenn die EDV-Dienstleistungen von Cost-Centern bereitgestellt werden, ist eine interne Leistungsverrechnung als Basis für die Steuerung der EDV-Kosten im Unternehmen unbedingt notwendig. Findet eine Leistungsverrechnung nicht statt, bedeutet das, daß die Dienstleistungen der EDV kostenfrei sind und deshalb auch besonders stark nachgefragt werden. Ziele einer guten Leistungsverrechnung sind:

- Ein möglichst hoher Anteil der Kosten sollte verrechnet werden.
- Die Leistungsverrechnung muß verursachergerecht und nachvollziehbar sein.
- Die Kostenbelastung soll durch den Leistungsnehmer steuerbar sein, wo immer möglich.
- Die Kostenbelastung muß für den Leistungsnehmer zumindest für das Folgejahr planbar sein.
- Die Leistungsverrechnung muß automatisch abgewickelt werden und möglichst zeitnah (z. B. vierteljährlich) erfolgen.

Der Realisierung obiger Ziele stehen folgende grundsätzliche Probleme entgegen:

- Es gibt viele Leistungsarten, die gleichzeitig von mehreren Leistungsnehmern in Anspruch genommen werden und deshalb nur anteilig verrechnet werden können. Der typische Fall ist, daß verschiedene Leistungsnehmer, dieselben Anwendungssysteme, zum Teil auf denselben Geräten benutzen, die über gemeinsame Kommunikationsmedien mit dem Rechenzentrum verbunden sind, in dem die Anwendungssysteme betrieben werden. Verursachergerechte Leistungverrechnung bedeutet, daß für die verschiedenen Leistungsnehmer der jeweilige Anteil an den Kosten bestimmt und nachvollziehbar dargestellt werden muß und zwar für:
  - die Entwicklung und Wartung der Anwendungssysteme
  - die Geräte vor Ort
  - die Kommunikationsmedien
  - den zentralen Rechner inklusive Speichermedien, Output-Devices usw.
  - das Personal des Rechenzentrums
  - die Raum- und Klimakosten der Rechenzentren usw.
- Zur Feststellung des Verbrauchs einzelner Leistungsarten müssen zum Teil extrem große Datenmengen erfaßt, gespeichert und bearbeitet werden. Beispielsweise müssen Millionen täglicher Transaktionen unterschiedlichsten Typs den verschiedenen Leistungsnehmern zugeordnet werden.
- Für das Nachvollziehen der Kostenkalkulation sowie der Leistungsverrechnung ist spezifisches EDV-Know-how notwendig.

Darüber hinaus gibt es heute weder ein vollständiges theoretisches Modell, noch einen Industriestandard für EDV-spezifische Leistungsverrechnung. Die meisten Unternehmen haben eigene, auf ihre spezifischen Bedürfnisse zugeschnittene Modelle, die in der Regel nicht alle oben genannten Ziele erreichen. Das Prinzip der Leistungssverrechnung ist einfach:

- Für jede **Leistungsart** (Dienstleistung des Leistungsgebers) wird ein Preis berechnet aus der Summe der *Direktkosten* mit den jeweiligen Anteilen an den *Gemeinkosten*.
  Dabei verstehen wir unter den **Direktkosten** alle Kosten, die genau einer Leistungsart zuzuordnen sind. Unter **Gemeinkosten** verstehen wir alle Kosten, die als Ganzes für mehrere Leistungsarten anfallen und über entsprechende Verteilschlüssel anteilig den betroffenen Leistungsarten zugeordnet werden müssen.
- Die Gemeinkosten werden wie folgt auf Leistungsarten verteilt:
  - Die Summe aller Gemeinkosten wird auf eine Anzahl von *Kostenplätzen* verteilt. Dabei verstehen wir unter einem **Kostenplatz** eine Gesamtheit von Einrichtungen bzw. Dienstleistungen, die als Basis für die Erbringung mehrerer Leistungsarten benötigt wird. Die Kosten-

plätze werden so gewählt, daß deren Kosten über verursachergerechte Verteilschlüssel den Leistungsarten zugeordnet werden können.
- Pro Kostenplatz werden ein oder mehrere Typen von **Leistungseinheiten** definiert. Das sind meßbare Größen, auf Grund derer die Leistungen des Kostenplatzes für verschiedene Leistungsarten gemessen werden können.
- Für jede Leistungseinheit werden Preise bestimmt. Diese werden so gewählt, daß die Kosten der Kostenplätze sich aus der Summe der Leistungseinheiten, multipliziert mit den jeweiligen Preisen ergibt.
- Die Gemeinkosten für eine Leistungsart berechnen sich als Summe der verbrauchten Leistungseinheiten multipliziert mit den jeweiligen Preisen.
• Die Kosten für einen Leistungsnehmer ergeben sich aus der Summe der Kosten aller in Anspruch genommenen Leistungsarten.

In den Übersichten 6.9 und 6.10 werden typische Leistungsarten des Dienstleisters „Zentrale EDV" sowie typische Kostenplätze als Beispiel beschrieben.

Übersicht 6.9: Typische Leistungsarten des Dienstleisters „Zentrale EDV"

Leistungsart	Direktkosten	Gemeinkosten
Endgerät	Anschaffungskosten Installationskosten Wartungskosten Geräteanschluß- gebühren (Netz)	Personalkosten für Planung, Beratung, Betreuung Betriebskosten Kommunikationsnetz
IMS-Online-Betrieb	—	Kostenanteil an zentralem Rechensystem für IMS-Online-Betrieb • Hardware • Systemsoftware • Personal • Klima • Raum usw.
EDV-Anwendungs-systeme	Entwicklungskosten aus Projekt dividiert durch erwartete Nutzungs-dauer Wartungskosten pro Jahr	Kostenanteil an Personal und Sachkosten für • Planung • Verfahrenstechnik Anwendungsentwicklung • Leitung

Fortsetzung Übersicht 6.9: Typische Leistungsarten des Dienstleisters „Zentrale EDV"

Leistungsart	Direktkosten	Gemeinkosten
EDV-Beratung	Aufwand, wobei Gemeinkosten im Preis eingerechnet sind	—

Übersicht 6.10: Typische Kostenplätze für Umlage der Gemeinkosten

Kostenplatz	Leistungseinheiten	Preisberechnung pro Leistungseinheit
Datenkommunikationsnetz	Transaktionen	Gesamtkosten für DK-Netze pro Jahr ohne Geräteanschlußgebühren
		Summe der Transaktionen pro Jahr
IMS-Online-Betrieb	IMS-Transaktionen	Kostenanteil für Online-Betrieb am Rechenbetrieb pro Jahr
		Summe IMS-Transaktionen pro Jahr
EDV-Anwendungssysteme	Mann-Monate	Gemeinkosten für Entwicklung und Wartung pro Jahr
		Summe aller erbrachten Mann-Monate pro Jahr

Die Definition eines konkreten Modells für Leistungsverrechnung ist sehr stark unternehmensabhängig. Die Möglichkeiten reichen von Pauschalmodellen, bei denen die Gemeinkosten über wenige Typen von Leistungseinheiten umgelegt werden, bis hin zu Modellen, in denen für jede Dienstleistung eine eigene Leistungsart definiert wird und die Gemeinkosten über viele Typen von Leistungseinheiten bestimmt werden. Besteht z. B. die EDV-Nutzung in einem Unternehmen darin, auf einem Gerätetyp eine einheitliche Palette von Anwendungssystemen zu betreiben und ist die Nutzungshäufigkeit der Geräte auf alle Kostenstellen gleich verteilt, dann ist ein Pauschalmodell angebracht, in dem die einzige Leistungsart sowie Lei-

6.3 Teilaufgabengebiete und deren Abwicklung

stungseinheit das Gerät ist. Werden die EDV-Dienstleistungen an den verschiedenen Kostenstellen des Unternehmens sehr unterschiedlich genutzt, so müssen differenziertere Modelle geschaffen werden. Die Kunst besteht darin, einen Kompromiß zu finden, der die Kosten pro Leistungsnehmer hinreichend genau, aber mit vertretbarem Aufwand bestimmt.

Übersicht 6.11: Tools, Werkzeuge, Mengengerüste für Teilaufgabengebiet: Controlling für Kosten

Aufgabe	Tool oder Werkzeug Kurzbezeichnung	Hersteller	Typisches Mengengerüst circa
Rechnungsabwicklung für Zahlungen	IFM-Kreditorenbuchhaltung	UBS	Anzahl Zahlungen für EDV Ø Jahr >11.000
Zurechnung von Sach- und Personalkosten auf Kostenstellen inklusive Soll-Ist-Vergleich	Eigenentwicklung	HYPO	Anzahl Datensätze EDV: Ø Monat 250.000 Kostenarten 700 Druck-Positionen 30 EDV-Kostenstellen 7
Anlagenbuchhaltung für Wirtschaftsgüter	ANLAS-Anlagenbuchhaltungs-System	INTEGRATA	Anzahl Datensätze EDV: Ø Jahr 170.000
EDV-Etat-Erstellung inklusive Soll-Ist-Vergleich	Eigenentwicklung	HYPO	Anzahl Datensätze Ø Jahr 10.000
Innerbetriebliche Kostenverrechnung	USU-LV	USU	Umsatzposten Ø Jahr 100 Mio.

Wegen der im allgemeinen großen Mengengerüste, mit denen im Teilaufgabengebiet umgegangen werden muß, sind Tools und Werkzeuge notwendig, die möglichst gut aufeinander abgestimmt sind. Für Großanwender typische Tools, Werkzeuge und Mengengerüste für das Teilaufgabengebiet werden in Übersicht 6.11 dargestellt.

6.3.4 Controlling für Sicherheit

Das wesentliche Ziel des Aufgabengebietes ist es sicherzustellen, daß alle gesetzlichen und unternehmensspezifischen Anforderungen an die Sicherheit des EDV-Betriebs gewährleistet werden. Eine wesentliche organisatorische Maßnahme, um die Sicherheit zu gewährleisten, ist die Abwicklung aller Sicherheitsaufgaben im Vier-Augen-Prinzip. Dies kann dadurch erreicht werden, daß grundsätzliche Aufgaben wie Planung und Koordination der sicherheitsrelevanten Maßnahmen, Lösung von Grundsatzfragen sowie die Kontrollen, soweit als möglich, von den operativen Aufgaben getrennt und mit Hilfe einer Stabsfunktion abgewickelt werden. Damit wird vermieden, daß die Bearbeitung von grundsätzlichen Aufgaben dem Druck operativer Aufgaben zum Opfer fällt. Die wesentlichen grundsätzlichen Aufgaben dieser Stabsfunktion fassen wir in Übersicht 6.12 zusammen.

Übersicht 6.12: Teilaufgabengebiet Controlling für Sicherheit

- Erstellen von Konzepten sowie Umsetzen und Kontrolle von Maßnahmen zum Schutz von Daten und Software
  - Zugriffskontrolle
    - Daten
    - Transaktionen
    - Programme
  - Zentrale Administration von Berechtigungen
  - Schutz der Software vor Manipulation (z. B. Viren)
  - Verhinderung des unberechtigten Zugangs zu Kommunikationsnetzen
  - Verhinderung des Daten-, Programmdiebstahls

- Erstellung und Kontrolle von Richtlinien zur Sicherstellung der Funktionssicherheit wichtiger EDV-Einrichtungen

- Erstellung aller Richtlinien, Planungen für Katastrophenvorsorge und deren Kontrolle
  - Präventive Absicherung
  - Planung und Test des Notfallbetriebs

- Erfahrungsaustausch und Marktbeobachtung

- Laufende Problembearbeitung

- Verbesserung von Qualität und Produktivität

Die unberechtigte Nutzung bzw. Veränderung von Daten oder Programmen ist generell nicht vollständig vermeidbar, muß aber durch ein Bündel

6.3 Teilaufgabengebiete und deren Abwicklung

von aufeinander abgestimmten Maßnahmen extrem erschwert werden. Es sollte mindestens die folgenden Komponenten enthalten:

- Automatische Berechtigungsprüfung für jeden Zugriff auf geschützte Daten oder Programme. Dazu sind die folgenden Vorkehrungen notwendig:
  - Installation eines spezifischen EDV-Systems, das jeden Benutzer identifiziert und authentifiziert (z. B. mittels Benutzerkennung und persönlichem Paßwort oder Token); vor jedem Zugriff prüft, ob die erforderlichen Berechtigungen vorhanden sind; besonders kritische Zugriffe und nicht autorisierte Zugriffsversuche protokolliert.
  - Aufbau einer Administration, die nach definierten Regeln Benutzerkennungen und Authentifizierungsmittel (Einstiegspaßworte, Token) vergibt, die für die Arbeit benötigten Zugriffsrechte pro Benutzer(gruppe) festlegt und einrichtet.
  - Durchführen von Kontrollen, die geeignet sind, das weisungsgemäße Verhalten der Administratoren und Benutzer zu prüfen. Werden zur Authentifizierung, wie heute üblich, persönliche Paßwörter verwendet, sind bindende Regeln zum Umgang damit zu definieren. Für die Struktur der Paßwörter ist ein Standard vorzugeben, der das Erraten von Paßwörtern durch Dritte soweit als möglich erschwert. Die Einhaltung des Standards muß automatisch geprüft werden.
- Definition besonderer Vorkehrungen zur Verhinderung unberechtigter Programmänderungen:
  - Freigabeverfahren für intern erstellte Programme (s. Abschnitt 3.6.2.13)
  - Transport von extern erstellten Programmen in versiegelter Form
  - Verhinderung der Verwendung von nicht durch das Unternehmen geprüften PC-Programmen
- Restriktiver Gebrauch von Wählanschlüssen an zentrale Rechenanlagen für Geräte außerhalb des Unternehmens. Automatisches Überprüfen der Berechtigung jeder Benutzung eines Wählanschlusses. Einschränkung der Berechtigungen für Benutzer von Wählanschlüssen auf eine fest vorgegebene Menge von Transaktionen. Besonders sensible Informationen sind durch den Einsatz kryptographischer Verfahren gegen Abhören und, oder Veränderung während der Übertragung zu schützen.
- Verhinderung des Datendiebstahls in großem Rahmen durch:
  - Zutrittsberechtigungen und entsprechende Prüfungen für alle Orte, an denen Daten physisch gelagert sind
  - Protokollierung aller Daten-Entnahmen
  - Verhinderung der Ausgabe von Daten auf Diskette oder tragbare PCs durch Einsatz von PCs ohne bzw. mit versperrtem Diskettenlaufwerk oder durch Verschlüsselung von Daten auf PCs.

Da mit solchen Maßnahmen unberechtigte Nutzung bzw. Veränderung von Daten oder Programmen nicht völlig verhindert werden können, müssen zusätzlich Vorkehrungen getroffen sein, die Mißbräuche schnell erkennen und etwaige Auswirkungen beheben helfen. Dazu gehören:

- Alle Zugriffe werden protokolliert, so daß jederzeit Nachforschungen über unberechtigte Nutzung erfolgen können.
- Alle Programmdateien werden regelmäßig auf nicht autorisierte Veränderungen geprüft.
- Tools zur Lokalisierung und Analyse von Veränderungen in Programmen (z. B. Virencheck-Programme) werden bereitgestellt.

Zur Sicherstellung der Betriebsbereitschaft wichtiger EDV-Systeme müssen Richtlinien zur baulichen Ausstattung und Betreuung von Räumen mit Rechenzentrumscharakter erstellt werden. Sie sollten die folgenden Punkte enthalten:

- Zutrittsbeschränkung, -kontrolle und -protokollierung
- Einbruchssicherheit
- Brandschutz und Brandbekämpfung
- Wasserschutz
- Klimaversorgung
- Stromversorgung
- Behandlung von Unregelmäßigkeiten.

Alle denkbaren Maßnahmen zum Schutz des Betriebs von EDV-Systemen an einem Ort reichen nicht aus, um dort auch im Fall von Katastrophen die Funktionsfähigkeit der Systeme sicherzustellen. Die jüngste Vergangenheit zeigt, daß Unternehmen mit der totalen Zerstörung von Gebäuden durch Flugzeugabstürze, Brände, Erdbeben, kriminelle Anschläge, Überschwemmungen usw. zu rechnen haben. Beispiele aus der jüngsten Vergangenheit sind: Die Zerstörung eines Hochhauses in Amsterdam durch einen Flugzeugabsturz; die Zerstörung von Gebäuden durch Terroranschläge in London und New-York.

Unternehmen, deren Existenz durch einen längeren Ausfall der Betriebsfähigkeit der EDV-Systeme gefährdet ist, müssen deshalb durch entsprechende Vorkehrungen dafür sorgen, daß im Fall einer Katastrophe an einem Ort woanders ein Notfallbetrieb wieder aufgenommen werden kann. Die Grundsatzaufgaben für den Notfallbetrieb, die in Zusammenarbeit mit den betroffenen Stellen in den Rechenzentren (s. Abschnitt 5.6.2) und Fachbereichen erledigt werden müssen, umfassen die folgenden Punkte:

- Festlegen des Service-Levels für den Notfallbetrieb
- Bestimmen der für den Notfallbetrieb notwendigen Ressourcen:
  - Rechner- und Speicherkapazität
  - Datenkommunikationsmedien und Übertragungseinrichtungen
  - Output-Kapazitäten
  - technischen Infrastruktur
- Entscheiden, welche Teile des Notfallbetriebs durch wen abgewickelt werden:

6.3 Teilaufgabengebiete und deren Abwicklung

- durch das Unternehmen selbst
- durch entsprechende Serviceunternehmen
- durch Drittunternehmen, die entsprechende Ressourcen haben.
* Festlegen und Dokumentieren einer Notfallorganisation:
  - Gremien
  - Verantwortlichkeiten und Kompetenzen
  - Berichtswege
  - Ansprechpartner inklusive Adressen
* Festlegen und Dokumentieren der Ablauforganisation für das Einrichten des Notfallbetriebs durch die Rechenzentren
* Festlegen von Terminen und Umfang für regelmäßige Übungen zur Installation des Notfallbetriebs
* Überwachen des Ablaufs von Notfallübungen.

Zur effizienten Abwicklung des Teilaufgabengebietes sind diverse Tools und Werkzeuge notwendig. Für Großanwender typische Tools, Werkzeuge und Mengengerüste werden in Übersicht 6.13 dargestellt.

Übersicht 6.13: Tools, Werkzeuge, Mengengerüste für Teilaufgabengebiet: Controlling für Sicherheit

Aufgabe	Tool oder Werkzeug Kurzbezeichnung	Hersteller	Typisches Mengengerüst circa
Zugriffskontrolle auf Mainframes			Berechtigte Benutzer > 10.000
• Daten (TSO)	TopSecret	CA	Typen von Berechtigungsprofilen 250
• Transaktionen (IMS)	HSS	HYPO	Transaktionen oder Masken > 1.500
Zugriffskontrolle auf PCs			
• DOS	Softlock	PC+	PCs 8.000
• OS/2	OS/2-LAN-Server	IBM	
Virenerkennung auf			
• Mainframe	PAC	HYPO	System- und
• PC	Viruscan	McAffee	Anwendungsprogramme 10.000
Verschlüsselungs-Software	DES	[Meye 82]	

6.3.5 Controlling für Versicherungen

Das wesentliche Ziel des Teilaufgabengebietes ist es, finanzielle Folgen von Risiken, die in Zusammenhang mit der Nutzung von EDV-Systemen entstehen, soweit als möglich und wirtschaftlich sinnvoll durch Versicherungen abzudecken. Die wesentlichen Aufgaben werden in Übersicht 6.14 zusammengefaßt.

Übersicht 6.14: Teilaufgabengebiet Controlling für Versicherungen

- Risiken aus Nutzung von EDV-Systemen und Möglichkeiten der Versicherung ermitteln
- Abschluß von Versicherungen nach Vorgabe der Geschäftsleitung
- Marktbeobachtung bezüglich EDV-spezifischen Versicherungen

Im Zusammenhang mit der Nutzung von EDV-Systemen können Schäden erheblicher Größenordnung auftreten – bis hin zur Existenzbedrohung. Zu den Aufgaben des Informatik-Managements gehört es, der Geschäftsleitung diese Risiken aufzuzeigen und gleichzeitig Möglichkeiten für entsprechende Versicherungen vorzuschlagen, die die finanziellen Auswirkungen von Schadensfällen abdecken.

Da die Notwendigkeit für Versicherungen stark unternehmensabhängig ist, können wir in dieser Ausarbeitung keine konkreten Empfehlungen geben, sondern nur die grundsätzliche Möglichkeiten aufzeigen. Dazu beschreiben wir die denkbaren Schadenstypen in Übersicht 6.15.

Übersicht 6.15: Schadenstypen

- Sachschäden
  Kosten für Wiederbeschaffung bzw. Wiederherstellung von Schäden an EDV-Anlagen des Unternehmens
  - Hardware
  - Software
  - Daten

- Vertrauensschäden
  Entgangene Gewinne bzw. entstandene Verluste durch grobe Fahrlässigkeit oder Vorsatztaten eigener MA[3]

---

[3] auch MA von Serviceunternehmen

6.3 Teilaufgabengebiete und deren Abwicklung

Fortsetzung Übersicht 6.15: Schadenstypen

- Unterbrechungsschäden
  Kosten für Folgen von Sachschäden an EDV-Anlagen des
  Unternehmens wie z. B.
  - Entgangene Gewinne bzw. entstandene Verluste
  - Fortlaufende Kosten
  - Sachschaden-Minderungskosten
  - Mehrkosten durch Notbetrieb

- Vermögensschäden
  Kosten für entgangene Gewinne bzw. entstandene Verluste beim
  Unternehmen oder bei Dritten ohne Sachschaden, durch Fehl-
  bedienungen eigener MA[4] oder durch Fehlbedienung und Vorsatztaten
  Dritter

- Personenschäden
  Schaden an MA des Unternehmens durch EDV

- Haftpflichtschäden
  Personen- oder Sachschäden an Dritten

Eine Übersicht der heute angebotenen Standardversicherungen geben wir in
Übersicht 6.16.

Übersicht 6.16: Standardversicherungen für EDV-spezifische Schadenstypen

Ursache Schadensart	Mensch	Feuer oder Wasser	Versagende Technik	Höhere Gewalt
Sachschäden	(1)	(1)	(1)	(1)
Unterbrechungs- schäden	(2)	(2)	(2)	(2)
Vermögens- schäden	N	–	N	–
Vertrauens- schäden	(3)	–	–	–
Personenschäden	(4)	(4)	(4)	(4)

---

[4] auch MA von Serviceunternehmen

Fortsetzung Übersicht 6.16: Standardversicherungen für EDV-spezifische Schadenstypen

Ursache Schadensart	Mensch	Feuer oder Wasser	Versagende Technik	Höhere Gewalt
Haftpflicht- schäden	(5)	(5)	(5)	(5)

Legende:
N = Keine Standardversicherung verfügbar
– = Nicht relevant

(1) = Versicherbar über
 – Elektronik Versicherung
 – Feuerversicherung
 – Einbruch-Diebstahl-Versicherung
 – Datenträger- und Softwareversicherung
(2) = Versicherbar über
 – Betriebsunterbrechungs-Versicherung
 – Mehrkostenversicherung

(3) = Versicherbar über
 – Vertrauensschaden-Versicherung
(4) = Versicherbar über
 – Berufsgenossenschaft
 – Unfallversicherung bei Dauerschäden und Tod
 – Krankenversicherung
 – Herstellerhaftung in Spezialfällen
 – Berufshaftpflicht-Versicherung
(5) = Versicherbar über
 – Betriebshaftpflicht-Versicherung

Die wichtige Konsequenz aus Übersicht 6.16 ist, daß alle Risiken bis auf Vermögensschäden, verursacht durch Mensch oder versagende Technik, durch Standardversicherungen versicherbar sind. Unternehmensspezifische Versicherungen zur Abdeckung von Vermögensschäden sind unverhältnismäßig teuer und damit nicht wirtschaftlich. Deshalb müssen Vermögensschäden durch Notorganisationen möglichst klein gehalten, bzw. muß eine Haftung über die Allgemeinen Geschäftsbedingungen soweit möglich ausgeschlossen werden (s. Abschnitt 2.3.5)

6.3.6 Controlling für Konzernsynergien

Das wesentliche Ziel des Aufgabengebietes ist es sicherzustellen, daß Informatik-spezifische Synergien im Konzernverbund bestmöglich genutzt

6.3 Teilaufgabengebiete und deren Abwicklung

werden. Das Spektrum möglicher Konzernsynergien ist groß. Jeweils mehrere Unternehmen im Konzernverbund können zum Beispiel gemeinsam

- ein Rechenzentrum nutzen
- ein Kommunikationsnetz benutzen
- Anwendungen entwickeln und warten
- Anwendungssysteme nutzen
- Mengenrabatte nutzen
- technisches und fachliches Spezial-Know-how nutzen.

Der Ausgleich von personellen Engpässen innerhalb des Konzerns stiftet im allgemeinen hohen Zusatznutzen:

- Mitarbeiter erhalten die Chance der Weiterentwicklung in andere Aufgaben.
- Unternehmensspezifisches Know-how wird verbreitet.

Um zur generellen Konzernstrategie passende Informatik-spezifische Synergien zu erreichen, müssen die in Übersicht 6.17 zusammengefaßten Aufgaben wahrgenommen werden.

Übersicht 6.17: Teilaufgabengebiet Controlling für Konzernsynergien

- Festlegung von Rahmenbedingungen für die Informatik-spezifische Zusammenarbeit im Konzern
  - Strategie für Informatik-spezifische Zusammenarbeit
  - Zuständigkeit für Gesamtkoordination
  - Entscheidungswege inklusive Kompetenzen
  - Leistungsverrechnung

- Koordination eines regelmäßigen Informationsaustauschs zwischen den EDV-Verantwortlichen im Konzern

- Festlegung von Standards im Konzern
  - Hardware
  - Systemsoftware
  - Standardsoftware
  - Datenkommunikation

- Einbeziehung aller Konzerntöchter in Mengenverträge

- Koordination der Abwicklung von Informatik-spezifischen Dienstleistungen zwischen Konzerntöchtern

---

Sollen im Konzernverbund Informatik-spezifische Synergien genutzt werden, so bedeutet das in der Regel für die betroffenen EDV-Verantwortlichen Unbequemlichkeiten, die von der Einschränkung ihrer unternehmerischen

Freiheit bis hin zum Outsourcing ganzer Aufgabengebiete reichen. Beispiele dafür sind:

- Mengenrabatte für Geräte können nur dann realisiert werden, wenn vorher eine entsprechende Standardisierung stattgefunden hat.
- Die hohen Kostenvorteile gemeinsamer Rechenzentren bedeuten für einige Unternehmen. eigene Rechenzentren aufzugeben. Der Verlust von Arbeitsplätzen oder regionale Versetzung von Mitarbeitern kann die Folge sein.
- Die gemeinsame Entwicklung bzw. Nutzung von Anwendungssystemen kann für einige Unternehmen im Konzern den Verlust von Entwicklerarbeitsplätzen und den Verzicht auf unternehmensspezifische Besonderheiten in den Anwendungssystemen bedeuten.

Deshalb müssen im Konzern klare Rahmenbedingungen für die Informatikspezifische Zusammenarbeit abgestimmt sein. Sie sollten Präzisierungen zu folgenden Punkten enthalten:

- Konzernstrategie über den Umfang der Informatik-spezifischen Zusammenarbeit der Konzernunternehmen
- grundsätzliche Verantwortlichkeiten der jeweiligen EDV-Verantwortlichen
- Festlegung eines „Primus inter pares" innerhalb der EDV-Verantwortlichen, der für die Informatik-spezifische Gesamtkoordination im Konzern verantwortlich ist
- Entscheidungswege und Kompetenzen
- Umfang und Art der Leistungsverrechnung.

Die wesentlichen Aufgaben des „Primus inter pares" sind:

- Die Koordination eines regelmäßigen Informationsaustausches zwischen den EDV-Verantwortlichen im Konzern. Dabei sollte insbesondere über folgende Punkte kommuniziert werden:
  - Welche Informatik-spezifischen Standards werden in den einzelnen Unternehmen verwendet?
  - Welche Projekte, Maßnahmen laufen derzeit, welche sind in naher Zukunft geplant (6 bis 12 Monate)?
  - Welche Informatik-spezifischen Dienstleistungen werden in naher Zukunft benötigt?
  - Welche wichtigen Positionen müssen in naher Zukunft neu besetzt werden?
- Die Festlegung von Standards für
  - Hardware
  - Systemsoftware
  - Standardsoftware
  - Datenkommunikation

  die entweder für den Gesamtkonzern oder für Teilbereiche gelten, wie zum Beispiel Töchter mit ähnlichen Unternehmenszielen. Im allgemei-

nen sind solche Standards eine wichtige Basis für die gemeinsame Nutzung von Ressourcen sowie von Mengenrabatten.
- Sicherstellen, daß alle im Konzern abgeschlossenen Mengenverträge die Nutzung der entsprechenden Rabatte durch alle Töchter zulassen.
- Die Koordination der Abwicklung von Informatik-spezifischen Dienstleistungen zwischen Konzerntöchtern. Dazu gehört die Regelung von folgenden Punkten:
  - Festlegung von Ansprechpartnern
  - Standardverträge für Dienstleistungen
  - Kosten für Dienstleistungen
- Erstellen eines regelmäßigen Berichts über realisierte und geplante Konzernsynergien an die Geschäftsleitung der Konzernmutter oder einer entsprechenden Holdinggesellschaft.

Zur Abwicklung des Aufgabengebietes werden keine spezifischen Tools verwendet. Tools für Maßnahmenplanung bzw. Leistungsverrechnung sind jedoch sicher nützlich.

6.4 Offene Fragen

In verschiedenen Abschnitten dieses sowie des vorangegangenen Kapitels haben wir im Zusammenhang mit dem Betrieb von Endgeräten in Großrechnersystemen diverse Verwaltungs- und Betreuungsaufgaben kennengelernt, für deren Abwicklung unterschiedlichste Daten über die Konfiguration des Großrechnersystemes benötigt werden. Die wichtigsten dieser Aufgaben – wir fassen sie unter dem Begriff **Konfigurationsmanagement** zusammen – waren:

- Aus dem betriebswirtschaftlichen Umfeld:
  - Etat-Planung und Soll-Ist-Vergleich
  - Geräte-Planung, -Bestellung, -Installation und Bezahlung
  - Anlagenbuchhaltung
  - Leistungsverrechnung
- Aus dem technischen Umfeld:
  - Definition und Verwaltung der physischen sowie der logischen Netzkonfiguration
  - Versorgung aller dezentralen Geräte mit der jeweils spezifischen Software
  - Festlegung, Bestellung und Verwaltung des Datenkommunikationsnetzes
- Aus dem Umfeld Betreuung:
  - Beratung der Benutzer bei Problemen
  - Steuerung der Problembehebung.

Die für Konfigurationsmanagement benötigten Daten werden in Übersicht 6.18 zusammengestellt.

Übersicht 6.18: Aufgaben und Daten für Konfigurationsmanagement

Aufgabe	Daten
Etat-Planung, Soll-Ist-Vergleich	Bedarfsmeldungsnummer, Etatkennzeichen, Gerätetyp, Gerätestatus (geplant, installiert)
Geräteplanung	Gerätetyp, Standort, Installationstermin, -art, Ausstattung, Kostenstelle
Gerätebestellung, Rechnungskontrolle	Gerätetyp, Ausstattung, Installationsort, Preis, Rabatt, Lieferant, Installationstermin
Geräteinstallation, -kontrolle	Gerätetyp, Installationsort, Installationstermin, Lieferant, technische Daten (z. B. VTAM-Adresse)
Gerätebestandsverwaltung	Gerätetyp, Standort, Seriennummer, VTAM-Adresse, Ausstattung, Software, installiert wo, seit wann
Gerätehistorie	pro Gerät Standorthistorie
Leistungsverrechnung	Gerätetyp, Seriennummer, Unternehmensbereich, Standort, Zeitdauer der Installation (Gerätehistorie)
Anlagenbuchhaltung	Gerätetyp bzw. Ausstattung mit Anschaffungswert > DM 800.-, Etatposten, Buchungsbelegnummer, Zugangsdatum, Kostenstellennummer
Geräteversicherung	Gerätegattung, Wiederbeschaffungswert, Standort
Vertragsverwaltung	Gerätetyp, Vertrag, Mengen, Preis, Rabatt, Lieferant
Netzgenerierung	Gerätetyp, Funktion des Gerätes (Client, Server), Terminalname, VTAM-Adresse, PU-Name, LU-Name, Token-Ring-ID, Clustername (Nr.)
Netzplanung, Netzverwaltung	Leitungsname, Steuereinheit, LU (Logical Unit), Gerätetyp, Standort, VTAM-Adresse
Automatische Softwareversorgung (Steuerungstabellen)	Cluster-Nr., Versorgungs-Cluster-Nr., Anwendungssysteme pro Cluster, Tabellen pro Cluster und deren Aktualisierungsstand
Unterstützung User-Help-Desk	Gerätetyp, Standort, Ausstattung (Hardware und Software), VTAM-Adresse
Steuerung der Problembehebung	Gerätetyp, Standort, Seriennummer, VTAM-Adresse, Lieferant bzw. Wartungsfirma, Anwendungssysteme des Geräts inklusive Versorgungsstand

6.4 Offene Fragen

Bei Großrechnersystemen mit mehreren tausend PCs als Endgeräten, an denen arbeitsplatzspezifische Anwendungs- und Standardsoftware betrieben wird, muß die Erfassung und Verwaltung der Daten für Konfigurationsmanagement unbedingt EDV-technisch unterstützt werden. Die Ausführungen in diesem und im Kapitel zum Rechenzentrumsbetrieb haben gezeigt, daß insbesondere bei der HYPO-BANK diverse nicht integrierte Tools und Werkzeuge dazu vorhanden sind. Negative Erfahrungen mit diesem Bündel von Tools sind:

- Die Datenbestände sind redundant und inkonsistent.
- Mehrfachaufwand zur Erfassung und Wartung der Datenbestände fällt an.
- Die eindeutige Festlegung der Verantwortlichkeiten für korrekte und aktuelle Datenbestände ist schwierig.
- Mehraufwand für die Implementierung von Verwaltungsfunktionen fällt an.

Die Ausführungen zeigen die Notwendigkeit *eines* EDV-Anwendungssystems – genannt **Konfigurationsmanagement-System** – zur Erfassung, Verwaltung und Bereitstellung *aller* Konfigurationsdaten. Ohne ein solches Anwendungssystem sind vollständige, aktuelle, konsistente und weitgehend redundanzfreie Daten über die Konfiguration von Großrechnersystemen praktisch nicht möglich. Die Konsequenz sind Mehraufwand und Störungen im Betrieb durch fehlerhafte Abläufe bei der Wartung der Großrechnersysteme. Die wichtigsten Anforderungen an ein Konfigurationsmanagement-System sind:

- Benutzeroberflächen für alle Anwendungsfunktionen sind einheitlich.
- Ein Daten- und Funktionenmodell bewirkt, daß
  - Daten nur einmal eingegeben werden müssen
  - Funktionen nur einmal implementiert sind.
- Datenerfassung und Datenpflege werden durch Online-Funktionen unterstützt.
- Die Datenerfassung ist automatisiert, wo möglich.
- Zuständigkeiten und Arbeitsabläufe für die Datenerfassung und Pflege sind festgelegt.

Dem Autor ist keine Standardsoftware bekannt, die diese Anforderungen auch nur annähernd erfüllen würde. Dies ist ein Defizit, das möglichst schnell beseitigt werden sollte.

6.5 Aufbauorganisation

Wegen des grundsätzlichen und übergreifenden Charakters ihrer Aufgaben sollte die Organisationseinheit Controlling in unserem Modellunternehmen eine zentrale Stabsabteilung sein, die an den Leiter der zentralen – mit EDV befaßten – Organisationseinheit berichtet (s. Abschnitt 2.2.4.2). Die besprochenen Teilaufgabengebiete mit Controllingfunktionen für

- Anwendungsentwicklung
- Hardware, System- und Standardsoftware
- Kosten
- Sicherheit
- Versicherungen
- Konzernsynergien

sollten in Gruppen zusammengefaßt werden, die 7 bis 17 Mitarbeiter haben. Als sinnvolle Möglichkeiten für Zusammenfassungen sehen wir an:

- Anwendungsentwicklung mit Kosten und, oder Konzernsynergien
- Hardware, System- und Standardsoftware mit Kosten und, oder Konzernsynergien
- Sicherheit mit Versicherungen[5].

In allen Teilaufgabengebieten ist der Abschluß von Verträgen notwendig. Das spezifische Know-how dafür sollte von einer Stabsstelle bereitgestellt werden. Die Häufigkeit der Nutzung spricht für die Ansiedlung dieser Stabsstelle im Teilaufgabengebiet Controlling für Anwendungsentwicklung.

6.6 Controlling-Kennzahlen: Controlling

Übersicht 6.19: Controlling-Kennzahlen: Controlling

Strukturkennzahlen
- Alle Strukturkennzahlen für die operativen Aufgabengebiete
- Mitarbeiterkapazitäten pro Aufgabengebiet

---

[5] EDV-spezifische Versicherungen könnten auch in einer zentralen Stabsstelle gehandhabt werden, die für alle Versicherungen des Unternehmens zuständig ist.

Fortsetzung Übersicht 6.19: Controlling-Kennzahlen: Controlling

Leistungskennzahlen
- Anzahl Positionen im Mittelfristplan für Kosten
- Anzahl Positionen im Mittelfristplan für Anwendungsentwicklung
- Anzahl moderierte Projektkontrollsitzungen
- Anzahl moderierte Projektreviews
- Anzahl Beschaffungen für Hard- und Software
- Anzahl Standards für Hard- und Software
- Anzahl Positionen in Leistungsverrechnung
- Anzahl EDV-spezifischer Versicherungen
- Anzahl aktiver Verträge
- Anzahl Konzernverträge
- Anzahl Benutzerberechtigungen
- Anzahl Benutzerprofile
- Anzahl Notfallübungen pro Jahr

Qualitätskennzahlen
- Soll-Ist-Abweichung Etat in %
- Soll-Ist-Abweichung Anwendungsentwicklungsplan in %
- Verletzungen der Daten- und Funktionssicherheit
  - Anzahl gemeldeter Verletzungen des Datenschutzes
  - Anzahl Virenbefall
  - Anzahl unberechtigte Zutritte zu Sicherheitsbereichen
  - Anzahl unberechtigte Nutzung von Berechtigungen

6.7 Zusammenfassung

Die Dienstleistungen der EDV innerhalb eines Unternehmens sind kostenintensiv, verursachen häufig hohen Personalaufwand und erfordern den Umgang mit großen Mengengerüsten. Deshalb ist eine Stabsabteilung für Controlling – berichtend an den Leiter der zentralen, für EDV verantwortlichen Organisationseinheit – eine Notwendigkeit. Diese Controlling-Abteilung schafft wesentliche Voraussetzungen für eine effiziente Arbeit aller operativen Organisationseinheiten:

- Planungssicherheit durch Mittelfristplanung der gewünschten Dienstleistungen inklusive Terminen, Personal-, Sachaufwand sowie der Kosten
- Kostensensitivität durch Leistungsverrechnung
- Investitionssicherheit durch Festlegung technischer Standards

- Daten- und Funktionssicherheit durch Planung aller dafür notwendigen Maßnahmen
- Rechtssicherheit durch Vorgabe von Standardvertägen, bzw. fachkundige Beratung.

Darüber hinaus gibt die Abteilung dem Management des Unternehmens Sicherheit durch laufende Kontrollen. Die Controlling-Abteilung wird zu einer wichtigen Brücke zwischen EDV und Unternehmen, wenn sie die für ihre Arbeit wesentlichen Erfolgsfaktoren erfüllt: Die Akzeptanz im Unternehmen wird durch transparente, objektive Arbeitsweise mit für die Betroffenen nachvollziehbaren Ergebnissen erarbeitet. Fachspezifisches Knowhow, Marktübersicht verbunden mit Verhandlungsgeschick sind die Basis für gute Zusammenarbeit.

Literaturverzeichnis

A. Fachspezifische Literatur (Autoren)

[Albr 79]   Albrecht, J.A.: Measuring Application Development Productivity, IBM Application Development 1979
[Arbe 87]   Arbeitsgesetze. Beck-Texte, dtv 1987
[Balz 82]   Balzert, H.: Die Entwicklung von Software-Systemen: Prinzipien, Methoden, Sprachen, Werkzeuge, Bibliographisches Institut 1982
[Balz 85]   Balzert, H.: Moderne Software-Entwicklungssysteme und -werkzeuge, B.I.-Wissenschaftsverlag 1985
[Baue 81]   Bauer, F.L., Wössner, H.: Algorithmische Sprache und Programmentwicklung, Springer 1981
[Bend 83]   Bender, H.: Software Engineering in der Praxis: Das Bertelsmann-Modell, CW-Publikationen 1983
[Boeh 81]   Boehm, H.: Software Engineering Economics, Prentice Hall 1981
[Brau 89]   Brauer, W., Haacke, W., Münch, S.: Studien- und Forschungsführer Informatik, Springer 1989
[Broo 75]   Brooks, F.P.: The Mythical Man-Month, Addison-Wesley 1975
[Bund 93]   Bundesamt für Sicherheit in der Informationstechnik: Zertifizierte IT-Produkte und Produktempfehlungen für die materielle Sicherheit, BSI700 1993
[Cash 87]   Cash, J.I., McFarlan, F.W., McKenney, J.L.: Corporate Information Systems Management: Text and Cases, Irwin, Homewood 1983
[Chro 92]   Chroust, G.: Modelle der Softwareentwicklung, Oldenbourg 1992
[Cloc 84]   Clocksin: Programming in Prolog, Springer 1984
[DeMa 91]   DeMarco, T.; Lister, T.: Wien wartet auf Dich! Der Faktor Mensch im DV-Management, Hanser 1991
[Dene 91]   Denert, E.: Software-Engineering, Springer 1991
[Dijk 76]   Dijkstra, E.: A Discipline of Programming, Prentice Hall 1976

[Dieb 84]	Diebold Deutschland GmbH: Diebold Kennzahlensystem (DKS). Ein Instrument zur Analyse der Wirkungen informationstechnischer Mittel und Verfahren, Frankfurt 1984
[FAMA 87]	Fachausschuß für maschinelle Abrechnungssysteme: Grundsätze ordnungsmäßiger Buchführung bei computergestützten Verfahren und deren Prüfung, Die Wirtschaftsprüfung 1988, Heft 1/2
[Grie 78]	Gries, D.: Programming Methodology. A Collection of Articles by Members of IFIP W 62.3, Springer 1978
[Grie 81]	Gries, D.: The Science of Programming, Springer 1981
[Groc 82]	Grochla, E.: Grundlagen der organisatorischen Gestaltung, Stuttgart 1982
[GUID 85]	GUIDE (Hrsg.), Seyffer: Handbuch zu Rechenzentrums-Kennzahlen, 1989
[Hans 86]	Hansen, H.R.: Wirtschaftsinformatik I, Fischer 1986
[Haus 85]	Hausen, H.L., Müllerburg, M., Sneed, H.M.: Softwareproduktionsumgebungen, R. Müller 1985
[HBS 85]	Harvard Business School: Case Study No. 9-184-143 "United Airlines", Harvard Business School 1984
[HBS 85]	Harvard Business School: Case Study No. 9-186-005 "American Hospital Supply", Harvard Business School 1985
[Hege 93]	Hegering H.G., Abeck S.: Integriertes Netz- und Systemmanagement, Addison-Wesley 1993
[Hoar 69]	Hoare, C.A.R.: An Axiomatic Basis for Computer Programming, CACM, 12 1969
[HYPO 93]	HYPO-BANK: Allgemeine Geschäftsbedingungen,, Stand: 1993
[IBM 74]	IBM (Hrsg): HIPO — A Design Aid and Documentation Technique, IBM FORM GC 20-1851-0 1974
[IBM 91]	IBM (Hrsg): System Application Architecture, System View Concepts, IBM Publication No. SC 23-0578-00 1991
[ITG 93]	International Technology Group: Cost of Computing, Comparative Study of Mainframe & PC/LAN Installations, Los Altos 1993
[IzIS 91]	Technische Universität München: Informationen zum Informatikstudium, TUM 1991
[Jaco 92]	Jacobson, I.: Object-Orientated Software Engineering, Addison-Wesley 1992
[Junk 88]	Junker, A.: Computerrecht, Nomos Verlagsgesellschaft 1988
[Jone 93]	Jones C.: Assessment and Control of Software Risks, Prentice Hall 1993
[Jens 74]	Jensen, K., Wirth, N,: PASCAL User Manual and Report, Springer 1974

[Kern 77]	Kernighan B. W.; Ritchi D. M.: The C Programming Language, Prentice-Hall, Inc. 1977
[Knop 89]	Knop, J.: Organisation der Datenverarbeitung an der Schwelle der 90er Jahre 8. GI-Fachgespräch über Rechenzentren, Springer 1989
[Marc 79]	de Marco, T.: Structured Analysis and System Specification, Yourdon 1979
[Mart 90]	Martiny L., Klotz M.: Strategisches Informationsmanagement, Oldenbourg 1990
[Mehl 78]	Mehlhorn, K.: Effiziente Algorithmen, BI-Verlag 1978
[Mert 85]	Mertens, P.: Aufbauorganisation der Datenverarbeitung, Gabler 1985
[Meye 82]	C. H. Meyer, St. M. Matyas: Cryptography, John Wiley & Sons 1982
[Mitt 89]	Mittendorfer, J.: Objektorientierte Programmierung mit C++ und Smalltalk, Addison-Wesley 1989
[Myer 79]	Myers, G. J.: Methodisches Testen von Programmen, Oldenbourg 1987
[Nage 77]	Nagel, K., Kraus, W.: Die EDV- Checklistensammlung, Science Research Associates GmbH, Stuttgart
[Naur 69]	Naur,P., Randell, B.: Software Engineering, Report on Nato Conference 1969
[Nonh 89]	Nonhoff, J.: Entwicklung eines Expertensystems für das DV-Controlling, Springer 1989
[Noth 86]	Noth, T., Kretzschmar, M.: Aufwandschätzung von DV-Projekten, Springer 1986
[Noth 87]	Noth, T.: Unterstützung des Managements von Software- Projekten durch eine Erfahrungsdatenbank Springer 1987
[Öste 81]	Österle, H.: Entwurf betrieblicher Informationssysteme, Hanser 1981
[Romp 92]	Rompel, H.:IBM-Computerwelt-Guide: "What is what" bei IBM; Systeme, Programme, Begriffe, IWT-Verlag 1992, 3. Auflage
[Sche 90]	Scheer, A.-W.: Wirtschaftsinformatik, Springer 1990
[Schu 78]	Schulz, A.: Methoden des Softwareentwurfs und Stukturierte Programmierung, DeGruyter 1978
[Schu 85]	Schuppenhauer, R.: Checklisten für die EDV-Prüfung, IWD 1985
[Schu 86]	Schumann, Dr. J.; Gerisch, Dr. M.: Software-Entwurf: Prinzipien, Methoden, Arbeitsschritte, Rechnerunterstützung, Verlag Rudolf Müller 1984
[Schu 89]	Schuppenhauer, R.: Grundsätze für eine ordnungsmäßige Datenverarbeitung, IWD 1989

[Scul 87]	Sculley, J.; Byrne, J.A.: Odyssey, Pepsi to Apple... A Journey of Adventure, Ideas and the Future, Harper & Row 1987
[Snee 82]	Sneed, H.M.: Softman Software-Managementsystem Methodenbeschreibung, München 1982
[Span 91]	Spannagl, S.: Entwicklung eines Kennzahlenmodells zur Unterstützung des EDV-Controlling, Diplomarbeit TUM, HYPO-BANK 1991
[Stah 89]	Stahlknecht, P.: Einführung in die Wirtschaftsinformatik, Springer 1989
[Stru 77]	Strunz, H.: Entscheidungstabellentechnik, Karl Hanser 1977
[Vett 86]	Vetter, M.: Aufbau betrieblicher Informationssysteme, Teubner 1986
[VOVZ 91]	Technische Universität München: Personen- und Vorlesungsverzeichnis, Kastner+Zeeb 1991
[Wegn 80]	Wegner: Programming with ADA: An Introduction by Means of Graduated Examples, Prentice Hall 1980
[Weve 89]	Wever, U.A.: Unternehmenskultur in der Praxis, Campus 1989

B. Produktspezifische Literatur (Firmen)

Soweit Informationen vorliegen, werden sie in folgender Struktur gelistet:

Firma Kurzbezeichnung   *Firma Langbezeichnung*
  Ort

  Produkt Kurzbezeichnung   *Produkt Langbezeichnung*
  Bestellnummer, Jahrgang

anacomp   Anacomp, Inc.
  San Diego, USA

    COM-Recorder   XFP Operator Guide
  800211, 1990

    XFP-Software   DatagraphiX XFP2000 Users Guide
  XFPEDIT.001, 1990

ADS   Application Development Systems, Inc.
  San Jose, USA

    XPEDITOR   XPEDITOR/TSO Release 4.0 User Guide
  1988

Beta Systems   Beta Systems Software AG
  Berlin

    Beta 92   Job History and Output Management System Benutzerhandbuch
  SD92-2203, 1992

BMC   BMC Software, Inc.
  Sugar Land, USA

    PCP (IMS)   Pointer Checker Plus Reference Manual Version 3.1
  1993

    Unload Plus   Reference Manual Version 2.4
  1993

BOI   BOI GmbH
  Linz, Österreich

    TABEX/2   Tabellen-, Dateiverwaltungs-, Zugriffs- und Auswertungssystem
  1993

CA		COMPUTER ASSOCIATES INTERNATIONAL, INC. Garden City, USA
	CA-1	General Information Guide R102L050GIE, 1990
	Super Project Expert	Super Project Expert Version 1.10 1989
	TopSecret	General Concepts Guide R502TS43GCE, 1990
Candle		Candle Corporation Santa Monica, USA
	AF/OPERATOR	Operations Reference Manual Version 225 AO53-2914-6, 1991
	DB/SMU	DB/SMU for DB2 User's Guide 2S54-3364-1, 1991
	DELTAMON	Benutzerhandbuch DM53-3904, 1991
	OMEGAMON	OMEGAMON II for MVS Advanced Realtime Component Version 200 M253-3880-0, 1992
	OMEGAMON	OMEGAMON II for DB2 Classic Interface Version 260 O253-3822-0, 1992
	OMEGAMON	OMEGAMON II for IMS Realtime Commands Reference Manual Version 100 I253-3486-0, 1991
CAP debis		Cap debis Software und Systeme GmbH Leinfelden-Echterdingen
	TIP	IMS/DL1 Benutzer Handbuch TIPIMSUD, 1992
CDB		CDB Software, Inc. Houston, USA
	DB2-SMU	DB2-SMU Version 2.1 User's Guide 1988

COMPAREX		COMPAREX Informationssysteme GmbH Mannheim
	ACL	COMPAREX 6388 ACL System ACL Messages Revition Level 1 CXAE6099, 1992
Datakom		Datakom GmbH Ismaning
	DataScope	Datascope Handbuch 9410, 1988
ESC Software		The European Software Company Düsseldorf
	Screenform	User Guide I-8002-7, 1986
Gpf Systems		Gpf Systems, Inc. Moodus, USA
	Gpf	GUI Programming Facility, Version 2.1 User Manual 1993
IBM		IBM Deutschland GmbH Berlin
	Assembler	Assembler H Version 2, Release 1.0 Language Reference GC26-4037-1, 1983
	BookManager	BookManager READ/MVS Online-Bücher anzeigen Release 2.0 SC12-2094-00, 1992
	BTS	IMS/VS Batch Terminal Simulator General Information GH20-5522-02, 1989
	C	C/C++ Tools Version 2.0 Programming Guide S61G-1181-00, 1993
	C++	C/C++ Tools Version 2.0 Programming Guide S61G-1181-00, 1993
	CICS	Customer Information Control System CICS/MVS Version 2.1 SC33-0511-01, 1993

CLIST	TSO/E System Programming Command Reference SC28-1878-03, 1993
Cobol	VS COBOL II Release 3.0-3.2 Application Programming Language Reference GC26-4047-07, 1993
CSP	Cross System Product General Information GH23-0500-04, 1990
Database Manager	OS/2 Database Manager G221-3629-01, 1993
DB2	IBM Database 2 Version 2 Release 3 General Information Manual GC26-4373-03, 1992
DDS	Data Dictionary System General Information GH20-9104-07, 1986
DBRC	IMS/VS Version 2 Data Base Recovery Control Guide and Reference SC26-4209-1, 1986
DCF	Document Composition Facility SCRIPT/VS Language Reference SH35-0070-06, 1991
DFDSS	Data Facility Data Set Services General Information GC26-4123-5, 1989
DFHSM	Data Facility Hierarchical Storage Manager General Information GH35-0092-7, 1992
DIAL IBM	Direct Information and Assistance Link to IBM Handbuch GH12-2049-0, 1991
EPDM	SystemView Enterprise Performance Data Manager/MVS GH19-6868-00, 1993
Image Copy	IMS/ESA-Utility Utilities Reference: Database SC26-4627-00, 1993
IMS	IMS/ESA General Information GC26-3068-00, 1992
IMS-DB	IMS/ESA General Information GC26-3068-00, 1992
IMS-TM	IMS/ESA General Information GC26-3068-00, 1992

Literaturverzeichnis

Info/Management	The Information/Management Library Planning, Installing and Maintenance Guide SC34-4326-00, 1992
Inspect (PL/I)	INSPECT for C/370 and PL/I Release 1 Using INSPECT under MVS SC26-4530-0, 1989
ISPF	Interactive System Productivity Facility for MVS Dialog Management Guide and Reference SC34-4266-02, 1992
JCL	Job Control Language Reference GC28-1654-03, 1993
JES2	MVS/ESA JES2 Introduction GC23-0080-02, 1992
LAN-Manager	LAN Network Manager Entry GG24-3942-00, 1993
LMU	LAN NetView Management Utility Getting Started SC30-3637-00, 1993
MVS	MVS/ESA System Commands GC28-1626-04, 1993
NCP	Network Control Program System Support Programs SC30-3169-13, 1991
NDM	NetView Distribution Manager General Information GH19-6792-01, 1992
NDM/2	NetView Distribution Manager/2 User's Guide SH19-6916-02, 1993
NetView	At a Glance Version 2 Release 3 GC31-7016-00, 1992
NPM	Netview Performance Monitor General Information GH20-6359-4, 1989
OPC/ESA	IBM Operations Planning and Control/ESA User's Guide SH19-6716-02, 1993
OS/2	OS/2 2.1 Benutzerhandbuch 63G3905, 1993
OS/2-PM	Presention-Manager Programming Reference S10G-6264-01, 1993 (Vol.1) S10G-6265-01, 1993 (Vol.2)

	OS/2-LAN-Server	OS/2-LAN-Server 3.0 User's Guide S96F-8436-00, 1992
	OS/2-Toolkit	Developer's Toolkit for OS/2 2.1 Getting Started S60G-9284-00, 1993
	PL/I	OS PL/I Version 2, Release 3 Programming: Language Reference SC26-4308-02, 1990
	REXX	The REXX Handbook SB20-0020-00, 1994
	RZ-Technik	IBM System RZ Rechnik 5759-DBG, 1992
	SAA	SAA AD/Cycle Concepts GC26-4531-01, 1991
	SLR	Service Level Reporter Version 3 Release 3 General Information GH19-6529-04, 1992
	SMP/E	System Modification Program Extended Reference SC28-1107-11, 1993
	TPNS	Teleprocessing Network Simulator General Information GH20-2487-06, 1991
	TSO	Time Sharing Option Extensions Version 2 Command Reference SC28-1881-05, 1993
	VTAM	Messages and Codes SC23-0114-5, 1988
INTEGRATA		INTEGRATA AG Tübingen
	ANLAS	Anlagenabrechnungs- und Informationssystem Benutzerhandbuch 1987
INNOVATION		INNOVATION Data Processing Little Falls, USA
	FDR	Dump Restore Version 5.2 User Documentation 1993

Literaturverzeichnis

KnowledgeWare	KnowledgeWare, Inc. Atlanta, USA
ADW	Application Development Workbench 2.7 User Guide 84-002100-900-2701, 1992
Legent	Legent Corporation Pittsburgh, USA
ASTEX	DASD Manager User Guide AS-DXS21-2, 1992
NetSpy	User Guide NS-VME21-4, 1992
McAffee	McAffee Associates, Inc. Santa Clara
VIRUSCAN	Antivirenprogramm Handbuch 1993
mbp	mbp Software & Systems GmbH Dortmund
VORELLE	Benutzerhandbuch 1990
Must	Must Software International Köln
NOMAD	Nomad Reference Manual 6.0 NRM-600
NGC	Network General Corporation Menlo Park, USA
ESN	Expert Sniffer Network Analyzer Operations 20036-002, 1987
pc-plus	pc-plus GmbH München
Softlock	Benutzer- und Administratorhandbuch 1989

SNI		Siemens Nixdorf Informationssysteme AG München
	CAS	Central Administration of Software 27448.00.3.93-04, 1989
	FGS	Formular-Generierungssystem FGS Version 3.5 Benutzerhandbuch U3325-J-Z247-2, 1992
	Laserdrucksysteme	Laserdrucksysteme 2200 Modell 2 und 2300 Modell 2 Benutzerhandbuch U3606-J-Z47-1, 1988
Software AG		Software AG Darmstadt
	Natural	Handbuch NAT-226D030, 1993
Sterling Software		Sterling Software San Bernardino, USA
	DMS	Data Storage Management System Workshop Manual 1992
UBS		UBS Software-Service GmbH Stuttgart
	IFM	Integriertes Finanzbuchhaltungs- und Management-System Benutzerhandbuch 1993
USU		USU Softwarehaus Möglingen
	USU-LV	Leistungsverrechnung Benutzerhandbuch 1992

Anhang A: Beispiele aus der HYPO-BANK

Der Anhang A enthält diverse Originaldokumente aus der HYPO-BANK. Sie versuchen trockene Ausführungen zu veranschaulichen.

Die Dokumente im Anhang enthalten zwei Numerierungen, eine fortlaufend zum Auffinden über Inhaltsverzeichnis und die der Originaldokumente.

Inhaltsverzeichnis

- Entwicklung der EDV-Anwendungssysteme 242
- Standards 245
- Weisungs-Handbuch: KOMPASS 248
- Aufwandsschätzung mit Hilfe von Function-Points 256

Entwicklung der EDV-Anwendungssysteme in der HYPO-BANK

in Arbeit:

Bereich	67-70	71-75	76-80	81-85	86-89	90-93	in Arbeit
Beratung/Marketing					BAUFI-PC WEDIS HIS BEWIS KUSPIE	BÄR KALKAPS VOKUS	FINANA VU-FK KIDS
Sachbearbeitung/Handel		SWIFT	ISFORA	WESTO	GELDSYS HYBAS KRAGSY ORDER ORBIS DTB	ADZ-KREDIT BOSSCUBE UNIDEAL ARCHIV PUCK WPZAST AVALE	BÜROKOMM
Kundenselbstbedienung			GA	KAD	BTX	CASHMAN SVT TELEBANK	CHIPKART MARKTERM
Steuerung/Information/Risikoanalyse		EBR IPIS FEHLZ POSTAT ZAB INFO STATUS GLAZ CIS PBR	STATUS APSIS WÜRFEL TELEKURS MABILA	SBE STAUP KUNDBAS PBR-PC POSTAT INFO MATV PDS ZAB MERVA SIGNALE	MABILA IBIZA PBR KSTR INFOKURS VIPS VORBES	E-MAIL INFRA KOSI MERKUR PFEIL POSAUNE RISIKO	
Disposition/Abwicklung	DZUG	KK BL PK COM SPAR DA GEHALT DIA SPAR GEHALT EFFA WECHSEL EFFA	AHZAVK DARBIS APB DEAL	BABSY EZU BL GENEU ISABEL BESTVW KREBU	ABAKUS BUDE IMPAKT KUPON MIDAS NASA NESSY	DA-Online DTA DTA-PC LIDA PK	EDIFAKT BL KASSE MVV WECHSEL FBI

Entwicklung der EDV-Anwendungssysteme 243

Legende zu Entwicklung der EDV-Anwendungssysteme in der HYPO-BANK
(Abgelöste Systeme sind *kursiv* geschrieben)

ABAKUS	Abgrenzungs- Auflösungs- Kalkulations-System
ADZ-KREDIT	Arbeitsplatz der Zukunft - Kredite
AHZAVK	Außenhandels-Zahlungsverkehr
APB	Anwendungsprogramm-Block (Nixdorf/IBM)
APSIS	Aktiv-/Passiv-Steuerungs- und Informationssystem
ARCHIV	Archivierung
AVALE	DM-Avale im Auftrag von Kreditnehmern
BABSY	Basis-Buchungs-System
BÄR	Bauträger
BAUFI-PC	Baufinanzierung am PC
BESTVW	Bestandsverwaltung
BEWIS	Bewertungs- und Informationssystem
BL	Beleglesen
BOSSCUBE	Börsen-Order- und Servicesystem
BTX	Bildschirmtext
BUDE	Bildschirmunterstützte Depotverwaltung
BÜROKOMM	Bürokommunikation
CASHMAN	Cash-Management
CHIPKART	Chip-Karte
CIS	Customer Information System (Kunden-Informationssystem)
COM	Computer Output on Microfilm
DA	Dauerauftrag
DA-Online	Dauerauftrag Online
DARBIS	Darlehens-Buchungs- und Informationssystem
DEAL	Devisenhandels-Erfassungs -Abwicklungs- und Limitüberwachungssystem
DTA	Datenträgeraustausch
DTA-PC	Datenträgeraustausch über PC
DTB	Deutsche Terminbörse
DZUG	Erstellen Depotauszug
E-Mail	Electronic-Mail
EBR	Ergebnis-Bereichs-Rechnung
EDIFAKT	Electronic Data Interchange for Administration, Commerce and Transport
EFFA	Effekten-Abwicklung
EZÜ	Elektronischer Zahlungs- und Überweisungsverkehr
FBI	Fremdwährungsintegration in BABSY
FEHLZ	Fehlzeiten
FINANA	Finanzanalyse
GA	Geldautomat
GEHALT	Gehaltsabrechnung
GELDSYS	Verwaltungssystem für Geldgeschäfte mit Banken und Kunden
GENEU	Gehaltsabrechnung neu
GLAZ	Gleitzeit-, Kantinen- und Tank-Abrechnung
HIS	HYPO-Immobilien-Service
HYBAS	Hypotheken-Abrechnungs- und Buchungssystem
IBIZA	Integriertes Bilanz-Anwendungssystem
IMPAKT	Import-Akkreditive
INFO	Info-Terminal
INFOKURS	Reuters Nachrichten- und Kundeninformationssystem
INFRA	Infrastruktur für Client/Server-Anwendungen auf Basis OS/2
IPIS	Integriertes Personal-Informationssystem
ISABEL	Integriertes System für automatische Belegverarbeitung
ISFORA	Informationssystem für optimale Rentenangebote
KAD	Kontoauszugsdrucker
KALKAPS	Kreditvertragskalkulationssystem
KASSE	Kasse-Anwendungen

KIDS	Kurzinformation durch Selbstbedienung (am KAD)
KK	Kontokorrentgeschäft
KOSI	Kreditkonten-Sicherheiten-Zuordnung
KRAGSY	Kreditantrags- und Genehmigungssystem
KREBU	Kreditorenbuchhaltung
KSTR	Kostenstellenrechnug
KUNDBAS	Kunden-Basissystem
KUPON	Kuponeinlösung am Schalter
KUSPIE	Kundenspiegel
LIDA	Lieferdatei
MABILA	Maschinelle Bilanzanalyse
MARKTERM	Marketing-Terminal
MATV	Materialverwaltung
MERKUR	Meldewesen, reformierte KWG-Grundsätze und Risikostreuung
MERVA	Message Entry and Routing System for various Applications
MIDAS	Modular International Dealing and Accounting System
MVV	Mahn- und Vollstreckungsverfahren
NASA	Staffel / Abschluß im Kontokorrentgeschäft
NESSY	Sparsystem
ORBIS	Online-Risiko-Buchungs- und Informationssystem
ORDER	Orderabwicklung
PBR	Personalbedarfsrechnung
PBR-PC	Personalbedarfsrechnung am PC
PDS	Personaldatenservice
PFEIL	Produkt für externe und interne Leistungsverrechnung
PK	Privatkredit
POSAUNE	Postenstatistik-Systemarchitektur
POSTAT	Postenstatistik
PUCK	PC-unterstützter Kundenservice
RISIKO	Kreditnehmerüberwachung
SBE	Servicebereichs-Ergebnisrechnung
SIGNALE	Risiko-, Check- und Vertriebssignale
SPAR	Sparsystem
STATUS	Zins-Status
STAUP	Standard-Überleitung im Bilanz-System
SVT	Service-Terminal
SWIFT	SWIFT-Anschluß für Zahlungsverkehr und sonstige Nachrichten
TELEBANK	Telefon-Banking
TELEKURS	WP-Kurse online
UNIDEAL	Handelssystem für Rentenhandel
VU-FK	Vertriebsunterstützung FK
VIPS	Vermittler-Informations- und Provisionsabrechnungssystem
VOKUS	Vertriebs-orientiertes Kundeninformationssystem
VORBES	Vertriebs-orientiertes Berichtswesen auf Basis SBE
Wechsel	Wechselgeschäft
WEDIS	Wertpapier-Depot-Informationssystem
WESTO	Wertpapier-Stammdaten online
WPZAST	Zinsabschlagsteuer auf Stückzinsen
Würfel	Kundenkalkulationssystem
ZAB	Zeitaufbau-Katalog

EDV-Standard: Personal Computer und Software   Version 2

Kategorie	Typ	Ausstattung		Einsatzkriterien	Status
PC	DOS-User	HW:	IBM PS/2-55SX-61 i386SX Prozessor (16Mhz), 2 MB HSP, 60 MB Festplatte, TR-Adapter 16/4, Tastatur - 122 Tasten, Bildschirm 8515-022	AS und Zentrale	aktuell, Neuinstallation aus Rückläufern
		SW:	DOS 3.3 Softlock		
		Anschluß:	über Token Ring an Server		
	DOS-User	HW:	IBM PS/2-55SX-081 i386SX Prozessor (16 Mhz), 4 MB HSP, 80 MB Festplatte, TR-Adapter 16/4, Tastatur - 122 Tasten, Bildschirm 8515-022	AS und Zentrale	aktuell, Neuinstallation aus Rückläufern
		SW:	DOS 3.3 Softlock		
		Anschluß:	über Token Ring an Server		
	DOS-Server	HW:	IBM PS/2-80-071 i386 Prozessor (16 Mhz), 2 MB HSP, 70 MB Festplatte, TR-Adapter 16/4, Multi-Protokoll-Adapter, Tastatur - 122 Tasten, Bildschirm 8515-022	AS und Zentrale	aktuell, Neuinstallation aus Rückläufern
		SW:	DOS 3.3 Softlock		
		Anschluß:	an DFV-Leitung bzw. Backbone-Token Ring		
	DOS-Server	HW:	IBM PS/2-80-M81 i386 Prozessor (20 Mhz), 4 MB HSP, 80 MB Festplatte, TR-Adapter 16/4, Multi-Protokoll-Adapter, Tastatur - 122 Tasten, Bildschirm 8515-022	AS und Zentrale	aktuell, Neuinstallation aus Rückläufern
		SW:	DOS 3.3 Softlock		
		Anschluß:	an DFV-Leitung bzw. Backbone-Token Ring		

30.7.1993   O/EDV-PSK, Ressourcenplanung, Gehrt, 3616

EDV-Standard: Personal Computer und Software — Version 2

Kategorie	Typ	Ausstattung		Einsatzkriterien	Status
PC-Software	Kommunikation	SW:	FBSS Version 1.2	AS:	aktuell
		Vorauss.:	DOS 3.3		
	Kommunikation reine DOS-Netze	SW:	IBM LAN Support Programm IBM LAN Programm	Zentrale	aktuell
		Vorauss.:	DOS 3.3		
	Kommunikation Windows	SW:	IBM Personal Communications 3.0	Zentrale	aktuell
		Vorauss.:	DOS 3.3		
	Kommunikation gemischtes DOS-Netz	SW:	IBM LAN Support Programm IBM LAN Programm DOS LAN Requester	Zentrale, mit OS/2 Server	aktuell
		Vorauss.:	DOS 3.3		
	Grundpaket	SW:	OAII/OAIII/OAIV	AS und Zentrale	aktuell
		Vorauss.:	DOS 3.3		
	Textverarbeitung DOS	SW:	Windows 3.1 und Maus Word 1.1	Zentrale und L/OP-Arbeitsplatz	aktuell
		Vorauss.:	mind. 386SX-PC mit 4 MB HSP		
	Tabellenkalkulation	SW:	Excel 3.0	Zentrale und L/OP-Arbeitsplatz	aktuell
		Vorauss.:	mind. 386SX-PC mit 4 MB HSP, Windows 3.1 mit Maus		
	Grafikprogramm	SW:	Windows Draw 3.1	Zentrale und L/OP-Arbeitsplatz	aktuell
		Vorauss.:	mind. 386SX-PC mit 4 MB HSP, Windows 3.1 mit Maus		
	Pagemaker	SW:	Pagemaker 4.0	Zentrale und L/OP-Arbeitsplatz	aktuell
		Vorauss.:	mind. 386SX-PC mit 4 MB HSP, Windows, Maus		

30.7.1993 — O/EDV-PSK, Ressourcenplanung, Gehrt, 3616

Standards

EDV-Standard-Liste: SB-Geräte   Version 2

Kategorie	Typ	Ausstattung		Einsatzkriterien	Status
KAD	IBM KAD an Steuereinheit	HW:	IBM 4721-B02, B-Loop-Adapter Magnetstreifenleser Spur nach unten Unterschrank Hypo-Blau (RAL5011)	AS	aktuell; Gerät mit Spur nach unten wird derzeit im HYPO-HAUS getestet
		Anschluß:	Über StE 4701 im B-Loop		
	IBM KAD TR	HW:	IBM 4721-B02, TokenRing-Adapter 16/4 Magnetstreifenleser Spur nach unten Unterschrank Hypo-Blau (RAL5011)	AS: Regeln zur Festlegung welcher Gerätetyp in welche Filiale kommen soll, müssen noch aufgestellt werden.	in Vorbereitung: für den Einsatz im TR ausgewählt, derzeit wird die Anwendung entwickelt
		Anschluß:	Token Ring		
	SNI KAD am BNC	HW:	SNI CIP Magnetstreifenleser mit Spur nach unten Sockel	AS	aktuell
		SW:	CIP - M10-OS (MS-DOS) V1.1		
		Anschluß:	an den BNC		
	SNI KAD - TR	HW:	SNI CIP Magnetstreifenleser mit Spur nach unten Sockel Netzwerkcontroller für TR Hypo-Blau (RAL5011)	AS: Regeln zur Festlegung welcher Gerätetyp in welche Filiale kommen soll, müssen noch aufgestellt werden.	In Vorbereitung: SNI muß die Lauffähigkeit der CIP im OS/2-TR nachweisen, derzeit fehlt noch das Pflichtenheft von O/EDV-AE1, Termin: 11/93
		SW:	SW-4721 Emulation mit Operatingsystem		
		Anschluß:	Token Ring		

30.07.1993   O/EDV-PSK, Ressourcenplanung, Gehrt, 3616   Seite:1

```
KK    KK    0000      MM        MM    PPPPP      AA        SSSS      SSSS
KK    KK    000000    MMM      MMM    PPPPPP    AAAA      SSSSSS    SSSSSS
KK   KK     00  00    MMMMMMM   PP   PP   AA  AA   SS   SS   SS   SS
KK  KK      00  00    MM MM MM  PP   PP   AA    AA  SS         SS
KKKK        00  00    MM    MM  PPPPP    AAAAAAAA   SSSS       SSSS
KKKKK       00  00    MM    MM  PP       AAAAAAAA       SS          SS
KK  KK      00  00    MM    MM  PP       AA    AA  SS   SS   SS   SS
KK   KK     000000    MM    MM  PP       AA    AA  SSSSSS    SSSSSS
KK    KK    0000      MM    MM  PP       AA    AA   SSSS      SSSS
```

M E T H O D E N   V E R F A H R E N   S T A N D A R D S

- W e i s u n g s - H a n d b u c h -

Version Nr. 7
Stand 06.93

Dieses Handbuch entstand im Auftrag von O/EDV-VDS.

Verantwortlich: Dietger Zobel (bis Ende 1990)   Tel. 4205
                Bernd Elstermeier   Tel. 4316
Mitarbeit: Maria Essl   Tel. 4212
                Bayerische Hypotheken- und Wechsel - Bank AG
                Arabellastr. 12
                8000 München 81


```
In diesem Handbuch sind alle Weisungen
bis einschließlich Nr. 93.15 enthalten
```

Die Weisungen in diesem Handbuch gelten für ALLE am jeweiligen Vorgang Beteiligten. Das sind neben den Mitarbeitern von O/EDV vor allem Mitarbeiter von O/ORG. Aber auch jeder Mitarbeiter der Fachabteilung ist von diesen Weisungen betroffen, sofern er mit Vorgängen aus KOMPASS zu tun hat.

Diese Ausarbeitung wurde mittels HYPO-OPUS Version 3 im Dataset
TS0944.DOK2.TEXT erstellt.

Weisungs-Handbuch: KOMPASS

HYPO-BANK   KOMPASS   WEISUNG

Inhaltsverzeichnis

1.0 VORUNTERSUCHUNG 1
1.1   Sinn und Zweck des Untersuchungsberichts 1
1.2   Review-Checkliste 3
1.3   Fremdsoftware (Checkliste) 4

2.0 FACHKONZEPTION 11
2.1   Sinn und Zweck des Fachkonzepts 11
2.2   Listen, Belege, Formulare 12
  2.2.1   Darstellungsrichtlinien für Listen 12
  2.2.2   Listen-Numerierung 12
  2.2.3   Aufbewahrungsfristen 15
  2.2.4   Listensystem LISSY 16
2.3   Hinweistexte, Fehlertexte 19
2.4   Datenschutz 22
2.5   Service-Vereinbarung mit dem Rechenzentrum 23
  2.5.1   Online-Service-Vereinbarung 23
  2.5.2   Batch-Service-Vereinbarung 25
2.6   Bildschirm-Dialog-Standard 28
2.7   Review-Checkliste 29
2.8   Weitere Aktivitäten Fachkonzeption 30
2.9   Mitwirkungsrechte des Betriebsrats 31
2.10 Erstellung von Buchungsposten 32
  2.10.1 Buchungsposten-Format "BUPOS" 32
  2.10.2 Abstimmungskonzeption bezüglich "BUPOS"-Format 33
2.11 Prototyping 38
2.12 PCHELP   PC-Hilfe-System 39

3.0 SYSTEMKONZEPTION 40
3.1   Sinn und Zweck des Systemkonzepts 40
3.2   Programmnummern 41
3.3   Druckausgaben 46
  3.3.1   Weisung für Druckausgaben 46
  3.3.2   Satzaufbau für Druckdateien 46
  3.3.3   Änderungen gegenüber bisherigen Richtlinien 47
  3.3.4   Restart-Information 47
  3.3.5   Restart-Begriff 49
  3.3.6   Programmfehlerliste 50
  3.3.7   COM 51
3.4   Dateien, Satzaufbauten 52
3.5   Programmsteuerungen 52
3.6   Review-Checkliste 52
3.7   Weitere Aktivitäten Systemkonzeption 53
3.8   File-Transfer 54
3.9   DB2-Batch-Verarbeitung während Online-Zeiten 57
3.10 LU6.2-Nachrichtenlängen 58

4.0 PROGRAMMENTWICKLUNG 59
4.1   Programmier-Richtlinien PL/I und Assembler 59
4.2   Programmier-Richtlinien "C" 60
4.3   Modulare Programmierung 60
4.4   DB/DC-Handbuch 61
4.5   RZ-Standards für Anwendungsprogramme 62
4.6   Parmkarte 64
4.7   Entscheidungstabellen 64
4.8   Checkpoint - Restart bei IMS-Programmen 65
4.9   Anwendungsübergreifende Module 66
4.10 INPUT/OUTPUT 67

Inhaltsverzeichnis   i

HYPO-BANK   KOMPASS   WEISUNG

```
4.11   Programmiersprachen für PC  . . . . . . . . . . . . . . . . . . . .   67
4.12   Preloading  . . . . . . . . . . . . . . . . . . . . . . . . . . . .   68
4.13   Standards für IMS-Transaktions-Codes  . . . . . . . . . . . . . . .   69
4.14   HOST-PC-Kommunikation . . . . . . . . . . . . . . . . . . . . . . .   70
4.15   DB2-Benutzergruppen   . . . . . . . . . . . . . . . . . . . . . . .   71
4.16   Dialog-Manager, HSS . . . . . . . . . . . . . . . . . . . . . . . .   75

5.0   BENUTZERORGANISATION (mit Systemtest) . . . . . . . . . . . . . . .   76
5.1    Testhandbuch  . . . . . . . . . . . . . . . . . . . . . . . . . . .   76
5.2    Testbetrieb . . . . . . . . . . . . . . . . . . . . . . . . . . . .   76
  5.2.1   Testeinschränkung am Jahres-Ultimo . . . . . . . . . . . . . . .   76
  5.2.2   Servicezeiten für Test-IMS . . . . . . . . . . . . . . . . . . .   76
  5.2.3   Anfordern von Testdatenbeständen . . . . . . . . . . . . . . . .   77
  5.2.4   Testmanagement . . . . . . . . . . . . . . . . . . . . . . . . .   77
  5.2.5   Anonymisieren Datenbestände für Test und Schulung  . . . . . . .   78
5.3    Drucker (incl. Output-Klassen)  . . . . . . . . . . . . . . . . . .   79
  5.3.1   Output-Klassen für Listenverteilung  . . . . . . . . . . . . . .   79
  5.3.2   Listen . . . . . . . . . . . . . . . . . . . . . . . . . . . . .   81
  5.3.3   Formulare  . . . . . . . . . . . . . . . . . . . . . . . . . . .   82
  5.3.4   Laserdrucker/Datenstation  . . . . . . . . . . . . . . . . . . .   85
5.4    Testen und Dokumentieren  . . . . . . . . . . . . . . . . . . . . .   89
5.5    Vereinbarung für Systemtest/Praxiseinsatz . . . . . . . . . . . . .   90
5.6    Koordinationsstelle für Filialmaßnahmen . . . . . . . . . . . . . .   93
5.7    Benutzer-Schulung . . . . . . . . . . . . . . . . . . . . . . . . .   94
5.8    IWD-Gestaltung  . . . . . . . . . . . . . . . . . . . . . . . . . .   94
5.9    Datenspeicher-Management  . . . . . . . . . . . . . . . . . . . . .   95
  5.9.1   Datenspeicher-Management für Systemtest  . . . . . . . . . . . .   96
  5.9.2   Datenspeicher-Management für Test  . . . . . . . . . . . . . . .   99
  5.9.3   Datenspeicher-Management für das Schulungs-IMS (Schul-Pool)  . .  103
  5.9.4   Datenspeicher-Management für TSO . . . . . . . . . . . . . . . .  107
  5.9.5   Datenspeicher-Management für IDV/APL . . . . . . . . . . . . . .  111
5.10   Schulungs-IMS-System  . . . . . . . . . . . . . . . . . . . . . . .  119
5.11   Testen von Dialog-Anwendungssystemen (3270) . . . . . . . . . . . .  121

6.0   EINFÜHRUNG (mit Freigabe, RZ-Praxis) . . . . . . . . . . . . . . . .  125
6.1    Sinn und Zweck der Phase Einführung . . . . . . . . . . . . . . . .  125
6.2    Bereitschaftseinsatz/Bestandsveränderungen  . . . . . . . . . . . .  126
  6.2.1   Praxis-Fehlerbehebung  . . . . . . . . . . . . . . . . . . . . .  127
  6.2.2   Bereitschaftseinsatz . . . . . . . . . . . . . . . . . . . . . .  128
  6.2.3   Bestandsveränderung  . . . . . . . . . . . . . . . . . . . . . .  130
  6.2.4   Bereitschafts-Dokumentation  . . . . . . . . . . . . . . . . . .  130
  6.2.5   Bereitschaftshandbuch  . . . . . . . . . . . . . . . . . . . . .  132
  6.2.6   Bereitschafts-Regelung . . . . . . . . . . . . . . . . . . . . .  136
6.3    Generationen und Sicherungen  . . . . . . . . . . . . . . . . . . .  138
  6.3.1   Generationsfestlegung  . . . . . . . . . . . . . . . . . . . . .  138
  6.3.2   Sicherungskonzept  . . . . . . . . . . . . . . . . . . . . . . .  139
  6.3.3   Accounting-Nummer  . . . . . . . . . . . . . . . . . . . . . . .  139
6.4    Rechenzentrumsbetrieb . . . . . . . . . . . . . . . . . . . . . . .  140
  6.4.1   Koordinator Terminalnetz . . . . . . . . . . . . . . . . . . . .  140
  6.4.2   Problemfluß im Rechenzentrum . . . . . . . . . . . . . . . . . .  141
  6.4.3   Service-Zeiten der TP-Anwendungssysteme  . . . . . . . . . . . .  143
  6.4.4   Sonderprogramme  . . . . . . . . . . . . . . . . . . . . . . . .  146
  6.4.5   TESTLIB, NOTPGM, REP-Karten, Programmfreigabe  . . . . . . . . .  148
  6.4.6   Zutrittsregelung für das Rechenzentrum (PRZ, ERZ)  . . . . . . .  149
  6.4.7   Bandarchiv-Entnahmen . . . . . . . . . . . . . . . . . . . . . .  151
  6.4.8   Nachweis externer Datenträger  . . . . . . . . . . . . . . . . .  154
6.5    Vorbereiten für die Praxis  . . . . . . . . . . . . . . . . . . . .  156
  6.5.1   IMS-Generierung  . . . . . . . . . . . . . . . . . . . . . . . .  156
  6.5.2   IMS/DB2 - Define Cluster-Angaben . . . . . . . . . . . . . . . .  156
  6.5.3   Verarbeitung an Feiertagen und am Jahreswechsel  . . . . . . . .  157
  6.5.4   Erstellen von Praxis-JOBs  . . . . . . . . . . . . . . . . . . .  157
```

| HYPO-BANK | KOMPASS | WEISUNG |

```
6.5.5    Beginn Praxisbetrieb (Vorlaufwerte) . . . . . . . . . . . . . . . . . 158
6.5.6    Freigabe DB/DC-Komponenten (IMS, DB2) . . . . . . . . . . . . . . . . 158
6.5.7    Freigabe Include-Member  . . . . . . . . . . . . . . . . . . . . . . . 163
6.6      Freigabe und Dokumentation von Programmen/Modulen . . . . . . . . . . 164
6.6.1    Organisatorischer Ablauf . . . . . . . . . . . . . . . . . . . . . . . 165
6.6.2    Aktivitäten  . . . . . . . . . . . . . . . . . . . . . . . . . . . . . 165
6.6.3    Notfreigabe für IMS-Online-Programme/-Module . . . . . . . . . . . . . 166
6.7      Freigaberegelung . . . . . . . . . . . . . . . . . . . . . . . . . . . 168
6.7.1    Ultimo . . . . . . . . . . . . . . . . . . . . . . . . . . . . . . . . 168
6.7.2    Jahres-Ultimo  . . . . . . . . . . . . . . . . . . . . . . . . . . . . 169
6.7.3    Generierungstermine  . . . . . . . . . . . . . . . . . . . . . . . . . 170
6.8      RZ-Dokumentation . . . . . . . . . . . . . . . . . . . . . . . . . . . 171
6.9      Installation Management (IM), Problem-Management . . . . . . . . . . . 172
6.9.1    Problem Tagesreport  . . . . . . . . . . . . . . . . . . . . . . . . . 172
6.9.2    IM-Runde "Dienstag"  . . . . . . . . . . . . . . . . . . . . . . . . . 172
6.9.3    RZ-Tagesreport . . . . . . . . . . . . . . . . . . . . . . . . . . . . 173
6.9.4    Fehler- und Ausfallstatistik . . . . . . . . . . . . . . . . . . . . . 173
6.10     Leseberechtigung auf DB2-Praxistabellen  . . . . . . . . . . . . . . . 176
6.11     Freigabe von QMF-Komponenten . . . . . . . . . . . . . . . . . . . . . 178
6.12     PC-Dateiorganisation und Verzeichnisstruktur . . . . . . . . . . . . . 180
6.13     PC-Freigabeverfahren . . . . . . . . . . . . . . . . . . . . . . . . . 181

7.0  WARTUNG . . . . . . . . . . . . . . . . . . . . . . . . . . . . . . . . . 183
7.1      Definition WARTUNG . . . . . . . . . . . . . . . . . . . . . . . . . . 183
7.2      Abgrenzung von Neuentwicklung/Weiterentwicklung/Wartung  . . . . . . . 184
7.2.1    Neuentwicklung . . . . . . . . . . . . . . . . . . . . . . . . . . . . 184
7.2.2    Weiterentwicklung  . . . . . . . . . . . . . . . . . . . . . . . . . . 185
7.2.3    Wartung  . . . . . . . . . . . . . . . . . . . . . . . . . . . . . . . 185
7.2.4    Prozentuale Aufteilung . . . . . . . . . . . . . . . . . . . . . . . . 187
7.3      Release-Konzept  . . . . . . . . . . . . . . . . . . . . . . . . . . . 188
7.4      Abwickeln von Wartungsaufgaben . . . . . . . . . . . . . . . . . . . . 188
7.5      Wartung von Praxis-JOBs  . . . . . . . . . . . . . . . . . . . . . . . 189
7.6      Anpassen bei Programmänderung  . . . . . . . . . . . . . . . . . . . . 190
7.6.1    Entscheidungstabelle VORELLE . . . . . . . . . . . . . . . . . . . . . 190
7.6.2    Listensystem/Modul MODLY . . . . . . . . . . . . . . . . . . . . . . . 190
7.6.3    RZ-Standards für Anwendungsprogramme . . . . . . . . . . . . . . . . . 191
7.7      Mitwirkungsrechte des Betriebsrats . . . . . . . . . . . . . . . . . . 192
7.8      Verbesserungsvorschläge  . . . . . . . . . . . . . . . . . . . . . . . 192
7.9      Transaktions-/Programm-Ausstiege während der Online-Zeit . . . . . . . 193

8.0  DOKUMENTATION . . . . . . . . . . . . . . . . . . . . . . . . . . . . . . 194
8.1      Dokumentation von EDV-Verfahren  . . . . . . . . . . . . . . . . . . . 194
8.2      Dokumentation  . . . . . . . . . . . . . . . . . . . . . . . . . . . . 199
8.2.1    Definition/Übersicht . . . . . . . . . . . . . . . . . . . . . . . . . 202
8.2.2    Dokumente/Formulare  . . . . . . . . . . . . . . . . . . . . . . . . . 207
8.2.3    Dokumentation Konzepte . . . . . . . . . . . . . . . . . . . . . . . . 209
8.2.4    Dokumentation Programme  . . . . . . . . . . . . . . . . . . . . . . . 211
8.2.5    Dokumentation Anwendungssystem . . . . . . . . . . . . . . . . . . . . 215
8.2.6    Rekonstruierbarkeit  . . . . . . . . . . . . . . . . . . . . . . . . . 215
8.2.7    Verfilmen  . . . . . . . . . . . . . . . . . . . . . . . . . . . . . . 222
8.3      Maschinelle Archivierung von Dokumenten  . . . . . . . . . . . . . . . 225

9.0  BERICHTSWESEN . . . . . . . . . . . . . . . . . . . . . . . . . . . . . . 229
9.1      Berichtswesen im neuen Phasenkonzept . . . . . . . . . . . . . . . . . 229
9.1.1    Projekt-Extern . . . . . . . . . . . . . . . . . . . . . . . . . . . . 229
9.1.2    Projekt-Intern . . . . . . . . . . . . . . . . . . . . . . . . . . . . 232
9.2      Formulare des Berichtswesens . . . . . . . . . . . . . . . . . . . . . 233
9.3      Projektvorschlag              FORM 1  . . . . . . . . . . . . . . . . 236
9.3.1    FORM1-Verfahrensbeschreibung . . . . . . . . . . . . . . . . . . . . . 236
9.3.2    FORM1-Verwaltungssystem  . . . . . . . . . . . . . . . . . . . . . . . 244
9.4      Projekt- und Auftragsnummern  FORM 1, 2  . . . . . . . . . . . . . . . 245
```

HYPO-BANK	KOMPASS	WEISUNG

```
 9.5   Projektantrag, Phasenfreigabe    FORM 2, 3  . . . . . . . . . . . . . . . 247
 9.6   Arbeitsaufträge                   FORM 5     . . . . . . . . . . . . . . . 252
 9.7   Programm- oder Modulfreigabe      FORM 6, 6b             . . . . . . . . . 252
  9.7.1 Standardfreigabeformular         . . . . . . . . . . . . . . . . . . . . 253
  9.7.2 Serienfreigabeformular           FORM 6b    . . . . . . . . . . . . . . . 258
 9.8   Arbeitszeitbericht                FORM 8     . . . . . . . . . . . . . . . 259
 9.9   Projektsituation                  FORM 13    . . . . . . . . . . . . . . . 261
 9.10  Report/Problem-Report             FORM 19    . . . . . . . . . . . . . . . 264
 9.11  Abschlußbericht                   FORM 20    . . . . . . . . . . . . . . . 268
 9.12  Anfordern von Testdaten           FORM 21    . . . . . . . . . . . . . . . 270
 9.13  Besprechungsprotokoll             FORM 32 b  . . . . . . . . . . . . . . . 271
 9.14     . . . . . . . . . . . . . . . . . . . . . . . . . . . . . . . . . . . 272

10.0   PROJEKTORGANISATION, -STEUERUNG, -ARBEIT   . . . . . . . . . . . . . . . 273
 10.1  Projekt-Nummern  . . . . . . . . . . . . . . . . . . . . . . . . . . . . 273
 10.2  Projektsteuerung . . . . . . . . . . . . . . . . . . . . . . . . . . . . 274
 10.3  Projektmitarbeit . . . . . . . . . . . . . . . . . . . . . . . . . . . . 277
  10.3.1 Fachabteilung und Organisation  . . . . . . . . . . . . . . . . . . . . 277
  10.3.2 Revision       . . . . . . . . . . . . . . . . . . . . . . . . . . . . 277
 10.4  Projektfortschritt . . . . . . . . . . . . . . . . . . . . . . . . . . . 278
  10.4.1 Besprechungen  . . . . . . . . . . . . . . . . . . . . . . . . . . . . 278
  10.4.2 Offene Punkte  . . . . . . . . . . . . . . . . . . . . . . . . . . . . 279
  10.4.3 Entscheidungen/Logbuch . . . . . . . . . . . . . . . . . . . . . . . . 281
  10.4.4 Projektziel-Änderungen . . . . . . . . . . . . . . . . . . . . . . . . 283
 10.5  Projektkontrollausschuß (PKA)  . . . . . . . . . . . . . . . . . . . . . 284
  10.5.1 Projektkontrollausschuß-Sitzung  . . . . . . . . . . . . . . . . . . . 284
  10.5.2 Projektkontrollausschuß-Mitglieder . . . . . . . . . . . . . . . . . . 286

11.0   ZUSTÄNDIGKEITEN  . . . . . . . . . . . . . . . . . . . . . . . . . . . . 287
 11.1  Abstimmen, mit wem?  . . . . . . . . . . . . . . . . . . . . . . . . . . 287
 11.2  Zusammenarbeit Anwendungsentwicklung - Rechenzentrum . . . . . . . . . . 289
 11.3  Ansprechpartner Anwendungsentwicklung/Produktionssteuerung . . . . . . . 291
 11.4  Zusammenarbeit mit VDS . . . . . . . . . . . . . . . . . . . . . . . . . 291
 11.5  EDV/IDV  . . . . . . . . . . . . . . . . . . . . . . . . . . . . . . . . 291
 11.6  Zusammenarbeit mit Fachabteilung und Organisation  . . . . . . . . . . . 292
 11.7  Zuständigkeiten innerhalb des Rechenzentrums . . . . . . . . . . . . . . 293
 11.8  Aufgabenverteilung bei Projekten . . . . . . . . . . . . . . . . . . . . 297
 11.9  Ergebnisverantwortung bei Projekten  . . . . . . . . . . . . . . . . . . 298
 11.10 Ansprechpartner Zentrale - Außenstellen  . . . . . . . . . . . . . . . . 299
 11.11 Entscheidungsmatrizen (IBZEDs)  . . . . . . . . . . . . . . . . . . . . 300
 11.12 Zuständigkeit Info-Anwendungssysteme . . . . . . . . . . . . . . . . . . 305
 11.13 Anwendungssystem KUSPIE/INFO-neu . . . . . . . . . . . . . . . . . . . . 308

12.0   ARBEITSORGANISATION  . . . . . . . . . . . . . . . . . . . . . . . . . . 312
 12.1  Leitlinie Anwendungsentwicklung  . . . . . . . . . . . . . . . . . . . . 312
 12.2  Arbeitsorganisation    (Checkliste)  . . . . . . . . . . . . . . . . . . 315
 12.3  Bildschirm-Arbeitsplatz, PC  . . . . . . . . . . . . . . . . . . . . . . 317
  12.3.1 Benutzer-Kennung . . . . . . . . . . . . . . . . . . . . . . . . . . . 317
  12.3.2 Bildschirme abschalten . . . . . . . . . . . . . . . . . . . . . . . . 317
  12.3.3 Private Nutzung der EDV  . . . . . . . . . . . . . . . . . . . . . . . 317
  12.3.4 Papierbeseitigung  . . . . . . . . . . . . . . . . . . . . . . . . . . 318
  12.3.5 Zugriffsberechtigung für TSO-Benutzer  . . . . . . . . . . . . . . . . 319
  12.3.6 Terminal-Benutzer  . . . . . . . . . . . . . . . . . . . . . . . . . . 328
 12.4  Regelungen des IWD . . . . . . . . . . . . . . . . . . . . . . . . . . . 329
 12.5  Büro-Landschaft  . . . . . . . . . . . . . . . . . . . . . . . . . . . . 330
  12.5.1 Sicherheitshelfer/Stockwerksbeauftragte/Ersthelfer . . . . . . . . . . 330
  12.5.2 Gäste abholen  . . . . . . . . . . . . . . . . . . . . . . . . . . . . 331
 12.6  Postversand, Schriftwechsel, Unterschriften, Rechnungen  . . . . . . . . 332
  12.6.1 Delegationsprinzip . . . . . . . . . . . . . . . . . . . . . . . . . . 332
  12.6.2 Mitarbeiter-Abkürzungen  . . . . . . . . . . . . . . . . . . . . . . . 332
  12.6.3 Unterschriften, Korrespondenz  . . . . . . . . . . . . . . . . . . . . 333
```

HYPO-BANK	KOMPASS	WEISUNG

```
12.6.4   Tageskopien  ..................................................  334
12.6.5   Rechnungsabwicklung  .........................................  335
12.7     Weisungen O/EDV  .............................................  340
12.7.1   Abteilungsleiter- und Gruppenleiter-Vertretung  ..............  340
12.7.2   Kostenstellen der EDV  .......................................  341
12.8     .............................................................  342

13.0     PLANUNG (PAV, PRIORITÄTEN, RESSOURCEN, INSTRUMENTE)  .........  343
13.1     Anträge für Projektantragsverfahren (PAV)  ...................  343
13.2     Jährliche Planungsrunde  .....................................  347
13.2.1   Planung des Budgets  .........................................  347
13.2.2   EDV-Prioritäten  .............................................  347
13.2.3   Ablauf  ......................................................  350
13.2.4   Terminplan für die Schritte der Planungsrunde  ...............  352
13.2.5   Formulare für die Planungsrunde  .............................  354
13.2.6   Bewertung der Entwicklungsanforderungen  .....................  359
13.2.7   Schulungsplanung    (bisher Einführungsplanung)  .............  361
13.3     Ressourcenanforderung  .......................................  364
13.4     Regelung zur Vertragserstellung durch O/EDV-PSK  .............  365
13.5     Projektplanung und Projektkontrolle  .........................  367
13.6     Kapazitätsanforderung an die Produktionssteuerung  ...........  369

14.0     WIRTSCHAFTLICHKEITSRECHNUNG  .................................  372
14.1     Aufwandschätzung von EDV-Projekten  ..........................  372
14.2     Verantwortliche/Vorgehen  ....................................  374
14.3     Nutzen p.a.  .................................................  378
14.4     Aufwand p.A.  ................................................  380
14.5     Entwicklungsaufwand  .........................................  383
14.6     Kapitalrückfluß (ROI)  .......................................  387
14.7     Formular FORM 4  .............................................  389
14.8     Kosten/Leistungen  ...........................................  391
14.9     Personalkostensätze für Entwicklungsaufwand  .................  396
14.10    Kostensätze für Personaleinsparung/-aufwand (1993)  ..........  401

15.0     QUALITÄTSSICHERUNG VERFAHREN, WERKZEUGE, WEISUNG  ............  404
15.1     Verfahrenstechnik, Werkzeuge  ................................  404
15.1.1   Übersicht  ...................................................  404
15.1.2   Abstimmen  ...................................................  404
15.1.3   Handbücher, Beschreibungen (Übersicht)  ......................  405
15.2     Weisungen  ...................................................  407
15.2.1   Verfahrensbeschreibung  ......................................  407
15.2.2   Alle Weisungen  ..............................................  409
15.3     Einheitliches Vorgehen mit Phasenkonzept  ....................  416
15.3.1   Ziele und Vorteile  ..........................................  416
15.3.2   Hypo-Pass  ...................................................  417
15.3.3   EDV-Projekte mit neuem Phasenkonzept  ........................  418
15.4     Qualitätssicherung im Phasenkonzept  .........................  420
15.4.1   Projekt-Reviews  .............................................  420
15.4.2   Abnahme Bildschirm-Dialogstandard  ...........................  421
15.4.3   Programmabnahme  .............................................  422
15.5     GoB Grundsätze ordnungsmäßiger Buchführung  ..................  424
15.5.1   GoDV Grundsätze ordnungsgemäßer DV  ..........................  424
15.5.2   GoDVD = Grundsätze ordnungsmäßiger EDV-Dokumentation  ........  426
15.5.3   GoDVA = Grundsätze ordnungsmäßiger EDV-Arbeitsabwicklung  ....  427
15.6     Bibliotheken, Menus, Prozeduren  .............................  430

16.0     EDV-ANWENDUNGSSYSTEME  .......................................  431
16.1     EDV-Anwendungssysteme  .......................................  431
16.2     Handbuch "Anwendungsssteme"  .................................  436
16.2.1   Zweck  .......................................................  436
16.2.2   Wartung des Handbuches  ......................................  437
```

| HYPO-BANK | KOMPASS | WEISUNG |

```
16.2.3    Darstellungsweise  . . . . . . . . . . . . . . . . . . . . . . 437
16.2.4    Abwicklung  . . . . . . . . . . . . . . . . . . . . . . . . . 439
16.3      . . . . . .  . . . . . . . . . . . . . . . . . . . . . . . . 440

17.0   SCHULUNG, ZEITSCHRIFTEN, BÜCHER  . . . . . . . . . . . . . . . . 441
17.1   Schulungshandbuch EDV  . . . . . . . . . . . . . . . . . . . . . 441
17.2   Schulungsraum  . . . . . . . . . . . . . . . . . . . . . . . . . 443
17.3   Melden externer Seminare . . . . . . . . . . . . . . . . . . . . 443
17.4   Bildungsbeauftragte  . . . . . . . . . . . . . . . . . . . . . . 443
17.5   Zeitschriften (Präsenzbibliothek)  . . . . . . . . . . . . . . . 445
17.6   BIBSY Bibliotheksinformationssystem für die EDV  . . . . . . . . 446

18.0   DATEN  . . . . . . . . . . . . . . . . . . . . . . . . . . . . . 448
18.1   Namenskonventionen für EDV-Objekte . . . . . . . . . . . . . . . 448
18.2   Datenmodell  . . . . . . . . . . . . . . . . . . . . . . . . . . 448
 18.2.1    Kernstruktur  . . . . . . . . . . . . . . . . . . . . . . 448
 18.2.2    Datenmodellierung . . . . . . . . . . . . . . . . . . . . 448
 18.2.3    Data-Dictionary-System  . . . . . . . . . . . . . . . . . 453
18.3   Leitbestände . . . . . . . . . . . . . . . . . . . . . . . . . . 455
 18.3.1    Leitbestände, Kontenleiste  . . . . . . . . . . . . . . . 455
 18.3.2    Elementar-Daten . . . . . . . . . . . . . . . . . . . . . 456
 18.3.3    Datenfeldverantwortung  . . . . . . . . . . . . . . . . . 457
18.4   Kunden-Daten . . . . . . . . . . . . . . . . . . . . . . . . . . 459
 18.4.1    Definition Kunde  . . . . . . . . . . . . . . . . . . . . 459
 18.4.2    Kundengruppen . . . . . . . . . . . . . . . . . . . . . . 460
 18.4.3    Berufsgruppe  . . . . . . . . . . . . . . . . . . . . . . 460
 18.4.4    Engagementverbund . . . . . . . . . . . . . . . . . . . . 460
18.5   Konten-Daten . . . . . . . . . . . . . . . . . . . . . . . . . . 461
 18.5.1    Kontonummer . . . . . . . . . . . . . . . . . . . . . . . 461
 18.5.2    Kontenplan  . . . . . . . . . . . . . . . . . . . . . . . 464
 18.5.3    BABSY-Kontonummer . . . . . . . . . . . . . . . . . . . . 470
18.6   Erstellung von Buchungsposten  . . . . . . . . . . . . . . . . . 471
 18.6.1    Buchungsposten-Format "BUPOS"  . . . . . . . . . . . . . 471
 18.6.2    Abstimmungskonzeption bezüglich "BUPOS"-Format  . . . . . 472
18.7   Steuerungs-Daten . . . . . . . . . . . . . . . . . . . . . . . . 477
 18.7.1    Außenstellen-Daten  . . . . . . . . . . . . . . . . . . . 477
 18.7.2    Service-Bereiche (SB) . . . . . . . . . . . . . . . . . . 479
 18.7.3    Primanota-Nummer (PN-Nummer)  . . . . . . . . . . . . . . 480
 18.7.4    Buchungstext-Schlüssel  . . . . . . . . . . . . . . . . . 481
 18.7.5    Länderschlüssel . . . . . . . . . . . . . . . . . . . . . 484
 18.7.6    Devisenkurse  . . . . . . . . . . . . . . . . . . . . . . 484
18.8   Regeln Verarbeitungskonzeption . . . . . . . . . . . . . . . . . 487
 18.8.1    Definition von Beständen  . . . . . . . . . . . . . . . . 488
 18.8.2    Definition von Kontenarten  . . . . . . . . . . . . . . . 490
 18.8.3    Buchungssalden  . . . . . . . . . . . . . . . . . . . . . 491
 18.8.4    Buchung . . . . . . . . . . . . . . . . . . . . . . . . . 492
 18.8.5    Umsätze aus EDV-Systemen  . . . . . . . . . . . . . . . . 493
 18.8.6    Sammelkonten  . . . . . . . . . . . . . . . . . . . . . . 494
 18.8.7    Steuerungsinformationen . . . . . . . . . . . . . . . . . 494
 18.8.8    Datenspeicherung/-eingabe . . . . . . . . . . . . . . . . 495
 18.8.9    Verwaltungstätigkeiten  . . . . . . . . . . . . . . . . . 496
 18.8.10   Gelöschte, aktivierte Konten  . . . . . . . . . . . . . . 497
 18.8.11   Auswertungen, externe Meldungen . . . . . . . . . . . . . 498
 18.8.12   Einführung neuer Systeme  . . . . . . . . . . . . . . . . 499
 18.8.13   Jahrhundertermittlung bei Datumsfeldern "gültig bis"  . . 500

19.0   BEGRIFFE, ABKÜRZUNGEN  . . . . . . . . . . . . . . . . . . . . . 501
19.1   Begriffe . . . . . . . . . . . . . . . . . . . . . . . . . . . . 501
19.2   Abkürzungen  . . . . . . . . . . . . . . . . . . . . . . . . . . 502
19.3   Abkürzungen der Projekte, Anwendungssysteme  . . . . . . . . . . 505
19.4   . . . . . .  . . . . . . . . . . . . . . . . . . . . . . . . . 507
```

| HYPO-BANK | KOMPASS | WEISUNG |

Anhang

```
A.0  Formulare  . . . . . . . . . . . . . . . . . . . . . . . . . . . . A-1

B.0  Anlage DOKUMENTATION  . . . . . . . . . . . . . . . . . . . . . . A-73
  B.1  Dokumentationsübersichten Neue und Alte Welt  . . . . . . . . . A-73
  B.2  Dokumentationsaufbewahrungsorte  . . . . . . . . . . . . . . . A-77
  B.3  Aktivitäten bei der Konzept-Erstellung  . . . . . . . . . . . . A-3
  B.4  Organisatorischer Ablauf  . . . . . . . . . . . . . . . . . . . A-6

C.0  Anlage Leitbestände (Kapitel 18.3)  . . . . . . . . . . . . . . . A-13

Index  . . . . . . . . . . . . . . . . . . . . . . . . . . . . . . . Index-1
```

Aufwandsschätzung mit Hilfe von Function-Points:
Erfahrenswerte bei IBM, Sneed, HYPO

Legende

—*— HYPO   (Stand 93)
—+— IBM   (Stand 86)
—◇— Sneed (Stand 82)

Anhang B: Dokumentation HYPO-Service-Terminal

Der Anhang B enthält wichtige Ausschnitte aus System- und Entwicklungsdokumentation des Anwendungssystems HYPO-Service-Terminal. Zwei Ziele sollen damit erreicht werden:

- Es soll verdeutlicht werden, wie umfangreich solche Dokumentationen sind.
- Abstrakt beschriebene Arbeitsergebnisse sollen durch Beispiele veranschaulicht werden.

Die Dokumente enthalten zwei Numerierungen: eine fortlaufende zum Auffinden über Inhaltsverzeichnis und die der Originaldokumente.

Inhaltsverzeichnis

- Systemkonzept 258
- Entwicklungsdokumentation
  - Projektabschluß 293
  - Function-Points-Schätzung 299
- Benutzerdokumentation
  - Schulungsunterlagen 302
  - EDV-Handbuch 304
  - Marketing-Unterlagen 306

```
SSSS     EEEEEEE  RRRRR     VV   VV  IIII   CCCC     EEEEEEE
SSSSSS   EEEEEEE  RRRRRR    VV   VV   II   CCCCCC    EEEEEEE
SS   SS  EE       RR   RR   VV   VV   II   CC   CC   EE
SS       EE       RR   RR   VV   VV   II   CC        EE
 SSSS    EEEEEE   RRRRR     VV   VV   II   CC        EEEEEE
    SS   EE       RR RR     VV   VV   II   CC        EE
SS   SS  EE       RR  RR     VVVV     II   CC   CC   EE
SSSSSS   EEEEEEE  RR   RR     VV      II   CCCCCC    EEEEEEE
 SSSS    EEEEEEE  RR   RR     VV     IIII   CCCC     EEEEEEE

                         =======
                         =======

TTTTTTTT EEEEEEE RRRRRR  MM    MM IIII  NN    NN    AA    LL
TTTTTTTT EEEEEEE RRRRRR  MMM  MMM  II   NNN   NN   AAAA   LL
   TT    EE      RR  RR  MMMMMMMM  II   NNNN  NN  AA  AA  LL
   TT    EE      RR  RR  MM MM MM  II   NN NN NN AA    AA LL
   TT    EEEEEEE RRRRRR  MM    MM  II   NN  NNNN AAAAAAAA LL
   TT    EE      RR RR   MM    MM  II   NN   NNN AAAAAAAA LL
   TT    EE      RR  RR  MM    MM  II   NN    NN AA    AA LL
   TT    EEEEEEE RR  RR  MM    MM  II   NN    NN AA    AA LLLLLLL
   TT    EEEEEEE RR   RR MM    MM IIII  NN    NN AA    AA LLLLLLL
```

Systementwicklung

Versionsnummer 1.0

27.01.94   14:03

Autor: Frau Helferich , O/EDV-AE1

                 Frau Kagermeier , O/EDV-AE1

Bayerische Hypotheken- und Wechsel - Bank AG
Arabellastr. 12
8000 München 81

Diese Ausarbeitung wurde mittels HYPO-OPUS Version 3 im Dataset
DCF001.PROJEKT.SV.SK erstellt.

Systemkonzept

HYPO-BANK   HYPO-Service-Terminal   Systementwicklung

Änderungsnachweis

ÄNDERUNGSNACHWEIS

Lfd. Nr.:	Datum	Inhaltliche Kurzbeschreibung und Änderungsgrund	Geänderte Member	Durchgeführt von:
001	070590	PL-1-Compiler-Umstellung	4.1.1 4.1.12 4.1.13 4.1.16 4.1.17 4.1.19 4.1.21 4.1.23	Helferich
002	200890	Einführung der Stufe 2 Im Rahmen der Weiterentwicklung des HYPO-Service-Terminals wurde das gesamte Dokument überarbeitet.	Gesamt-Dokument	Helferich
003	221190	Einführung der Stufe 2 Nacharbeiten aufgrund der Mitarbeiter-Befragung	2.1.1.2.3 2.1.1.2.5.2 2.1.1.2.5.3 2.1.1.2.5.4 2.1.1.2.5.5 2.1.1.2.5.6 2.1.1.2.5.7 2.1.1.2.5.9 2.1.3.2.2.1 2.1.3.2.2.2 2.1.3.2.2.3 2.1.3.2.2.4 2.1.3.2.2.5 2.1.4.2.2.1 2.1.4.2.2.2 2.1.5.2.2.1 2.1.5.2.2.2 2.1.5.2.2.3 2.1.5.2.2.4 2.1.6.1 2.1.6.2.2.1 2.1.6.2.2.2 2.1.6.2.2.3 2.1.6.2.2.4 2.1.6.2.2.5 2.1.6.2.2.6	Helferich

HYPO-BANK   HYPO-Service-Terminal   Systementwicklung

Inhaltsverzeichnis

1.0   Kurzbeschreibung 1
1.1   Projektursache 1
1.2   Zielsetzung, Anforderung 1
1.3   Lösung 2
1.4   Abgrenzung 2

2.0   Fachinhaltliche Verfahrensbeschreibung 3
2.1   Übersicht: Zerlegung in fachinhaltliche Teilfunktionen 4
  2.1.1   Allgemeine Verarbeitungs-Regeln HYPO-Service-Terminal 6
    2.1.1.1   Geräte 6
    2.1.1.2   Allgemeine Festlegungen für Anwendungen am Service-Terminal . 7
      2.1.1.2.1   Masken-Design 7
      2.1.1.2.2   Tastatur 7
      2.1.1.2.3   Benutzerführung 8
      2.1.1.2.4   Allgemeines 8
      2.1.1.2.5   Masken-Aufbau der Grundmasken, HYPO 11
        2.1.1.2.5.1   Maske MSV00000: Start-Maske HYPO-Service-Terminal 11
        2.1.1.2.5.2   Maske MSV0000X: Start-Maske 2, HYPO-Service-Terminal . 11
        2.1.1.2.5.3   Maske MSV10000: Kontoführung 12
        2.1.1.2.5.4   Maske MSV15000: Übersicht Bestellungen 13
        2.1.1.2.5.5   Maske MSV16000: Übersicht Mitteilungen 13
        2.1.1.2.5.6   Maske MSV18000: Übersicht Daueraufträge 14
        2.1.1.2.5.7   Maske MSV0ENDE: Abschiedsseite HYPO-Service-Terminal . 15
        2.1.1.2.5.8   Maske STEND: Programmende durch allgemeinen Fehler ... 15
        2.1.1.2.5.9   Maske STABB: Fehler in der aktuellen Anwendung ... 16
      2.1.1.2.6   Masken-Aufbau der Grundmasken für -Vertriebswege Ost- .. 17
        2.1.1.2.6.1   Maske MSV00000: Start-Maske HYPO-Service-Terminal, Ost .. 17
        2.1.1.2.6.2   Maske MSV10000: Kontoführung, Ost 18
        2.1.1.2.6.3   Maske MSV17000: Plusspar-Konto 19
  2.1.2   Teilfunktion: Legitimation 20
    2.1.2.1   Kurzbeschreibung 20
    2.1.2.2   Übersicht 21
      2.1.2.2.1   Ablauf-Diagramm 21
      2.1.2.2.2   Masken-Aufbau 25
        2.1.2.2.2.1   Maske MSV00001: Legitimation - Karte einführen ... 25
        2.1.2.2.2.2   Maske MSV00002: Legitimation - PIN eingeben 25
        2.1.2.2.2.3   Maske MSV00003: Legitimation - Karte entnehmen ... 26
    2.1.2.3   Verarbeitung 27
  2.1.3   Teilfunktion: Einzelüberweisung 53
    2.1.3.1   Kurzbeschreibung 53
    2.1.3.2   Übersicht 54
      2.1.3.2.1   Ablauf-Diagramm Überweisung am Service-Terminal 54
      2.1.3.2.2   Ablauf-Diagramm Überweisung durch Telephon-Banking .. 59
      2.1.3.2.3   Masken-Aufbau 63
        2.1.3.2.3.1   Maske MSV11000: Überweisung, Eingabe 63
        2.1.3.2.3.2   Maske MSV11001: Überweisung, endgültig ausführen . 63
        2.1.3.2.3.3   Maske MSV11002: Überweisung, Bestätigung 64
        2.1.3.2.3.4   Maske MSV11003: Überweisung, nicht durchgeführt .. 64
        2.1.3.2.3.5   Maske MSV110A1: Überweisung, mit -anderes Konto- . 65
        2.1.3.2.3.6   Maske MSV110A2: Auswahl eines anderen Kontos 65
        2.1.3.2.3.7   Maske MSV11004: Überweisung, Limit überschritten . 66
    2.1.3.3   Verarbeitung 67
  2.1.4   Bankleitzahlen-Verzeichnis 93
    2.1.4.1   Kurzbeschreibung 93
    2.1.4.2   Übersicht 94
      2.1.4.2.1   Ablauf-Diagramm 94
      2.1.4.2.2   Masken-Aufbau 98

Inhaltsverzeichnis   i

| HYPO-BANK | HYPO-Service-Terminal | Systementwicklung |

```
    2.1.4.2.2.1  Maske MSV11007: Auswahl der Ortsnamen, an dem das Kreditinstitut   98
    2.1.4.2.2.2  Maske MSV11008: Anzeige der gewünschten Bankleitzahlen  . . . .  98
  2.1.4.3  Verarbeitung . . . . . . . . . . . . . . . . . . . . . . . . . . . .  99
  2.1.5  Teilfunktion: Konteninformation / Depot . . . . . . . . . . . . . . . 103
    2.1.5.1  Kurzbeschreibung . . . . . . . . . . . . . . . . . . . . . . . . 103
    2.1.5.2  Übersicht . . . . . . . . . . . . . . . . . . . . . . . . . . . . 104
      2.1.5.2.1  Ablauf-Diagramm . . . . . . . . . . . . . . . . . . . . . . 104
      2.1.5.2.2  Masken . . . . . . . . . . . . . . . . . . . . . . . . . . . 111
        2.1.5.2.2.1  Maske MSV12000, Konten-Information . . . . . . . . . . 111
        2.1.5.2.2.2  Maske MSV13000, Übersicht Depot . . . . . . . . . . . . 113
        2.1.5.2.2.3  Maske MSV13100, Depot-Anzeige . . . . . . . . . . . . . 113
    2.1.5.3  Verarbeitung . . . . . . . . . . . . . . . . . . . . . . . . . . 114
  2.1.6  Teilfunktion: Bestellung DM-Reiseschecks . . . . . . . . . . . . . . 131
    2.1.6.1  Kurzbeschreibung . . . . . . . . . . . . . . . . . . . . . . . . 131
    2.1.6.2  Übersicht . . . . . . . . . . . . . . . . . . . . . . . . . . . . 132
      2.1.6.2.1  Ablauf-Diagramm . . . . . . . . . . . . . . . . . . . . . . 132
      2.1.6.2.2  Masken-Aufbau . . . . . . . . . . . . . . . . . . . . . . . 136
        2.1.6.2.2.1  Maske MSV15100: Bestellung DM-Reiseschecks . . . . . . 136
        2.1.6.2.2.2  Maske MSV15110: Bestellung DM-Reiseschecks, Bestätigung . . . 136
        2.1.6.2.2.3  Maske MSV15120: Bestellung DM-Reiseschecks, Bestätigung HYPO 137
    2.1.6.3  Verarbeitung . . . . . . . . . . . . . . . . . . . . . . . . . . 138
  2.1.7  Teilfunktion: Bestellung Euroschecks . . . . . . . . . . . . . . . . 145
    2.1.7.1  Kurzbeschreibung . . . . . . . . . . . . . . . . . . . . . . . . 145
    2.1.7.2  Übersicht . . . . . . . . . . . . . . . . . . . . . . . . . . . . 146
      2.1.7.2.1  Ablauf-Diagramm . . . . . . . . . . . . . . . . . . . . . . 146
      2.1.7.2.2  Masken-Aufbau . . . . . . . . . . . . . . . . . . . . . . . 150
        2.1.7.2.2.1  Maske MSV15200: Bestellung von Euroschecks . . . . . . 150
        2.1.7.2.2.2  Maske MSV15210: Bestellung von Euroschecks, Bestätigung der Eingabe . . . . . . . . . . . . . . . . . . . . . . . . . . . . . . . . 150
        2.1.7.2.2.3  Maske MSV15220: Bestellung von Euroschecks, Bestätigung HYPO 151
      2.1.7.2.3  Masken-Aufbau - Vertriebswege Ost - . . . . . . . . . . . . 152
        2.1.7.2.3.1  Maske MSV15200: Bestellung von Euroschecks . . . . . . 152
        2.1.7.2.3.2  Maske MSV15210: Bestellung von Euroschecks, Bestätigung der Eingabe . . . . . . . . . . . . . . . . . . . . . . . . . . . . . . . . 152
        2.1.7.2.3.3  Maske MSV15220: Bestellung von Euroschecks, Bestätigung HYPO 153
    2.1.7.3  Verarbeitung . . . . . . . . . . . . . . . . . . . . . . . . . . 154
  2.1.8  Teilfunktion: Bestellung HYPO-EUROCARD/GOLD . . . . . . . . . . . . 160
    2.1.8.1  Kurzbeschreibung . . . . . . . . . . . . . . . . . . . . . . . . 160
    2.1.8.2  Übersicht . . . . . . . . . . . . . . . . . . . . . . . . . . . . 161
      2.1.8.2.1  Ablauf-Diagramm . . . . . . . . . . . . . . . . . . . . . . 161
      2.1.8.2.2  Masken-Aufbau . . . . . . . . . . . . . . . . . . . . . . . 164
        2.1.8.2.2.1  Maske MSV15300: Information HYPO-EUROCARD/HYPO-EUROCARD GOLD 164
        2.1.8.2.2.2  Maske MSV15310: Information HYPO-EUROCARD . . . . . . . 164
        2.1.8.2.2.3  Maske MSV15320: Information HYPO-EUROCARD GOLD . . . . 165
        2.1.8.2.2.4  Maske MSV15330: Zusendungsauftrag HYPO-EUROCARD/HYPO-EUROCARD GOLD . . . . . . . . . . . . . . . . . . . . . . . . . . . . . . . . . . 165
        2.1.8.2.2.5  Maske MSV15340: Zusendungsauftrag HYPO-EUROCARD/HYPO-EUROCARD GOLD, Bestätigung . . . . . . . . . . . . . . . . . . . . . . . . . . . 166
    2.1.8.3  Verarbeitung . . . . . . . . . . . . . . . . . . . . . . . . . . 167
  2.1.9  Kontozusammenführung Anmelden weiterer Konten . . . . . . . . . . . 171
    2.1.9.1  Kurzbeschreibung . . . . . . . . . . . . . . . . . . . . . . . . 171
    2.1.9.2  Übersicht . . . . . . . . . . . . . . . . . . . . . . . . . . . . 172
      2.1.9.2.1  Ablauf-Diagramm . . . . . . . . . . . . . . . . . . . . . . 172
      2.1.9.2.2  Masken-Aufbau . . . . . . . . . . . . . . . . . . . . . . . 176
        2.1.9.2.2.1  Maske MSV16100: Kontonummern eingeben . . . . . . . . . 176
        2.1.9.2.2.2  Maske HSV16100: Hilfeseite für Maske MSV16100 - I . . . 176
        2.1.9.2.2.3  Maske HSV16200: Hilfeseite für Maske MSV16100 - II . . 177
        2.1.9.2.2.4  Maske MSV16110: Kontonummern bestätigen . . . . . . . . 177
        2.1.9.2.2.5  Maske MSV16120: Auftrag bestätigen . . . . . . . . . . 178
    2.1.9.3  Verarbeitung . . . . . . . . . . . . . . . . . . . . . . . . . . 179
  2.1.10  Kontozusammenführung Konten abmelden . . . . . . . . . . . . . . . 188
```

HYPO-BANK   HYPO-Service-Terminal   Systementwicklung

```
    2.1.10.1    Kurzbeschreibung  . . . . . . . . . . . . . . . . . . . . . . . . . . 188
    2.1.10.2    Übersicht  . . . . . . . . . . . . . . . . . . . . . . . . . . . . . . 189
      2.1.10.2.1    Ablauf-Diagramm  . . . . . . . . . . . . . . . . . . . . . . . . . 189
      2.1.10.2.2    Masken-Aufbau  . . . . . . . . . . . . . . . . . . . . . . . . . . 193
        2.1.10.2.2.1  Maske MSV16200: zusammengeführte Kontonummern anzeigen . . . . 193
        2.1.10.2.2.2  Maske MSV16210: zu löschende Kontonummern bestätigen . . . . . 193
        2.1.10.2.2.3  Maske MSV16220: Auftrag bestätigen . . . . . . . . . . . . . . 194
    2.1.10.3    Verarbeitung . . . . . . . . . . . . . . . . . . . . . . . . . . . . . 195
  2.1.11  Teilfunktion: Mitteilung an Ihre HYPO . . . . . . . . . . . . . . . . . . 200
    2.1.11.1    Kurzbeschreibung . . . . . . . . . . . . . . . . . . . . . . . . . . . 200
    2.1.11.2    Übersicht  . . . . . . . . . . . . . . . . . . . . . . . . . . . . . . 201
      2.1.11.2.1    Ablauf-Diagramm  . . . . . . . . . . . . . . . . . . . . . . . . . 201
      2.1.11.2.2    Masken-Aufbau HYPO-Anwendung . . . . . . . . . . . . . . . . . . . 205
        2.1.11.2.2.1  Maske MSV16300: Mitteilung an die HYPO . . . . . . . . . . . . 205
        2.1.11.2.2.2  Maske MSV16310: Mitteilung an die HYPO, Bestätigung  . . . . . 205
      2.1.11.2.3    Masken-Aufbau HSB.-Anwendung . . . . . . . . . . . . . . . . . . . 206
        2.1.11.2.3.1  Maske MSV16300: Mitteilung an die HSB. . . . . . . . . . . . . 206
        2.1.11.2.3.2  Maske MSV16310: Mitteilung an die HSB., Bestätigung  . . . . . 206
    2.1.11.3    Verarbeitung . . . . . . . . . . . . . . . . . . . . . . . . . . . . . 207
  2.1.12  Teilfunktion: Plussparkonto Nachträge . . . . . . . . . . . . . . . . . . 212
    2.1.12.1    Kurzbeschreibung . . . . . . . . . . . . . . . . . . . . . . . . . . . 212
    2.1.12.2    Übersicht  . . . . . . . . . . . . . . . . . . . . . . . . . . . . . . 213
      2.1.12.2.1    Ablauf-Diagramm  . . . . . . . . . . . . . . . . . . . . . . . . . 213
      2.1.12.2.2    Masken-Aufbau  . . . . . . . . . . . . . . . . . . . . . . . . . . 219
        2.1.12.2.2.1  Maske MSV17100: Nachträge für Plusspar-Konto . . . . . . . . . 219
        2.1.12.2.2.2  Maske MSV17110: Auswahl des Pluskontos, für das Nachträge ge-
                      druckt . . . . . . . . . . . . . . . . . . . . . . . . . . . . 219
    2.1.12.3    Verarbeitung . . . . . . . . . . . . . . . . . . . . . . . . . . . . . 220
  2.1.13  Teilfunktion: Plussparkonto einzahlen . . . . . . . . . . . . . . . . . . 226
    2.1.13.1    Kurzbeschreibung . . . . . . . . . . . . . . . . . . . . . . . . . . . 226
    2.1.13.2    Übersicht  . . . . . . . . . . . . . . . . . . . . . . . . . . . . . . 227
      2.1.13.2.1    Ablauf-Diagramm  . . . . . . . . . . . . . . . . . . . . . . . . . 227
      2.1.13.2.2    Masken-Aufbau  . . . . . . . . . . . . . . . . . . . . . . . . . . 236
        2.1.13.2.2.1  Maske MSV17200: Einzahlung auf Pluskonto, je ein Konto . . . . 236
        2.1.13.2.2.2  Maske MSV17210: Einzahlung auf Pluskonto, fehlerfreie Daten   236
        2.1.13.2.2.3  Maske MSV17220: Einzahlung auf Pluskonto, Bestätigung  . . . . 237
        2.1.13.2.2.4  Maske MSV17230: Einzahlung auf Pluskonto, mehrere Pluskonten   237
        2.1.13.2.2.5  Maske MSV17240: Auswahl eines anderen Pluskontos . . . . . . . 238
        2.1.13.2.2.6  Maske MSV17250: Einzahlung auf Pluskonto, mehrere Komfortkonten 238
        2.1.13.2.2.7  Maske MSV17260: Auswahl eines anderen Komfortkontos  . . . . . 239
        2.1.13.2.2.8  Maske MSV17270: Einzahlung auf Pluskonto, mehrere
                      Konten/Kontoart . . . . . . . . . . . . . . . . . . . . . . . 239
    2.1.13.3    Verarbeitung . . . . . . . . . . . . . . . . . . . . . . . . . . . . . 240
  2.1.14  Teilfunktion: Plussparkonto auszahlen . . . . . . . . . . . . . . . . . . 253
    2.1.14.1    Kurzbeschreibung . . . . . . . . . . . . . . . . . . . . . . . . . . . 253
    2.1.14.2    Übersicht  . . . . . . . . . . . . . . . . . . . . . . . . . . . . . . 254
      2.1.14.2.1    Ablauf-Diagramm  . . . . . . . . . . . . . . . . . . . . . . . . . 254
      2.1.14.2.2    Masken-Aufbau  . . . . . . . . . . . . . . . . . . . . . . . . . . 263
        2.1.14.2.2.1  Maske MSV17300: Auszahlung auf Pluskonto, je ein Konto . . . . 263
        2.1.14.2.2.2  Maske MSV17310: Auszahlung auf Pluskonto, fehlerfreie Daten   263
        2.1.14.2.2.3  Maske MSV17320: Auszahlung auf Pluskonto, Bestätigung  . . . . 264
        2.1.14.2.2.4  Maske MSV17330: Auszahlung auf Pluskonto, mehrere Pluskonten   264
        2.1.14.2.2.5  Maske MSV17340: Auswahl eines anderen Pluskontos . . . . . . . 265
        2.1.14.2.2.6  Maske MSV17350: Auszahlung auf Pluskonto, mehrere Komfortkonten 265
        2.1.14.2.2.7  Maske MSV17360: Auswahl eines anderen Komfortkontos  . . . . . 266
        2.1.14.2.2.8  Maske MSV17370: Auszahlung auf Pluskonto, mehrere
                      Konten/Kontoart . . . . . . . . . . . . . . . . . . . . . . . 266
    2.1.14.3    Verarbeitung . . . . . . . . . . . . . . . . . . . . . . . . . . . . . 267
  2.1.15  Teilfunktion: Dauerauftrag anzeigen . . . . . . . . . . . . . . . . . . . 279
    2.1.15.1    Kurzbeschreibung . . . . . . . . . . . . . . . . . . . . . . . . . . . 279
    2.1.15.2    Übersicht  . . . . . . . . . . . . . . . . . . . . . . . . . . . . . . 280
```

Inhaltsverzeichnis   iii

Systemkonzept

HYPO-BANK HYPO-Service-Terminal Systementwicklung

```
2.1.15.2.1    Ablauf-Diagramm bei Funktion Service-Terminal . . . . . . . . . . 280
2.1.15.2.2    Ablauf-Diagramm bei Funktion Telephon-Banking . . . . . . . . . . 282
2.1.15.2.3    Masken-Aufbau . . . . . . . . . . . . . . . . . . . . . . . . . . 284
   2.1.15.2.3.1  Maske MSV18100: Anzeige aller Daueraufträge (mehr als 2 Dauer-
                 auftr.) . . . . . . . . . . . . . . . . . . . . . . . . . . . 284
   2.1.15.2.3.2  Maske MSV18101: Anzeige aller Daueraufträge (2 Daueraufträge)  284
   2.1.15.2.3.3  Maske MSV18102: Anzeige aller Daueraufträge (1 Dauerauftrag)   285
   2.1.15.2.3.4  Maske MSV18110: Anzeige eines ausgewählten Dauerauftrags . . . 285
2.1.15.3      Verarbeitung bei Service-Terminal . . . . . . . . . . . . . . . . 286
2.1.15.4      Verarbeitung bei Telephon-Banking . . . . . . . . . . . . . . . . 290
2.1.16        Teilfunktion: Dauerauftrag eröffnen . . . . . . . . . . . . . . . 293
2.1.16.1      Kurzbeschreibung . . . . . . . . . . . . . . . . . . . . . . . . 293
2.1.16.2      Übersicht . . . . . . . . . . . . . . . . . . . . . . . . . . . . 294
   2.1.16.2.1   Ablauf-Diagramm bei Funktion Service-Terminal . . . . . . . . . 294
   2.1.16.2.2   Ablauf-Diagramm für Funktion Telephon-Banking . . . . . . . . . 298
   2.1.16.2.3   Masken-Aufbau . . . . . . . . . . . . . . . . . . . . . . . . . 300
      2.1.16.2.3.1  Maske MSV18200: Dauerauftrag eröffnen, Teil 1 . . . . . . . 300
      2.1.16.2.3.2  Maske MSV18210: Dauerauftrag eröffnen, Teil 2 . . . . . . . 300
      2.1.16.2.3.3  Maske MSV18220: Dauerauftrag eröffnen, Teil 1, vor endgültiger
                    Ausf. . . . . . . . . . . . . . . . . . . . . . . . . . . . 301
      2.1.16.2.3.4  Maske MSV18230: Dauerauftrag eröffnen, Teil 2, vor endgültiger
                    Ausf. . . . . . . . . . . . . . . . . . . . . . . . . . . . 301
      2.1.16.2.3.5  Maske MSV18240: Dauerauftrag eröffnen, Bestätigung . . . . . 302
      2.1.16.2.3.6  Maske MSV18250: Auswahl eines anderen Kontos . . . . . . . . 302
      2.1.16.2.3.7  Maske MSV18260: Überweisung, Terminüberschreitung . . . . . 303
      2.1.16.2.3.8  Maske MSV18270: Überweisung, Fehler bei endgültiger Ausführung 303
2.1.16.3      Verarbeitung . . . . . . . . . . . . . . . . . . . . . . . . . . 304
2.1.16.4      Verarbeitung bei Telephon-Banking . . . . . . . . . . . . . . . . 317
2.1.17        Teilfunktion: Dauerauftrag ändern . . . . . . . . . . . . . . . . 327
2.1.17.1      Kurzbeschreibung . . . . . . . . . . . . . . . . . . . . . . . . 327
2.1.17.2      Übersicht . . . . . . . . . . . . . . . . . . . . . . . . . . . . 328
   2.1.17.2.1   Ablauf-Diagramm bei Funktion Service-Terminal . . . . . . . . . 328
   2.1.17.2.2   Masken-Aufbau . . . . . . . . . . . . . . . . . . . . . . . . . 335
      2.1.17.2.2.1  Maske MSV18300: Anzeige aller Daueraufträge . . . . . . . . 335
      2.1.17.2.2.2  Maske MSV18301: Anzeige aller Daueraufträge, 2 DA . . . . . 335
      2.1.17.2.2.3  Maske MSV18302: Anzeige aller Daueraufträge, 2 DA . . . . . 336
      2.1.17.2.2.4  Maske MSV18310: Anzeige eines ausgewählten Dauerauftrags . . 336
      2.1.17.2.2.5  Maske MSV18320: Änderungsmaske vor endgültiger Ausführung . 337
      2.1.17.2.2.6  Maske MSV18330: Bestätigung der Dauerauftragsänderung . . . 337
      2.1.17.2.2.7  Maske MSV18340: Dauerauftrags-Änderung, Terminüberschreitung 338
      2.1.17.2.2.8  Maske MSV18350: Fehlerseite . . . . . . . . . . . . . . . . 338
2.1.17.3      Verarbeitung bei Funktion Service-Terminal . . . . . . . . . . . 339
2.1.17.4      Verarbeitung bei Telephon-Banking . . . . . . . . . . . . . . . . 355
2.1.18        Teilfunktion: Dauerauftrag löschen . . . . . . . . . . . . . . . 364
2.1.18.1      Kurzbeschreibung . . . . . . . . . . . . . . . . . . . . . . . . 364
2.1.18.2      Übersicht . . . . . . . . . . . . . . . . . . . . . . . . . . . . 365
   2.1.18.2.1   Ablauf-Diagramm für Funktion Service-Terminal . . . . . . . . . 365
   2.1.18.2.2   Ablauf-Diagramm für Funktion Telephon-Banking . . . . . . . . . 369
   2.1.18.2.3   Masken-Aufbau . . . . . . . . . . . . . . . . . . . . . . . . . 371
      2.1.18.2.3.1  Maske MSV18400: Anzeige aller Daueraufträge (mehr als 2 DA) 371
      2.1.18.2.3.2  Maske MSV18401: Anzeige aller Daueraufträge (2 DA) . . . . 371
      2.1.18.2.3.3  Maske MSV18402: Anzeige aller Daueraufträge (1 DA) . . . . 372
      2.1.18.2.3.4  Maske MSV18410: Anzeige eines ausgewählten Dauerauftrags . . 372
      2.1.18.2.3.5  Maske MSV18420: Dauerauftrag löschen . . . . . . . . . . . 373
      2.1.18.2.3.6  Maske MSV18430: Dauerauftrag löschen, Fehlerseite . . . . . 373
2.1.18.3      Verarbeitung bei Service-Terminal . . . . . . . . . . . . . . . . 374
2.1.18.4      Verarbeitung bei Telephon-Banking . . . . . . . . . . . . . . . . 383
2.1.19        Teilfunktion: Anzeige Aktienkurse . . . . . . . . . . . . . . . . 386
2.1.19.1      Kurzbeschreibung . . . . . . . . . . . . . . . . . . . . . . . . 386
2.1.19.2      Übersicht . . . . . . . . . . . . . . . . . . . . . . . . . . . . 387
   2.1.19.2.1   Masken-Aufbau . . . . . . . . . . . . . . . . . . . . . . . . . 389
```

HYPO-BANK   HYPO-Service-Terminal   Systementwicklung

```
        2.1.19.2.1.1   Maske MSV30000: Übersicht Börsenplätze  . . . . . . . . . . . 389
        2.1.19.2.1.2   Maske MSV3000X: Anzeige Aktienkurse  . . . . . . . . . . . . 389
        2.1.19.2.1.3   Maske MSV39000: Anzeige Fehlermaske  . . . . . . . . . . . . 390
    2.1.19.3   Verarbeitung  . . . . . . . . . . . . . . . . . . . . . . . . . . 391
 2.1.20  Teilfunktion: Rechenmodell Privatkredit  . . . . . . . . . . . . . . . . 392
    2.1.20.1   Kurzbeschreibung  . . . . . . . . . . . . . . . . . . . . . . . . 392
    2.1.20.2   Übersicht  . . . . . . . . . . . . . . . . . . . . . . . . . . . . 393
      2.1.20.2.1   Masken-Aufbau  . . . . . . . . . . . . . . . . . . . . . . . . 397
        2.1.20.2.1.1   Maske MSV43000: Rechenmodell, Eingabe Rechenparameter  . . . . 397
        2.1.20.2.1.2   Maske MSV43100: Rechenmodell, fehlerhafte Eingabe  . . . . . 397
        2.1.20.2.1.3   Maske MSV43200: Rechenmodell, Ergebnis  . . . . . . . . . . 398
        2.1.20.2.1.4   Maske MSV43400: Rechenmodell, Kundenaufforderung 1  . . . . . 398
        2.1.20.2.1.5   Maske MSV43600: Rechenmodell, Kundenaufforderung 2  . . . . . 399
        2.1.20.2.1.6   Maske MSV43900: Fehlermaske  . . . . . . . . . . . . . . . 399
    2.1.20.3   Verarbeitung  . . . . . . . . . . . . . . . . . . . . . . . . . . 400
 2.1.21  Bearbeiten Konten HYPO-Service-Terminal  . . . . . . . . . . . . . . . . 404
    2.1.21.1   Kurzbeschreibung  . . . . . . . . . . . . . . . . . . . . . . . . 404
    2.1.21.2   Übersicht  . . . . . . . . . . . . . . . . . . . . . . . . . . . . 405
      2.1.21.2.1   Ablauf-Diagramm  . . . . . . . . . . . . . . . . . . . . . . . 405
      2.1.21.2.2   Masken-Aufbau  . . . . . . . . . . . . . . . . . . . . . . . . 406
        2.1.21.2.2.1   Maske SV000: Bearbeiten weitere Konten HYPO-Service-Terminal  406
 2.1.22  Anzeigen Konten HYPO-Service-Terminal  . . . . . . . . . . . . . . . . . 407
    2.1.22.1   Kurzbeschreibung  . . . . . . . . . . . . . . . . . . . . . . . . 407
    2.1.22.2   Übersicht  . . . . . . . . . . . . . . . . . . . . . . . . . . . . 408
      2.1.22.2.1   Ablauf-Diagramm  . . . . . . . . . . . . . . . . . . . . . . . 408
      2.1.22.2.2   Masken-Aufbau  . . . . . . . . . . . . . . . . . . . . . . . . 412
        2.1.22.2.2.1   Maske SV111: Anzeigen Konten HYPO-Service-Terminal  . . . . 412
        2.1.22.2.2.2   Maske SV112: Anzeigen Konten HYPO-Service-Terminal  . . . . 412
        2.1.22.2.2.3   Maske SV113: Anzeigen Konten HYPO-Service-Terminal  . . . . 413
        2.1.22.2.2.4   Maske SV115: Anzeigen Konten HYPO-Service-Terminal  . . . . 413
    2.1.22.3   Verarbeitung  . . . . . . . . . . . . . . . . . . . . . . . . . . 414
 2.1.23  Anmelden Konten HYPO-Service-Terminal  . . . . . . . . . . . . . . . . . 421
    2.1.23.1   Kurzbeschreibung  . . . . . . . . . . . . . . . . . . . . . . . . 421
    2.1.23.2   Übersicht  . . . . . . . . . . . . . . . . . . . . . . . . . . . . 422
      2.1.23.2.1   Ablauf-Diagramm  . . . . . . . . . . . . . . . . . . . . . . . 422
      2.1.23.2.2   Masken-Aufbau  . . . . . . . . . . . . . . . . . . . . . . . . 428
        2.1.23.2.2.1   Maske SV211: Anmelden Konten HYPO-Service-Terminal  . . . . 428
        2.1.23.2.2.2   Maske SV212: Anmelden Konten HYPO-Service-Terminal  . . . . 428
        2.1.23.2.2.3   Maske SV213: Anmelden Konten HYPO-Service-Terminal  . . . . 429
    2.1.23.3   Verarbeitung  . . . . . . . . . . . . . . . . . . . . . . . . . . 430
 2.1.24  Abmelden Konten HYPO-Service-Terminal  . . . . . . . . . . . . . . . . . 438
    2.1.24.1   Kurzbeschreibung  . . . . . . . . . . . . . . . . . . . . . . . . 438
    2.1.24.2   Übersicht  . . . . . . . . . . . . . . . . . . . . . . . . . . . . 439
      2.1.24.2.1   Ablauf-Diagramm  . . . . . . . . . . . . . . . . . . . . . . . 439
      2.1.24.2.2   Masken-Aufbau  . . . . . . . . . . . . . . . . . . . . . . . . 445
        2.1.24.2.2.1   Maske SV311: Abmelden Konten HYPO-Service-Terminal  . . . . 445
        2.1.24.2.2.2   Maske SV312: Abmelden Konten HYPO-Service-Terminal  . . . . 445
        2.1.24.2.2.3   Maske SV313: Abmelden Konten HYPO-Service-Terminal  . . . . 446
    2.1.24.3   Verarbeitung  . . . . . . . . . . . . . . . . . . . . . . . . . . 447
 2.1.25  Bereinigen Konten HYPO-Service-Terminal  . . . . . . . . . . . . . . . . 454
    2.1.25.1   Kurzbeschreibung  . . . . . . . . . . . . . . . . . . . . . . . . 454
    2.1.25.2   Übersicht  . . . . . . . . . . . . . . . . . . . . . . . . . . . . 455
      2.1.25.2.1   Ablauf-Diagramm  . . . . . . . . . . . . . . . . . . . . . . . 455
      2.1.25.2.2   Masken-Aufbau  . . . . . . . . . . . . . . . . . . . . . . . . 459
        2.1.25.2.2.1   Maske SV411: Bereinigen Konten HYPO-Service-Terminal  . . . 459
        2.1.25.2.2.2   Maske SV412: Bereinigen Konten HYPO-Service-Terminal  . . . 459
    2.1.25.3   Verarbeitung  . . . . . . . . . . . . . . . . . . . . . . . . . . 460
 2.1.26  Weiterverarbeitung der Überweisungs-Daten  . . . . . . . . . . . . . . . 465
    2.1.26.1   Kurzbeschreibung  . . . . . . . . . . . . . . . . . . . . . . . . 465
    2.1.26.2   EVA - Übersicht  . . . . . . . . . . . . . . . . . . . . . . . . . 466
    2.1.26.3   Verarbeitung  . . . . . . . . . . . . . . . . . . . . . . . . . . 467
```

Inhaltsverzeichnis   v

Systemkonzept		265
HYPO-BANK	HYPO-Service-Terminal	Systementwicklung

```
2.1.26.3.1   Druckbild-Beschreibung EDV 4572  SV-Ausgangs-Protokoll ..... 467
2.1.26.3.2   Druckbild-Beschreibung EDV 4579  Ausgangsprotokoll Telephon-Ban-
             king ........................................................ 468
2.1.27   Teilfunktion: Weiterverarbeitung der Mitteilungen ............ 469
2.1.27.1 Kurzbeschreibung ............................................. 469
2.1.28   Teilfunktion: Warten der Aktienkurse ......................... 470
2.1.28.1 Kurzbeschreibung ............................................. 470
2.1.28.2 EVA - Übersicht .............................................. 471
2.1.28.3 Verarbeitung ................................................. 472
2.1.29   Teilfunktion: Warten der Rechenparameter ..................... 473
2.1.29.1 Kurzbeschreibung ............................................. 473
2.1.29.2 EVA - Übersicht .............................................. 474
2.1.29.3 Verarbeitung ................................................. 475
2.1.30   Teilfunktion: Übertragen der Statistik-Sätze zum HOST ........ 476
2.1.30.1 Kurzbeschreibung ............................................. 476
2.1.30.2 Übersicht .................................................... 477
2.1.30.3 Verarbeitung ................................................. 478
2.1.31   Teilfunktion: Weiterverarbeitung Statistik-Daten ............. 481
2.1.31.1 Kurzbeschreibung ............................................. 481
2.1.31.2 Übersicht .................................................... 482
2.1.31.2.1   Druckbildbeschreibung EDV-Liste 4560 Nutzung der Funktionen ... 483
2.1.31.2.2   Druckbildbeschreibung EDV-Liste 4562 Betragshöhe der Überweisung 486
2.1.31.3 Verarbeitung ................................................. 487
2.1.32   Teilfunktion: Erstellen Protokoll der Bestellungen/Kaufaufträge .... 489
2.1.32.1 Kurzbeschreibung ............................................. 489
2.1.32.2 Übersicht .................................................... 490
2.1.32.2.1   Druckbildbeschreibung EDV-Liste 4554 Protokoll der Bestellungen
             und Kaufaufträge ............................................ 491
2.1.32.2.2   Druckbildbeschreibung EDV-Liste 4449 Protokoll Pluskonto .... 492
2.1.33   Teilfunktion: Laden der Pseudo-Kontonummern .................. 494
2.1.33.1 Kurzbeschreibung ............................................. 494
2.1.33.2 Übersicht .................................................... 495
2.1.33.2.1   Druckbildbeschreibung EDV-Liste 4557 Ladeprotokoll HYSV05P ... 496
2.1.33.3 Verarbeitung ................................................. 497
2.1.34   Verteilen von asynchronen Nachrichten an alle Service-Terminals .... 498
2.1.34.1 Kurzbeschreibung ............................................. 498
2.1.34.2 EVA - Übersicht .............................................. 499
2.1.34.3 Verarbeitung ................................................. 500
2.1.35   Teilfunktion : PIN-Berechnung ................................ 501
2.1.35.1 Kurzbeschreibung ............................................. 501
2.1.35.2 EVA-Diagramm ................................................. 502
2.1.35.3 Verarbeitung ................................................. 503
2.1.36   Teilfunktion : PAC-/MAC-Berechnung GA ........................ 506
2.1.36.1 Kurzbeschreibung ............................................. 506
2.1.36.2 EVA-Diagramm ................................................. 508
2.1.36.3 Verarbeitung ................................................. 509
2.2   Übersicht der Arbeitsabläufe ..................................... 513
2.3   Mengengerüst ..................................................... 529
2.4   Anforderungen an das System ...................................... 530
2.4.1 Verarbeitungstermine ............................................. 530
2.4.2 Antwortzeiten / Programmlaufzeiten ............................... 532
2.4.3 Qualitätsanforderungen ........................................... 532

3.0  Daten ............................................................ 533
3.1  Fachliche Datenbeschreibung ...................................... 533
3.1.1   Entitätenmodell ............................................... 533
3.1.1.1 Graphische Darstellung des Entitätenmodells ................... 533
3.1.1.2 Entitätstypen ................................................. 534
3.1.1.2.1 Karte ....................................................... 534
3.1.1.2.2 Sperre Gesamt ............................................... 535
3.1.1.2.3 Konto ....................................................... 536
```

HYPO-BANK   HYPO-Service-Terminal   Systementwicklung

```
3.1.1.3   Beziehungstypen  . . . . . . . . . . . . . . . . . . . . . . . 537
3.1.1.3.1 Legitimation erfolgt über Karte  . . . . . . . . . . . . . . . 537
3.1.1.3.2 Sperr-Beziehung  . . . . . . . . . . . . . . . . . . . . . . . 539
3.1.1.3.3 Karte muß im Kartenbestand vorhanden sein  . . . . . . . . . . 541
3.1.1.4   Bewegungsdaten . . . . . . . . . . . . . . . . . . . . . . . . 543
3.1.1.5   Tabellen . . . . . . . . . . . . . . . . . . . . . . . . . . . 544
3.1.1.5.1 technische SB-Tabelle  . . . . . . . . . . . . . . . . . . . . 544
3.1.1.5.2 Fehler-/Hinweis-Text-Tabelle . . . . . . . . . . . . . . . . . 548
3.1.2     Datenmatrix  . . . . . . . . . . . . . . . . . . . . . . . . . 551
3.1.3     Datenkatalog . . . . . . . . . . . . . . . . . . . . . . . . . 560
3.1.4     Ordnungsbegriffe . . . . . . . . . . . . . . . . . . . . . . . 599
3.1.5     Interpretationsschlüssel . . . . . . . . . . . . . . . . . . . 600
3.1.6     Aufbau der Spur 3  . . . . . . . . . . . . . . . . . . . . . . 609

4.0     Systembeschreibung . . . . . . . . . . . . . . . . . . . . . . . 611
4.1     Zerlegung in Programme und Module  . . . . . . . . . . . . . . . 612
4.1.1   Programm: D501S01   sortieren der Börsentabelle München  . . . . 614
4.1.1.1 Programmkurzbeschreibung/Pseudocode  . . . . . . . . . . . . . . 614
4.1.2   Programm: D5 SVWPKU 01  Laden der Datenbank HYSV01P  . . . . . . 615
4.1.2.1 Programmkurzbeschreibung/Pseudocode  . . . . . . . . . . . . . . 615
4.1.3   Programm: D5 SVWPUE 02  Übertrag Aktienkurse . . . . . . . . . . 619
4.1.3.1 Programmkurzbeschreibung/Pseudocode  . . . . . . . . . . . . . . 619
4.1.4   Programm: D5 SVUEBW 04  Einzel-Überweisung Service-Terminal (alt)  . . . 623
4.1.4.1 Programmkurzbeschreibung/Pseudocode  . . . . . . . . . . . . . . 623
4.1.5   Programm: D5 SVUEBW 05  Einzel-Überweisung Service-Terminal  . . 632
4.1.5.1 Programmkurzbeschreibung/Pseudocode  . . . . . . . . . . . . . . 632
4.1.6   Programm: D5 SVRMPK 06  Rechenmodell Privatkredit HYPO-Service-T.  . . 641
4.1.6.1 Programmkurzbeschreibung/Pseudocode  . . . . . . . . . . . . . . 641
4.1.7   Programm: D5 SVESCH 08  Bestellen Euroschecks  . . . . . . . . . 643
4.1.7.1 Programmkurzbeschreibung/Pseudocode  . . . . . . . . . . . . . . 643
4.1.8   Programm: D5 SVEINA 09  Einarbeiten Ausfall-Statistiksätze . . . 645
4.1.8.1 Programmkurzbeschreibung/Pseudocode  . . . . . . . . . . . . . . 645
4.1.9   Programm: D5 SVEINS 10  Einarbeiten Statistiksätze . . . . . . . 650
4.1.9.1 Programmkurzbeschreibung/Pseudocode  . . . . . . . . . . . . . . 650
4.1.10  Programm: D5 SVBLZV 11  Bankleitzahlen-Verzeichnis Service-Terminal  . . 651
4.1.10.1 Programmkurzbeschreibung/Pseudocode . . . . . . . . . . . . . . 651
4.1.11  Programm: D5 SVMITT 12  Mitteilung an die HYPO  . . . . . . . . 655
4.1.11.1 Programmkurzbeschreibung/Pseudocode . . . . . . . . . . . . . . 655
4.1.12  Programm: D5 SVANST 13  Anmelden Konten am HYPO-Serive-Terminal  . . . 658
4.1.12.1 Programmkurzbeschreibung/Pseudocode . . . . . . . . . . . . . . 658
4.1.13  Programm: D5 SVABST 14  Abmelden Konten am HYPO-Serive-Terminal  . . . 660
4.1.13.1 Programmkurzbeschreibung/Pseudocode . . . . . . . . . . . . . . 660
4.1.14  Programm: D5 SVRSCH 15  Bestellen Reise-Schecks  . . . . . . . . 661
4.1.14.1 Programmkurzbeschreibung/Pseudocode . . . . . . . . . . . . . . 661
4.1.15  Programm: D5 SVVERT 16  Verteilen Nachrichten an Service-Terminal  . . 662
4.1.15.1 Programmkurzbeschreibung/Pseudocode . . . . . . . . . . . . . . 662
4.1.16  Programm: D5 SVKANZ 17  Anzeigen zusammengeführte Konten (AS)  . . . . 663
4.1.16.1 Programmkurzbeschreibung/Pseudocode . . . . . . . . . . . . . . 663
4.1.17  Programm: D5 SVKANM 18  Anmelden zusammengeführte Konten (AS)  . . . . 664
4.1.17.1 Programmkurzbeschreibung/Pseudocode . . . . . . . . . . . . . . 664
4.1.18  Programm: D5 SVKABM 19  Abmelden zusammengeführte Konten (AS)  . . . . 665
4.1.18.1 Programmkurzbeschreibung/Pseudocode . . . . . . . . . . . . . . 665
4.1.19  Programm: D5 SVKTOA 20  Konten-Information  . . . . . . . . . . 666
4.1.19.1 Programmkurzbeschreibung/Pseudocode . . . . . . . . . . . . . . 666
4.1.20  Programm: D5 SVAUSF 23  Auslesen Ausfall-Statistik-Sätze  . . . 667
4.1.20.1 Programmkurzbeschreibung/Pseudocode . . . . . . . . . . . . . . 667
4.1.21  Programm: D5 SVSZUS 24  Extrahieren HYSV07P . . . . . . . . . . 668
4.1.21.1 Programmkurzbeschreibung/Pseudocode . . . . . . . . . . . . . . 668
4.1.22  Programm: D525S01  sortieren Sätze für EDV 4589 . . . . . . . . 669
4.1.22.1 Programmkurzbeschreibung/Pseudocode . . . . . . . . . . . . . . 669
4.1.23  Programm: D5 SV4589 25  Erstellen EDV 4589  . . . . . . . . . . 670
```

Inhaltsverzeichnis   vii

Systemkonzept

HYPO-BANK   HYPO-Service-Terminal   Systementwicklung

```
4.1.23.1  Programmkurzbeschreibung/Pseudocode  . . . . . . . . . . . . . . . 670
4.1.24    Programm: D525S01  sortieren Überweisungssätze/Service-Terminal . . . . 671
4.1.24.1  Programmkurzbeschreibung/Pseudocode  . . . . . . . . . . . . . . . 671
4.1.25    Programm: D5 SV4572 26  Ausgangsprotokoll Service-Terminal . . . . . . 672
4.1.25.1  Programmkurzbeschreibung/Pseudocode  . . . . . . . . . . . . . . . 672
4.1.26    Programm: D5 SVSTAT 27  Auslesen Statistik-Sätze . . . . . . . . . . 673
4.1.26.1  Programmkurzbeschreibung/Pseudocode  . . . . . . . . . . . . . . . 673
4.1.27    Programm: D528S01  sortieren der Statistik-Sätze . . . . . . . . . . 674
4.1.27.1  Programmkurzbeschreibung/Pseudocode  . . . . . . . . . . . . . . . 674
4.1.28    Programm: D528S02  sortieren der GALTERM-Datei . . . . . . . . . . . 675
4.1.28.1  Programmkurzbeschreibung/Pseudocode  . . . . . . . . . . . . . . . 675
4.1.29    Programm: D5 SV4560 28  Erstellen EDV 4560 . . . . . . . . . . . . . 676
4.1.29.1  Programmkurzbeschreibung/Pseudocode  . . . . . . . . . . . . . . . 676
4.1.30    Programm: D5 SVSTAM 29  Einarbeiten Stammdaten-Änderungen . . . . . . 677
4.1.30.1  Programmkurzbeschreibung/Pseudocode  . . . . . . . . . . . . . . . 677
4.1.31    Programm: D5 SV4447 30  Erstellen EDV 4447 . . . . . . . . . . . . . 678
4.1.31.1  Programmkurzbeschreibung/Pseudocode  . . . . . . . . . . . . . . . 678
4.1.32    Programm: D531S01 - Sortieren der Statistiksätze . . . . . . . . . . 679
4.1.32.1  Programmkurzbeschreibung/Pseudocode  . . . . . . . . . . . . . . . 679
4.1.33    Programm: D5 SV4562 31  Drucken EDV 4562 . . . . . . . . . . . . . . 680
4.1.33.1  Programmkurzbeschreibung/Pseudocode  . . . . . . . . . . . . . . . 680
4.1.34    Programm: D532S01 - Sortieren der Protokolldaten für Preisumsätze . . . 681
4.1.34.1  Programmkurzbeschreibung/Pseudocode  . . . . . . . . . . . . . . . 681
4.1.35    Programm: D5 SVPREI 32  Erstellen Presiumsätze Scheckausgabe . . . . . 682
4.1.35.1  Programmkurzbeschreibung/Pseudocode  . . . . . . . . . . . . . . . 682
4.1.36    Programm: D533S01  sortieren der Pseudo-Kontonummern . . . . . . . . 683
4.1.36.1  Programmkurzbeschreibung/Pseudocode  . . . . . . . . . . . . . . . 683
4.1.37    Programm: D5 SVLD05 33  Laden der Pseudo-Kontonummern . . . . . . . . 684
4.1.37.1  Programmkurzbeschreibung/Pseudocode  . . . . . . . . . . . . . . . 684
4.1.38    Programm: D534S01  sortieren Der Überweisungssätze für EDV 4579 . . . 688
4.1.38.1  Programmkurzbeschreibung/Pseudocode  . . . . . . . . . . . . . . . 688
4.1.39    Programm: D5 SV4579 34  Erstellen EDV 4579 . . . . . . . . . . . . . 689
4.1.39.1  Programmkurzbeschreibung/Pseudocode  . . . . . . . . . . . . . . . 689
4.1.40    Programm: D535S01  sortieren der Mitteilungen . . . . . . . . . . . 693
4.1.40.1  Programmkurzbeschreibung/Pseudocode  . . . . . . . . . . . . . . . 693
4.1.41    Programm: D5 SVDRMI 35  Drucken EDV 4554 . . . . . . . . . . . . . . 694
4.1.41.1  Programmkurzbeschreibung/Pseudocode  . . . . . . . . . . . . . . . 694
4.1.42    Programm: D536S01  Sortieren der ausgelesenen Aufträge . . . . . . . 698
4.1.42.1  Programmkurzbeschreibung/Pseudocode  . . . . . . . . . . . . . . . 698
4.1.43    Programm: D5 SV4449 36  Drucken EDV 4449 . . . . . . . . . . . . . . 699
4.1.43.1  Programmkurzbeschreibung/Pseudocode  . . . . . . . . . . . . . . . 699
4.1.44    Programm: D537S01 - Sortieren der Protokolldaten . . . . . . . . . . 703
4.1.44.1  Programmkurzbeschreibung/Pseudocode  . . . . . . . . . . . . . . . 703
4.1.45    Programm: D5 SV4671 37  Drucken EDV 4671 . . . . . . . . . . . . . . 704
4.1.45.1  Programmkurzbeschreibung/Pseudocode  . . . . . . . . . . . . . . . 704
4.1.46    Programm: D538S01 - Sortieren der Protokolldaten für Postenstatistik . 709
4.1.46.1  Programmkurzbeschreibung/Pseudocode  . . . . . . . . . . . . . . . 709
4.1.47    Programm: D5 SVPOST 38  Erstellen Postenstatistiksätze . . . . . . . 710
4.1.47.1  Programmkurzbeschreibung/Pseudocode  . . . . . . . . . . . . . . . 710
4.1.48    Programm: D5 SVSECK 41  Scheckausgabe-Automat . . . . . . . . . . . 713
4.1.48.1  Programmkurzbeschreibung/Pseudocode  . . . . . . . . . . . . . . . 713
4.1.49    Programm: D5 SVEUCD 42  Bestellung Eurocard . . . . . . . . . . . . 722
4.1.49.1  Programmkurzbeschreibung/Pseudocode  . . . . . . . . . . . . . . . 722
4.1.50    Programm: D5 SVLEGI 43  Legitimation Service-Terminal . . . . . . . 726
4.1.50.1  Programmkurzbeschreibung/Pseudocode  . . . . . . . . . . . . . . . 726
4.1.51    Programm: D5 SVADEP 44  Anzeige Depot . . . . . . . . . . . . . . . 733
4.1.51.1  Programmkurzbeschreibung/Pseudocode  . . . . . . . . . . . . . . . 733
4.1.52    Programm: D5 SVRECH 45  Bereitstellen Rechenparameter . . . . . . . 738
4.1.52.1  Programmkurzbeschreibung/Pseudocode  . . . . . . . . . . . . . . . 738
4.1.53    Programm: D5 SVZUSB 46  Bereinigen Konten-Zusammenführung . . . . . 742
4.1.53.1  Programmkurzbeschreibung/Pseudocode  . . . . . . . . . . . . . . . 742
```

HYPO-BANK   HYPO-Service-Terminal   Systementwicklung

```
4.1.54    Programm: D5 SVDAAZ 47  Dauerauftrag anzeigen  . . . . . . . . . . . . . 747
4.1.54.1  Programmkurzbeschreibung/Pseudocode  . . . . . . . . . . . . . . . . . . 747
4.1.55    Programm: D5 SVDAER 48  Dauerauftrag eröffnen  . . . . . . . . . . . . . 753
4.1.55.1  Programmkurzbeschreibung/Pseudocode  . . . . . . . . . . . . . . . . . . 753
4.1.56    Programm: D5 SVDAAE 49  Dauerauftrag ändern  . . . . . . . . . . . . . . 760
4.1.56.1  Programmkurzbeschreibung/Pseudocode  . . . . . . . . . . . . . . . . . . 760
4.1.57    Programm: D5 SVPANZ 51  Pluskonto Nachträge  . . . . . . . . . . . . . . 768
4.1.57.1  Programmkurzbeschreibung/Pseudocode  . . . . . . . . . . . . . . . . . . 768
4.1.58    Programm: D5 SVPEIN 52  Pluskonto Einzahlung  . . . . . . . . . . . . . 773
4.1.58.1  Programmkurzbeschreibung/Pseudocode  . . . . . . . . . . . . . . . . . . 773
4.1.59    Programm: D5 SVPAUS 54  Pluskonto Auszahlung  . . . . . . . . . . . . . 780
4.1.59.1  Programmkurzbeschreibung/Pseudocode  . . . . . . . . . . . . . . . . . . 780
4.1.60    Programm: D5 SVDALO 56  Dauerauftrag löschen  . . . . . . . . . . . . . 787
4.1.60.1  Programmkurzbeschreibung/Pseudocode  . . . . . . . . . . . . . . . . . . 787
4.2       Logischer JOB-Ablauf  . . . . . . . . . . . . . . . . . . . . . . . . . 794
4.2.1     Weiterverarbeitung der EZUE-Daten  . . . . . . . . . . . . . . . . . . . 794
4.2.1.1   Weiterverarbeitung der freigegebenen Aufträge EZUE und Service-Term.   794
4.2.1.1.1   Job-Ablauf  . . . . . . . . . . . . . . . . . . . . . . . . . . . . . 794
4.2.1.1.2   Angaben zum Job: Weiterverarbeitung  . . . . . . . . . . . . . . . . 799
4.2.1.2   Verteilen einer Nachricht an alle Service-Terminals  . . . . . . . . . 800
4.2.1.2.1   JOB-Ablauf  . . . . . . . . . . . . . . . . . . . . . . . . . . . . . 800
4.2.1.3   Angaben zum JOB: Verteilen einer Nachricht  . . . . . . . . . . . . . 801
4.2.1.4   Laden der Datenbank HYSV01P  . . . . . . . . . . . . . . . . . . . . . 802
4.2.1.4.1   JOB-Ablauf  . . . . . . . . . . . . . . . . . . . . . . . . . . . . . 802
4.2.1.4.2   Angaben zum JOB: Laden der Datenbank HYSV01P  . . . . . . . . . . . 803
4.2.1.5   Auslesen Ausfall-Statistik-Datenbank  . . . . . . . . . . . . . . . . 804
4.2.1.5.1   JOB-Ablauf  . . . . . . . . . . . . . . . . . . . . . . . . . . . . . 804
4.2.1.6   Auslesen Statistik-Datenbank  . . . . . . . . . . . . . . . . . . . . 805
4.2.1.6.1   JOB-Ablauf  . . . . . . . . . . . . . . . . . . . . . . . . . . . . . 805
4.2.1.6.2   Angaben zum JOB: Auslesen der Statistik-Sätze  . . . . . . . . . . . 806
4.2.1.7   Drucken EDV4560  . . . . . . . . . . . . . . . . . . . . . . . . . . . 807
4.2.1.7.1   JOB-Ablauf  . . . . . . . . . . . . . . . . . . . . . . . . . . . . . 807
4.2.1.7.2   Angaben zum JOB: Drucken EDV 4560  . . . . . . . . . . . . . . . . . 808
4.2.1.8   Drucken EDV4562  . . . . . . . . . . . . . . . . . . . . . . . . . . . 809
4.2.1.8.1   JOB-Ablauf  . . . . . . . . . . . . . . . . . . . . . . . . . . . . . 809
4.2.1.9   Drucken EDV 4554  . . . . . . . . . . . . . . . . . . . . . . . . . . 810
4.2.1.9.1   JOB-Ablauf  . . . . . . . . . . . . . . . . . . . . . . . . . . . . . 810
4.2.1.10  Drucken EDV 4447  . . . . . . . . . . . . . . . . . . . . . . . . . . 811
4.2.1.10.1  JOB-Ablauf  . . . . . . . . . . . . . . . . . . . . . . . . . . . . . 811
4.2.1.11  Drucken EDV 4449  . . . . . . . . . . . . . . . . . . . . . . . . . . 812
4.2.1.11.1  JOB-Ablauf  . . . . . . . . . . . . . . . . . . . . . . . . . . . . . 812
4.2.1.12  Laden der Datenbank HYSV05P, Pseudokontonummern  . . . . . . . . . . . 813
4.2.1.12.1  Job-Ablauf  . . . . . . . . . . . . . . . . . . . . . . . . . . . . . 813
4.2.1.12.2  Angaben zum Job: Laden HYSV05P  . . . . . . . . . . . . . . . . . . . 814
4.2.1.13  JOB: Drucken EDV 4671  . . . . . . . . . . . . . . . . . . . . . . . . 815
4.2.1.13.1  Job-Ablauf  . . . . . . . . . . . . . . . . . . . . . . . . . . . . . 815
4.2.1.13.2  Angaben zum JOB: Drucken EDV 4671  . . . . . . . . . . . . . . . . . 816
4.2.1.14  JOB: Erstellen Preisumsätze Scheckausgabe  . . . . . . . . . . . . . . 817
4.2.1.14.1  Job-Ablauf  . . . . . . . . . . . . . . . . . . . . . . . . . . . . . 817
4.2.1.15  JOB: Erstellen Postenstatistiksätze  . . . . . . . . . . . . . . . . . 818
4.2.1.15.1  Job-Ablauf  . . . . . . . . . . . . . . . . . . . . . . . . . . . . . 818
4.2.1.16  Stammdatenänderungssätze einarbeiten in den KKDISPO  . . . . . . . . . 819
4.2.1.17  JOB: Liste aller zusammengeführten Konten für SB erstellen  . . . . . 820
4.2.2     Übersicht JOBs und Transaktionen  . . . . . . . . . . . . . . . . . . . 821
4.2.3     Transaktion: D502R01  Übertrag Aktienkurse  . . . . . . . . . . . . . . 822
4.2.4     Transaktion: D505R01  Überweisung HYPO-Service-Terminal  . . . . . . . 822
4.2.5     Transaktion: D505R02  Überweisung Telephon-Banking  . . . . . . . . . 822
4.2.6     Transaktion: D506R01  Rechenmodell Privatkredit  . . . . . . . . . . . 822
4.2.7     Transaktion: D507R01  Legitimation am HYPO-Service-Terminal  . . . . . 822
4.2.8     Transaktion: D508R01  Bestellen Eurochecks  . . . . . . . . . . . . . . 822
4.2.9     Transaktion: D509R01  Einarbeiten Ausfall-Statistik-Sätze  . . . . . . 822
```

Inhaltsverzeichnis   ix

HYPO-BANK HYPO-Service-Terminal Systementwicklung

4.2.10	Transaktion:	D510R01	Einarbeiten Statistik-Sätze	822
4.2.11	Transaktion:	D511R01	Bankleitzahlen-Verzeichnis HYPO-Service-T.	823
4.2.12	Transaktion:	D512R01	Mitteilungen an die HYPO	823
4.2.13	Transaktion:	D513R01	Anmelden Konten	823
4.2.14	Transaktion:	D514R01	Abmelden Konten	823
4.2.15	Transaktion:	D515R01	Bestellen DM-Reiseschecks	823
4.2.16	Transaktion:	D516R01	Verteilen Nachrichten an HYPO-Service-Terminal	823
4.2.17	Transaktion:	D517R01	Anzeigen Konten (durch AS)	823
4.2.18	Transaktion:	D518R01	Anmelden Konten (durch AS)	823

```
5.0  Testkonzept ...................................................... 824
5.1  Integrationsplan ............................................... 824
5.2  Testplan ....................................................... 825
5.3  Test-Jobs auf der TS09074.LIB.CNTL ............................. 826

6.0  Systemumgebung .................................................. 828
6.1  Integration in die bestehende EDV-Umgebung ..................... 828
6.2  Technische Umgebung ............................................ 829
6.2.1  Hardware ..................................................... 829
6.2.2  Software ..................................................... 830
6.2.3  Sonstige Sachmittel .......................................... 830
6.3  Organisatorische Voraussetzungen ............................... 831
6.4  Personelle Voraussetzungen ..................................... 831

7.0  Sicherheit und Datenschutz ...................................... 833
7.1  Anforderungen an die Sicherheit ................................ 833
7.1.1  Zugriffsschutz ............................................... 833
7.1.2  Betriebsicherheit ............................................ 833
7.1.3  Notverfahren ................................................. 834
7.2  Anforderungen an den Datenschutz ............................... 835
7.2.1  Schutz vor unberechtigtem Zugriff bzw. Zugang ................ 835
7.2.2  Speicherung kundenspezifischer Daten ......................... 835
7.2.3  Datenauswertung .............................................. 836

8.0  Begriffsbildungen ............................................... 837
8.1  Abkürzungen .................................................... 837
8.2  Begriffsdefinitionen ........................................... 838
```

Inhaltsverzeichnis

HYPO-BANK   HYPO-Service-Terminal   Systementwicklung

1.0 Kurzbeschreibung

1.1 Projektursache

Das Service-Terminal ist ein weiteres Angebot der HYPO-Bank zur Selbstbedienung bezüglich Bankdienstleistungen rund um die Uhr.

Die BTX-Geräte wurden entgegen der Erwartungen, auch von der Post, nicht wie ursprünglich angenommen, akzeptiert. Ein Grund hierfür ist, daß die BTX-Geräte sehr langsam sind, andererseits ist auch eine Anmeldung zu BTX sowie ein unterschiedliche Legitimation bei BTX evtl. ein Grund dafür, daß die Geräte nicht angenommen werden.

Daher sollen die BTX-Geräte in den SB-Zonen durch die Service-Terminals abgelöst werden (Ziel: BTX nur noch "von Haus aus"). Ein Teil der BTX-Anwendungen liegen dem Projekt als Vorlage zugrunde.

1.2 Zielsetzung, Anforderung

Um Erfahrungen mit den Geräten machen zu können, ist geplant, in einer ersten Stufe folgende Geschäftsvorfälle auf dem Service-Terminal zu realisieren:

- Abwicklung von Überweisungen (legitimationspflichtig)

- Abfragen von Kontoinformationen (legitimationspflichtig)

- Mitteilungsdienst an die HYPO (legitimationspflichtig)

- Aktienkurs-Abfragen

- Rechenmodelle für Privatkredit

Diese Funktionen wurden ausgewählt, weil mit dem Service-Terminal die erste Anwendung der neuen Welt (PC-Basis, Anschluß an den HOST, LAN-Fähigkeit) realisiert wird.

Legitimationspflichtige Anwendungen können nur bei ONLINE durchgeführt werden. Ebenso kann die Funktion Rechenmodell Privatkredit nur während der ONLINE-Zeit durchgeführt werden. Die Abfrage Aktienkurse ist eine sind reine Offline-Funktion. Bei Aktualisierung der Daten auf Host-Seite müssen die HYPO-Service-Terminals sofort mit den aktuellen Daten versorgt werden.

In der Stufe 2 werden folgende, weiteren Anwendungen umgesetzt:

- Kontenzusammenführung

    Der Kunde kann neben seiner Legitimationskontonummer weitere Konten anschauen (Konten-Information) sowie Depots anderer Konten anzeigen lassen.

- Bestellungen

    – DM-Reiseschecks (legitimationsplfichtig)

    – Euroschecks (legitimationspflichtig)

    – Eurocard (legitimationspflichtig)

Systemkonzept 271

HYPO-BANK   HYPO-Service-Terminal   Systementwicklung

- Anzeige weiterer Börsenplätze (Hamburg, Hannover, Berlin)

1.3 Lösung

Die für eine erste Stufe ausgewählten Funktionen werden realisiert. Hierbei ist darauf zu achten, daß bereits bestehende Funktionen anderer Systeme wie

- Weiterverarbeitung Überweisung EZUE
- zentrale Prüfung der PIN analog GA-Anschluß HOST

soweit wie möglich mitverwendet werden.

Eine der Haupt-Anwendungen, die mit der Einführung des Service-Terminals zur Verfügung gestellt wird, ist die Überweisung. Aus diesem Grund wird beim Design der Anwendung darauf geachtet, daß die Anwahl der Funktion Überweisung schnell erreicht werden kann.

1.4 Abgrenzung

Ursprünglich war geplant, die Anwendungen auf den Geräten zweier Hersteller zu entwikkeln. Ein Test beider Geräte in der Laborzone sollte zeigen, welche Technik (Touch-Screen oder Soft-Keys) bei den Kunden mehr Akzeptanz findet und somit zu einer Herstellerauswahl führen.

Folgende Geräte standen zur Auswahl:

- 4737 - Service-Terminal der Fa. IBM

    Dieses Gerät ist mit Touch-Screen ausgestattet. Die Steuerung der Anwendung wird durch Berühren des Bildschirmes ab einer vo der Maske festgelegten Stelle durchgeführt.

- CSC100 - Service-Terminal der Fa. NIXDORF

    Bei diesem Gerät sind links und rechts vom Bildschirm jeweils 4 Softkeys angebracht, über die die Steuerung der Anwendung durchgeführt wird (Mittlerweile bietet NIXDORF wahlwiese aich den Touch-Screen an).

Der Wunsch nach einheitlicher Benutzeroberfläche auf allen Service-Terminals führte im PKA Kommunikationstechnik vom 31.05.89 zu der Entscheidung, die Entwicklung des Gerätes der Fa. NIXDORF sofort einzustellen.

HYPO-BANK   HYPO-Service-Terminal   Systementwicklung

2.1 Übersicht: Zerlegung in fachinhaltliche Teilfunktionen

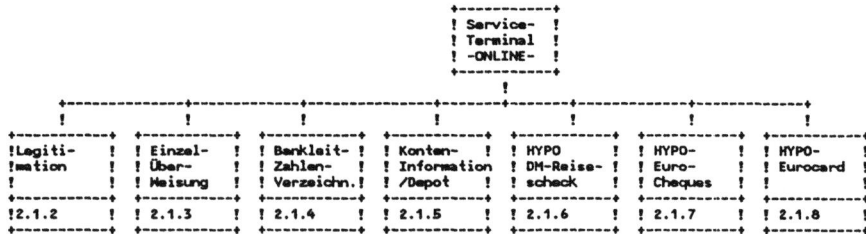

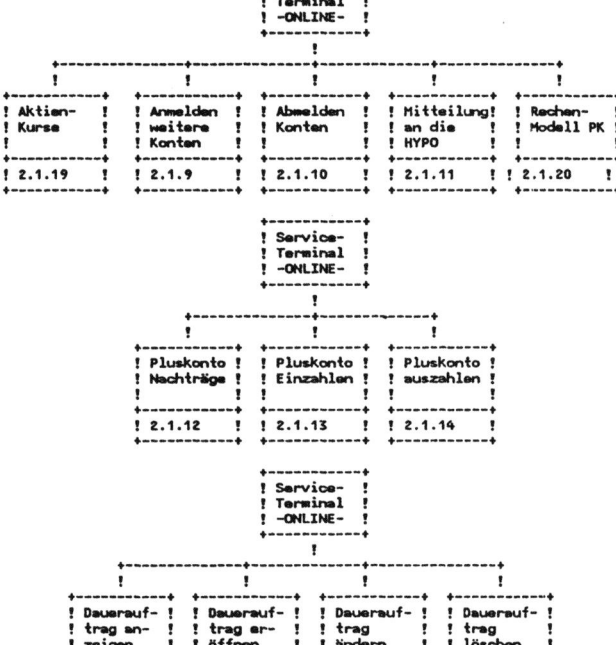

Fachinhaltliche Verfahrensbeschreibung

Systemkonzept

HYPO-BANK   HYPO-Service-Terminal   Systementwicklung

2.1.1.2.5 Masken-Aufbau der Grundmasken, HYPO

2.1.1.2.5.1 Maske MSV00000: Start-Maske HYPO-Service-Terminal

```
    ----+----1----+----2----+----3----+----4----+----5----+----6
 1  ============================================================
 2   Guten Tag - Willkommen am HYPO-Service-Terminal      Krone
 3  ============================================================
 4
 5   Mit Ihrer HYPO-Service-/       . Ohne Karte stehen Ihnen
 6   oder ec-Karte können Sie       . folgende Serviceleistungen
 7   folgende Anwendungen nutzen:   . zur Verfügung:
 8   +----------+  +-------------+  .
 9   ! Graphik  !  ! Graphik     ! .
10   ! ec-Karte !  ! Service-K. ! .
11   +----------+  +-------------+  .
12   ...........................................................
13                                  .
14     Kontoführung                 .     Aktien-Kurse
15                                  .
16   ...........................................................
17                                  .
18     Überweisung                  .     Rechenmodell
19                                  .
20   ...........................................................
21
22
23
24
    ----+----1----+----2----+----3----+----4----+----5----+----6


   Kontoführung    ----->  Legitimation  ----->  Maske MSV10000
   Überweisung     ----->  Legitimation  ----->  Maske MSV11000
   Aktien-Kurse    ----->  Maske MSV30000
   Rechenmodell    ----->  Maske MSV43000
```

2.1.1.2.5.2 Maske MSV0000X: Start-Maske 2, HYPO-Service-Terminal

```
    ----+----1----+----2----+----3----+----4----+----5----+----6
 1
 2
 3
 4
 5
 6         ==========
 7         HYPO-Krone
 8         ==========
 9
10         Willkommen am
11         HYPO-Service-Terminal.
12
13
14
15
16
17
18
19
20
21
22   Bitte berühren Sie den Bildschirm.
23
24
    ----+----1----+----2----+----3----+----4----+----5----+----6
```

Fachinhaltliche Verfahrensbeschreibung

HYPO-BANK	HYPO-Service-Terminal	Systementwicklung

2.1.3 Teilfunktion: Einzelüberweisung

2.1.3.1 Kurzbeschreibung

Die Überweisung kann am Service-Terminal sowohl

- von der Start-Maske MSV00000 oder
- von der Maske Kontoführung MSV10000

aufgerufen werden.

Die Überweisung kann nur nach erfolgreicher Legitimation des Kunden angewählt werden.

Nach erfolgreicher Legitimation erhält der Kunde eine Überweisungs-Maske angezeigt, die mit den Informationen Kontonummer (aus der Spur der ec-/Service-Karte), Name des Kontoinhabers, dem aktuellen Kontostand vor der Überweisung sowie dem Service-Terminal Tageslimit vorbelegt ist.

Hat ein Kunde in seiner Kontenzusammenführung mehr als ein zahlungsverkehrsfähiges Konto eingetragen, kann er über eine Auswahlmaske die Auftraggeber-Kontonummer in der Maske MSV11000 abändern. Die restlichen Überweisungdaten müssen vom Kunden über Tastatur eingegeben werden.

Die eingegebenen Daten werden vollständig geprüft und an das Service-Terminal zurückgespiegelt. Evtl. erkannte Fehler werden am Terminal mit einem 'X' gekennzeichnet. Fehlerhafte Daten müssen korrigiert werden, alle Daten werden erneut geprüft.

Sind alle Daten fehlerfrei, erhält der Kunde alle Daten zur letzten Kontrolle erneut angezeigt. Soll die Überweisung ausgeführt werden, wird die 'Unterschrift' des Kunden als Bestätigung verlangt. Dies geschieht dadurch, daß der Kunde erneut seine Karte in den Kartenleser einführt. Die wiederholte Eingabe der PIN ist bei dieser Bestätigung nicht erforderlich.

Nach Einführung der Karte werden alle Daten erneut geprüft. Die Überweisungsdaten werden für die Weiterverarbeitung zur Verfügung gestellt. Das Konto des Auftraggebers wird sofort disponiert, ebenso wird das Konto des Empfängers disponiert, soweit es sich beim Empfänger um ein HYPO-Konto handelt. Zusätzlich werden Dispo-Vormerkungen erstellt. Der Überweisungsbetrag wird auf den entsprechenden HYPO-KK-Konten sofort disponiert.

Zusätzlich zur Service-Terminal-Überweisung wird die Funktion auch für Telephon-Banking herangezogen. Wird die Funktion 'Überweisung' angewählt, wird im ersten Schritt der Kontostand sowie das Limit an das rufende Programm übergeben. Nach Eingabe und Vorprüfung der Überweisungsdaten auf einer Telefon-Banking-Maske werden die Daten hier geprüft, evtl. festgestellte Fehler an das rufende Programm übergeben. Sind alle Daten fehlerfrei, wird analog der Service-Terminal- Überweisung ein Überweisungssatz erstellt sowie die Disponierung der HYPO-KK-Konten vorgenommen.

Fachinhaltliche Verfahrensbeschreibung

Systemkonzept

HYPO-BANK HYPO-Service-Terminal Systementwicklung

2.1.3.2 Übersicht

2.1.3.2.1 Ablauf-Diagramm Überweisung am Service-Terminal

ANWAHL DER ÜBERWEISUNG

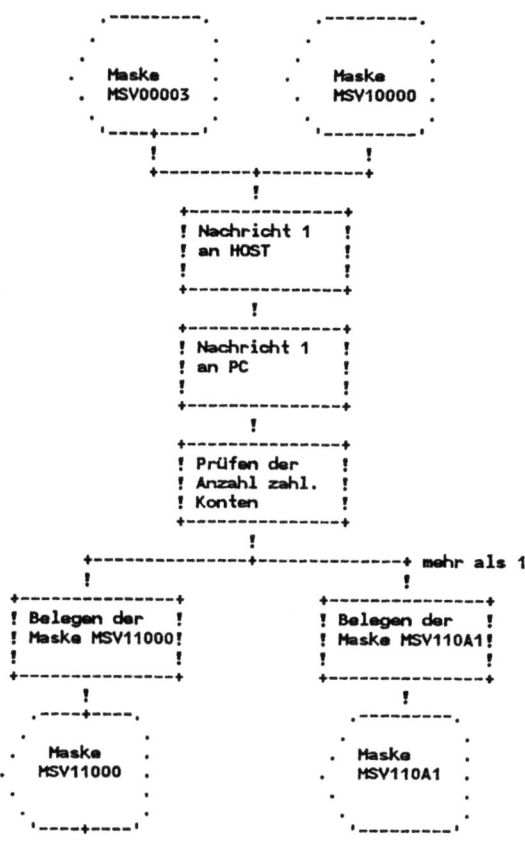

HYPO-BANK   HYPO-Service-Terminal   Systementwicklung

2.1.3.2.3 Masken-Aufbau

2.1.3.2.3.1 Maske MSV11000: Überweisung, Eingabe

```
    ----+----1----+----2----+----3----+----4----+----5----+----6
 1  ============================================================
 2    Überweisung                                     HYPO-Krone
 3  ============================================================
 4    Kontostand: H 12.345,12  Service-Terminal-Limit: 5.000,--
 5    ..........................................................
 6    . Empfänger: Name, Vorname/Firma                          .
 7    . _____                          .
 8    . Ktonr. des Empfängers         Bankleitzahl              .
 9    . _____               _____                   .
10    . bei: wird autom. eingesetzt                             .
11    .                              DM: _____  PF: __          .
12    . Verwendungszweck:                                       .
13    . _____                          .
14    . _____                          .
15    . Auftraggeber:          Ktonr. des Auftraggebers:        .
16    . Erika Mustermann       2510101793                       .
17    ..........................................................
18
19    ..........................................................
20            .              .              .
21    Dialog  .  Überweisung  .  Auftrag    .
22            .              .              .
23    beenden .  abbrechen   .  ausführen   .
24            .              .              .
    ----+----1----+----2----+----3----+----4----+----5----+----6


    Dialog beenden        ---->  Maske MSV0ENDE -> MSV00000
    Überweisung abbrechen ---->  Maske MSV10000
    Auftrag ausführen     ---->  Maske MSV11001 (korrekte Eingabe)
                          ---->  Maske MSV11000 (fehlerhafte Eingabe)
```


2.1.3.2.3.2 Maske MSV11001: Überweisung, endgültig ausführen

```
    ----+----1----+----2----+----3----+----4----+----5----+----6
 1  ============================================================
 2    Überweisung                                     HYPO-Krone
 3  ============================================================
 4    Kontostand: H 12.345,12  Service-Terminal-Limit: 5.000,--
 5    ..........................................................
 6    . Empfänger: Name, Vorname/Firma                          .
 7    . Klaus Maskendesigner                                    .
 8    . Ktonr. des Empfängers         Bankleitzahl              .
 9    . 1234567890                    70020001                  .
10    . bei: HYPO Bank München                                  .
11    .                              DM:    123  PF: 12         .
12    . Verwendungszweck:                                       .
13    . wg. Masken für Service-terminal                         .
14    . Rechnung vom 20. Mai 1988                               .
15    . Auftraggeber:          Ktonr. des Auftraggebers:        .
16    . Erika Mustermann       2510101793                       .
17    ..........................................................
18         OK? Dann bitte erneut Ihre Karte einführen!
19    ..........................................................
20            .              .              .
21    Dialog  .  Überweisung  .              .
22            .              .  korrigieren .
23    beenden .  abbrechen   .              .
24            .              .              .
    ----+----1----+----2----+----3----+----4----+----5----+----6


    Dialog beenden        ---->  Maske MSV0ENDE -> MSV00000
    Überweisung abbrechen ---->  Maske MSV10000
    korrigieren           ---->  Maske MSV11000
    Karte einführen       ---->  Maske MSV11002 (kein Fehler)
                          ---->  Maske MSV11004 (Fehler bei letzter Prü.)
```

Fachinhaltliche Verfahrensbeschreibung   63

Systemkonzept 277

HYPO-BANK HYPO-Service-Terminal Systementwicklung

2.1.3.3 Verarbeitung

Nachricht 1 an den HOST

Bei Anwahl der Funktion wird vom PC eine Nachricht an den HOST aufgebaut und gesendet:

Kurzbezeichnung	woher
Transaktions-Code	D505R01 bei Service-Terminal D505R02 bei Telephon-Banking
Uhrzeit am PC	Systemuhrzeit PC, Form HHMMSSTTT
Überweisungsdaten - Kontonummer	Kontonummer Auftraggeberkonto (Legitimations-Konto oder 'anderes Konto'
- Kontostand	blank
- Vorzeichen Kontost.	blank
- HYPO-Service-T-Limit	blank
- Bankleitzahl	blank
- Name Institut	blank
- Kontonummer Empf.	blank
- Name Empfänger	blank
- Überweisungsbetrag	blank
- Verwendungszweck 1	blank
- Verwendungszweck 2	blank
Fehlertabelle	blank
Kartendaten - Bankleitzahl	blank
- Kontonummer	blank
- Kartenfolge-Nummer	blank
- Verfalldatum/Karte	blank
KZ Karteneinzug	blank
Filial-Nummer Terminal-Nummer	Service-Terminal: Filialnummer Standort/Gerät Telephon-Banking: Kostenstelle Benutzer Terminal-Nummer
Legitimationskonto	Service-Terminal: Kontonummer aus Karte Telephon-Banking: Auftraggeber-Kontonummer
Name Kontoinhaber	blank

Fachinhaltliche Verfahrensbeschreibung

HYPO-BANK   HYPO-Service-Terminal   Systementwicklung

2.1.31.2 Übersicht

Funktion: Weiterverarbeitung der Statistik-Daten		Seite: 1 von 1
Eingabe	Verarbeitung	Ausgabe
Statistik-Daten	1. Auslesen des Bestandes	ausgelesene Statistik-Daten
	2. Initialisieren des Statistik-Bestandes	Statistik-DB
	3. Erstellen Liste Betragshöhe	Druckliste EDV 4562
ausgelesene Statistik-Daten	3. Sammeln der täglichen Statistik-Daten zu einem Monatsbestand	ausgelesene Statistikdaten, Monatsdatei
ausgelesene Statistik-Daten, Monatsdatei	4. Sortieren der Statistik-Daten	ausgelesene Statistik-Daten Monatsdatei sortiert
Parameterkarte	5. Prüfen der Parameterkarte	
sortierte Statistikdaten	6. Erstellen Liste Nutzung	Druckliste EDV 4560
ausgelesene Statistikdaten	8. Löschen der veralteten Statistikdaten	Statistikdatei, gelöscht

1. Eingaben

    • Parameterkarte mit Empfänger der Liste und Auswertungs-Monat

    • HYSV03P: Statistik-Datenbank Service-Terminal

    • SVSTAT : ausgelesene Statistik-Daten

2. Ausgaben

    • SVSTAT : ausgelesene Statistik-Daten

    • SV4560 : EDV 4560 Nutzung der Funktionen Service-Terminal

    • SV4562 : EDV 4562 Betragshöhe der Überweisung

Fachinhaltliche Verfahrensbeschreibung

Systemkonzept

HYPO-BANK HYPO-Service-Terminal Systementwicklung

2.1.31.2.1 Druckbildbeschreibung EDV-Liste 4560 Nutzung der Funktionen

Monatlich wird eine Liste über die Nutzung der einzelnen Funktionen erstellt. Innerhalb der Terminalnummer wird nach den einzelnen Funktionen sortiert. Ein Seitenvorschub wird bei Wechsel der Terminal- Nummer bzw. bei Wechsel der Funktion durchgeführt.

```
----+----1----+----2----+----3----+----4----+----5----+----6----+----7----+----8----+----9----+----0----+----1----+---;
NUTZUNG SERVICE-TERMINAL                      TT.MM.JJ                                    EMPFAENGER
FUNKTION: X-------------------------X TERMINAL-NUMMER: XXXXXXXX

       -1   -2   -3   -4   -5   -6   -7   -8   -9  -10  -11  -12  -13  -14  -15  -16  -17  -18  -19  -20  -21  -22  -23
TT
 1 XXXX XXXX XXXX XXXX XXXX XXXX XXXX XXXX XXXX XXXX XXXX XXXX XXXX XXXX XXXX XXXX XXXX XXXX XXXX XXXX XXXX XXXX XX
 2 XXXX XXXX XXXX XXXX XXXX XXXX XXXX XXXX XXXX XXXX XXXX XXXX XXXX XXXX XXXX XXXX XXXX XXXX XXXX XXXX XXXX XXXX XX
 3 XXXX XXXX XXXX XXXX XXXX XXXX XXXX XXXX XXXX XXXX XXXX XXXX XXXX XXXX XXXX XXXX XXXX XXXX XXXX XXXX XXXX XXXX XX
 4 XXXX XXXX XXXX XXXX XXXX XXXX XXXX XXXX XXXX XXXX XXXX XXXX XXXX XXXX XXXX XXXX XXXX XXXX XXXX XXXX XXXX XXXX XX
 5 XXXX XXXX XXXX XXXX XXXX XXXX XXXX XXXX XXXX XXXX XXXX XXXX XXXX XXXX XXXX XXXX XXXX XXXX XXXX XXXX XXXX XXXX XX
 6 XXXX XXXX XXXX XXXX XXXX XXXX XXXX XXXX XXXX XXXX XXXX XXXX XXXX XXXX XXXX XXXX XXXX XXXX XXXX XXXX XXXX XXXX XX
 7 XXXX XXXX XXXX XXXX XXXX XXXX XXXX XXXX XXXX XXXX XXXX XXXX XXXX XXXX XXXX XXXX XXXX XXXX XXXX XXXX XXXX XXXX XX
 8 XXXX XXXX XXXX XXXX XXXX XXXX XXXX XXXX XXXX XXXX XXXX XXXX XXXX XXXX XXXX XXXX XXXX XXXX XXXX XXXX XXXX XXXX X.
 9 XXXX XXXX XXXX XXXX XXXX XXXX XXXX XXXX XXXX XXXX XXXX XXXX XXXX XXXX XXXX XXXX XXXX XXXX XXXX XXXX XXXX XXXX XX
10 XXXX XXXX XXXX XXXX XXXX XXXX XXXX XXXX XXXX XXXX XXXX XXXX XXXX XXXX XXXX XXXX XXXX XXXX XXXX XXXX XXXX XXXX XX
 .
 .
 .
31 XXXX XXXX XXXX XXXX XXXX XXXX XXXX XXXX XXXX XXXX XXXX XXXX XXXX XXXX XXXX XXXX XXXX XXXX XXXX XXXX XXXX XXXX XX


    ABRUFE GESAMT                      :  X.XXX.XXX

    ABRUFE MIT EC-KARTE                :  X.XXX.XXX
    - DAVON ABRUFE KUNDEN EIGENE AS    :  X.XXX.XXX
    - DAVON ABRUFE KUNDEN FREMDE AS    :  X.XXX.XXX

    ABRUFE MIT SERVICE-KARTE           :  X.XXX.XXX
    - DAVON ABRUFE KUNDEN EIGENE AS    :  X.XXX.XXX
    - DAVON ABRUFE KUNDEN FREMDE AS    :  X.XXX.XXX


EDV 4560                                                                              BLATT-NR. ZZZ9
```

Fachinhaltliche Verfahrensbeschreibung

HYPO-BANK HYPO-Service-Terminal Systementwicklung

2.2 Übersicht der Arbeitsabläufe

Übersicht der Arbeitsabläufe

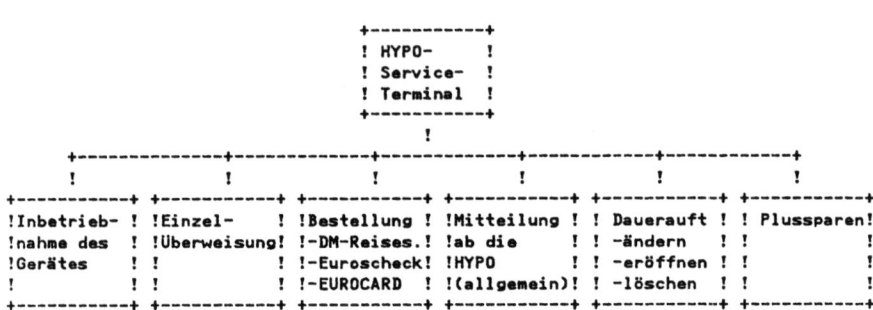

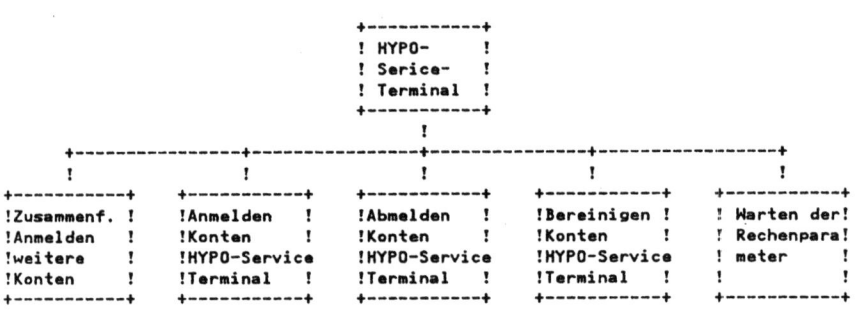

HYPO-BANK   HYPO-Service-Terminal   Systementwicklung

2.3 Mengengerüst

1. Überweisungen

   Die über das neue Gerät durchzuführenden Überweisungen wird stark von der Menge der installierten Geräte anhängen. Um dem Kunden einen Anreiz zu geben, wird mit Einführung des Systems NASA im Januar 1991 eventuell ein geringerer Preis erhoben. Es ist daran gedacht, den Preis pro Buchungsposten bei PNNR 6081 auf -.30 DM zu reduzieren.

   Eine Aussage über die Anzahl ausgeführter Überweisungen am HYPO-Service-Terminal kann z. Zt. nicht getroffen werden. Die Wirtschaftlichkeits-Berechnung geht davon aus, daß sich ein Gerät HYPO-Service-Terminal bei ca. 1500 Überweisungen pro Monat rentiert. Da eine Überweisung mit durchschnittlich 3 Transaktionen zu veranschlagen ist und die Installation von 26 Geräten (bis Ende 1990) geplant ist, kann man im günstigsten Fall von ca. 120.000 Transaktionen pro Monat = ca. 6000 Transaktionen pro Tag ausgegangen werden.

2. Depot-Abfrage

   Bei täglich ca. 500 Transaktionen Depot-Abfrage pro Tag und Gerät ist täglich mit ca. 13000 Transaktionen/pro Monat zu rechnen.

3. Daueraufträge

   Monatlich werden pro Gerät ca. 5 Dauerauftrags-Eröffnungen, Dauerauftrags-Änderungen und Dauerauftrags-Löschungen erwartet.

4. sonstige Funktionen

   In den Funktionen Überweisungen sowie Depotabfrage wird der Schwerpunkt gesehen. Die restlichen Funktionen werden sich wie folgt verhalten:

   - Übertrag Aktienkurse

     2 Transaktionen pro Tag/Gerät und Börsenplatz: 6760 Transaktionen/Monat

   - Übertrag Statistik-Sätze, Ausfall-Statistik-Sätze

     je 4 Transaktionen pro Tag/Gerät: 2704 Transaktionen/Monat

   - restliche Funktionen

     Bei 26 installierten Geräten kann mit ca. 130000 weiteren Transaktionen pro Monat gerechnet werden.

5. Listen-Mengen

   Einmal monatlich werden Statistiken über die Nutzung der Geräte erstellt (eine Seite pro Funktion und Gerät).

Fachinhaltliche Verfahrensbeschreibung

HYPO-BANK   HYPO-Service-Terminal   Systementwicklung

Als Arbeitsliste für die EDV wird das Ladeprotokoll der Datenbank HYSV05P täglich erstellt, das nach Kontrolle vernichtet werden kann.

Weitere Listen werden nicht erstellt.

6. Erstellung von Micro-Fichen

Pro Tag werden pro Buchungsschnitt je ein Fiche Ausgangsprotokoll HYPO-Service-Terminal' erstellt, auf dem die Überweisungsdaten protokolliert werden. Dieser Fiche dient in Reklamationsfällen zur Vereinfachung der Schadensbearbeitung.

Zusätzlich werden alle Bestellungen eines Tages protokolliert. Die Liste wird verfilmt und bei ZMA für Reklamationsfälle aufbewahrt.

2.4 Anforderungen an das System

2.4.1 Verarbeitungstermine

1. ONLINE-Zeiten des HYPO-Service-Terminal

    'rund um die Uhr'. In der Nacht von 1.00 Uhr bis etwa 2.00 Uhr sind die reinen ONLINE-Anwendungen

    - Überweisung
    - Depot-Abfrage
    - Konten-Informationen
    - Bestellungen
    - Mitteilungen
    - Plussparen
    - Daueraufträge
    - Rechenmodell Privatkredit

    nicht anwählbar.

2. Batch/BMP-Anwendungen

    - Weiterverarbeitung der Überweisungsaufträge

        Die Weiterverarbeitung der Überweisungsaufträge findet im Rahmen von EZUE gegen 12.30 Uhr , 16.30 Uhr sowie 19.00 Uhr statt.

Fachinhaltliche Verfahrensbeschreibung   530

Systemkonzept

HYPO-BANK　　　　　　　　　　HYPO-Service-Terminal　　　　　　　　Systementwicklung

- Verteilen von Nachrichten an das HYPO-Service-Terminal

  - Rechenparameter: gegen 9.00 Uhr

  - Aktien   : 14.30 Uhr sowie 17.30 Uhr

  - Ausfallstatistik-Sätze: alle 10 Minuten

  - Statistik-Sätze: 10.00 Uhr, 14.00 Uhr, 20.00 Uhr sowie 23.20 Uhr

- Auslesen der Mitteilungen an die HYPO

  Die Mitteilungen an die HYPO sind an die Verarbeitungstermine von BTX geknüpft. Die Mitteilungsdatenbank BTX wird zwischen 7.00 Uhr und 16.00 Uhr stündlich und einmal im Offline-Fenster ausgelesen.

- Drucken EDV4554

  Die Mitteilungen, die stündlich ausgelesen werden, werden pro Tag gesammelt. Nach dem letzten Auslese-Lauf pro Tag wird der Job 'Drucken EDV4554' gefahren.

- Laden der Datenbank HYSV01P (Aktien pro Börsenplatz)

  täglich im großen Offline-Fenster zwischen 1.00 Uhr und 2.00 Uhr

- Laden der Datenbank HYSV05P (Pseudo-Kontonummern)

  täglich im großen Offline-Fenster zwischen 1.00 Uhr und 2.00 Uhr

- Datenbank HYSV06P

  Die Datenbank wird einmalig initialisiert. Die Datenbank wird täglich im Offline-Fenster gesichert und reorganisiert.

- Datenbank HYSV07P/HYSV07Y1

  Die Datenbank wird einmalig initialisiert. Die Datenbank wird täglich im Offline-Fenster gesichert und reorganisiert.

- Auslesen der Statistik-Sätze

  täglich im Offline-Fenster

- Auslesen der Ausfall-Statistik-Sätze

  täglich im Offline-Fenster

- Drucken der Monatstatistiken

  einmal monatlich am 1. Arbeitstag des Folgemonats für den Auswertungszeitraum.

HYPO-BANK HYPO-Service-Terminal Systementwicklung

2.4.2 Antwortzeiten / Programmlaufzeiten

Das Programmlaufzeit-Verhalten ist als kritisch anzusehen. Die Bearbeitung der Funktionen des Service-Terminals sind Online-Anwendungen bei denen die max. Antwortzeit 3 Sekunden nicht überschreiten darf.

2.4.3 Qualitätsanforderungen

Neben den allgemein gültigen Qualitätsanforderungen werden an das System Service-Terminal folgende Anforderungen gestellt:

1. Benutzerfreundlichkeit

    - Die Online-Funktionen sind so ausgelegt, daß auch bei Bearbeitung mehrerer Funktionen der Zeitaufwand möglichst gering ist. So wird z.B. in der Start-Maske MSV00000 bereits die Anwahl der Funktion Überweisung angeboten, so daß der Kunde sofort in die gewünschte Funktion verzweigen kann, ohne sich durch Suchbäume tasten zu müssen.

      Da das HYPO-Service-Terminal das einzige Gerät ist, bei dem erst der Bildschirm berührt werden muß, bevor mit der Karte gearbeitet wird, wird die Anwendung so verfasst, daß das Einführen der Karte ohne vorangehende Berührung als Berührung des Feldes 'Kontoführung' interpretiert wird.

    - Bei allen aufgerufenen Seiten ist die Benutzerführung einheitlich gestaltet.

    - Die Fehlermeldungen sind aussagekräftig und verständlich. Das fehlerhafte Feld wird mit einem roten Stern markiert.

2. Wartungsfreundlichkeit

    - Variable, z. B. die Höchstgrenze des Überweisungsbetrags pro Tag werden in der technische Tabelle gespeichert, um größere bzw. häufige Programmänderungen zu vermeiden.

    - Fehlerbehandlung und Belegen der Fehlertexte werden durch Module abgehandelt.

    - Tabellen werden extern verwaltet, so daß die Änderung der Tabellen während des Tages erfolgen kann. Die neue Version der Tabelle steht dadurch allerdings erst am nächsten Tag für das Online-Geschäft zur Verfügung. Eine 'Online-Wartung' der Tabellen ist nicht erforderlich.

3. Verfügbarkeit

    Die Bestände KK-Dispo, Kartenbestand sowie Sperrbestand müssen ständig zur Verfügung stehen, da anhand dieser Bestände die Sicherheit der Selbst-Bedienungsgeräte erhöht wird.

Fachinhaltliche Verfahrensbeschreibung

Systemkonzept

HYPO-BANK　　　　　　　HYPO-Service-Terminal　　　　　Systementwicklung

3.0 Daten

3.1 Fachliche Datenbeschreibung

3.1.1 Entitätenmodell

3.1.1.1 Graphische Darstellung des Entitätenmodells

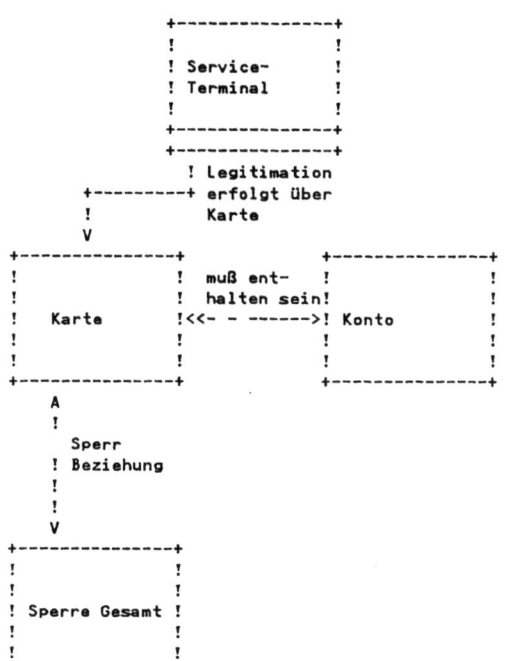

3.1.1.2 Entitätstypen

3.1.1.2.1 Karte

Entitätstyp			
Name : Karte			
Synonyme : Kartenbestand			
Entitätsschlüssel : Kontonummer, Kartenfolgenummer			
Definition : ! enthält alle Automatenkarten eigener Kunden dient zur/als - Bestellung neuer Automatenkarten - Abfrage, welche Karten für eine Kontonummer ausgegeben sind - Prüfung der Echtheit einer Karte an den SB-Geräten der HYPO - Basis für die Kartengroßerstellung von Automatenkarten - zur kartenbezogenen Limitprüfung an den SB-Geräten der HYPO - Grundlage für Auswertungen, Statistiken			
	Minimum	Durchschnitt	Maximum
Häufigkeit		700.000	1.000.000
Subtypen			
Name	Charakteristikum		
Bemerkungen : ! Neben den Daten, die für die Bestellung einer Karte notwendig sind enthält dieser Bestand alle Daten, die auf der Ebene Kontonummer/Kartenfolge-Nummer (Kartenbezogen) bei den SB-Anwendungen benötigt werden.			

siehe Satzstruktur: ECBEST

Daten

Systemkonzept

HYPO-BANK   HYPO-Service-Terminal   Systementwicklung

4.1 Zerlegung in Programme und Module

HYPO-Service-Terminal

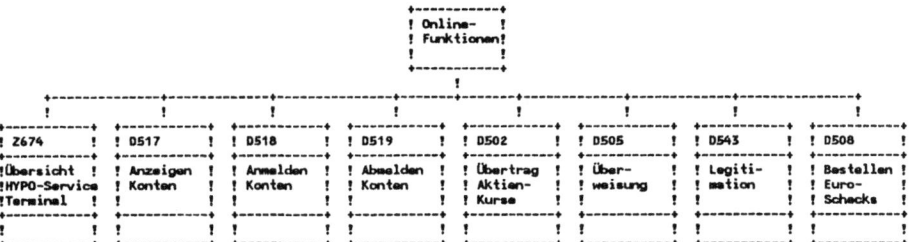

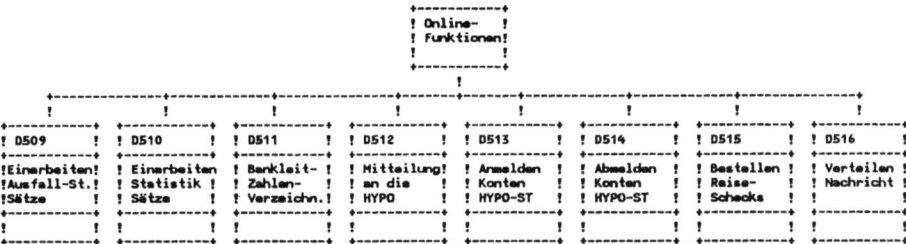

HYPO-BANK   HYPO-Service-Terminal   Systementwicklung

4.1.5 Programm: D5 SVUEBW 05 Einzel-Überweisung Service-Terminal

4.1.5.1 Programmkurzbeschreibung/Pseudocode

```
1/*        DIESES DOKUMENT WURDE ERSTELLT AM 07.09.93 UM 09:46       */
/*$APROGRAMMIDENTIFIKATION  *********************************/
/*                                                                   */
/*              P R O G R A M M I D E N T I F I K A T I O N          */
/*                                                                   */
/*******************************************************************/
/*                                                                   */
/*     PROGRAMMNAME          D5SVUEBW05                              */
/*                                                                   */
/*     PROGRAMMBEZEICHNUNG   UEBERWEISUNG SERVICE-TERMINAL           */
/*     (IM KLARTEXT)                                                 */
/*                                                                   */
/*     PROJEKTNAME           SERVICE-TERMINAL                        */
/*                                                                   */
/*     PROJEKTLEITER         FRAU HELFERICH                          */
/*                                                                   */
/*     ENTWICKLER            HERR KRIEGBAUM                          */
/*                                                                   */
/*$EPROGRAMMIDENTIFIKATION  *********************************/
1/*$APROBLEMBESCHREIBUNG    *********************************/
/*                                                                   */
/*              P R O B L E M B E S C H R E I B U N G                */
/*                                                                   */
/*******************************************************************/
/*                                                                   */
/*     ABLAUFSTEUERUNG FUER EINZELUEBERWEISUNG                       */
/*                                                                   */
/*     PRUEFUNG DER UEBERGEBENEN UEBERWEISUNGS-DATEN, BEI FEHLERFREIEN*/
/*     DATEN WIRD DIE AUSFUEHRUNG (DISPONIERUNG DER AUFTRAGGEBER-SEITE,*/
/*     EVTL. DISPONIERUNG DER EMPFAENGER-SEITE, ERSTELLEN EINES      */
/*     UEBERWEISUNGSSATZES, DER IM BATCH IN UVO-FORMAT UMGEWANDELT WIRD)*/
/*     ABGEHANDELT.                                                  */
/*     DIE TRANSAKTION D505R01 BEHANDELT DIE SERICE-TERMINAL-UEBER-  */
/*     WEISUNG, MIT DER TRANSAKTION D505R02 WERDEN DIE DATEN VON     */
/*     TELEPHON-BANKING BEARBEITET.                                  */
/*                                                                   */
/*$EPROBLEMBESCHREIBUNG   **********************************/
1/*$AAENDERUNGSDOKUMENTATION **********************************/
/*                                                                   */
/*              A E N D E R U N G S D O K U M E N T A T I O N        */
/*                                                                   */
/*******************************************************************/
/*                                                                   */
/*   NR   PROJEKT     PRODUKTVERANTW.   ENTWICKLER    AEND.DAT       */
/*   ------------------------------------------------------          */
/*                                                                   */
/*   001  SERVICE-    HELFERICH         HELFERICH     21.10.91       */
/*        TERMINAL                                                   */
/*        WEGEN GRUENDUNG DER H.S.B. -> AENDERUNG ECBEST             */
/*   002  SERVICE-    HELFERICH         HELFERICH     05.11.91       */
/*        TERMINAL                                                   */
/*        FORM-1-BEARBEITUNG                                         */
/*   003  SERVICE-    HELFERICH         HELFERICH     07.11.91       */
/*        TERMINAL                                                   */
```

Systemsbeschreibung

Systemkonzept

```
HYPO-BANK                    HYPO-Service-Terminal          Systementwicklung

   /*   MODDB2I      MODUL        UP_INITIALISIEREN              */
   /*                                                             */
   /*   MODDTBZ      MODULPL      AS_SVFUEBW_SERVICE             */
   /*                             AS_SVFUEBW_TELEPHON            */
   /*                             AS_UMSINFO_SERVICE             */
   /*                             AS_UMSINFO_TELEPHON            */
   /*                             FT_HYPOHYPO                    */
   /*                             PR_E_KTONR                     */
   /*                             VA_DISPONIER_HABEN             */
   /*                                                             */
   /*   MODECHS      MODULPL      PR_E_KTONR                     */
   /*                                                             */
   /*   MODECSA      MODULPL      FT_KARTENDATEN                 */
   /*                                                             */
   /*   MODFETCH                  *** STEUERUNG ***              */
   /*                             FT_KONTOINHABER                */
   /*                             FT_PRUEFEN_SPERRE_SPAR         */
   /*                             PR_E_KTONR                     */
   /*                             VA_BUCHEN_PLUSKONTO            */
   /*                                                             */
   /*   MODF501      MODULPL      FT_KONTOINHABER                */
   /*                                                             */
   /*   MODF518      MODUL        FT_KONTOINHABER                */
   /*                                                             */
   /*   MODIMSER     MODUL        FT_KONTOINHABER                */
   /*                             FT_PRUEFEN_SPERRE_SPAR         */
   /*                             PR_E_KTONR                     */
   /*                             VA_BUCHEN_PLUSKONTO            */
   /*                                                             */
   /*   MODS569      MODULPL      FT_PRUEFEN_SPERRE_SPAR         */
   /*                                                             */
   /*   MODS571      MODULPL      FT_PRUEFEN_SPERRE_SPAR         */
   /*                                                             */
   /*   MODS605      MODULPL      VA_BUCHEN_PLUSKONTO            */
   /*                                                             */
   /*   PLIDUMP                   *** STEUERUNG ***              */
   /*                                                             */
   /*   PLITDLI                   *** STEUERUNG ***              */
   /*                                                             */
   /*                                                             */
   /*         FUNKTIONS-PROZEDUREN SIND MIT -F- GEKENNZEICHNET   */
   /*              ENTRIES SIND MIT -E- GEKENNZEICHNET           */
   /*                                                             */
   /*$E UNTERPROGRAMM-UEBERSICHT ********************************/
  1/*$A**************************************************************/
   /**       A B L A U F L O G I K (STEUERUNG): D5SVUEBW05        **/
   /****************************************************************/
   /*                                                             */
   /* BEGINN STEUERUNG                                            */
   /* ! INIT-CALL AUFSETZEN                                       */
   /* ! CALL SVIMS  (' ',BDLISTATUS,GU,IOPCB,IN_MESSAGE,IN_MESSAGE,NULL,*/
   /* !             NULL,NULL)                                    */
   /* ! DO WHILE (IOPCB.STATUS ¬= QC)                             */
   /* ! ! CALL UP_INITIALISIEREN                                  */
   /* ! ! SELECT(IN_MESSAGE.TRANSAKTIONS-CODE)                    */
   /* ! ! ! WHEN('D505R01 ')                                      */
   /* ! ! ! ! IF GEHEIMZEICHEN NICHT KORREKT                      */
   /* ! ! ! ! THEN                                                */
   /* ! ! ! ! ! FEHLER_TABELLE(1) = 999                           */
   /* ! ! ! ! ! GOTO MSG_AUSGEBEN                                 */
   /* ! ! ! ! (ELSE)                                              */
```

4.2 Logischer JOB-Ablauf

4.2.1 Weiterverarbeitung der EZUE-Daten

4.2.1.1 Weiterverarbeitung der freigegebenen Aufträge EZUE und Service-Term.

4.2.1.1.1 Job-Ablauf

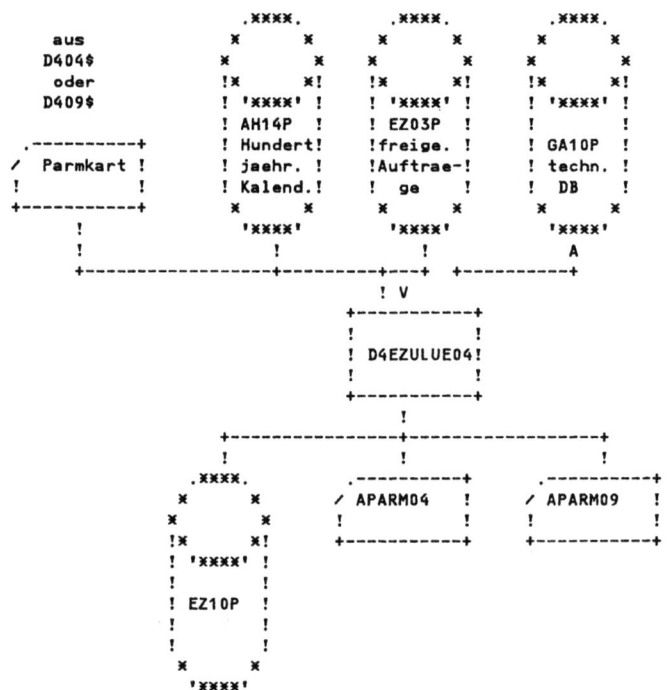

Systemkonzept

HYPO-BANK   HYPO-Service-Terminal   Systementwicklung

6.0 Systemumgebung

6.1 Integration in die bestehende EDV-Umgebung

1. Schnittstelle zum Kartenbestand

   Anhand des Kartenbestandes wird geprüft, ob eine Karte von der HYPO ausgegeben wurde oder nicht. Die Daten der letzten Nutzung HYPO-Service-Terminal werden in diesem Bestand festgehalten.

2. Schnittstelle Sperrenbestände

   - Einzug einer Karte

     Wird am HYPO-Service-Terminal eine Karte eingezogen, müssen
     - die Daten des Karteneinzugs im Kartenbestand belegt werden
     - ein Satz für den Tagesbestand Karten/Kartensicherheit erstellt werden.

     Diese Funktionen werden durch das GA-Programm C925$ durchgeführt.

   - 3 X PIN falsch - Eingabe am HYPO-Service-Terminal

     Wird am HYPO-Service-Terminal der 3. PIN-Fehlversuch durchgeführt, muß dieser Fehlversuch auf der Datenbank Kartensperren GA- Steuereinheit protokolliert werden, um zu verhindern, daß der GA weitere PIN-Fehlversuche zuläßt.

     Die entsprechenden Felder des Kartenbestandes sind zu modifizieren. Diese Funktionen werden durch das GA-Programm C925$ durchgeführt.

   - Löschung 3 X PIN falsch am HYPO-Service-Terminal

     Wird am HYPO-Service-Terminal eine Karte erneuert, muss auf der Datenbank Kartensperren GA-Steuereinheit der Satz Löschung 3 X PIN falsch gelöscht werden. Die entsprechenden Felder im Kartenbestand sind zu belegen. Diese Funktionen werden durch das GA-Programm C925$ durchgeführt.

3. Schnittstelle KK-Dispo

   Anhand des KK-Dispo-Bestandes werden Prüfungen durchgeführt. Bei der Ausführung einer Überweisung wird Auftraggeber sowie bei internen Überweisungen der Empfänger disponiert.

4. Schnittstelle Umsatz-Info-Datenbank

   Für jede bestätigte Überweisung wird eine Dispo-Vormerkung in die Umsatz-Info-Datenbank eingestellt.

   Anhand der Umsatz-Info-Datenbanken wird die Prüfung auf Scheck-e.V.-Summe durchgeführt.

5. Schnittstelle EZUE

HYPO-BANK   HYPO-Service-Terminal   Systementwicklung

7.0 Sicherheit und Datenschutz

7.1 Anforderungen an die Sicherheit

7.1.1 Zugriffsschutz

Bei Zugriff auf personenbezogene Daten am HYPO-Service-Terminal muß sich der Kunde mit seiner HYPO-ec-Karte bzw. HYPO-Service-Karte und PIN legitimieren. Analog der Anwendung GA ist das HYPO-Service-Terminal in das Sperrverfahren eingebunden. Gesperrte Karten werden am HYPO-Service-Terminal eingezogen.

Als zusätzlicher Schutz ist das HYPO-Service-Terminal mit CIM 86 ausgestattet. Mit Hilfe dieses Schutzmechanismus kann die Echtheit einer Karte geprüft werden. Fälschungen oder Duplikate werden erkannt und eingezogen.

Aus Sicherheitsgründen ist auch der Mitteilungsdienst legitimationspflichtig, um so vermeiden zu können, daß z.B. Drohungen von Unbekannten der HYPO gegenüber ausgesprochen werden.

Die PIN-Prüfung erfolgt auf HOST-Seite. Daher müssen keine Schlüssel auf dem Gerät Service-Terminal gespeichert werden, die die Errechnung der PIN zulassen würden. Um die PIN auf Leitung nicht 'abhören' zu können, wird die PIN verschlüsselt über die Leitung gesendet.

Die 3270-Anwendung 'zusammengeführte Konten für HYPO-Service-Terminal' ist in das System Dialog Manager integriert. (Berechtigungsstufe 1: Legitimation durch MA erforderlich).

7.1.2 Betriebssicherheit

Alle Datenbestände, auf die das HYPO-Service-Terminal zugreift, sind nahezu rund um die Uhr verfügbar zu halten.

Das Projekt HYPO-Service-Terminal verwaltet 7 eigene Datenbanken:

- HYSV01P: Wertpapier-Kennummer pro Börsenplatz

    Diese Datenbank wird täglich neu erstellt. Bei Problemen im Rechenzentrum kann diese Datenbank anhand einer Batch-Datei wieder hergestellt werden.

- HYSV02P: Sessiongedächtnis

    Diese Datenbank wird für die Kommunikation Hypo-Service-Terminal <-> GA benötigt. Bei Problemen kann die Datenbank initialisiert werden.

- HYSV03P: Statistik-Datenbank

    Diese Datenbank wird täglich ausgelesen, der Batchbestand wird für eine Monatsstatistik fortgeschrieben. Im Offline-Fenster wird die Datenbank initialisiert. Bei Problemen mit der Datenbank kann notfalls auf die Fortschreibung der Statistikdaten verzichtet werden, wenn eine Recovery nicht mehr möglich ist. Die Datenbank wird täglich nach Online gesichert.

Sicherheit und Datenschutz

Entwicklungsdokumentation: Projektabschluß

H Y P O B A N K	A B S C H L U S S - B E R I C H T HYPO-Service-Terminal, Stufe 2	Blatt: 1 Datum: 27.11.90

```
Projekt         HYPO-Service-Terminal
Projektnummer        SB01
```

Verteiler:

Herr Dr. Ermann	PKG-VA
Herr Dr. Moll	O/EDV
Herr Münstermann	U
Herr Schmitt	AF/V
Herr Ziegler	O/ORG
Herr Pafenzinger	O/TZ
Herr Dr. Szantyr	RW
Herr Dr. Borchert	O/EDV-PSK

Projektgruppe HYPO-Service-Terminal

Herr Ahlstich	/ O/ORG-OS1	(teilweise)
Frau Finsterwalder	/ O/ORG-RAT	(teilweise)
Frau Helferich	/ O/EDV-AE1	Projektleiter
Herr Harnischmacher	/ O/EDV-AE1	
Herr Körner	/ PGK-V	(teilweise)
Frau Sattler	/ O/EDV-AE1	(teilweise)
Frau Wölfel	/ ZMA	
Frau Wolf	/ O/ORG-OS1	(teilweise)

München, den 27.11.90

......*[Unterschrift]*......   ......*[Unterschrift]*......
Benutzerbeauftragter   Projektleiter

FORM 20   Ablage: Entwicklungs-Dokumentation

HYPO BANK	ABSCHLUSS-BERICHT HYPO-Service-Terminal, Stufe 2	Blatt: 2 Datum: 27.11.90

1.1. Projekt-Ursache

Nach erfolgreicher Einführung der Stufe 1 des HYPO-Service-Terminals, in der Erfahrungen mit Hard- sowie Software gemacht werden konnten, wurde die Stufe 2 aufgesetzt, um die Anwendungspalette des HYPO-Service-Terminals um weitere routinemäßige Bankdienstleistungen für den SB-Service zu ergänzen.

1.2. Ziele des Projektes

Nach Einführung der Stufe 2 umfaßt das HYPO-Service-Terminal folgende Funktionen:

- Überweisung vom Legitimationskonto

- Konteninformation (Stufe 2)

    Für alle vom Kunden angemeldeten Konten werden entsprechend der Kontoart aussagenkräftige Informationen zum Konto angezeigt. Auf Wunsch kann der Kunde diese Informationen drucken.

- Depot (Stufe 2)

    Hat der Kunde mehrere Depots, wird eine Auswahlmaske angezeigt, in der der Kunde das gewünschte Depot auswählen kann.

- Produktinformation mit Kaufauftrag (Stufe 2)

    − Bonussparen Einmalvertrag

    − Bonussparen Ratenvertrag

    − Sparbrief (b.a.w zurückgestellt, siehe Punkt 1.4)

- Bestellungen (Stufe 2)

    − Euro-Cheques

    − DM-Reiseschecks

    − Kartenantrag für Eurocard bzw. Eurocard Gold

- Mitteilungen

    − weitere Konten anmelden (Stufe 2)

    − Konten abmelden (Stufe 2)

    − Mitteilung an die HYPO

HYPO BANK	ABSCHLUSS-BERICHT HYPO-Service-Terminal, Stufe 2	Blatt: 3 Datum: 27.11.90

- Anzeige Aktienkurse

    Neben den Börsenplätzen Frankfurt und München wurde in der Stufe 2 die Anzeige ausgewählter Kurse der Börsenplätze Hamburg, Hannover sowie Berlin realisiert.

- weitere Services

    — Rechenmodell Privatkredit

    — Rechenmodell Bonussparen Einmalvertrag (Stufe 2)

    — Rechenmodell Bonussparen Ratenvertrag (Stufe 2)

Aktienkurse sowie 'weitere Services' sind reine Offline-Funktionen.

Die kontenbezogenen Anwendungen unterliegen der Legitimationspflicht. Diese Anwendungen sind ausschließlich für Kunden der HYPO-Bank anwählbar und können nur bei HOST-ONLINE-Situationen durchgeführt werden.

Neben den oben aufgeführten Funktionen wurde im Rahmen der Stufe 2 die gesamte Ausfallstatistik für das HYPO-Service-Terminal an die neue Ausfallstatistik für Selbstbedienungsgeräte der HYPO-Bank angepaßt.

Da die Anwendung HYPO-Service-Terminal durch die Realisierung der Stufe 2 sehr umfangreich wurde, mußte das PC-Programm in Teile zerlegt werden. Bei Anwahl der gewünschten Funktion durch den Kunden wird der benötigte Programmteil geladen.

1.3. Abgrenzung

Im Rahmen der Stufe 2 sollte die Anbindung des Gerätes HYPO-Service-Terminal an NM (Network Monitor) erfolgen. Da im Bereich GA Probleme mit NM auftreten und die für die Realisierung der Anbindung benötigten IBM-Kapazitäten mit der Fehlerbehebung gebunden sind, kann die Anbindung des HYPO-Service-Terminal an NM nur im Rahmen der Wartung durchgeführt werden.

H Y P O B A N K	A B S C H L U S S - B E R I C H T HYPO-Service-Terminal, Stufe 2	Blatt: 4 Datum: 27.11.90

1.4. Abweichungen

Die Produktinformation Sparbrief mit Kaufauftrag wurde für die Auslieferung an die AS aus dem Programm entfernt. Wegen der Änderung der Sparbrief-Typenbezeichnung sind vorab Änderungen in BTX-Programmen erforderlich. Da das HYPO-Service-Terminal auf die Datenbank des HYPO-BTX-Systems zugreift, entsteht eine entsprechende Abhängigkeit.

2.0. Erfahrungen bei der Einführung/Pilotphase im HYPO-Haus

Die Stufe 2 wurde am 18.10.1990 auf dem Gerät in der Z2 installiert. Offizieller Start des Praxistests für Mitarbeiter war der 22.10.1990. Hierzu ging an alle Mitarbeiter der Z2 und Z3 eine Aufforderung, die neuen Funktionen zu 'testen'. Dieser Test wurde analog der Einführung der Stufe 1 von einer Fragebogen-Aktion begleitet. In den ersten 2 Wochen des Mitarbeitertests fungierten Mitglieder des Projektteams als 'Hostessen', um die Kollegen auf die neuen Funktionen hinzuweisen.

Da der Einsatz sowie der Mitarbeitertest problemlos verlief, wurde Anfang November zusätzlich das Gerät HYPO-Service-Terminal am Herkomerplatz auf die Stufe 2 umgerüstet. Hier stand die technische Stabilität des Gerätes im Vordergrund, nicht die Kundenakzeptanz.

Die Fragebogen-Aktion ist mittlerweile abgeschlossen, aus 88 Fragebogen konnten Anregungen gewonnen werden.

Als Nachbesserungen wurden

- ein Schlagwortverzeichnis auf der Hauptübersicht
- eine 'Abschiedsseite' bei Drücken des Feldes 'Dialog beenden'
- sowie eine Erleichterung bei der Funktion 'weitere Konten anmelden'

durchgeführt.

Der Einsatz der Stufe 2 auf den bereits in den AS installierten HYPO-Service-Terminals erfolgt ab 03.12.1990. Die betroffenen AS sind inzwischen mit den überarbeiteten Informationsunterlagen ausgestattet.

H Y P O B A N K	A B S C H L U S S B E R I C H T HYPO-Service-Terminal, Stufe 2	Blatt: 5 Datum: 27.11.90

3.0. Ausblick

Mit Einführung von NASA im Januar 1991 ist es möglich, eine differenzierte Preispolitik zu betreiben. Für Überweisungen, die der Kunde selbst am HYPO-Service-Terminal durchführt, zahlt der Kunde ab 01.01.1991 ca. 50 % weniger als für eine herkömmlich durchgeführte Überweisung, also DM 0.30.

In einer Direkt-Marketing-Aktion Ende Januar/Anfang Februar 1991 werden alle GA-Kunden (ca. 15000) der 20 AS, die mit einem HYPO-Service-Terminal ausgestattet sind, angeschrieben und auf die Vorteile des neuen Services aufmerksam gemacht. Diese Aktion wird in den AS durch einen 'Hostess'-Einsatz begleitet.

WIRTSCHAFTLICHKEIT

HYPO BANK	WIRTSCHAFTLICHKEIT HYPO-Service-Terminal, Stufe 2		Blatt: 7 Datum: 27.11.90	
Projektname: HYPO-Service-Terminal		Projektleiter: Frau Helferich, O/EDV-AE1		
Projektphase: Abschluß der Stufe 2		Projekt-Nummer: SB01		Team: ZMA/PKG/EDV/ORG
NUTZEN p.a.		Spezifikation		Beträge in DM
1	Entfallende Hardware			
2	Personal	Einsparung: 5,40 MAK		545.454.--
3	Material-Nutzen	siehe Anlage		
4	Info-Nutzen			
5	Zusätzlicher Ertrag			?
6	Sonstiger Nutzen	siehe Anlage		
	Summe Nutzen p.a. (übertragen auf FORM 2)		Von O/ORG-RAT überprüft: Ja	545.454.--
AUFWAND p.a.				
7	Hardware außerhalb RZ	20 HYPO-Service-Terminals (AS)		210.000.-
8	Hardware im RZ	Leitungskosten + Kosten RZ		84.000.-
9	Material	siehe Anlage		
10	Wartung	%-Satz Anwendungssystem neu = 3		14.190.--
11	Personal	siehe Anlage		14.140.--
12	sonstiger Aufwand	siehe Anlage		20.000.--
	Summe Aufwand p.a. (übertragen auf FORM 2)			342.330.--
ENTWICKLUNGSAUFWAND		in Mann-Monaten		
13	Voruntersuchung	--		
14	Fachkonzeption	6.5 MM		143.000.--
15 16	Systemkonzeption ---+ Programmentwicklung ---+	8.5 MM		187.000.--
17	Benutzerorganisation	3.0 MM		66.000.--
18	Einführung	1,0 MM		22.000.--
19	Systemtest/Parallelläufe			
20	Schulung	siehe Anlage		
21	Anpassen anderer Systeme	siehe Anlage		
22	Fremd-Software	siehe Anlage		
	Summe Entwicklungsaufwand (übertragen auf FORM 2) 19.00 MM			429.000.--
KAPITALRÜCKFLUSS (ROI)		Berechnungsgrößen	Beträge in DM	R O I
23	Kapitalrückfluß- Kennziffer 1 (ROI - 1) Amortisationsdauer	$\frac{\text{Summe Entwicklungsaufwand}}{\text{Nettonutzen p.a.}}$	$\frac{429.000.--}{203.120.--}$	2.11 .... (Jahre)
24	Kapitalrückfluß- Kennziffer 2 (ROI - 2) Nutzenfaktor	$\frac{\text{Nettonutzen p.a. * Nutzungsdauer}}{\text{Summe Entwicklungsaufwand}}$ ./. 1	$\frac{203.120.-- * 7}{429.000.--}$ ./. 1	2.33
25	Nutzungsdauer	7 Jahre		
Bemerkung ROI 2: Jede 1,-- DM Entwicklungsaufwand bringt (nach Deckung des Entwicklungsaufwands) über die gesamte Nutzungsdauer des Anwendungssystems x,- DM Nutzen für die Bank				
FORM 4	Anlage zum Projektantrag / zur Phasenfreigabe FORM 2 (später Entwicklungs-Dokumentation)			

Entwicklungsdokumentation: Function-Points-Schätzung

Projekt Service-Terminal				Phase Fachkonzept			Datum 10.8.90		
Bewertung von Eingaben, Ausgaben und Abfragen							Seite 1		
Teilfunktion	Eingaben			Ausgaben			Abfragen		
(Kapitel im FK)	einfach	mittel	komplex	einfach	mittel	komplex	einfach	mittel	komplex
Legitimation		x							
Überweisung		x				x			
BLZ-Verzeichnis		x			x				
Konteninformation			x		x				
Bestellung DM-Reiseschecks								x	
Bestellung Euroschecks								x	
Bestellung HYPO-EUROCARD		x			x				
Anmelden weiterer Konten		x			x				
Abmelden weiterer Konten		x			x				
Plussparen Nachträge			x			x			
Plussparen Einzahlung			x			x			
Plussparen Auszahlung			x		x				
Dauerauftrag anzeigen		x				x			
Dauerauftrag eröffnen			x			x			
Dauerauftrag ändern			x			x			
Dauerauftrag löschen		x			x				
Weiterverarbeit. Überweisungen		x		x					
Protokoll Daueraufträge	x				x				
Protokoll Plussparen	x				x				
Verteilen asynchr Nachrichten	x					x			
PIN-Berechnung			x			x			
Scheckausgabe			x			x			
Protokoll Scheckausgabe	x					x			
Liste zusammengef Konten			x		x				
Summe	4	9	9	1	11	10		2	

Projekt Service-Terminal	Phase Fachkonzept	Datum 10.8.90
	Bewertung von Datenbeständen	

Datenbestand / logische Datengruppe	einfach	mittel	komplex
KUNDBAS AD Adresse	x		
KUNDBAS KT Konto	x		
KUNDBAS PA Partner	x		
KUNDBAS PA Kunde	x		
KUNDBAS PA Postempfänger	x		
Bankleitzahlen-DB	x		
ALLTAB (OE Benutzer, OE Außenstelle, OE Orgeinheit)	x		
KK-Dispo		x	
Depot-Bestände Wertpapier		x	
Dauerauftrags-Bestand		x	
Bestand Mitteilungen		x	
Umsatz-Info-Bestände		x	
Karten-/Sperrenbestände		x	
Sparbestände		x	
zusammengeführte Konten		x	
Datei für Postenstatistik		x	
Datei für Stammdatenänderungen		x	
Kumulationsbestand für Statistiken		x	
Bestände für Abfragen - Privatkredit - Fremdwährung - Wechsel-Obligo - Darbis	x x x x		
Summe	12	10	

Entwicklungsdokumentation: Function-Points-Schätzung 301

Bewertung nach Function-Point	Projekt Service-Terminal

Geschäftsvorfälle

Eingabedaten	4	einfach x 3	=	12	
	9	mittel X 4	=	36	
	9	komplex X 6	=	36	
Ausgabedaten	1	einfach x 4	=	4	
	11	mittel X 5	=	55	
	10	komplex X 7	=	70	
Datenbestände	12	einfach x 7	=	84	
	10	mittel X 10	=	100	
		komplex X 15	=		
Abfragen		einfach x 3	=		
	2	mittel X 4	=	8	
		komplex X 6	=		
Summe der unbewerteten Function-Points			E1 =	405	

Einflußfaktoren

1. Schnittstellen mit anderen Anwendungen (KK-Dispo, KUNDBAS, BABSY, KAD, BdZ...)	= 4
2. DDP-Konzept	= 0
3. Transaktionsrate	= 3
4. Verarbeitungslogik	
o Rechenoperationen	= 1
o Kontrollverfahren	= 3
o Ausnahmeregelungen	= 1
o Logik (Batch-Verarbeitung, KUNDBAS-Zugriffe)	= 4
5. Wiederverwendung in anderen Anwendungen	= 1
6. Datenbestands-Konvertierung	= 3
7. Benutzerbedienung	= 1
Summe der 7 Einflußfaktoren E2 =	21
Faktor Einflußgrad = 0,70 + (0,01 x E2) E3 =	0,91

Bewertete Function Points: E1 x E3: 405 X 0,91 = 368,55

Geschätzter Entwicklungsaufwand	= 30 MM

HYPO-Service-Terminal - HYPO-Service-Terminal - HYPO-Service-Terminal - HYPO-Service-Terminal

Inhalt

1. Das HYPO-Service-Terminal. Warum?
1.1 Erweiterung des Tag & Nacht-Services
1.2 Führende Marktstellung in Deutschland
1.3 Abhebung von Wettbewerber-Angeboten
1.4 Dem Imageanspruch gerecht werden

2. Was kann das HYPO-Service-Terminal und wer kann es nutzen?
2.1 Anwendungen nur für HYPO-Kunden
2.2 Anwendungen für alle Interessenten

3. Wie wird das HYPO-Service-Terminal bedient?
3.1 Wie kommt man in das Konto?
3.2 Wie wird eine Überweisung durchgeführt?
3.3 Wie kann man sich interessante Angaben ausdrucken lassen?
3.4 Wie wird eine andere Anwendung ausgewählt?
3.5 Wie wird das Konto verlassen?

4. Welche internen Hintergrundinformationen zu den Service-Anwendungen sind für Sie wichtig?
4.1 Bankleitzahlen-Verzeichnis
4.2 Handhabung des Mitteilungs-Services
4.3 Aktualität der Depot-Kurswerte
4.4 Verfügbarkeit
4.5 Überweisungen

5. Welche Vorteile hat die HYPO-Bank?
5.1 Einsparungen im Zahlungsverkehr
5.2 Abbau von Routinetätigkeiten
5.3 Belegloser Zahlungsverkehr
5.4 Wettbewerbsfähigkeit
5.5 Führende Marktstellung/Imageeffekt
5.6 Ausbau des Vertriebsweges

6. Warum sollen Sie selbst das HYPO-Service-Terminal nutzen?

7. Wer ist die Hauptzielgruppe für das HYPO-Service-Terminal?

8. Welche Vorteile hat der Kunde?
8.1 Mobilität und Unabhängigkeit
8.2 Schnelligkeit
8.3 Aktualität
8.4 Komfort und Bequemlichkeit
8.5 Zusätzlicher Service ohne zusätzliche Kosten

HYPO-Service-Terminal - HYPO-Service-Terminal - HYPO-Service-Terminal - HYPO-Service-Terminal

Inhalt

9. Wie gewinnen Sie den Kunden für das HYPO-Service-Terminal?
9.1 Zeigen ist besser als reden!
9.2 Geben Sie es Ihrem Kunden schwarz auf weiß!
9.3 Gezielte Kundenansprache bei Praxissituationen

10. Welche Fragen könnte der Kunde an Sie stellen?

11. Was bietet das HYPO-Service-Terminal in der Zukunft?
11.1 Welche Anwendungen wünscht sich der Kunde?
11.2 Welche Anwendungen werden weiterentwickelt?

12. Wie sieht das technische und organisatorische Umfeld des Gerätes aus?
12.1 Erstinstallation
12.2 Bedienungsanleitung des Gerätes IBM 4737
12.3 Wartung
12.4 Störungen
12.5 Sonstiges
12.6 Reinigung des Bildschirmes

Anhang: * Mustertext für Mitarbeiterbrief
 * Bedienungsanleitung für das Gerät IBM 4737

Bayerische Hypotheken- und Wechsel-Bank AG

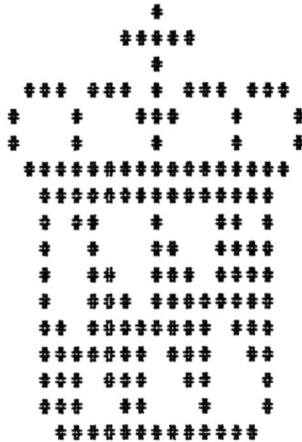

E D V - H A N D B U C H

```
   SSSS        VV   VV
  SSSSSS       VV   VV
 SS    SS      VV   VV
 SS            VV   VV
   SSSS         VV VV
      SS        VV VV
 SS    SS        VVVV
  SSSSSS          VV
   SSSS           VV
```

SERVICE-TERMINAL/KAD

KAPITEL   55

Ausdruck vom: 16.09.91
Version vom: 16.09.91

Autor:

Herr Lehner
O/ORG-OS1-SG1
4237

E D V - H A N D B U C H	55	Inhaltsverzeichnis	i
16.09.91	Kapitel	Abschnitt	Seite

Inhaltsverzeichnis

```
1.0   FACHLICHE DETAILS  . . . . . . . . . . . . . . . . . . . . . . . . . . 1
1.1   Kurzbeschreibung . . . . . . . . . . . . . . . . . . . . . . . . . . . 1
1.2   Maskenbaum . . . . . . . . . . . . . . . . . . . . . . . . . . . . . . 1
1.3   Begriffsdefinitionen . . . . . . . . . . . . . . . . . . . . . . . . . 1
1.4   Ordnungsbegriffe . . . . . . . . . . . . . . . . . . . . . . . . . . . 1
1.5   Abkürzungen . . . . . . . . . . . . . . . . . . . . . . . . . . . . . . 1
1.6   Bearbeitungsbeispiele  . . . . . . . . . . . . . . . . . . . . . . . . 1

2.0   HANDHABUNG . . . . . . . . . . . . . . . . . . . . . . . . . . . . . . 2
2.1   Belegung der verwendeten F-Tasten  . . . . . . . . . . . . . . . . . . 2
2.2   Besonderheiten der Handhabung  . . . . . . . . . . . . . . . . . . . . 4
2.2.1   Berechtigungen . . . . . . . . . . . . . . . . . . . . . . . . . . . 4
2.3   Verbindung zu anderen Systemen . . . . . . . . . . . . . . . . . . . . 4

3.0   MASKEN . . . . . . . . . . . . . . . . . . . . . . . . . . . . . . . . 5
3.1   SV000   &mabesch  . . . . . . . . . . . . . . . . . . . . . . . . . . . 5
3.2   SV111   SV - Anzeigen Konten HYPO-Service-Terminal/KAD . . . . . . . .  6
3.3   SV112   SV -Anzeigen Konten HYPO-Service-Terminal/KAD  . . . . . . . .  7
3.4   SV113   SV - Anzeigen Konten HYPO-Service-Terminal/KAD . . . . . . . .  8
3.5   SV115   Anzeigen Konten HYPO-Service-Terminal . . . . . . . . . . . .  9
3.6   SV211   SV - Anmelden Konten HYPO-Service-Terminal/KAD . . . . . . . . 10
3.7   SV212   SV - Anmelden Konten HYPO-Service-Terminal/KAD . . . . . . . . 11
3.8   SV213   SV - Amelden Konten HYPO-Service-Terminal/KAD  . . . . . . . . 12
3.9   SV311   SV - Abmelden Konten HYPO-Service-Terminal/KAD . . . . . . . . 14
3.10  SV312   SV -Abmelden Konten HYPO-Service-Terminal/KAD  . . . . . . . . 15
3.11  SV313   SV - Abmelden Konten HYPO-Service-Terminal/KAD . . . . . . . . 16
3.12  SV411   SV - Bereinigen Konten Zusammenführung ST/KAD  . . . . . . . . 17
3.13  SV412   SV - Bereinigen Konten Zuzsammenführung ST/KAD . . . . . . . . 18
3.14  SV999   SV - Bearbeiten Konten Hypo-Service Terminal/KAD . . . . . . . 19

4.0   FELDER . . . . . . . . . . . . . . . . . . . . . . . . . . . . . . . . 20
4.1   Aktion . . . . . . . . . . . . . . . . . . . . . . . . . . . . . . . . 20
4.2   Kto aus Zusfg.18 . . . . . . . . . . . . . . . . . . . . . . . . . . . 21
4.3   Bearb.Hinweis  . . . . . . . . . . . . . . . . . . . . . . . . . . . . 22
4.4   Benutzer-Kennung . . . . . . . . . . . . . . . . . . . . . . . . . . . 23
4.5   Karten-Folge-Nr  . . . . . . . . . . . . . . . . . . . . . . . . . . . 24
4.6   Kartenart  . . . . . . . . . . . . . . . . . . . . . . . . . . . . . . 25
4.7   Karteninhaber  . . . . . . . . . . . . . . . . . . . . . . . . . . . . 26
4.8   Kartennummer . . . . . . . . . . . . . . . . . . . . . . . . . . . . . 27
4.9   Kartentechnik  . . . . . . . . . . . . . . . . . . . . . . . . . . . . 28
4.10  Kontoart . . . . . . . . . . . . . . . . . . . . . . . . . . . . . . . 29
4.11  Kontonummer  . . . . . . . . . . . . . . . . . . . . . . . . . . . . . 30
4.12  Kontonummer  . . . . . . . . . . . . . . . . . . . . . . . . . . . . . 31
4.13  Status . . . . . . . . . . . . . . . . . . . . . . . . . . . . . . . . 32

5.0   NACHRICHTEN  . . . . . . . . . . . . . . . . . . . . . . . . . . . . . 33

Anhang

A.0   STICHWORTVERZEICHNIS . . . . . . . . . . . . . . . . . . . . . INDEX-1
```

H A U S B R I E F

```
Absender(AS/Z/Büro)   Bearbeitet/Telefon   Ihr Schr.v./Zeichen   Datum
ZMA                   Wölfel/Ra/4363                             03.05.90
```

Empfänger/Verteiler

```
über L/441 Herzogpark, Herrn Dr. Koob    z.K.: Frauen Helferich,   O/EDV-AE 1
an   Frauen Siess                              Schefthaler,        O/ORG-OS 1
            Kutschke                           Sattler,            O/ORG-OS 1
            Wider                        Herrn Körner,             PKG/V
     Herrn Gressmann
```

Einladung

Sie wurden uns von Ihrem Vorgesetzten als künftiger Ansprechpartner Ihrer Zweigstelle für den neuen Tag & Nacht-Service, das HYPO-Service-Terminal, genannt.

Mit dem HYPO-Service-Terminal sind wir in Deutschland eines der ersten Kreditinstitute, welches einen derartigen Selbstbedienungs-Service - neben Geldausgabe und Kontoauszügen - bietet.

Ihre Aufgabe wird es sein, die kundenorientierte Multiplikatorenfunktion in Ihrem Kollegenkreis zu übernehmen bzw. für technische Fragen zuständig zu sein.

Der Termin Ihrer Information/Schulung ist

    am 9. Mai 1990
    von 13.00 Uhr bis 17.00 Uhr
    im HYPO-Haus, 2. OG, Raum 2 B (Ludwigshafen)

Die Projektgruppe informiert Sie eingehend über die Inhalte der Service-Anwendungen, die technische Handhabung, die organisatorischen Hintergründe und die Vorteile für den Kunden. Darüber hinaus werden Sie sich überzeugen können, wie einfach das HYPO-Service-Terminal zu bedienen ist.

Eine Vorbereitung zu dieser Inforunde ist nicht erforderlich. Wir freuen uns über Ihre Teilnahme und wünschen Ihnen viel Spaß mit dem neuen HYPO-Service-Terminal.

(Dr. Brigitte Thamm)   (Elisabeth Wölfel)

Begleitende Direkt-Marketing-Aktion
für die Einführung des HYPO-Service-Terminals

HYPO BANK

Ansprechpartner

Frau Jahn , PKG/V Tel. 4402
Frau Cohnen, PKG/V Tel. 4404
Herr Körner , PKG/V Tel. 4393
Frau Wölfel , ZMA Tel. 4363

Zielgruppe dieser Aktion:

Alle HYPO-ec und -Servicekarten-Inhaber, die bereits den Geldautomaten nutzen.

Kurzbeschreibung

Angesprochene Zielgruppe der HYPO-Service-Terminal-AS erhält im Rahmen der Neueinführung den Brief: "Was Sie mit der HYPO-ec oder HYPO-Servicekarte jetzt alles machen können." (siehe Anlage 1) mit Prospekt.
Die Adressmaterialbeschaffung (EDV-Auswertung) übernimmt die Zentrale.
Das Erstellen und der Versand der Mailings erfolgt durch eine externe Agentur, Veranlassung erfolgt ebenfalls durch die Zentrale.

Zur Unterstützung empfehlen wir den Einsatz von Hostessen am Gerät:
Über einen Zeitraum von ca. 2 Wochen nach dem Versand der Briefe steht ein MA (möglich ist auch der Einsatz von externen MA, z.B. Studenten) zur Erklärung der Funktionen am Gerät bereit.

Ziel der Aktion

- Heranführung der Kunden an den neuen Service.
- Akzeptanzsteigerung und Imageförderung unseres Tag&Nacht Service.

Empfohlener Zeitraum / Dauer

Frühestens 2 Wochen nach Installation des Gerätes, um die Funktionstüchtigkeit zu gewährleisten.
Ein späterer Zeitpunkt ist ebenfalls möglich.

Dauer: Ca. 2 Wochen.
Möglichst 1 Woche vor und 1 Woche nach dem Monatsultimo.
Der Versand des Briefes sollte an einem Donnerstag erfolgen, der möglicherweise geplante Einsatz von Hostessen ab dem darauffolgendem Montag.

Anlage 1

Musterfiliale
Musterstraße
9999 Musterstadt
Tel. 999/999 99

Herrn
Muster Mustermann
Musterstraße

9999 Musterstadt   TT.MM.19JJ

<u>Was Sie mit der HYPO-ec- oder HYPO-Servicekarte jetzt alles machen können.</u>

Sehr geehrter Herr Mustermann,

Sie gehören zu den Kunden, die den bequemen HYPO-Tag & Nacht-Service bereits nutzen. Über den HYPO-Geldautomaten erhalten Sie z. B. rund um die Uhr - auch an Sonn- und Feiertagen - Ihr Bargeld und sind somit zeitlich unabhängig.

Künftig bieten wir Ihnen noch mehr Vorteile: Als eines der ersten Kreditinstitute in Deutschland <u>haben wir für Sie diesen Service erweitert.</u>

Ab sofort stehen Ihnen die bequemen und attraktiven Anwendungen des neuen HYPO-Service-Terminals zur Verfügung. Mit Ihrer HYPO-ec- oder HYPO-Servicekarte haben Sie eine direkte Verbindung zu Ihrem Konto und können z. B.

- Ihren aktuellen Depotkurswert bereits kurz nach Börsenschluß ausrechnen lassen
- Überweisungen durchführen
- Mitteilungen an uns senden

Aber das ist noch nicht alles. Selbst ohne Karte profitieren Sie von diesem neuen Service. So stehen Ihnen z. B. die aktuellen Börsenkurse zur Verfügung.

Überzeugen Sie sich selbst und probieren Sie das HYPO-Service-Terminal aus, seine <u>einfache Bedienung und die vorteilhaften Anwendungen.</u> Unsere Mitarbeiterinnen und Mitarbeiter erwarten Sie in diesen Wochen in der HYPO-Tag & Nacht-Zone, um Ihnen das HYPO-Service-Terminal vorzustellen.

Wir freuen uns auf Ihren Besuch.

Mit freundlichen Grüßen
Bayerische Hypotheken- und Wechsel-Bank
Aktiengesellschaft

Muster Mustermann   Muster Mustermann

P.S.   Möchten Sie künftig noch mehr die Vorteile der zeitlichen Unabhängigkeit bei der Abwicklung Ihrer Bankangelegenheiten nutzen? Dann probieren Sie die bequemen Anwendungen des neuen HYPO-Service-Terminals einfach aus.

Verzeichnis der Übersichten und Abbildungen

Übersicht 1.1	Aufgabengebiet Entwicklung (Wartung) von EDV-Anwendungssystemen	7
Übersicht 1.2	Aufgabengebiet Schulung und Beratung für EDV-Anwendungssysteme	9
Übersicht 1.3	Aufgabengebiet Betrieb der EDV-Systeme	11
Übersicht 1.4	Aufgabengebiet Controlling	12
Übersicht 1.5	Aufgabengebiet Leitung	14
Abbildung 1.1	Die Aufgabengebiete des Informatik-Managements	15
Übersicht 2.1	Erfolgsfaktoren für Personalführung im Informatik-Umfeld	23
Übersicht 2.2	Erfolgsfaktoren für die Einbettung der EDV in die Aufbauorganisation des Unternehmens	27
Abbildung 2.1	Funktionale Organisation von Unternehmen	30
Abbildung 2.2	Divisionale Organisation von Unternehmen	31
Übersicht 2.3	Der AuK-Bedarf zwischen den OEen im Unternehmen	37
Übersicht 2.4	Die sechs Hauptalternativen für die Einbettung der EDV-spezifischen OEen im Unternehmen	40
Übersicht 2.5	Bewertung der Hauptalternativen für die Einbettung der EDV	44
Übersicht 2.6	Erfolgsfaktoren für die Einhaltung der rechtlichen Rahmenbedingungen der betrieblichen Informatik	49
Übersicht 2.7	Die zehn Gebote des Datenschutzes	51
Übersicht 2.8	Sicherung der Funktionsfähigkeit der EDV	61
Übersicht 2.9	Controlling-Kennzahlen: Unternehmen, Personal	66
Übersicht 3.1	Projektsteckbrief BEWIS	71
Übersicht 3.2	Projektsteckbrief KUNDBAS	72
Übersicht 3.3	Projektsteckbrief HYPO-Service-Terminal	74
Übersicht 3.4	Projektsteckbrief HYBAS	75
Übersicht 3.5	Projektsteckbrief SBE	76
Übersicht 3.6	Projektsteckbrief PUCK	77
Übersicht 3.7	Erfolgsfaktoren des Modells für Anwendungsentwicklung und Wartung	83
Übersicht 3.8	Ziele des Software-Life-Cycle	84
Übersicht 3.9	Erfolgsfaktoren für das Phasenkonzept	85
Übersicht 3.10	Das Phasenkonzept im HYPO-Modell für AEW	91

Übersicht 3.11	Erfolgsfaktoren für die Entwicklungsmethodik	95
Übersicht 3.12	Methoden im HYPO-Modell für AEW	97
Übersicht 3.13	Standards für wiederkehrende Aufgaben	99
Übersicht 3.14	Die Methoden zur Aufwandsschätzung im Phasenkonzept	101
Übersicht 3.15	Durchschnittliche Verteilung des Aufwands für Entwicklung und Wartung in der HYPO-BANK	102
Übersicht 3.16	Erfolgsfaktoren für Benutzerschnittstellen	106
Übersicht 3.17	Gestaltung von Benutzerschnittstellen im HYPO-Modell für AEW	107
Übersicht 3.18	Erfolgsfaktoren für effiziente Werkzeugunterstützung	115
Übersicht 3.19	Werkzeugunterstützung im HYPO-Modell	116
Übersicht 3.20	Erfolgsfaktoren für Aufbau- und Projektorganisation im Umfeld AEW	119
Übersicht 3.21	Organe der Projektorganisation in der HYPO-BANK	122
Übersicht 3.22	Das Aufgabengebiet Verfahrenstechnik	123
Übersicht 3.23	Controlling-Kennzahlen: Anwendungsentwicklung und Wartung	125
Übersicht 4.1	Erfolgsfaktoren für Schulung und Beratung	132
Übersicht 4.2	Alternativen der Schulungsabwicklung	133
Übersicht 4.3	Wesentliche Merkmale qualitativ hochwertiger Schulungen	135
Übersicht 4.4	Controlling-Kennzahlen: Schulung und Beratung	137
Übersicht 5.1	Wichtige Kenndaten von Service-Level-Vereinbarungen	141
Übersicht 5.2	Erfolgsfaktoren für den Rechenzentrumsbetrieb	143
Abbildung 5.1	Struktur eines Großrechnersystems	146
Abbildung 5.2	Der Produktionsbetrieb Rechenzentrum	150
Übersicht 5.3	Teilaufgabengebiet: Zentrale Produktionsplanung/Kontrolle	152
Übersicht 5.4	Tools, Werkzeuge, Mengengerüste für Teilaufgabengebiet: Zentrale Produktionsplanung/Kontrolle	154
Übersicht 5.5	Teilaufgabengebiet: Installation, Wartung zentraler Rechnersysteme	156
Übersicht 5.6	Teilaufgabengebiet: Zentrale Systemprogrammierung	158
Übersicht 5.7	Tools, Werkzeuge, Mengengerüste für Teilaufgabengebiet: Zentrale Systemprogrammierung	159
Übersicht 5.8	Teilaufgabengebiet: Dezentrale Systemprogrammierung	164
Übersicht 5.9	Teilaufgabengebiet: Netzinstallation und Wartung	166
Übersicht 5.10	Tools, Werkzeuge, Mengengerüste für Teilaufgabengebiet: Netzinstallation und Wartung	168
Übersicht 5.11	Teilaufgabengebiet: Systemsteuerung	170
Übersicht 5.12	Tools, Werkzeuge, Mengengerüste für Teilaufgabengebiet: Systemsteuerung	173

Übersicht 5.13	Teilaufgabengebiet: Betrieb von Fachabteilungs-Rechnersystemen	175
Übersicht 5.14	Teilaufgabengebiet: Installation-Management	177
Übersicht 5.15	Struktur des Tagesreports	178
Übersicht 5.16	Struktur des Monatsreports	179
Übersicht 5.17	Tools, Werkzeuge, Mengengerüste für Teilaufgabengebiet: Installation-Management	187
Übersicht 5.18	Teilaufgabengebiet: RZ-Sicherheit und Katastrophenvorsorge	188
Übersicht 5.19	Tools, Werkzeuge, Mengengerüste für Teilaufgabengebiet: RZ-Sicherheit und Katastrophenvorsorge	190
Übersicht 5.20	Controlling-Kennzahlen: Rechenzentrumsbetrieb	194
Übersicht 6.1	Ziele des Aufgabengebiets Controlling	198
Übersicht 6.2	Erfolgsfaktoren für Controlling	199
Übersicht 6.3	Teilaufgabengebiet Controlling für Anwendungsentwicklung	200
Übersicht 6.4	Kriterien zur Bewertung der Wichtigkeit von Anforderungen bezüglich Anwendungsentwicklung und Wartung	201
Übersicht 6.5	Tools, Werkzeuge, Mengengerüste für Teilaufgabengebiet: Controlling bezüglich Anwendungsentwicklung	203
Übersicht 6.6	Teilaufgabengebiet Controlling für Geräte	204
Übersicht 6.7	Tools, Werkzeuge, Mengengerüste für Teilaufgabengebiet: Controlling für Geräte und Systemsoftware	206
Übersicht 6.8	Teilaufgabengebiet Controlling für Kosten	207
Übersicht 6.9	Typische Leistungsarten des Dienstleisters „Zentrale EDV"	211
Übersicht 6.10	Typische Kostenplätze für Umlage der Gemeinkosten	212
Übersicht 6.11	Tools, Werkzeuge, Mengengerüste für Teilaufgabengebiet: Controlling für Kosten	213
Übersicht 6.12	Teilaufgabengebiet Controlling für Sicherheit	214
Übersicht 6.13	Tools, Werkzeuge, Mengengerüste für Teilaufgabengebiet: Controlling für Sicherheit	217
Übersicht 6.14	Teilaufgabengebiet Controlling für Versicherungen	218
Übersicht 6.15	Schadenstypen	218
Übersicht 6.16	Standardversicherungen für EDV-spezifische Schadenstypen	219
Übersicht 6.17	Teilaufgabengebiet Controlling für Konzernsynergien	221
Übersicht 6.18	Aufgaben und Daten für Konfigurationsmanagement	224
Übersicht 6.19	Controlling-Kennzahlen: Controlling	226

Stichwortverzeichnis

A

Abgabenordnung 48
Ablauforganisation **29**
Abnahmetest **89**
Abstimmung und Kommunikation 35
AD-Cycle 81
Alerts **171**
Allgemeine Geschäftsbedingungen 60
Annahme 28, 32, 33, 34
Anwendung **4**
Anwendungsdokumentation 56
Anwendungsentwicklung 82
Anwendungsentwicklung und Verfahrenstechnik 125
Anwendungsentwicklung und Wartung 82
Anwendungssoftware **4**
Anwendungssystem **4**
Application Development-Cycle 81
Arbeitnehmer 58
Arbeitnehmerrechte 58
Aufbauorganisation 26, **29**
Aufbewahrungsfrist 54
Aufwandsschätzung 241
AuK-Bedarf 39
Außenstelle 74
Automatisierungstool **153**

B

Back-up-Rechenzentrum **189**
Batch **70**
Batch-Programm **70**
Belegfunktion **54**
Benutzerberechtigung **106**
Benutzerdokumentation 113
Benutzerorganisation 91, 98
Benutzerschnittstelle 107
Berichtswesen **177**
Betriebsrat 58
Betriebsverfassungsgesetz 58
Bottom-up-Methode 101
Bundesaufsichtsamt für das Kreditwesen 58
Bundesdatenschutzgesetz 49, 52

C

Change-Management **180**
Change-Manager **181**
Change-Report **182**
Change-Team **182**
Client **148**
Client/Server-Architektur **148**
CLIST **174**
Computer Aided Software Engineering 81
Controlling **18**, **37**, **38**, **197**
Controlling-Aufgaben 198
Controlling-Kennzahlen 1
Cost-Center **41**

D

Datenkommunikation 166
Datenschutz 52
Datenverarbeitung 52
Dezentrale EDV 40
dezentrale Organisationseinheit 34
dezentrale Rechner 145
Dezentraler Betrieb 40
Dienstleistungsbereich 34
direkt 145
Direktkosten 210
Document Composition Facility 116
Dokumentation 56
Down-load 169
Downsizing 147
Durchschnitt 141

E

Ebene 31
Economies of Decentralisation 42
Economies of Scale 42
EDV-Anwendungssystem 4
EDV-Benutzer 33
EDV-Leiter 39
EDV-System 4
Einführung 92, 98
Einlinien-Organisation 29
Einzeltest 89
Electronic-Mail 131, 136
Elektronische Datenverarbeitung 2
Endbenutzernähe 41
Endgeräte 145
Entscheidungsfindung und Umsetzung 45
Entwicklung 37
Entwicklungsdokumentation 113
Erfolgsfaktor 17, 18
Etat-verantwortlich 207

F

Fachabteilungs-Rechnersystem 147
Fachausschuß für maschinelle Abrechnungssysteme 53, 54
Fachbereich 33, 37
Fachbereichs-EDV 40
Fachkonzeption 91, 97
Fall-back-Organisation 182
Freigabeverfahren 111
Führungsspanne 45
Function-Point 102
Function-Point-Methode 102
Function-Points 241

G

Gemeinkosten 210
Gesetz zur Regelung des Rechts der AGB 60
Grobes Verschulden 61
Großrechnersystem 144
Grundsätze ordnungsmäßiger Buchführung 53, 54
Grundsätze ordnungsmäßiger Speicherbuchführung 53

H

Handelsgesetzbuch 48, 53
Handelsrecht 53
HIPO-Technik 80, 96
Hochschule 2
HYPO-BANK VIII, IX, 5, 6, 15, 16, 17, 65, 70, 78, 81, 100, 103, 114, 121, 225, 241
  Allgemeine Geschäftsbedingungen, 60
HYPO-BANK Führungskultur 24
HYPO-Service-Terminal 5, 73, 86, 103, 105, 257

I

Implementierung 92
Individualspäre 50
Individuelle Datenverarbeitung 7
Informatik an Hochschulen 2
Informatik-Management 1, 3
Integrationstest **89**
internes Kontrollsystem 54, 57
Intimspäre 50

J

Job **90**
Jobablauf **90**
Jobdokumentation **113**
Journalfunktion **55**

K

Kapazitätsplanung **179**
Kapitalrückfluß 104
Kommunikationsnetz **147**
KOMPASS 114
Konfigurationsdatenbank **205**
Konfigurationsmanagement **223**
Konfigurationsmanagement-
  System **225**
Konsolsysteme **145**
Kontenfunktion **55**
Kontrollsystem 57
Kostenplatz **210**
Kostenstelle **208**
Krisen-Management **171**

L

Leistungsart **210**
Leistungseinheit **211**
Leiter einer OE **29**
Leitung 13
Life-Cycle **39**
Lines-Of-Code-Methode 101

M

Mainframe-Rechner 73
Management-Prozeß 43
Mannjahr **8**
Mannmonat **8**
Matrix-Organisation 30
Mehrlinienorganisation 30
Mission-Statement 1, **3**
Mitarbeiterkapazität 71
Modul **108**
Modularisierung **108**
Monatsreport **178**
Monitor **167**
Multiple Virtual System 160

N

Netz **147**
Notfallbetrieb **189**
Nutzer 33, 37

O

Objekte **81**
Objektorientierte Programmierung
  81
Offline-Betrieb **145**
Online **70**
Online-Programm **70**
Organigramme **29**
Organisation 37
  divisional, 31
  Einlinien-, 29
  funktional, 29
  Matrix-, 30
  Mehrlinien-, 30
  spartenorientiert, 31
Organisationeinheit
  dezentrale, 34
  Dienstleistungsbereich, 34
  Fachbereich, 33
  zentrale, 34
Organisationseinheit 12, 25, **29**

Outsourcing-EDV **40**

P

Performance **184**
Performance-Management **184**
Personal Computer 4, **73**
Personalfragebogen **59**
personenbezogene Daten **50**
Persönlichkeitsrecht **50**
Pflichtenheft **91**
Planung **119**
Praktische Informatik 2
Prioritätenplanung **200**
Privatspäre **50**
Problem **182**
Problem Temporary Fix **160**
Problem-Management **183**
Problem-Manager **183**
Problem-Report **183**
Problem/Change-Meeting **181**
Profit-Center EDV **40**
Programm
    Batch, **70**
    Online, **70**
Programm-Generator 109
Programmdokumentation **113**
Programmentwicklung 92, **98**
Programmierung
    objektorientiert, **81**
Projekt 86, **121**
Projektabschluß **111**
Projektabschlußbericht **111**
Prompt-Funktion **107**
Prototyp **107**

Q

Quartalsreport **178**

R

Rechenzentrum 37, **144**

Rechnersystem
    dezentrales, **145**
    zentrales, **144**
Remote **145**
Remote-Operating **172**
Return on Investment **104**
Review **92**
Revision **57**
RZ **186**

S

Schulung und Beratung **37**
Server **148**
Service-Level-gerecht **10**
Service-Level-Vereinbarung **140**
Servicebereichs-Ergebnisrechnung **76**
Sicherung
    Daten, **153**
Single-System-Image **107**
Software anwendungsspezifisch **5**
Software-Krise **79**
Software-Life-Cycle **82**, **84**
Speicherabzug 161, **191**
Sprache der 3. Generation **81**
Sprache der 4. Generation **81**
Stab **30**, 31
Stabsabteilungen **30**
standardisierte
    Programmentwicklung **109**
Standardmodule **109**
Standardsoftware **5**
Steuerrecht **53**
Störung **170**
strukturierte
    Programmentwicklung **109**
System Application Architecture **107**
System-Entwurf **92**
System-Konstruktion **92**
System-Spezifikation **91**
Systemdokumentation **113**
Systemintegration **92**

Systemkonzept **113**
Systemkonzeption 92, 98
Systemsoftware **4**
Systemtest **89**

T

Tagesreport **177**
Technische Informatik 2
Technischer Überwachungsverein 63
Test von Anwendungssystemen 110
Testüberdeckungsgrad **110**
Theoretische Informatik 2
Tool **153**
Transaktion **70**

U

User-Help-Desk 38, **136**, 173
Utilities 165

V

Verfahrensdokumentation **114**
Verfahrenstechnik **123**
Vermarktung von Ressourcen 44, 45
Vier-Augen-Prinzip **56**
vollständges Testen 110
Vorstudie 91
Voruntersuchung 91, 97

W

Wartung 8, 37, 92, 98, 112
Weisungs-Handbuch 241
Weisungshandbuch **114**
Wirtschaftlichkeitsberechnung 112
Wirtschaftsprüfer 57

Z

Zentrale EDV **40**
zentrale Organisationseinheit **34**
zentraler Rechner 73

MIX
Papier aus verantwortungsvollen Quellen
Paper from responsible sources
FSC® C105338

If you have any concerns about our products,
you can contact us on
ProductSafety@springernature.com

In case Publisher is established outside the EU,
the EU authorized representative is:
**Springer Nature Customer Service Center GmbH
Europaplatz 3, 69115 Heidelberg, Germany**

Printed by Libri Plureos GmbH
in Hamburg, Germany